Ahbe · Hofmann · Stiehler **Wir bleiben hier**

Thomas Ahbe
Michael Hofmann
Volker Stiehler

Wir bleiben hier

Erinnerungen an den Herbst '89

Mit einer Chronik von Uwe Schwabe

Gustav Kiepenheuer Verlag

Mit 20 Fotografien von Gerhard Gäbler

All jenen, die den Mut hatten, sich im Gewandhaus öffentlich zu äußern, und die heute durch Nennung ihres Namens diesem Buch Authentizität verleihen, sei ausdrücklich gedankt.

Für die Unterstützung bei der Drucklegung des Bandes danken wir den beteiligten Mitarbeitern des Gewandhauses zu Leipzig

Inhalt

Uwe Schwabe

Demonstrationen, Kundgebungen und Streiks in der DDR
vom August 1989 bis zur ersten freien Volkskammerwahl
am 18. März 1990

Vorwort

Leipzig, die Stadt, in der ich 26 Jahre lang als Gewandhauskapellmeister wirkte und der ich mich nach wie vor verbunden fühle, wurde im Herbst 1989 zum Ausgangspunkt der »friedlichen Revolution« in der DDR. Viele spürten, daß die Kluft zwischen Volk und Regierung immer größer geworden war. Dazu kam, daß die Stadt unter den Folgen der veralteten und stagnierenden DDR-Wirtschaft deutlich zu leiden hatte. Die Umweltverschmutzung und der Verfall der städtischen Infrastruktur belasteten die Menschen. Zum anderen aber drängten in Leipzig besonders viele – verantwortungsbewußte Bürger, Kirchengruppen und Kirchenvertreter, Künstler, Wissenschaftler und auch reformorientierte SED-Funktionäre – auf Veränderungen.

Mein Herbst '89 begann bereits im Sommer, am 10. Juni 1989. An diesem Tag fand in Leipzig ein Straßenmusikfestival statt. Das Festival war angemeldet, aber nicht genehmigt worden, und einige der Musiker wurden verhaftet. Einer der Zuschauer schrieb mir einen Brief und bat, daß ich mich für die Straßenmusiker einsetzen möge. Damals wandte ich mich mit dem Problem an Dr. Kurt Meyer, den Kultursekretär der SED-Bezirksleitung Leipzig. Und ich lud alle Konfliktparteien, die Straßenmusiker, Dr. Meyer, die städtischen Kulturbeauftragten, Presse und Rundfunk zum Gespräch ins Gewandhaus ein. Diese »Begegnung im Gewandhaus« im August 1989 war gewissermaßen das Modell für jene Gespräche, die in diesem Buch dokumentiert sind.

Mit Besorgnis registrierten wir in den darauffolgenden Wochen die Aufmärsche der Polizei während der Montagsgebete in der Nikolaikirche. Am 9. Oktober, wenige Stunden vor der ersten großen Massendemonstration, fanden wir »Leipziger Sechs« zusammen – aus Sorge vor einer Eskalation, einer blutigen Niederschlagung der Proteste. Wir verfaßten einen Aufruf zur Gewaltlosigkeit, der am Abend öffentlich verlesen wurde. Zu den Sechs gehörten der Kabarettist Bernd-Lutz Lange, der Theologe Dr. Peter Zimmermann, die drei Sekretäre der SED-Bezirksleitung Leipzig, Dr. Kurt Meyer, Jochen Pommert und Dr. Roland Wötzel, und ich. Wir übernahmen auch die Schirmherrschaft über jene Veranstaltungen, die wir »Dialoge am Karl-Marx-Platz« nannten. Vom 22. Oktober bis zum 17. November 1989 trafen sich an jedem Sonntag Leipziger Bürger im Gewandhaus – zur letzten großen Volksaussprache der DDR.

Diese Gespräche waren natürlich vor allem ein Resultat der ersten Leipziger Montagsdemonstrationen. Damals lag eine unglaubliche Spannung in der Luft, die Zukunft schien noch völlig offen zu sein, und die Menschen stritten um die besten Lösungen. Die Atmosphäre, die Erregung, die alle Wortmeldungen prägte, möchte dieses Buch noch einmal ins Gedächtnis rufen. Begeisterung und ein heute seltsam wirkendes Wir-Gefühl griffen um sich, Pathos mischte sich mit Naivität, originelle Redebeiträge wechselten mit ermüdenden Phrasen. Keiner war sich damals sicher, wohin die Entwicklung führen würde.

Diese Zeit gehört zu meinen eindringlichsten Erlebnissen. Ich war fasziniert, wie viele Menschen nach dem Sinn des Lebens fragten, sich mit humanistischen Werten und der geschichtlichen Entwicklung auseinandersetzten. Das hat mich als Musiker sehr berührt, denn das ist auch die Botschaft der Musik.

Dieses Buch versucht an die Aufbruchszeit in der DDR zu erinnern, den damaligen Problemsichten und Wertvorstellungen Gerechtigkeit widerfahren zu lassen. Die den Texten beigefügten Fotografien von Gerhard Gäbler sollen auf ihre eigene Art die Stimmung und Atmosphäre wiedergeben. Den Bogen zur Gegenwart schlagen Gespräche, die mit den Akteuren von damals im Jahre 1999 geführt worden sind. Eine materialreiche Chronik von Uwe Schwabe über das oppositionelle Engagement der Menschen zwischen Ostsee und Erzgebirge vervollständigt dieses Buch.

Kurt Masur

Leipzig, im Juni 1999

»Packen wir's an. Noch einmal.«

Bürgerdiskussionen zu Problemen
in Wirtschaft und Politik

Herr Hopfe (Arbeiter im Blechverformungswerk Leipzig): Ich möchte meinen Ausführungen ein Zitat von Voltaire voranstellen: »Der Staat ist der beste, der die wenigsten unnützen Menschen hat.«

Wir sind in der DDR ja noch 16 ½ Millionen Einwohner. Können wir uns – bei dem Mangel an Arbeitskräften – so einen gigantischen Sicherheitsapparat leisten? Ich habe das selbst des öfteren in Leipzig an der Nikolaikirche gesehen, wie sie da herumstehen, die zivilen Sicherheitsbeamten. Unter ihnen sind sehr viele junge Menschen. Die müssen in den normalen Arbeitsprozeß zurückgeführt werden.

Herr Lange (Kabarettist und Autor): Ich glaube, es gibt noch weitere Arbeitskraftreserven. Nicht jeder Jugendliche muß in der FDJ sein. Der Funktionärsapparat ließe sich verkleinern; man kann Jugendarbeit auch ehrenamtlich machen.

Herr Wötzel (Sekretär der Bezirksleitung der SED Leipzig): Wir müssen generell sehen, wie wir in der DDR unser gesamtes Arbeitskräftepotential rationeller einsetzen. Wir produzieren mit relativ viel Arbeit noch zu wenige Endprodukte. Das ist das Problem. Und deshalb ist jede Initiative, die in diese Richtung geht, tatsächlich für uns alle sehr wichtig. Wir haben die Armee bereits um 10 000 Mann reduziert.

Herr Rodewald (Chemiker): Die heutige Situation haben wir doch jedem einzelnen mit ›zu verdanken‹, also der persönlichen Feigheit und dem Versuch, den persönlichen Vorteil zu finden. Ich nehme mich davon nicht aus. Es wird hier gefragt, warum uns Tausende und Zehntausende verlassen haben. Es sind nicht nur Zehntausende. In Wirklichkeit sind es 2,4 Millionen, die seit der Gründung der Republik weggegangen sind. Aber wir haben uns daran gewöhnt, daß uns jedes Jahr 60 000 gefehlt haben! Und wir haben nicht frei über die Ursachen gesprochen. Zu diesen Ursachen gehören aus meiner Sicht die ökonomische Anziehungskraft und die Reisemöglichkeiten im Westen, in letzter Zeit die politische Resignation, die es bei uns gibt. Vor allem aber ist es die Erziehung zur Anpassung anstatt zum Engagement mit eigener persönlicher Haltung.

Abschließend möchte ich den Vorschlag eines Kollegen aufgreifen und an das Fernsehen der DDR richten: Eingedenk der Tatsache, daß wir in unserem eigenen Hause selbst Ordung schaffen wollen, sollten Sie die Sendung »Der schwarze Kanal« durch die Sendung »Dialog« ersetzen!

Herr Lange (Arbeiter im Verlade- und Transportanlagenbau): Ich bin letzten Montag das erste Mal bei einer Demonstration dabeigewesen, und es ist mir unter die Haut gegangen: Nicht nur wegen der Masse von Menschen, sondern auch wegen der Sprüche, die auf den Transparenten standen. Es ging dort um einen Herrn, der im Fernsehen diese Demonstranten, diese Bürger unseres Landes auf das schändlichste als kriminelle Subjekte und kopflose Elemente beschimpft hat. Ich verwahre mich entschieden gegen solche Äußerungen eines Herrn Schnitzler, der wahrscheinlich senil geworden ist und der sicherlich schon all das hat, wofür wir noch auf die Straße gehen. Das ist ein Mann, der auf die Frage, warum er Mercedes fährt, antwortet, daß ihm das von seinem Arzt wegen des Rückens verschrieben worden sei. Das ist doch das schändlichste, was man unserer Bevölkerung gegenüber sagen kann.

Herr Kaubitzsch (Elektriker): Ich fühle mich der Partei der Parteilosen zugehörig. Wenn Sie mich so anschauen, wird Ihnen auffallen, daß ich etwas an meiner Brust trage, das ist ein Gag von mir. Ich bin Träger der »Goldenen Lüsterklemme«, das ist die höchste Auszeichnung für einen Elektriker. Und zwar habe ich mir das von unseren Regierenden abgeguckt. Die zeichnen sich ja auch laufend gegenseitig aus. Der kleine Unterschied besteht nur darin, daß mir meine goldene Lüsterklemme bisher keinen Pfennig eingebracht hat.

Was haben wir in den letzten 40 Jahren überhaupt für eine Gesellschaftsordnung gehabt? Ich als Arbeiter bezeichne sie als eine Diktatur unter Mißbrauch der Arbeiterklasse. Oder ganz einfach gesagt: Eine machtausübende Gesellschaft. Ich frage mich, wieso wir heute immer noch grübeln, warum so viele junge Menschen ihre Heimat verlassen haben, die Antwort ist doch klar: Die Jugend hat nicht die Heimat verlassen, sondern sie ist vor dem gigantischen Machtapparat der SED geflüchtet. Was war und ist denn die SED überhaupt? Ist es die Partei der Arbeiterklasse? Jeder Bürger mit Parteiabzeichen hatte nur im Sinn, damit nach oben und zur Macht zu kommen – und möglichst weit weg von der Arbeit. Ich räume ein, man darf hier nicht alle in einen Topf werfen.

Aber ich betrachte es als eine Verhöhnung des Arbeiters, wenn der neue Staatsratsvorsitzende gleich in seiner ersten Rede ruft: Nun muß aber gear-

beitet werden! Schauen wir doch mal auf die Arbeitsmoral des Herrn Krenz. Als Arbeiter verstehe ich nicht, daß ein Mensch gleich drei wichtige Staatsfunktionen übernehmen kann. Als Bürger der DDR muß er dann doch wohl drei Arbeitsverträge besitzen, in denen Entlohnung und Arbeitszeitregelung festgelegt sind. Ich kann mir nicht vorstellen, daß so wichtige Ämter in Halbtagsbeschäftigung oder gar in Teilzeitbeschäftigung bestritten werden können. Das geht doch nur mit vielen, vielen Überstunden, ich möchte mal wissen, was da die Gewerkschaft sagt, von der weiß ich, daß sie Überstunden nicht genehmigt. Denn die Sorge um den Menschen steht ja in unserem Lande stets im Mittelpunkt. Also, ich weiß nicht, wie der Krenz das machen will.

Als dringende Aufgabe sehe ich weiterhin, und das ist das wichtigste, daß sämtliche Personen, die sich mit dem gigantischen Machtapparat identifizierten – und die auch das Volk damit identifiziert – aus allen Ämtern sofort zu entlassen sind. Das sind Repräsentanten der Regierung, sämtliche Funktionäre, die sich dem Volk gegenüber stark gemacht haben, die Nachrichtensprecher und Ansager des Fernsehens, hauptsächlich der Scharfmacher Eduard von Schnitzler, und sämtliche Journalisten, die weiterhin in ihrem althergebrachten Stil schreiben, und alle die, die sich nicht ändern können und wollen.

Zum Abschluß eine beschwörende Bitte: Tragen Sie alle mit Ihrer ganzen Kraft dazu bei, daß unsere neue Gesellschaftsordnung eine gesunde Demokratie wird. Denn wenn alles wieder in die alten ausgefahrenen Gleise kommt, muß ich schon wieder Angst haben, daß mein Leben durch diesen Auftritt hier in Gefahr gerät. Ich habe in meinen 56 Jahren furchtbar unter diesem System leiden müssen. Bauen wir jetzt eine glücklichere Zukunft auf. Allzu viele Jahre kann ich selber nicht mehr mittun, aber wir haben es nach diesen 40 Jahren alle redlich verdient, und es kommt vor allem unseren Kindern, unserer hoffnungsvollen Jugend, zugute.

Ein Herr: Ich bitte doch um eins. Wenn dieses Forum seinen Zweck erfüllen soll, dann können wir uns hier nicht aufführen wie an der Klagemauer.

Herr Masur (Gewandhauskapellmeister): Ich wollte nicht, daß man uns etwa den Vorwurf macht, daß wir radikale Äußerungen dieser Art nicht dulden. Aber nun ist wirklich alles an Beschimpfungen, an Schmutzkübeln ausgegossen worden. Und wir wollen doch nicht vergessen: Sie, Herr Kaubitzsch, ebenso wie auch ich, wir gehören zu einer Generation, die die Entwicklung nach dem Krieg mit getragen hat und sehr wohl feststellen konnte, daß es seit 40 Jahren nicht dieselbe DDR gibt, wie wir sie heute haben. Wir haben hier gearbeitet – und mit Überzeugung gearbeitet –, sind mit Überzeugung hier geblieben, oder wir hatten, wenn wir so radikal eingestellt waren, die Gelegenheit, das Land zu verlassen. Ein 57jähriger hat bis 1961 schon die Gelegenheit gehabt, das Land zu verlassen. Für alle danach ist es nicht so einfach gewesen. Und ich bin der Meinung, jetzt müssen wir versuchen, doch so konstruktiv wie möglich weiterzumachen.

Frau Florstedt (Journalistin): Ich möchte zu meinem Vorredner, Herrn Kaubitzsch, sagen, daß ich nicht in allem mit ihm übereinstimme. Ich bin nicht damit einverstanden, daß er alle Genossen verunglimpft und sagt, daß diese mit ihrer Mitgliedschaft lediglich eine höhere Laufbahn haben und der Arbeit ausweichen wollten. Ich habe auch einiges erlebt, aber das, was wir eben gehört haben, stimmt so nicht.

Herr Matthus (Komponist): Wir müssen die Ausgereisten bitten, wieder zurückzukommen. Wir brauchen sie. Lassen Sie mich dieses Problem mal von der Gegenseite sehen. Wenn ich in der Bundesrepublik in den Orchestern sehe, daß eine Vielzahl von unseren besten Musikern dort arbeiten, dann denke ich immer daran, was für ein fruchtbares Konservatorium ist doch unser kleines Land, daß es noch so viele abgeben kann. Aber ich glaube, diese Möglichkeiten sind erschöpft. Wir können uns das nicht mehr leisten, aus finanziellen und aus moralischen Gründen. Wir müssen wieder viele junge Leute neu ausbilden, aber wir müssen auch viele bewegen, wieder zu uns zurückzukommen. Und wir müssen alle Bedingungen schaffen, daß sie es gerne tun.

Herr Schlag (Musiker): Rudolf Bahro hat sein Buch »Die Alternative. Kritik des real existierenden Sozialismus« nicht geschrieben, um den Sozialismus zu stürzen, sondern er hat in seinem Buch auf Fehler hingewiesen, derentwegen wir nun, 10 Jahre nach Erscheinen dieses Buches, in der DDR auf die Straße gehen. Rainer Kunze hat sein Buch »Die wunderbaren Jahre« nicht geschrieben, um hier zum Umsturz aufzurufen, sondern um Fehler der Mächtigen im Umgang mit der Jugend unseres Landes aufzuzeigen. 15 Jahre nach Erscheinen dieses Buches ist nun ein unabhängiger Jugendverband gegründet worden. Es gäbe viele andere Namen zu nennen von Menschen, die sich gegen das Unrecht in der DDR ausgesprochen haben. Ein wichtiger Kritiker dieses Landes, der Philosophie und Politische Ökonomie studiert hat – Wolf Biermann –, der auch in der Bundesrepublik lebt, hat die Courage besessen, seine Satire nicht über zurückgetretene Regierungsmitglieder zu machen, sondern die amtierende Regierung zu kritisieren. Es hat sehr viele Menschen gegeben, die sich gegen die Menschenrechtsverletzung seiner Ausbürgerung in einem Protestschreiben ausgesprochen haben. Ein großer Teil dieser Menschen mußte die DDR verlassen. Einer der Prominentesten aus dieser Gruppe, der heute in der Bundesrepublik lebt, ist Manfred Krug. Er wurde, nachdem er den Aufruf gegen die Ausbürgerung Wolf Biermanns unterschrieben hatte, von sämtlichen Projekten, an denen er in der DDR gearbeitet hatte, suspendiert. Er hat ein dreiviertel Jahr in der DDR gesessen ohne Arbeit. Deshalb hat er weggehen müssen, um seiner Familie die Existenz zu sichern. Es gibt sehr viele, weniger prominente Namen zu nennen. Wie soll die Rehabilitation dieser Menschen aussehen, die sich viel eher als wir alle dazu aufgerafft haben, mutig die Dinge zu benennen, die in diesem Land falsch gemacht worden sind? Ich glaube, es ist dringend nötig, daß man diese Menschen, die für unser Land sehr wichtig sind, bittet, in die DDR zurückzukommen. Denn hier ist ihr Platz, und wir brauchen ihre Kritik, selbst wenn die in Einzelfällen überzogen sein sollte. Eine Demokratie muß mit ihren Kritikern leben können, und zwar im eigenen Land. Ich möchte deshalb anregen, alle Künstler und Geistesschaffenden – Herrn Kunert und Herrn Becker u. a. – zu bitten, in die DDR zurückzukommen und hier ihre für uns so wichtige Kritik in diesen Erneuerungsprozeß einzubringen.

Herr S. (Beton- und Kühlturmbau Leipzig): Es gehen ja viele weg. Und wenn sie im Westen angekommen sind, lassen sie die Sektkorken knallen. Diese Ausgereisten stimmen ein Siegesgeheul an, sobald sie in der Bundesrepublik angekommen sind. Einige von ihnen wurden gefragt, was ihre Gedanken seien, wenn sie sich jetzt in die kapitalistische Gesellschaftsordnung einordnen müssen. Sie antworteten: Wir möchten arbeiten und uns unser Leben ohne Bevormundung aufbauen.

In der DDR hat man den Eindruck, daß die Partei der Arbeiterklasse und auch die Gewerkschaften ihre Leute gar nicht richtig arbeiten lassen. Die Ausnutzung der Arbeitszeit, die liegt in der DDR heute bei maximal 60 Prozent. Aber die Leute wollen arbeiten. Man kann ihnen nicht unterstellen, daß sie nicht wollen. Jedoch werden sie andauernd daran gehindert, weil irgend etwas fehlt, kaputt ist oder Ersatzteile besorgt werden müssen. Wir brauchen uns nicht zu wundern, daß alles so gekommen ist.

Herr Petri (Tischler-Lehrling): Ich befinde mich gerade im letzten Jahr meiner Ausbildung zum Tischler und bin derzeit zu einem renommierten Fenster- und Türbau-Kombinat unserer Republik mit Stammsitz Leipzig zur Ausbildung delegiert. Es mangelt an den simpelsten Dingen, beispielsweise an Distanzringen, speziellen Schraubenschlüsseln und Stiften. All das ist seit Jahren bestellt, wie mir mein Lehrmeister versicherte. Das sind alles Grundmittel, keine Hochtechnologie. Dadurch sind wir gezwungen, Produkte mit viel zuviel Aufwand herzustellen, weil es an diesen einfachen Dingen fehlt. Unsere Lehrmeister zucken mit den Schultern. Sie trifft keine Schuld. Wirkliche Qualität ist da kaum oder nur noch sehr schwer möglich. Ebenso verhält es sich mit der ideellen Qualität in der berufstheoretischen Ausbildung. Stark fachbezogene Lehrbücher können in der Ausbildung nicht benutzt werden, weil sie schon seit Jahren nicht mehr ausreichend erscheinen. Das beklagen die Berufsschüler ebenso wie die Lehrer. Und die meinen fast mehrheitlich, daß die Ausbildungszeit von zwei Jahren viel zu kurz sei. Alle geben sich

14

16. Oktober 1989

große Mühe, uns das Möglichste zu vermitteln. Hut ab. Doch sie würden mehr tun, wenn sie könnten. Unter anderem auch aus diesen Gründen mußte bei der Rekonstruktion des Alten Rathauses und des Untergrund-Messehauses auf die Mitarbeit polnischer Restauratoren und Bauunternehmen zurückgegriffen werden. Und warum mangelt es bei uns an wirklich fähigen Leuten in diesen Bereichen? Nicht, weil die Leute über Ungarn davongelaufen sind, sondern weil es sie nicht mehr gibt, ausgestorben quasi. Wie sollen wir jetzt als Jugendliche, hoffentlich zukünftige Facharbeiter, diese großen Aufgaben bewältigen, wenn es derartige Probleme gibt?

Ein Herr: Jedem nach seinen Leistungen, so muß die Gesellschaft organisiert werden. Und über die maximale Befriedigung unserer Bedürfnisse hat der Markt zu bestimmen und nicht die staatliche Plankommission! Nicht Schwindelstatistik bringt uns voran, sondern nur die echte Produktion von Waren und Werten, frei von Stützungen und Umrechnungsfaktoren. Die niedrigen Preise für Brötchen und Mieten waren einmal ein Aushängeschild der DDR, heute aber sind sie ein Hemmnis. Viele Wohnungsprobleme ließen sich über den Mietpreis regeln.

Hohe Leistungen sind hoch zu honorieren, und die zum Teil frustrierte Intelligenz muß für ihre Leistungen angemessen entlohnt werden. Ohne sie kommt keine moderne Industriegesellschaft aus, ihr ist Freiraum und Unter-

15

stützung zu gewähren. Wer nichts leistet, kann auch kein Äquivalent dafür erhalten. Dann wird auch nicht mehr so viel Skat gespielt in den Bauwagen.

Die Investitionspolitik hat sich ausschließlich an dem volkswirtschaftlichen, begründeten Bedarf zu orientieren. Die Wirtschaft gehört vorrangig den Ökonomen und Ingenieuren und nicht den Parteisekretären. Politik und Wirtschaftspolitik müssen gemeinsam betrieben werden, von und mit den politischen Parteien und den Fachexperten. Und das hat nichts mit Technokratie zu tun.

Herr Gaude (Bezirksvorsitzender der Demokratischen Bauernpartei Deutschlands): Ich möchte Ihnen sagen, daß sich diese Landwirtschaftlichen Produktionsgenossenschaften bewährt haben, die kann man nicht einfach umkippen. Man würde allzuviel kaputt machen, was an Gutem für die Versorgung unserer Bevölkerung getan wurde. Daß es hier Probleme gibt, daß wir Ärger haben mit der Plankommission, mit den zu vielen Kennziffern, das hat die innergenossenschaftliche Demokratie gestört, trotzdem habe ich den Eindruck, daß manche aus der Entwicklung unserer Landwirtschaft einiges lernen könnten.

Herr U. (Maurer und Bauingenieur): Seit zehn Jahren betreibe ich einen privaten Handelsbetrieb. Ich hätte der DDR schon vor zehn Jahren den Rücken kehren können, aber das können wir ja nicht alle tun. Wir sind hier geblieben und haben schwer gearbeitet. Aus meiner Sicht drängen jetzt folgende Aufgaben:

1. Das Handwerk ist in einem möglichst kurzen Zeitraum mit besseren Grundmitteln zu versorgen. Neue Kleintransporter, Kleinmechanismen sind bereitzustellen. Eventuell durch Importe. Nur kurzfristige Maßnahmen ziehen noch. Alles Reden nützt sonst nichts.

2. Die Attraktivität, insbesondere der Bauberufe, muß erhöht werden, unter anderem durch bessere Entlohnung und durch Bereitstellung von ordentlichen Bauunterkünften. Was man da den Leuten auf dem Bau zumutet, das spottet ja jeder Beschreibung.

3. Die Verantwortlichen für Schlampereien und schlechte Qualität, zum Beispiel im Straßenbau, müssen bestraft und – sofern es sich nicht um lernfähige Menschen handelt – abgelöst werden. Das Arbeitsgesetzbuch muß so verbessert werden, daß die Leiter ohne großen Zeitverzug nicht ausgelastete Personen wie auch arbeitsunwillige Mitarbeiter in Produktionsabteilungen umsetzen und in hartnäckigen Wiederholungsfällen auch entlassen können. Die Aufstockungen und die Herunterstufung des Lohnes entsprechend dem Leistungsprinzip muß in allen Bereichen zum Alltag werden. Das muß natürlich in gerechter Weise vor sich gehen, es ist mir ein besonderes Anliegen, daß es keine Ungerechtigkeiten gibt. Ich kann mir vorstellen, daß das durch die Gewerkschaft kontrolliert wird, aber erst dann, wenn Harry Tisch nicht mehr an der Spitze steht.

16

Wenn sich die jeweiligen Verantwortlichen der Erneuerungsprozesse gegenüber solchen Personen bzw. Personenkreisen nicht durchsetzen können, dann müssen kollektive Gegensätze gebildet werden. Kommissionen aus wirklich progressiven Menschen aus verschiedenen Ebenen der Betriebe, wenn möglich Juristen und Leute von einer Gewerkschaft, müssen die Sache in die Hand nehmen.

Jeder sollte seine Chance erhalten, aktiv die neue demokratische Bewegung mit in Gang zu bringen. Auf jeden kommt es an. Sofern es sich jedoch um Menschen handelt, die allzu beflissen in der bekannten opportunistischen Art und Weise die Kurve kriegen, denen obendrein noch persönliche Schuld, z. B. Denunziation oder persönliche Bereicherung nachgewiesen werden kann, so sollen die sich Arbeit in der Produktion suchen oder bleiben, wo der Pfeffer wächst.

Die SED hat die alleinige Schuld an unserem Desaster, aber wir haben den ganzen Quatsch ja auch geduldet und haben im Prinzip der Sache zugesehen. Die SED wird vor den nächsten – hoffentlich freien – Wahlen Farbe zu bekennen haben, um ein positives Wahlergebnis erzielen zu können.

Herr Kleinsorge (Musiker des Gewandhausorchesters): Es müssen Neuwahlen stattfinden. Es ist für mich einfach unglaubwürdig, daß haargenau die Leute, die jahrelang in diesem Trott gelebt haben, sich auf Anweisung des Politbüros von heute auf morgen wandeln und plötzlich ganz andere Positionen beziehen. Bei uns steht wirklich die Demokratie auf dem Kopf. Der Abgeordnete ist derzeit für Aufgaben da, die die Exekutive ausführen muß. Der Rat sitzt fest im Sattel, und die Abgeordneten laufen herum wie unmündige Kinder. Es gibt innerhalb der Partei sehr, sehr viele Mitglieder, die schon seit Jahren unzufrieden sind mit der offiziellen Politik und die auch ihre Unzufriedenheit ständig laut und deutlich artikuliert haben. Wir brauchen in Zukunft Mechanismen, die nicht das Politbüro allein entscheiden lassen – wie immer an der Masse, auch an der Masse der Parteimitglieder, vorbei. Das sowjetische Vorbild ist ganz gut. Danach würde eine bestimmte Zahl von Mandaten der SED zustehen, über die anderen Mandate würde aber in einem freien Wahlkampf entschieden werden. Das andere sowjetische Vorbild ist Glasnost, das auch bei uns zu greifen beginnt. Es ist heute wirklich interessant, nach Hause zu kommen und Zeitung zu lesen. Ich habe noch nie zwei Stunden Zeitung gelesen. Früher haben die Journalisten eben ein Schweigegeld und kein Gehalt bezogen.

Herr Nikodym (Amt für Technische Überwachung): Ich bin seit 32 Jahren Mitglied der Sozialistischen Einheitspartei Deutschlands, und ich bin stolz, dieser Partei anzugehören. Ich stehe voll zu den Erfolgen unserer Partei, ich bekenne mich aber auch zu ihren Niederlagen. Ich bin der Auffassung, wie nunmehr unsere Parteiführung, das ZK, aus der Sprachlosigkeit unseres Politbüros herausgetreten ist, verdient volles Vertrauen und Aufmerksamkeit. Diese Partei wird sich bewähren, dessen bin ich mir sicher. Es sollte hier nicht vergessen werden, daß es beispielsweise nicht geht, daß wir heute über diese oder jene Person befinden. Das sollte dort entschieden werden, wo die personellen Fragen entschieden werden.

Zwischenruf: Nein, zwei Millionen Mitglieder müssen das entscheiden, und nicht ein Generalsekretär.

Herr Nikodym (Amt für Technische Überwachung): Eben, ich werde die Fragen, die ich an meine Partei habe, genau dort stellen, nämlich in den Foren meiner Partei.

Zwischenruf: Aber dann muß das Politbüro auch mit den Genossen sprechen, das hat es noch nicht gegeben.

Herr Nikodym (Amt für Technische Überwachung): Es wurde gesagt von meinem Vorredner, man sollte die Diskussion des einzelnen achten. Eine freie Meinungsäußerung wird gefordert. Warum dann nicht auch für mich, warum werde ich unterbrochen, wenn ich meinen Standpunkt formuliere als Mitglied der Sozialistischen Einheitspartei Deutschlands. Wir haben niemandem das Wort verboten … wir Kommunisten von der Basis. Ich bin auch nicht der Auffassung, daß nur das Geschrei nach mehr Demokratie zu mehr Demokratie führt, sondern es müssen auch echte Grundlagen in allen Bereichen für mehr Demokratie geschaffen werden …

Ich bin der Leiter des Staatlichen Amtes für Technische Überwachung. Wir gehen seit Jahren nach dem Grundsatz vor, daß, wer Ordnung durchsetzen will, Ordnung vorleben muß. Ich bin mir sicher, daß viele Arbeiter in den Betrieben mit uns darum ringen, die ökonomische Leistungsbasis in unserem Lande zu erhöhen. Darum ringen, daß wir erreichen, daß der notwendige ökonomische Zuwachs auch kommt …

Zwischenruf: Aufhören!

Herr Masur (Gewandhauskapellmeister): Sie töten unsere Diskussion. Ich muß Sie bitten aufzuhören, bitte beenden Sie Ihren Diskussionsbeitrag.

Herr Krämer (Stadtverordneter der LDPD): Ich wünsche mir die Atmosphäre dieses Plenums für die Stadtverordnetenversammlung Leipzig. Wir müssen endlich dazu kommen, von den Ja-Sagern und Hand-Hebern weg und zu einer offenen Diskussion außerhalb vorgefertigter, lange abgestimmter Diskussionsbeiträge zu kommen. Ich zitiere, was mal ein kluger Mann gesagt hat: Die Opposition ist der Hofhund der Demokratie, und der Hofhund der Demokratie, der schlägt an, wenn etwas in dieser Demokratie nicht in Ordnung ist. Bisher haben wir diesen Hofhund immer totgemacht.

Herr S. (Arbeiter): Wir Älteren, die wir 45 Jahre in der Republik geschaffen haben, haben auch das Recht, unsere Meinung kundzutun. Wir haben 1945 – auf deutsch gesagt – die Karre aus der Scheiße gezogen. Wir hatten große Erfolge zu verzeichnen, aber heute stellen wir bedauerlicherweise fest, und jeder Werktätige in den Betrieben spricht das offen und klar aus: die Karre steckt wieder in der Scheiße. Ich habe Angst, weil ich über 60 Jahre alt bin. Ich weiß nicht, ob ich die Kraft besitze, ob wir alle die Kraft haben, die Sache noch einmal voranzutreiben. Zuvor muß aber die Schuldfrage eindeutig geklärt werden. Für diese Erkenntnis habe ich keine fünf Jahre Parteihochschule gebraucht, nur ein intensives Studium unserer Presse. Ich weiß jetzt, seit etwa zehn Jahren sind hier im Lande Bremser am Werk gewesen, die dem Sozialismus einen Schaden zugefügt haben, den wir vielleicht nicht mehr reparieren können. Ich kann es nicht mehr schaffen, ich alleine auf keinen Fall. Und wo der schuldige Personenkreis zu suchen ist, das ist eindeutig. Die sitzen da oben, das sind die Bremser. Aber es haben sich noch einige dazu getummelt, ich würde sie Fälscher nennen. Keiner kann es beweisen, es wird von Wahlfälschung gesprochen; sicherlich waren hier Fälscher am Werk, und diese Leute sind doch leicht auszumachen.

Wir brauchen Reformen, wir kommen nicht mehr daran vorbei, das ist eine Binsenweisheit. Deshalb werden es auf der Straße auch immer mehr. Ich bin ein Arbeiter, inzwischen kann ich mir die Aktuelle Kamera wieder angucken. In den Nachrichten finde ich Offenheit, auch in den Zeitungen. Und das ist doch schon für meine Begriffe ein Anfang! Ich würde sagen: packen wir's an. Noch einmal.

Herr Z. (Ausbilder in einem Betrieb): Die Dialoge und deren Veröffentlichungen waren in der ersten Phase der Wende sicher gut und notwendig und führen andeutungsweise immer mehr zum Kern der Dinge. Sie führen aber nicht aus dem Chaos heraus. Der Begriff »Dialog« ist bereits jetzt zu einem Reizwort geworden. Wir brauchen den Druck von der Straße. Es steht die Frage, was ist schlecht an den Demos? Etwa die damit verbundenen Verkehrsstörungen, der Ausfall kultureller Veranstaltungen, die Behinderungen lebensnotwendiger Aktionen usw.? Was ist gut an den Demos? Daß es sie gibt. Sie erst erzwangen den mehr oder weniger kritischen Dialog. Sie erreichten die ersten personellen Konsequenzen und werden mit Sicherheit so lange weiter eskalieren, bis in der Öffentlichkeit die wirklichen Ursachen für das Chaos in der alten jahrzehntelangen Innenpolitik erkannt und verurteilt sind.

Das bezieht sich auch auf die Ansprache des neuen Generalsekretärs unmittelbar nach seiner Wahl durch das ZK, die wohl wie die seiner Vorgänger von einer anonymen Redaktionskommission der Partei ausgearbeitet wurde.

Sie beginnt mit der Anrede: liebe Genossinnen und Genossen. Allein das wäre Grund genug gewesen, abzuschalten beziehungsweise nicht weiter zu lesen. Wenn es doch geschah, dann wegen des Interesses der Massen daran, was ein neuer erster Mann in dieser ernsten Situation zu sagen hat. Jedoch: Insgesamt war die Rede eine Enttäuschung. Neben breit angelegten Beteuerungen, Versprechungen und rührseligen Appellen an alle Schichten des Volkes zum gemeinsamen Handeln nahm das Eingeständnis, die sich entwickelnde Lage der letzten Monate nicht richtig und früh genug eingeschätzt und die richtigen Schlußfolgerungen gezogen zu haben, lediglich knapp ein Hundertstel seiner langen Rede ein. Auch hätte die Rede vorrangig an die Bürgerinnen und Bürger gerichtet sein müssen und nicht – wie viermal wiederholt – an die lieben Genossinnen und Genossen. Statt dessen hört man aufrichtige Dankesworte gegenüber einem Mann, der bei aller Hochachtung für seinen ehrlichen Kampf und sein mit persönlichen Opfern und Leiden verbundenes Eintreten für die Ideale des Sozialismus, gegen Faschismus, gegen Rassenhaß und Krieg letztlich die Verantwortung für das beängstigende Heute trägt. Dieser Dank gehört erst recht nicht an den Anfang einer programmatischen Rede. Allein diese Feststellung registrieren die Volksmassen mit Unbehagen und großer Sensibilität. Schließlich war es ebenfalls Egon Krenz, der mit einem Glas Sekt in der Hand, das von den Chinesen verübte Massaker begrüßt hat. Auch wenn ihm heute das Verdienst zukommt, den illegalen Demonstranten nicht mit Polizeigewalt entgegengetreten zu sein, obwohl genügend Sicherheitskräfte mit scharfer Munition bereitstanden, so muß doch festgestellt werden, daß ihm diese Entscheidung auch durch die Angst vor den unvorhersehbaren Folgen diktiert worden ist – diesem Mann war von Anfang an kaum Glaubwürdigkeit, geschweige denn Vertrauen entgegenzubringen.

Der Kreidekonsum in der DDR muß in den zurückliegenden Tagen in einer Weise zugenommen haben, daß er durch Eigenaufkommen kaum noch gedeckt werden kann. Wer genau hinsieht, erkennt, wie viele kleine und große Parteiwölfe plötzlich mit Engelstönen den lieben Geislein mit kleinen Versprechungen die Angst und ihr Mißtrauen nehmen wollen, um sie letztlich doch wieder fressen zu können. Wer genau hinsieht, der weiß auch, daß nach wie vor Gefahr für unser Land im Verzug ist.

Kritik von unten ist bereits genügend geübt worden und wird es weiter geben. Das Volk erwartet unverzüglich Selbstkritik der Parteiführung, schonungslos und im Klartext. Jetzt und in den nächsten Wochen muß ohne Beschönigung über das gesamte Spektrum der Grundfragen gestritten werden, das allein die Voraussetzung für die Weiterexistenz einer souveränen DDR bietet. Diese Streitgespräche sollten zwischen allen wohlmeinenden Kräften und Einzelpersonen mit solchen Parteifunktionären, Wissenschaftlern und staatlichen Leitern geführt werden, deren Vertrauen das Volk noch nicht verloren hat. Die Fehlerdiskussion von Einzelfragen wird bald überflüssig, wenn die noch vorhandenen Potenzen nicht auf die Zukunft gerichtet werden können. Das erfordert eine totale ideologische Neuorientierung und personelle Umstrukturierung des Partei- und Staatsapparates, wodurch ein großer Teil der durch Ausreise vakant gewordenen Arbeitsplätze endlich wieder besetzt werden kann. Die Zeit drängt.

Herr Kempe (Baufachschule Leipzig): Die in 40 Jahren planmäßig ausgebauten personellen Verflechtungen quer durch alle Bereiche des betrieblichen, gesellschaftlichen und kulturellen Lebens und die totale Durchleuchtung aller Werktätigen mittels der ausschließlich den SED-Kaderleitern und den Mitarbeitern des MdI zugänglichen Informationen ist bedrückend. Und die Bürger weichen diesem Druck aus und laufen weg. Meine zwei Töchter sind leider auch weggelaufen. Die augenfälligen Erweiterungsbauten für Einrichtungen des MdI im Zeitalter zunehmender Entspannung, Abrüstung und Dialoge ängstigen mich. Ich fühle mich bedroht. Ferienobjekte in schönster Lage, in sehr gutem Erhaltungszustand oder gänzlich neu, mit benachbartem Garagenkomplex und auffällig gepflegten Gärten, mit intakter Einfriedung, mit Klingelknopf und Wechselsprechanlage erregen angesichts der Anzahl und Qualität der FDGB-Ferienplätze meinen Unmut. Übrigens: ich wohne in der Wettiner Straße (nennt seine genaue Adresse) im Erdgeschoß, falls ich mal fehlen sollte.

Herr Grünert (Chemiker an der Akademie der Wissenschaften der DDR): Ich möchte ein paar Gedanken zur führenden Rolle der SED in unserer Gesellschaft äußern. Ich glaube, daß wir unter anderem deshalb in der Krise sitzen, weil die SED über Jahre, nicht nur über Monate, die führende Rolle, die sie immer wieder mit Händen und Füßen verteidigt hat, nicht ausgefüllt hat. Das ist wahrscheinlich aber nicht deswegen so, weil die SED etwa schlechte Mitglieder hat – ich kenne ja in meinem Betrieb selbst viele – bin aber selbst nicht Mitglied der SED. Die Genossen haben seit langem Alarmsignale nach oben gegeben, und sie haben sich in der letzten Zeit auch für das geschämt, was in ihrem Namen, unter anderem von ihrer Zeitung, der Bevölkerung der DDR angetan worden ist. Diese Feststellung, daß die SED wahrscheinlich eine insgesamt gute Basis hat, verschärft die Einschätzung noch. Die SED war mangels innerparteilicher Demokratie gar nicht in der Lage, ihre führende Funktion wahrzunehmen. Wie sieht nun die Situation nach der Wende aus? Ich will nicht sagen, daß wir die Wende schon vollzogen haben, aber nach dem Beginn der Wende. Soweit ich das einschätzen kann – das ist natürlich unvollkommen –, sehe ich eine führende Rolle der SED im Prozeß der Umgestaltung unserer Gesellschaft bisher nur in Dresden. Wie sich der 1. Sekretär der Bezirksparteileitung und der Oberbürgermeister der Stadt Dresden 10 000 doch zumeist unzufriedenen Bürgern zur Diskussion stellen, das nötigt mir ganz tiefen Respekt ab. Ansonsten muß ich aber sagen – und das ist natürlich ein Pauschalurteil, im einzelnen mags differenzierter sein –, die Vorschläge, wie es bei uns weitergehen soll, die kommen von den Demonstranten mit den Plakaten. Die SED-Führung ist gelähmt und weitgehend sprachlos …

Herr Wötzel (Sekretär der SED-Bezirksleitung Leipzig): In dieser Sprachlosigkeit meiner Partei hat sich ihre Ratlosigkeit gezeigt, ihr Unvermögen, gesellschaftliche Prozesse wirklich zu erkennen, diese als Reflex unserer eigenen innenpolitischen Probleme zu erfassen und nicht nur als ein Resultat von Vorgängen, die sich außerhalb des Landes vollziehen. Diese politische Untätigkeit und auch eine auf den Kopf gestellte Demokratie haben die Disziplin bis ins Unendliche getrieben – alles in allem: Politisches Unvermögen.

Herr Demele: Veränderungen werden erst möglich sein, wenn in den Betrieben die Betriebsparteiorganisationen der SED aufgelöst werden, wenn aus den Betrieben die Staatssicherheitsorgane verschwinden, wenn alle politischen Büros aus den Betrieben herausgesetzt werden. Dann wird sich ein freies Klima entwickeln, das produktiv und effektiv ist. Denn die Betriebe haben alle funktionierende staatliche Leitungen, doch die sind meines Erachtens durch die Organisationen, die ich erwähnt habe, eher behindert als unterstützt.

Außerdem bin ich dafür, daß das Neue Forum zugelassen wird und ebenso der Demokratische Aufbruch und die Sozialdemokratische Partei.

Herr T.: Heute gilt es meiner Ansicht nach, erst einmal Ruhe zu bewahren. Eine gewisse Ruhe, in der tatsächlich ein Konsens gefunden werden kann, eine Ruhe, in der aus der Diskussion heraus eine optimale Lösung gefunden werden kann.

Ich muß auch vor diesem Forum bekennen, mich hat die Rede meines Generalsekretärs nicht befriedigt. Da wir ja schließlich die Partei sind, die die wissenschaftliche Weltanschauung nicht bloß haben, sondern auch ausüben müßte, habe ich eigentlich erwartet, daß zu dem Zeitpunkt eine kritische Analyse der Situation als Ausdruck der Wissenschaftlichkeit der Partei geboten wird – dem Bürger allgemein, nicht nur dem Genossen. Aber wie gesagt, ich bitte darum, daß wir uns heute erst einmal artikulieren dürfen. Es muß sich tatsächlich die Basis der Genossen artikulieren. Und es darf sich nicht mehr – da stimme ich den Forderungen der Massen zu – nur eine kleine Gruppe artikulieren dürfen, die dann von sich behauptet, Alleinvertreter der Wahrheit zu sein. In dem Zusammenhang begrüße ich auch als Genosse jegliche – ich sage jetzt mal das Wort – Opposition, jegliche Vereinigung Andersdenkender, weil sich mein Urteil auch an der Argumentation der Gegner schult. Ich bin nicht der Meinung, daß sich die besseren Argumente von Natur aus durchsetzen, sondern die besseren Argumente setzen sich in der Auseinandersetzung durch. Diese Auseinandersetzung müssen wir, die Genossen, suchen, parteiinterne Informationen helfen da nicht weiter. Und in dieser Auseinandersetzung müssen wir eine Lösung finden.

22

23. Oktober 1989

Herr Creuzburg (Chemiker): Hüten wir uns vor den Seglern, denen gar zu flott das Seglerkommando über die Lippen kommt: »Alles klar zur Wende!« Diesen Seglern sei ein bitterer Vierzeiler ins Bordbuch geschrieben, der kurz nach der Befreiung Deutschlands vom Faschismus in vielen Amtsstuben der damaligen sowjetischen Besatzungszone hing: »Die über Nacht sich umgedreht und sich zu jedem Staat bekennen, das sind die Praktiker der Welt. Man könnte sie auch Lumpen nennen!«

Herr Meyer (Sekretär der SED-Bezirksleitung Leipzig): Wir haben lange in der Illusion gelebt, eine heile Welt zu haben. Ich habe viele hundert Gespräche mit Künstlern in diesem Land geführt, und ich habe begriffen, daß diese Künstler keine Putschisten sind, sondern Seismographen am Puls dieses Volkes. Sie haben einen wachen, einen hellen Blick auf das, was sich an Widersprüchen zusammenbraut. Ich bin Kurt Masur heute noch dankbar, daß er mich auf diese Westeuropa-Tournee mitgenommen hat. Wir haben viele, viele Gespräche auf dieser Tournee geführt, und wir haben uns natürlich auch nicht nur über Sonnenschein und über das Wetter unterhalten, sondern über die Politik in diesem Land, und was uns an Widersprüchen bedrückt und wie man Widersprüche lösen muß. Ich lebte damals in der Illusion, daß wir mit guten

23

Kabarett-Programmen, mit sehr kritischen Theateraufführungen die Widersprüche weiter zuspitzen könnten, um sie in das Bewußtsein der Menschen zu rücken. Heute bin ich überzeugt, daß das Volk diese Wende auf der Straße mit seiner revolutionären Reife erzwungen hat. Wir haben zum ersten Male eigentlich seit vielen Wochen und Monaten etwas Nützliches, etwas Sinnvolles, etwas ganz Wesentliches getan.

Herr Pietsch (Neues Forum Leipzig): Die letzten Wochen schienen uns zu zeigen, daß der Umgang mit Vertretern aus den Reihen der SED sehr konstruktiv sein kann. Es baute sich schon Mißtrauen ab. Aber vor mir liegt ein Blatt, das mich entsetzt. Es nennt sich »Informationen zum Neuen Forum und zu allen anderen illegalen oppositionellen Gruppierungen in der DDR« 1989/7 Nr. 261. Das ist das neue Informationsblatt vom ZK der SED. Es ist brandaktuell und soll allen Parteigruppen zur Agitation und Propaganda dienen. Ich zitiere ganz kurz:

»Die Autoren dieses Neuen Forums betreiben das Geschäft der Feinde des Sozialismus. Ihnen ist es gelungen, anknüpfend an reale Probleme und Widersprüche unserer sozialistischen Entwicklung, bei nicht wenigen Bürgern der DDR, darunter auch bei jungen Menschen, Gehör zu finden und Verwirrung zu stiften. Notwendig ist es, sich von jenen zu distanzieren, die den Sozialismus als System beseitigen wollen. Wären sie, wie sie vorgeben, tatsächlich für den Sozialismus und seine weitere Ausgestaltung, wären sie so ehrlich, dann könnten sie im Spektrum demokratischer Organisationen unseres Landes tatkräftig mitwirken und verändern. Im sogenannten Gründungsaufruf ›Aufbruch 89‹ des Neuen Forums, der mittlerweile unter Mißbrauch kirchlicher Einrichtungen republikweit verbreitet wurde, werden antisozialistische Ziele seiner Initiatoren deutlich sichtbar.«

Es wird noch schlimmer, ich zitiere weiter: »Ihre Initiatoren wurden, was Wunder, von Bonner Politikern und Medien protegiert, auf den Schild gehoben und lautstark als Reformer gepriesen. Von daher erhielten sie nicht nur geistige Anleihen, sondern zugleich jede erforderliche materielle und finanzielle Unterstützung.«

Und jetzt kommt der abschließende Satz: »Für die politische Arbeit ist es sehr wichtig, zwischen den Gegnern des Sozialismus, die den Aufruf zum Neuen Forum erarbeitet haben, und Irregeführten zu unterscheiden. Diesen muß geholfen werden, wieder auf den richtigen Weg zu kommen und sich von den Feinden des Sozialismus zu trennen.«

Das ist Verleumdung. Das gehört vor ein Gericht.

Herr Speck (Rentner): Wir brauchen eine veränderte Personal- und Kaderpolitik. Überall, wo autoritäre Strukturen herrschen, ob nun in großen Konzernen, bei den Kombinaten, in solchen Diktaturen oder auch in der Kirche, da wird Kaderpolitik wie eine Champignonzucht betrieben: Immer im Dunkeln, viel Mist dazwischen und sowie ein heller Kopf kommt, wird er abgeschnitten. In der Praxis bedeutet das, nur wirklich neues Denken in neuen Köpfen kann verhindern, daß so regiert wird wie bisher und aus den Sachfragen immer gleich Machtfragen gemacht werden.

Herr Petri (Tischler-Lehrling): Wir werden Aufgaben zu lösen haben, die im Ergebnis einer Politik entstanden sind, für die wir keinerlei Schuld oder Mitverantwortung tragen. Die wir aber bewältigen müssen. Meine Erziehung gebietet es mir, dies nach besten Möglichkeiten zu tun, dabei aber auch den erkennbaren Grund dieser Probleme nicht zu vergessen. Ich zitiere August Bebel, der sagte: Das Volk muß die Partei schieben, nicht die Partei das Volk. Seine Worte sind heute bezeichnend für viele Jahre Politik der SED. Aber die Zukunft kommt von selber. Wir machen Fortschritte oder auch nicht. Die Gegenwart stellt alle vor komplizierte Aufgaben, und vorerst sind keine Mittel zur Lösung zu sehen. Da ist dann wohl mancher Kunstgriff, manches Kunststück notwendig. Wir sind hier bis auf weiteres alle Künstler.

Herr L. (Offiziersschüler der VP-Bereitschaft): Ich möchte die Frage der Verantwortung zu den Übergriffen bei den Demonstrationen noch einmal neu stellen. Wir haben Ende September/Anfang Oktober in Einsatzbereitschaft gesessen. Täglich hatten wir das aktuelle Gespräch, in dem uns die Offiziere einiges eingeschärft haben. Sie haben gesagt, daß sie das Gesicht der Konterrevolution gesehen haben und daß wir vor der Alternative stehen: die oder wir. Sie haben gesagt, daß die Massen vor nichts mehr zurückschrecken. Und wir haben dann auch in Angst und Schrecken und in Haß in der Einsatzbereitschaft gesessen. Und dann mußten wir ausrücken und die Demonstranten von den Plätzen verscheuchen. In dieser Situation – ich weiß nicht, ob Sie sich da reinversetzen können – ist natürlich auch der Schlagstock falsch zum Einsatz gekommen. Es hat Übergriffe gegeben, und jetzt sollen diese Anwärter und Wachtmeister der VP, die zum Teil meist nur ihren eineinhalbjährigen Wehrdienst ableisten, zur Verantwortung gezogen werden. So sind jetzt die Diskussionen, und die müssen im Keime erstickt werden. Die Offiziere, die das zu verantworten haben, müssen zur Verantwortung gezogen werden – aber nicht die normalen Wehrdienstleistenden.

Frau G.: Nicht alle Häftlinge sind unter die Amnestie gefallen, auch mein Sohn nicht, und ich möchte doch an die Regierung appellieren, an den Generalstaatsanwalt und an den Rechtsausschuß der Volkskammer, diese Amnestie noch einmal zu überprüfen und diese Haken und Schlingen daraus zu beseitigen, denn diese Menschen, die dort noch sitzen, die haben praktisch nichts anderes gewollt, als nur einmal in den anderen Teil Deutschlands zu gehen. Dafür verurteilt zu werden, finde ich ungerecht, und das muß geändert werden.

Nächste Woche, am Montag, darf ich meinen Sohn für eine Stunde sprechen. Da muß ich von Thüringen bis nach Cottbus 8 ½ Stunden Bahnfahrt auf mich nehmen. Vorher muß er sich dann splitternackt ausziehen und muß sich von 3 Bewachern überall hinfassen lassen, dann darf er sich wieder bekleiden – um mich zu sehen. Ich finde das eine Scheußlichkeit, menschenunwürdig. Ich darf meinen Sohn nur mit Handschlag begrüßen. Ich habe manchmal das Gefühl, er braucht eine Umarmung, ein Streicheln von mir. Selbst das wird mir nicht gestattet. Das ist unmenschlich, und ich hoffe, daß so etwas nie wieder geschieht.

Herr Masur (Gewandhauskapellmeister): Können wir bitte den Namen Ihres Sohnes noch erfahren?

Frau G.: Ich danke Ihnen so sehr, daß ich hier sprechen darf und daß Sie sich meiner Sorgen annehmen. Ich kann bald nicht mehr, ich habe in den eineinhalb Jahren soviel für den Jungen zu tun versucht, und ich bin nur gegen Gummiwände gerannt. Mein Sohn heißt Alexander G. und ist inhaftiert in Cottbus …

Herr Masur (Gewandhauskapellmeister): Wir werden das als Anlaß nehmen, alle in ähnlicher Weise noch Inhaftierten sofort freizukämpfen, wir versprechen Ihnen das.

»Wie können wir es wagen, so mit den Bürgern umzugehen?«

Bürgermeinungen zum Thema Stadtentwicklung, Ökologie und Gesundheit

Herr Haupt (Krankenhaus St. Georg): Wir sind eine Stadt mit einem hohen Krebsrisiko durch die Luftverschmutzung. Deshalb müssen endlich seitens der Regierenden und durch die Initiative verschiedener Gruppen kleine und mittlere Schritte zur Veränderung auf diesem wichtigen Gebiet eingeleitet werden.

Ich halte es für hoffnungsvoll, daß es in unserer Stadt Basisgruppen gibt, die sich über die FDJ hinaus dem ganz dringenden Problem des Umweltschutzes aktiv widmen. Ich glaube, daß die Sehnsucht junger Menschen zur Gestaltung unserer Umwelt ein elementares Lebensrecht verkörpert; denn sie wollen ihre Kinder in eine Welt hinein gebären, die nicht gefährdet ist durch Umweltvergiftung. In Leipzig ist eine besonders depressive Stimmung vorhanden, weil unsere Stadt auch ein schlimmes Aussehen hat. Ich war in den letzten Tagen in unserem Land unterwegs und habe mit Erstaunen festgestellt, daß es in anderen Städten mehr Sauberkeit und planmäßige Gestaltung gibt. Hier müssen Bürgerinitiativen genutzt werden. Sicher würden sich viele Menschen lieber an der Restaurierung alter Gebäude beteiligen, statt in ihren AWG-Stunden sinnlos Erde zu schippen.

Das, was unsere Handelsstadt Leipzig an Devisen durch die Messen erarbeitet, soll zehn Jahre lang dieser Stadt zur Verfügung stehen, um ökologische und bauliche Dinge in Ordnung zu bringen. Früher waren Handelsstädte immer reiche Städte. Jetzt sind wir eigentlich die ärmste Stadt unseres Landes.

Ein Wort noch zu unseren Krankenhäusern. Das Ansehen einer Stadt und des Gesundheitswesens ist wesentlich mitgetragen von dem Aussehen und der Geborgenheit, die Patienten in ihren Krankenhäusern erleben. Ich bitte, daß Rekonstruktion und Fertigstellung der Krankenhäuser, die sich jetzt im Aufbau und im Umbau befinden, vorgezogen werden vor mancher anderen Aufgabe. Wir brauchen sicher kein neues Bowlingzentrum, wir könnten vielleicht auch das nächste Sportfest um einige Jahre verschieben und erst mal das in Ordnung bringen, was den Menschen dieser Stadt besonders am Herzen liegt.

Herr Schulz: Ich wohne in Grünau, wo wir gern mit Energie wüsten. Ich bin auch der Meinung, daß wir unsere Subventionen überdenken müssen. Das betrifft zum einen die Preise für Energie, und zum zweiten betrifft es bestimmte Waren. Wir haben jetzt eine offene Grenze. Viele Ausländer schleppen diese Waren weg und haben am Schluß einige 100 Prozent Gewinn gemacht. Das geht so nicht.

Herr C. (Student an der Universität Rostock): Für mich ist die Stadt als Lebensraum wesentlich. Es müssen wieder mehr Tier- und Pflanzenarten in die Stadt Einzug finden, und die Stadt muß wieder zu einer Grundlage der Erholung von der Arbeit werden. Es konzentrieren sich hier immer mehr Menschen, und die Menschen können keine Ruhe und Besinnung finden. Das beste Beispiel dafür ist die Entwicklung des Neubaugebietes Grünau, das total zugebaut ist. Ich plädiere dafür, in Neubaugebieten mehr Grünflächen anzulegen, Naturwiesen, um gewisse Pflanzen- und Tierarten wieder anzusiedeln. Ich plädiere dafür, daß die Radwege ausgebaut werden und eventuell Sonderregelungen für den privaten Personenverkehr eingeführt werden. Es ist unverständlich, daß sich jeden Morgen die Blechlawinen ins Zentrum walzen, weil der Nahverkehr unterentwickelt ist. In manchen amerikanischen Städten zum Beispiel besteht ein Fahrverbot für Pkws, die nur mit einer Person besetzt sind. Da müssen Fahrgemeinschaften mit drei oder vier Personen gebildet werden. Busse können Sonderspuren benutzen, damit der Verkehr schneller fließt und die Luft nicht so verdreckt. Deshalb bin ich für eine Offenlegung gesundheitsrelevanter Daten. Der Bürger darf nicht mehr entmündigt werden.

Auch bin ich für einen Wegfall der Subventionen für Güter, die verschwendet werden. Gerade diese Gelder könnten dann für Umweltschutz oder für Rentenerhöhungen eingesetzt werden. Ich sehe zum Beispiel die Verschwendung an Brot, die Verschwendung an Wasser, an Energie. Es geht nicht, daß in Karl-Marx-Stadt der Wasserverbrauch pro Person und pro Tag auf 44 Liter angestiegen ist, das sind unverständliche Daten. Weiterhin muß ich sagen, daß die DDR im Fleischverbrauch an erster Stelle der Welt steht. Der DDR-Bürger kauft Unmengen von Fleisch, und das führt zur Belastung der Umwelt. Wir machen unsere Böden kaputt mit Gülle, wir machen unsere Gewässer kaputt mit Nitraten, mit anderen Nährstoffen. Wir müssen den Gemüseanbau forcieren, es gibt jetzt viel zu tun.

Herr Kempe (Baufachschule Leipzig): In Zukunft müssen regionale Interessen und Bedingungen viel stärkere Beachtung finden, und es müssen dazu eigenständig Lösungen gefunden werden. Zum Beispiel kann Leipzig nicht für die halbe Republik die Braunkohle bergen und dabei seine eigene Landschaft verwüsten …

Herr Lange (Kabarettist und Autor): Leipzig hatte einen Krieg und eine Nachkriegszeit und in beiden Phasen nahezu gleich große Verluste. Jetzt ist diese Stadt nicht mehr aus eigenen Mitteln zu retten. Wir brauchen internationale Hilfe, Spezialisten, Investitionen, um aus der Messestadt wieder eine Metropole zu machen.

Ein Herr (Martin-Luther-Universität Halle): Mich beunruhigt das Herannahen der Braunkohlentagebaue an die Stadt, besonders vom Norden her. Wir sollten hier eine Resolution verfassen, daß der Tagebau spätestens an der jetzigen Autobahn gestoppt wird. Da müssen andere Lösungen gefunden werden.

Zwischenruf: Wir brauchen Atomstrom!

Herr Kempe (Baufachschule Leipzig): Ich verlange den massiven Ausbau der Fernheizung, besonders für das verqualmte Stadtzentrum. Für ausgewählte Betriebe muß die Heizung umgestellt werden; eine tatsächlich funktionierende Rauchgasfilterung und Entschwefelung für Kraftwerke und Großbetriebe sowie ein Fahrverbot an ausgewählten Tagen und Zeitabschnitten müssen eingeführt werden.

Herr T. (Ingenieur): Ich möchte eine Bürgerinitiative gründen, sie »Leipziger Initiative« nennen und sie amtlich eintragen lassen. Ziel der Initiative ist die Vermarktung der Mauer in Berlin übers Jahr 2000 hinaus.

Dazu habe ich bereits einen Eilbrief an Herrn Modrow abgesandt. Ich lese einmal vor:

Werter Herr Modrow.

Meinen persönlichen Glückwunsch zur Wahl ins Politbüro und zum Vorsitzenden des Ministerrats. Sie als Dresdner haben ein besonderes Herz für Umwelt und Natur, und deshalb wende ich mich mit diesem Vorschlag für weitere demokratische Umgestaltung an Sie persönlich. Mein Vorschlag greift das auf, was die Menschen rufen: Die Mauer muß weg!

Ich meine aber, wir sollten sie als Stadtmauer stehen lassen und bepflanzen. Dazu würde sich ein geschlossener Satz Weinreben eignen. An meinem Eigenheim stehen seit zwölf Jahren Meißner Weinreben, die in jedem Jahr guten Ertrag bringen. So wie die Mauer jetzt ist, ist sie eine brachliegende Fläche. Rüstet man die Mauer aber mit einem Drahtrahmenspalier aus, lassen sich große Mengen herrlicher Kelter- und Tafeltrauben, also volkswirtschaftliche Werte, erzeugen. Es sollen hier aber nicht nur die materiellen Werte angesprochen werden, sondern auch der symbolische Wert und Sinn der ganzen Aktion.

Herr Heyde (Botanischer Garten Leipzig): Ich arbeite an einer sehr schönen, aber leider auch ruinierten Sehenswürdigkeit in Leipzig, nämlich dem Botanischen Garten. Und ich fühle mich eigentlich als ein Grüner. 1984 wurde eine Artenschutzbestimmung erlassen. Es wurden aber nicht Arten unter Schutz gestellt, die des Schutzes bedürfen, sondern Arten, die schön bunt aussehen. 1985 nahm ich in Erfurt an einer nationalen Fachtagung der Entomologen der DDR teil. Dort wurde eine Resolution verabschiedet, die den Zentralrat der Entomologen der DDR verpflichtete, eine Eingabe an das Ministerium für Umweltschutz zu schreiben, in der die 1200 anwesenden Entomologen einstimmig forderten, diese Artenschutzverordnung durch eine neue, eine wahre zu ersetzen. Auf diese Eingabe ist immer noch keine Antwort gekommen. Vier Jahre hat der Minister dazu geschwiegen! Wir brauchen doch, um unsere Umwelt zu schützen, auch den integrierten Arten- und Biotopschutz und nicht nur allgemein Umweltschutz. Denn wie eine Studie der Karl-Marx-Universität belegt, werden bis zum Jahr 2000 41 Prozent der Pflanzenarten und 25 Prozent der Tierarten verschwunden sein – in Europa und in der DDR. Und das ist doch sehr makaber. Das wird uns nicht auffallen, denn Roggen und Weizen werden ja noch zu sehen sein, aber diese vielen einzelnen Schönheiten, das genetische Potential unserer Erde, aus dem auch wir uns entwickeln, das geht uns verloren. Und ich fordere deshalb hier an dieser Stelle ganz öffentlich den Rücktritt des Ministers, der absolut versagt hat.

Herr Petri (Tischler-Lehrling): Im Gewandhaus vereinigen sich zahlreiche Künste wohlwollend mit der Kunst der Musik. Jeder, der hier schon einmal als Hörer musikalischer Werke zugegen war, weiß um die Qualität dieser Räume. Zu diesem Eindruck war nicht nur die Arbeit der Architekten, sondern auch die der Tischler, Glaser, Maurer, Maler, Klempner, Elektriker, Orgelbauer und vieler anderer nötig. Nicht zu vergessen die Bemühungen der kulturpolitisch Verantwortlichen.

Doch finde ich, daß der Identität dieses Hauses keine gebührende Realität gegenübersteht. Wenn ich aus dem Gewandhaus herauskomme, stehe ich einem großen Parkplatz gegenüber. Das muß man sich einmal vergegenwärtigen: Ein Parkplatz auf dem größten Platz unserer Stadt. Wären nicht stilvolle Bänke, Bäume, eventuell Fontänen, aber gewiß diese alten gußeisernen Laternen viel angebrachter? Wenn ich nicht falsch informiert bin, gibt es mit dem Opernhaus sehr bald bauliche Probleme, ich hörte etwas von mangelnder Bodenstabilität. Sollte es so sein, dann stehen dort doch bald immense Arbeiten an. Kann man nicht den Zeitraum der rekonstruktiven Sicherung dazu nutzen, um beim Opernhaus ein Parkhaus für Autos zu bauen? Rein technologisch können wir das, wie ein Blick in unsere Hauptstadt zu einem teuren Devisen-Nobelhotel zeigt. Ob diese Technologien wohl auch außerhalb Berlins realisierbar sind? Wenn ich, aus dem Gewandhaus kommend, nicht geradeaus, sondern nach links blicke, sehe ich auf die unschöne Fassade der KMU mit einem pompösen und viel zu gewaltig wirkenden Relief, das Karl Marx nicht gemäß ist. Wenn die KMU ihr ideelles Sein verändert, wäre es da nicht nötig, auch ihre sichtbare Außenseite zu erneuern? Ein Vorbild wäre die Uni zu Zeiten des Augustusplatzes – das nur als Tip.

Herr Pommert (Sekretär der SED-Bezirksleitung Leipzig): Der Zusammenhang von ökonomischem Wachstum und Ökologie in unserem Lande muß ein Feld – das meinen auch wir – freimütiger Diskussion und Erörterung sein, einschließlich der Stadtgestaltung Leipzigs.

Herr Bauermeister (Städtische Klinik für Orthopädie Leipzig): Als alter Leipziger sehe ich, so wie wir alle, den Verfall unserer Stadt mit Wehmut und Verbitterung. Wenn ich heute die Gesundheitseinrichtungen in dieser Stadt betrachte, mit welcher Nachlässigkeit sie behandelt werden von den Verwaltungsleitern und Wirtschaftsleitern, dann kann ich nur sagen, es ist eine Schande für diese Leute und für unsere Gesellschaft, denn so schlecht sind wir nicht. Ich meine, es ist einfach, ein bißchen Ordnung zu schaffen und sach- und fachkompetente Leute an diese verantwortungsvollen Posten zu stellen und nicht abgehalfterte Armisten, Abgänger von Parteischulen und andere.

Herr Zimmermann (Theologe): Wie haben lange überlegt, wie wir mit einem drängenden Problem in unserem Land fertig werden, und das ist die Situation im Gesundheits- und Sozialwesen. Dann haben wir auch überlegt, wie das, was seit 14 Tagen politisch aufgebrochen ist, umgesetzt werden kann. Wir haben gedacht, ein Reformgesetz wäre so etwas, ein Gesetz über einen zivilen Wehrersatzdienst. So ein Gesetz gäbe die Möglichkeit, den großen Bedarf an pflegerischem Personal und Hilfskräften in Krankenhäusern, in Alten- und Pflegeheimen zu decken. Das wäre Arbeit für die Menschen, die es am meisten brauchten, weil sie 40 Jahre ihre Kraft in diese DDR eingebracht haben. Unter internationalem Aspekt könnte solch ein Gesetz die militärische Abrüstung ergänzen. Die Synode meiner Kirche hat erklärt: »Wir sehen im Dienst für die Schwachen ein beispielhaftes Bewährungsfeld für die praktische Zusammenarbeit von Christen und Nichtchristen.« Dieser Bewährung müssen wir uns stellen.

Herr Lindenau (Herzchirurgische Klinik der Karl-Marx-Universität): Es muß endlich klar gesagt werden, was wir für ein Gesundheitswesen haben. Wir haben kein gutes Gesundheitswesen. Wir haben einige Spitzenleistungen, aber wir haben in der Quantität einen sehr hohen Nachholebedarf. Es ist unerträglich für einen Arzt zu entscheiden, ob ich diesem Menschen helfe oder nicht helfe, speziell natürlich in der Chirurgie.

Für einen Herzchirurgen ist es unerträglich zu selektieren, ob ich am Tag von ca. 40 Anmeldungen 2, 3, 4 oder 5 berücksichtige, weil 60 Prozent der herzkranken Menschen innerhalb eines Jahres versterben. Und die Erwartungen, die das Volk in das Gesundheitswesen setzt, mußten die Fachleute fast allein tragen. Jeder soll das verantworten, wofür er bezahlt wird. Wir brauchen Kontrolle. Für einen Chirurgen ist das einfach. Mich kontrolliert jeden Tag das Leben. Wenn ein Patient tragischerweise auf dem Operationstisch verstirbt, muß ich mich bei der Gerichtsmedizin anzeigen. Ich erwarte diese Kontrolle auch bei meinen Vorgesetzten und bei den staatlichen Verantwortlichen.

Im letzten Jahr sind 20 Berufskollegen aus unserer Klinik gegangen, davon 11 in die BRD. Wir schaffen es nur unter größten Anstrengungen, die Operationen durchzuführen – es ist wirklich fünf nach zwölf.

Herr Lohmann (Stadtkrankenhaus Leipzig): Das Gesundheitswesen existiert nicht isoliert von der Gesellschaft, sondern ist ein integraler Bestandteil der Gesellschaft. Wenn ich die Lage aus medizinischer Sicht einschätze, dann würde ich sagen, unsere Gesellschaft ist zur Zeit ein schwerkranker Patient, wir sehen ihr alle an, daß sie krank ist. Im Moment fiebert der Patient ganz stark. Die Therapie, die zur Zeit gemacht wird, ist die Verordnung von fiebersenkenden Mitteln, um vielleicht morgen oder übermorgen sagen zu können: Mal sehen, ob sich's gebessert hat. Aber wir Mediziner wissen, vor die Therapie hat der liebe Gott die Diagnose gesetzt. Und die müssen wir weiter betreiben. Wenn ich im Bild bleiben darf, was der Patient jetzt braucht, ist eine Intensivtherapie.

Das erste und wichtigste Kriterium für die Arbeit des Gesundheitswesens ist die optimale Betreuung der Patienten und nicht die Durchsetzung einer Ideologie. Und wenn ich lese, daß auf den Vorschlag, ärztliche Niederlassungen wieder einzuführen, als Gegenargument nur gesagt wird, das entspricht nicht der sozialistischen Ideologie, dann kann ich nur sagen: Die Patienten wird das nicht interessieren. Den Patienten interessiert, mit welcher Methode er am besten betreut wird. Vielleicht muß man den Sozialismusbegriff dem Patienten anpassen.

Die nächste Forderung ist, daß das Gesundheitswesen einen höheren Stellenwert in der Gesellschaft einnehmen muß. Es darf nicht als »unproduktiver Bereich«, als das fünfte Rad am Wagen gelten.

Wir müssen Prioritäten setzen im Gesundheitswesen und diese zum Teil sinnlosen Dispensaire-Untersuchungen, Reihenuntersuchungen, Kontrolluntersuchungen, die aufgeblasene Sportmedizin und das Begutachtungswesen reduzieren. Höher würde ich auch die Betreuung unserer älteren Mitbürger bewerten und nicht nur die Jugend mit ihren großen Pfingsttreffen fördern. Heute habe ich in der »Jungen Welt« gelesen, daß der Vorsitzende der Pionierorganisation vorgeschlagen hat, das Haus der Jungen Pioniere zu einem Rentnerheim umzufunktionieren. Das finde ich ausgezeichnet. Aber es ist unmöglich, das zum Prinzip zu machen und die Rentner auch noch in die Pionierrepublik am Werbellinsee zu schicken. Diese Menschen haben unsere Gesellschaft aufgebaut, wir müssen sie mehr achten.

Zudem glaube ich, daß wir unseren Bürgern eine höhere Eigenverantwortlichkeit für ihre Gesundheit zumuten müssen. Wer sein Auto an den Baum fährt, der muß dafür selbst bezahlen oder sich vorher versichern. Heute ist es doch so, daß selbst der, der mit seiner Gesundheit wüstet, noch Krankengeld und Rente gezahlt bekommt. Wir sind ja so stolz gewesen auf das sozialpolitische Netz unseres Staates. Wer bezahlt das aber? Wir alle, die wir gearbeitet haben. Wir haben das Geld dafür erbringen müssen. Ich glaube nicht, daß wir alle sozialpolitischen Maßnahmen in dieser Weise weiter durchstehen können und daß wir im Gesundheitswesen weiterhin alles kostenlos machen können.

Herr Bauermeister (Städtische Klinik für Orthopädie Leipzig): Wir brauchen für die Ärzteschaft, so wie es im Handwerk beispielsweise üblich ist, eine Interessengruppen-Vertretung. Diese Einheitsgewerkschaft, in der wir alle bis hin zur Scheuerfrau verankert gewesen sind, ist nicht geeignet, unsere spezifischen ärztlichen Interessen wahrzunehmen.

Herr Slomiany (Robert-Koch-Klinik): Die Beteiligung der Bevölkerung an den Arzneimittel-Kosten ist unabdingbar, ob über Rezeptgebühren oder auf andere Weise. Über soziale Notstände, die dabei auftreten, kann allemal noch entschieden werden. Wir würden dadurch Hunderte Millionen Mark für Arzneimittel einsparen, und die Industrie bekäme für die Arzneimittel auch wieder Kapazitäten frei. Ich habe früher selbst im Arzneimittelwerk gearbeitet und erlebt, wie manche Medikamente immer zurückgestellt worden sind, weil sie zu wenig Geld bringen.

Außerdem fordere ich eine bessere Qualität der Altenversorgung und -betreuung, dabei aber auch eine höhere Kostenbeteiligung der Angehörigen oder der Rentner selbst. Ich bin nicht damit einverstanden, daß der Staat neue Altenheime und Pflegeheime bauen soll, während die Angehörigen die Renten kassieren und für einen Heimplatz nur 120,– Mark bezahlen. Das ist doch absoluter Nonsens.

Frau Thielemann (Physiotherapeutin, Bezirkskrankenhaus St. Georg): Ich arbeite in der neurologischen Abteilung, wir waren dort vier Kolleginnen, jetzt sind wir nur noch zwei. Unsere Behandlungsräume sind in einem Zustand, der ist unter jeder Würde. Eigentlich schäme ich mich, daß meine Patienten jeden Tag dort hinunter zur Behandlung kommen. Der Salpeter fällt von der Decke, das rohe Mauerwerk guckt hervor. Der Zugang zum Behandlungsraum – er liegt natürlich wie bei fast allen physiotherapeutischen Abteilungen im Keller – führt über eine steile Stiege. Wir haben es häufig mit gelähmten Patienten zu tun und müssen sie hinuntertragen. Aufgrund des Personalmangels sind wir oftmals nicht in der Lage, die Patienten umfassend zu behandeln. Wir haben keine ordentlichen Hebegeräte, es fehlt auch an anderem; und ich fühle mich nur als Kran für die Patienten. Selbst wenn ich ganz geringe Dinge brauche, sind große Anträge nötig, damit ich ein paar Behandlungsgeräte bekomme, die zum Teil zwei Mark fünfzig kosten.

Herr Hampe (Schule für Körperbehinderte in der Klinik Dr. Sacke): Mit großem Interesse haben auch wir Behinderte die Erneuerung in unserem Lande verfolgt. Die seit Wochen offenen, ehrlichen und kritischen Meinungsäußerungen in unseren Medien haben uns Mut gegeben, über unsere Probleme und Wünsche in der Öffentlichkeit zu sprechen. Wir Schwerstkörper-Behinderte stellen nur einen kleinen Teil der Bevölkerung unseres Landes dar, aber auch wir haben Träume, unsere Zukunft lebenswerter zu gestalten. Wir möchten kein Mitleid, sondern zum Nachdenken anregen.

Das wichtigste Problem betrifft das Verhältnis unserer Mitmenschen zu uns Behinderten im täglichen Leben. Aus Unkenntnis heraus entstehen oft Unsicherheiten oder sogar Ablehnung. Viele Leute, die nicht unmittelbar mit dem Leben von Schwerstgeschädigten zu tun haben, können dieses nicht in ihren Alltag einordnen. Deshalb muß noch viel öfter in Presse, Rundfunk und Fernsehen das Leben von Behinderten gezeigt werden. Jedem muß klarwerden, daß sie gleichberechtigte Mitmenschen sind. Da wir auf den Rollstuhl angewiesen sind, stoßen wir bei unseren Unternehmungen auf bauliche Barrieren. Selbst bei neu zu errichtenden Gebäuden werden die Richtlinien für das behindertengerechte Bauen kaum in die Projektierung einbezogen. Die Möglichkeit, Angebote im geistig-kulturellen Leben zu nutzen, ist dadurch stark eingeschränkt. Alle Unternehmungen sind für uns nur mit einem Fahrzeug zu realisieren. In der Stadt gibt es drei Behindertentaxis, von denen meistens nur eins fahrbereit ist. Seit mehreren Jahren hat sich unsere Schulleitung vergeblich darum bemüht, ein eigenes Fahrzeug zu erwerben.

Selbst an notwendiger medizinischer Fürsorge mangelt es. Seit 1½ Jahren werden wir wegen Personalmangels nicht mehr physiotherapeutisch behandelt.

Es ist auch unverständlich, daß wir jedes Jahr auf taube Ohren stoßen, wenn es um einen Ferienaufenthalt geht. Ob vielleicht die Türen der jetzt frei werdenden Gästehäuser und Ferienheime auch für uns offen stehen?

Frau Hoffmann (Kinderärztin): Im Stadtbezirk Nordost gibt es in räumlicher Hinsicht eine ganz miserable ärztliche Kinderversorgung. Wie sieht unsere Kinderabteilung aus? Wir haben keine Patiententoilette, wir haben keinen Aufenthaltsraum, wir haben einen Warteraum, den man nicht lüften kann. Da stehen die Patienten zu Hunderten gedrängt, da hat sich noch nie einer der Verantwortlichen sehen lassen. Das sind Zustände, die am Ende dieses Jahrhunderts unerträglich sind. Nun wurde eine Konzeption ausgearbeitet; doch um Abhilfe zu schaffen, wurde uns vorgeschlagen, in eine Schule des Baujahres 1896 umzuziehen. So können wir nicht weiterarbeiten.

DAMIT UNSERE GESELLSCHAFT NICHT „BEHINDERT" BLEIBT
RANDGRUPPEN" in unsere MITTE
FÜR
BAUEN OHNE BARRIEREN!

Frau Polster (Kinderärztin, Gesellschaft für Pädiatrie): Mein Hauptanliegen betrifft Sie, Herr Dr. N. Ich möchte zwei Beispiele nennen, wie Sie unser Vertrauen verloren haben.

1. Als Vorstandsmitglied der Regionalgesellschaft Mitte in der Gesellschaft für Pädiatrie kenne ich perspektivische Vorhaben für Wissenschaft und Praxis. Demzufolge begannen wir 1983 in der Poliklinik Süd unter Befürwortung unseres Chefarztes zusammen mit dem Internisten der PALT (poliklinische Abteilung für Lungenkrankheiten und Tuberkulose) eine Bronchitis-Dispensaire-Betreuung für Kinder und Jugendliche aufzubauen. Freudig stellten wir diese Neuerung zu einer Ärzteversammlung einem übergeordneten Leiter vor. Darauf erklärte dieser ohne weitere Befragung: Ich verbiete Ihnen das, Sie bilden sich wohl ein, Smog-Alarm auslösen zu können. Wir waren fassungslos. Drei Jahre später kommt von dem gleichen Mann die Weisung: Bronchitis-Dispensaire ist in den Kinderambulanzen durchzuführen!

2. Seit Jahren bemühen sich die Kinderärzte der Stadt um eine Urlaubserhöhung für die Kinderkrankenschwestern in der Ambulanz. Die Aufnahmeangestellten erhalten 19 Tage, unsere Kinderkrankenschwestern nur 18 Tage. Den Krippenerziehern, denen ich dies selbstverständlich gönne, wurde der Urlaub auf 23 Tage erhöht. Das finden wir nun noch ungerechter, 23 Tage erhielt auch der Arzt. Von allen Kinderkrankenschwestern der DDR fahren einzig und allein die Schwestern der Stadt Leipzig rund um die Uhr SMH, wobei sie uns Kinderärzten eine außerordentlich wertvolle Hilfe sind. 1985 war die Antwort des damaligen Bezirksarztes: Eine örtliche Regelung, wie sie Kollegin Polster vorschlägt, ist nicht möglich. Die Gewerkschaft schweigt.

Nach Aussage des Ökonomen des Rates des Bezirkes, Abteilung Gesundheitswesen, wäre jedoch eine geringfügige finanzielle Aufbesserung für die Kinderkrankenschwestern möglich gewesen. Das diesbezügliche Schreiben wurde auch Herrn Dr. N. zur Kenntnis gebracht, ist von ihm aber nicht zur Realisierung an die Stadtbezirksärzte gegeben worden.

Herr N. (Leitender Arzt mit Verwaltungsfunktion): Liebe Kolleginnen und Kollegen, ich bin sehr betroffen von ihrer Reaktion. Die Konsequenz, die ich daraus ziehe, muß ich mit mir selbst abmachen. Die zweite Bemerkung, die ich machen möchte: Wer den Mangel zu verwalten hat, muß auch lange mit dem Vorwurf leben. Nun will ich mich überhaupt nicht rechtfertigen, verstehen Sie mich bitte nicht falsch. Die andere Seite ist, daß ich mit einem Disziplinarverfahren bedroht werde, weil ich die Werterhaltung im Gesundheitswesen überzogen habe. Eine weitere Bemerkung: Die Urlaubsregelung für ambulante Schwestern und für Aufnahmekräfte ist entsprechend der Festlegung des Ministeriums in Zusammenarbeit mit der Gewerkschaft Gesundheitswesen so geregelt worden. Und es gibt seit längerer Zeit einen Antrag von uns, diese Regelung zu ändern. Bislang sagt dazu die Gewerkschaft: Solange keine Zentralentscheidung vorliegt, geht das nicht. Ich habe folgendes festgelegt und entschieden: Wir in Leipzig nehmen eine solche Urlaubsregelung in die Zuständigkeit unserer leitenden Ärzte. Es gibt ja die Möglichkeit, Zusatzurlaub zu erteilen, und davon kann jeder Leiter Gebrauch machen. Ich werde die ärztlichen Direktoren in dieser Richtung noch einmal ermutigen. Zu den Problemen mit der Bronchitis-Dispensaire-Behandlung kann ich nur sagen, daß ich dazu nicht im Detail informiert bin. Ich treffe alle Entscheidungen gemeinsam mit meinen beratenden Fachärzten. Für jedes Fachgebiet habe ich mindestens einen, für das Fachgebiet Allgemeines gibt es mehrere Fachärzte. Ich müßte also Rücksprache nehmen mit meinem beratenden Facharzt für Pädiatrie, um diese Dinge noch mal genau zu eruieren. Ich bitte Sie, das erst einmal zu akzeptieren.

Frau L. (Schwester im Pflegeheim Schönefeld): Ich arbeite im Pflegeheim Schönefeld, im Volksmund »Katastrophenheim« genannt. Ich möchte gleich dazu sagen, daß ich zu meinem »Katastrophenheim« stehe. Ich spreche hier auch im Namen meiner Mitarbeiter, die heute ja den Dienst versehen müssen. Ich habe 14 freie Planstellen. Der Pflege-Notstand ist bekannt. In der nächsten Woche kriege ich eventuell ein paar NVA-Soldaten als Hilfe, dafür muß ich aber einen Dreischichtler, einen ausgebildeten Facharbeiter für Krankenpflege, hergeben. Er wird jetzt am 2.11.1989 als Bausoldat zur NVA eingezogen. Es gab keine Möglichkeit, ihn zurückzustellen.

Frau Gabriel (Ärztin im Feierabendheim Martin Andersen Nexö): In den Altersheimen herrscht Pflegenotstand. Es handelt sich nur um eine Aufbewahrungsanstalt der alten Leute. Warum geht das Pflegepersonal weg? Ein Teil ist in die BRD gegangen, ein Teil nach Paunsdorf in das neue Heim, weil sie dort bessere Bedingungen haben als bei uns.

Frau H. (Schwester im Feierabend- und Pflegeheim Grünau): Wir bieten unseren älteren Bürgern ein solches Dasein, daß ich alles tun werde, damit ich niemals in so ein Heim muß. Ich glaube, daß die Artikel 35 und 36 unserer Verfassung noch Gültigkeit haben. Jeder Bürger der Deutschen Demokratischen Republik hat das Recht auf Schutz seiner Gesundheit und seiner Arbeitskraft. Jeder Bürger der Deutschen Demokratischen Republik hat das Recht auf Fürsorge der Gesellschaft im Alter und bei Invalidität. Doch was wir ihnen bieten, dafür müssen wir uns schämen. Wir bauen in Connewitz ein neues Feierabend- und Pflegeheim mit 215 Plätzen, doch es ist Blödsinn, daß wir das tun. Wir sind nicht in der Lage, die vorhandenen Heime mit Pflegepersonal zu versorgen. Und das hat nichts mit der Massenflucht zu tun. Das liegt einfach daran, daß wir eine Bevölkerungspyramide haben, die man beachten muß.

Ich habe 30 Schwestern in meinem Stellenplan, aber nur 6,6 im Dienst. Diese Frauen leisten sehr viel. Es fehlt an den einfachsten Mitteln: an Windelhosen, an einer Hebebühne. So sieht das Leben eines alten Menschen in diesem Lande aus. Und wir haben nicht nur Alte. Wir haben Rehabilitative, wir haben Nachsorgepatienten, Alkoholkranke, die gar nicht zu uns gehören. Aber es gibt in diesem Lande keine andere Möglichkeit, sie unterzubringen. Und es ist nicht nur für diese Stadt symptomatisch, was hier gesagt wird. Es ist symptomatisch für die gesamte Republik.

Die alten Menschen sollen ihre großen 3½-Zimmer-Wohnungen aufgeben, aber wir bieten ihnen als letzte Heimstätte ein kleines Zimmer. Und das wäre noch gut. Es gibt bei uns auch Zimmer, die nur durch einen Vorhang geteilt sind. Wie können wir es wagen, so mit diesen Bürgern umzugehen? – Natürlich, hier geht es nicht um die Wiederherstellung der Arbeitskraft!

Dagegen verwahre ich mich. Es heißt immer, daß wir in unserem Land das beste und sozialste Gesundheitswesen haben – man darf nur nicht in Verlegenheit kommen, es in Anspruch nehmen zu müssen.

Herr Masur (Gewandhauskapellmeister): Die Frage ist wirklich, welches Angebot können wir den Menschen, die alt werden, machen; was bieten wir ihnen als Dank dafür, daß sie ein ganzes Leben in der Republik schwer gearbeitet haben? Und da müssen wir uns im internationalen Maßstab schämen. Hier müssen wir dringend die Möglichkeit schaffen, in Gottes Namen auch private Altersheime zu bauen. Der jetzige »Gnadensakt« des Staates jedenfalls ist tödlich.

Herr Tauchnitz (Diakonissenkrankenhaus): Mein Name ist Tauchnitz. Ich bin Chefarzt der Inneren Abteilung des Leipziger Diakonissenkrankenhauses und Honorarprofessor am Bereich Medizin.

Um mit einem Positivum zu beginnen: Unser Krankenhaus funktioniert! Es steht der Bevölkerung voll zur Verfügung. Wir leiden wie alle Häuser an chronischem Schwesternmangel, der regelmäßig zur Urlaubszeit zu Hasardspielen zwingt. Aber es ist in den letzten Monaten bei uns nicht ein einziger Arzt weggegangen, entgegen den Behauptungen des Kreisarztes in der Presse.

Dennoch sehe ich mit großer Sorge in die Zukunft. Die Zukunft der Medizin, das sind unsere Studenten und unsere jungen Absolventen. Sie werden an einer traditionsreichen Universität ausgebildet. Vor dem Ersten Weltkrieg hatte die Leipziger Medizinische Fakultät Weltruf. Vor dem Zweiten Weltkrieg war sie im deutschen Sprachraum führend. Wie sieht es heute aus? Eine selbstmörderische Kaderpolitik sorgte dafür, daß ein großer Teil der Lehrstühle nicht nach fachlichen Gesichtspunkten besetzt wurde. Die größten Chancen hatten aalglatte Opportunisten oder frühere Parteisekretäre. Viele, die gern ihr Rückgrat behalten wollten, haben die Universität verlassen. Wenn man außerhalb des Landes nach dem gegenwärtigen Direktor der Klinik für Innere Medizin gefragt wird, löst der Name nur Achselzucken aus. Daran hat man sich gewöhnt. Daß das auch im Umkreis von 30 Kilometern schon der Fall ist, ist befremdend. Dem Faß den Boden ausgeschlagen hat vor wenigen Tagen ein

Gespräch mit einer Studentin aus dem 4. Studienjahr; sie fragte mich, wer denn eigentlich der Direktor der Klinik für Innere Medizin sei?

In der Kaderleitung üben abgehalfterte Militärs ihre Diktatur aus, bestimmen, wer Dozent werden darf und wer nicht, und verwechseln Klinikchefs und verdiente Oberärzte mit ihren ehemaligen Rekruten. Wie lange noch, Herr Bereichsdirektor?

Die Ausbildungsergebnisse sind entsprechend. Im Interdisziplinären Kolloquium nach dem 6. Studienjahr wissen die Absolventen nicht, wie man eine Pneumonie behandelt, wie eine Harnwegsinfektion erkannt wird und worin der Unterschied zwischen einem Virus und einem Bakterium besteht. Das habe ich alles erlebt. Dafür werden die vor 6 Jahren eingebleuten biochemischen Daten hergesagt wie zu meiner Zeit vor dem Abitur die unregelmäßigen lateinischen Verben.

Noch schlimmer ist, daß man diese ungenügend auf ihre praktischen Aufgaben vorbereiteten Absolventen zudem frustriert und demotiviert, ehe sie ihre ärztliche Tätigkeit beginnen. Ich meine die staatliche Fachgebietslenkung. Ich habe nichts gegen gewisse Planziffern, aber es ist nicht einzusehen, daß Interessenten für Innere Medizin in die Augenklinik geschickt werden und solche für Augenheilkunde in die Innere Medizin. Wer es verstand, als Student am besten zu schauspielern, sich am rötesten zu gebärden, bekam trotz schlechter Leistungen eine Ausbildungsstelle an der Universität.

Ein weiterer Punkt, der mich sehr bewegt, ist die Schwächung der Inneren Medizin, indem staatlicherseits Absolventen auch gegen ihren Willen vorwiegend in die Allgemeinmedizin gelenkt werden. Dabei übernimmt ein Allgemeinmediziner in einer Großstadt zu 100 Prozent internistische Aufgaben, für die er nur ungenügend oder gar nicht ausgebildet ist. Notwendig wären mindestens zwei bis drei Jahre Tätigkeit in einer klinischen Einrichtung für Innere Medizin unter Anleitung und Kontrolle. Statt dessen hat der inzwischen zurückgetretene Minister am 7. November 1988 angeordnet, daß Facharztkandidaten klinischer Disziplinen einschließlich der Inneren Medizin drei Monate in der Allgemeinmedizin hospitieren sollen. Ich kann mir beim besten Willen nicht vorstellen, was internistische Facharztkandidaten dort besser lernen sollten als in der eigenen Einrichtung.

Und ein letzter Punkt: In den konfessionellen Häusern durften keine Famulanten und keine Studenten im 6. Studienjahr arbeiten, auch wenn sie dann bei uns ihre Facharztausbildung aufnahmen. Glaubte man, daß wir sie ideologisch vergiften? Dabei sind mir Vorlesungen durchaus erlaubt. In das Vakuum sind inzwischen Studenten aus Münster, Aachen, Göttingen und Tübingen eingesprungen, die für eine patientennahe, nicht übertechnisierte und nicht computerisierte praktische Ausbildung dankbar sind. Diese Famulaturen verliefen zur vollen gegenseitigen Zufriedenheit. Ich bekomme fast wöchentlich neue Anfragen. Den Nachteil haben die Leipziger Studenten und ihre späteren Patienten. Wie lange eigentlich noch?

Herr Rogos (Prorektor für Medizin an der Karl-Marx-Universität): Ich bin Prorektor für Medizin und möchte gleich vorausschicken, daß diese Funktion eine der wenigen Leitungsfunktionen in unserem Staat ist, die einem Rotationsprinzip unterliegen. Das heißt also, nach einer bestimmten Zeit scheidet man dort aus, so auch ich. Zunächst einmal sehe ich die Hauptaufgabe darin, die gegenwärtige Situation unter Kontrolle zu halten, eine Situation, die nicht nur dadurch gekennzeichnet ist, daß viele Ärzte und Schwestern gehen, sondern auch dadurch, daß wir in unserem Fach große Nachwuchsprobleme haben. Wir müssen tatsächlich, wie es hier schon gesagt wurde, im Gesundheitswesen grundsätzlich nach dem Leistungsprinzip bezahlen. Die Frage, welches Gehalt der Arzt im Vergleich zum Bauarbeiter bekommt, ist nebensächlich. Es muß Regulative geben, denen gemäß ein Arzt, der mehr leistet, auch mehr verdienen kann als jener Arzt, der nicht soviel leistet.

Wenn wir eine hausärztliche Betreuung erwarten, dann muß der Hausarzt einen Pkw bekommen, wenn er 17 Jahre darauf warten muß, wird das nicht funktionieren.

Nun zu einer Bemerkung von Professor Tauchnitz. Ich stimme mit vielen seiner Äußerungen überein, aber nicht mit allen.

1. Ich stimme mit ihm überein, Studenten sollen das 6. Studienjahr auch in konfessionellen Häusern ableisten können, daß sie es nicht durften, war bisher eine zentrale Festlegung, an die man gebunden war. Ich bin dafür, daß das dort genauso durchgeführt wird.

2. Seine Bemerkung zur Besetzung von Lehrstühlen. Über die Lehrstühle wird – wie bekannt – durch den Minister entschieden. Natürlich macht die Universität Vorschläge. Ich darf Herrn Professor Tauchnitz fragen: Ist er der Meinung, daß der Professor Lindenau, der auch Genosse ist, und ich persönlich, der ich auch in der Partei bin, daß wir Fehlberufungen sind? Wollen Sie diese Feststellung pauschalisieren?

Herr Tauchnitz (Diakonissenkrankenhaus): Ich habe nicht gesagt, daß alle Lehrstühle nach diesem Modus besetzt wurden, aber viele. Und was hat Herr Professor M. für die Innere Medizin in 15 Jahren geleistet? Er muß abberufen werden. Was hat Herr Professor Linde aus dem Institut für Mikrobiologie gemacht? Er verwandelte dieses Institut in ein Forschungsinstitut für Veterinärimpfstoffe, durchaus mit beachtlichen Erfolgen, aber unter Zweckentfremdung desselben. Er sollte abberufen werden.

Und wie sieht es am Bereich Medizin aus? Sie sind ein nebenamtlicher Bereichsdirektor. Das ist schon ein großer Vorteil. Es gab früher überwiegend hauptamtliche mit hauptamtlichen akademischen Stellvertretern. Jeder hatte noch akademische Sekretäre, ein Riesenapparat. Mein alter Chef – Professor Dr. Georg Wildführ – machte das in der Mittagspause, zweimal in der Woche, eine Stunde lang, wo heute vielleicht 60 Leute beschäftigt sind.

Herr Haupt (Krankenhaus St. Georg): Ich möchte Sie ganz herzlich bitten, daß wir, so wie wir aus Leipzig für die ganze Republik Signalwirkung verbreitet haben, was die Disziplin unserer Demonstrationen, die Schärfe der Argumentation betrifft, auch in dieser Diskussion die Sachlichkeit und die Kompetenz in den Vordergrund zu stellen. Es gibt eine menschliche Ehre, die man, wenn man die besseren Argumente hat, nicht zu verletzen braucht, um seine Argumente durchzubringen.

Herr Wolf (Kreiskrankenhaus Zwenkau und Markkleeberg): Einige Teile unseres Krankenhauses haben nicht nur den Kaiser Wilhelm gesehen, sondern auch schon August den Starken. Und jetzt gibt es einige Herren, die mit erhobenem Finger durch die Lande ziehen, und die kommen von der Technischen Überwachung. Und diese Technische Überwachung legt Auflagen fest, die wir dann in einer kurzen Zeit zu realisieren haben, wir Mediziner. Dazu gesellt sich noch die Staatliche Versicherung, die kündigt uns auch zu unserer Freude gleich noch den Versicherungsschutz auf.

Weil uns keiner ein richtiges Projekt macht und uns keiner die entsprechenden Materialien zur Verfügung stellt, beschaffen wir uns die Materialien, die Kabel, ja sogar die Gastransformationsschränke selbst. Wir haben den sozialistischen Wettbewerb gut organisiert und auch die Neuererbewegung. Und wir haben auch die elektrischen Steckdosen besorgt. Wenn wir nun auch noch den Patienten ausgeschaltet hätten, dann hätten wir sicherlich den Vaterländischen Verdienstorden erhalten.

Frau Z. (Ärztin): Ich bin Leitender Arzt in einer Geburtshilfe-Abteilung. Auch ich glaube, daß die Ärzte mehr Sozialprestige brauchen, das wünsche ich mir nicht nur, wenn ich in der Kaufhalle anstehe nach einem harten Dienst. Ich wünsche es mir vor allem für meine jungen Kollegen. Ich selbst als Leiter kann mich in der Klinik schon noch durchsetzen. Aber es ist unmöglich, wie in der Klinik die jungen Mediziner von den Mitarbeitern der Abteilung Technik, von Mitarbeitern der Ökonomie und ganz besonders aber auch von Mitarbeitern übergeordneter Dienststellen behandelt werden. Hier muß sich sofort etwas ändern.

Ich bin Mitglied der SED, und ihr versteht es darum wohl, daß ich meine Vorschläge nicht an das Neue Forum geben möchte. Ich möchte sie meiner Partei geben. Aber diese Partei ist im Gesundheitswesen momentan nicht in der Lage, diese Dinge anzugehen. Also bringe ich sie hier zur Sprache, zum Beispiel bei meinem Genossen Dr. N., der mein Vertrauen besitzt. Ich denke, daß gerade diese Bürokratie verändert werden muß, schnellstens, so daß wir rasch ein arbeitsfähiges Gremium haben.

In der Stadt gibt es wenige Hebammen. Im Stadtbezirk West, im großen Grünau, haben wir nur zwei Hebammen, die ambulante Geburtshilfe leisten. So geht das nicht.

Sofort sollte wieder die Erwachsenen-Qualifizierung für Hebammen eingeführt werden, und zwar so unbürokratisch, wie das an der Hebammen-Fachschule des Bereichs Medizin war. Derzeit ist das sehr umständlich, zudem kann die Ausbildung nur in Berlin erfolgen.

Ich bitte weiter darum, daß sofort alle Ausbildungsassistenten den ausbildenden Kliniken unterstellt werden. Es kann nicht sein, daß ich über den Ärztlichen Direktor und den Ökonomischen Direktor betteln muß, damit eine ausgezeichnet arbeitende Kollegin eine Prämie bekommt.

Auch an unserer Klinik sind Partei und Staat sofort zu trennen. Ich war mehrere Jahre Parteisekretär an meiner Klinik. Glaubt mir, liebe Kolleginnen, ich stünde heute leichter da, wenn ich sagen könnte, daß es die Partei war, die an unserer Klinik vieles vorangebracht hat. Das kann ich nicht sagen.

Insgesamt haben wir im Gesundheitswesen viel erreicht. Ich bin auch stolz darauf. Ich kann nicht nur schimpfen. Und als Leiter sage ich meiner Abteilung ein ganz großes Dankeschön. Wir haben die niedrigste Säuglingssterblichkeit im Bezirk und in der ganzen DDR. Wir stehen international gut da. Da steckt so viel Leistung dahinter. Mag sein, daß wir mitunter gegenüber anderen Fachrichtungen ein bißchen privilegiert gewesen sind, denn Säuglingssterblichkeit ist eben ein Politikum und wurde so behandelt. Aber in meinem Kreißsaal arbeiten 12 Hebammen, und da war keine einzige mit Ausreiseantrag dabei; sie haben den ganzen Sommer im Dreischicht-System gearbeitet und monatlich 250 Kinder entbunden. Na, ist das nichts? Ich meine, wer als Arzt verantwortungsbewußt gearbeitet hat, der braucht sich heute nicht zu schämen, auch nicht, wenn er Mitglied der SED war und bleiben wird.

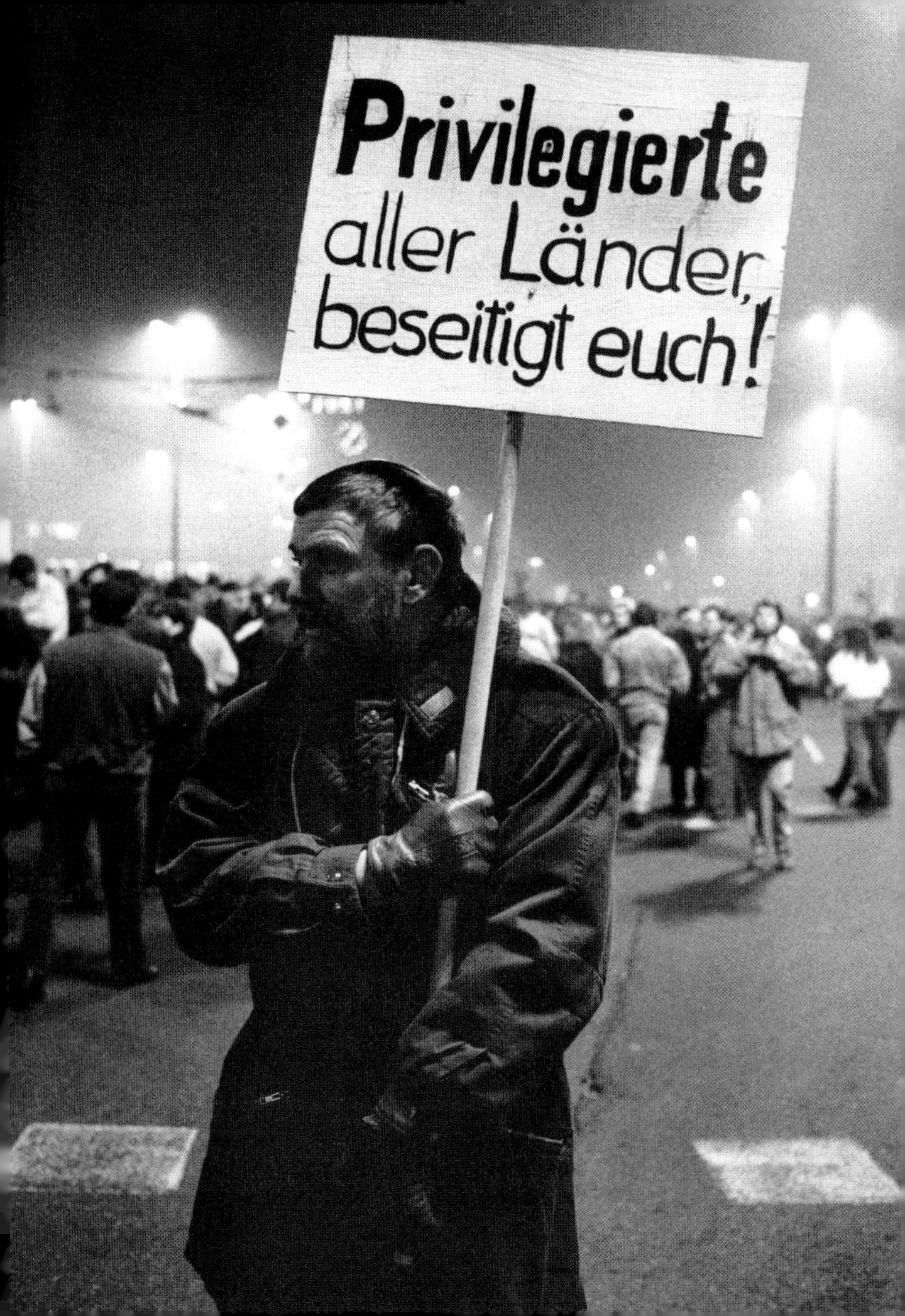
Privilegierte
aller Länder,
beseitigt euch!

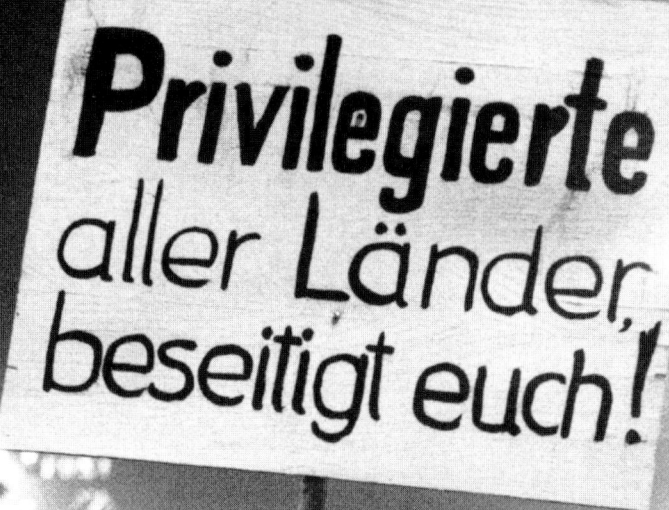

»Gedanken sind nicht frei, solange sie jeder für sich behält«

Kunst, Kultur und Bildung aus der Sicht der Bevölkerung

Herr Magirius (Superintendent für Leipzig-Ost): Eine offene freimütige Erziehung unserer Kinder und Jugendlichen ist eines der wichtigsten Anliegen unserer Zeit. Das Ministerium für Volksbildung hat sich durch die Jahre hindurch verweigert, mit uns, den Kirchenleuten, über diese brennende Thematik zu sprechen. Wir wollen nicht, daß weiterhin Menschen erzogen werden, die zwei Gesichter haben, eins für die Schule und eins für zu Hause.

Eine Volkskammer-Abgeordnete: Ich bin jetzt seit zweieinhalb Jahren in der Volkskammer im Ausschuß für Volksbildung und habe leider keine Verbündeten gefunden, um über die Bildungsinhalte für unsere Kinder zu sprechen. Im Volksbildungsausschuß ging es immer nur um pragmatische Fragen wie Schulspeisung, Dächer, Hausmeister. Dabei müssen wir unbedingt inhaltliche und konzeptionelle Fragen in diesen Ausschuß bringen. Ich werde mich engagieren, damit dieses Problem, das Superintendent Magirius angesprochen hat, auch wirklich im Ausschuß behandelt wird, und das nicht erst in Vorbereitung eines Pädagogischen Kongresses.

Eine Stadtbezirksschulrätin: Ich bin mit Leib und Seele Lehrer. Ich bilde mir ein, ich war kein schlechter Lehrer, denn die Schüler, die früher von mir unterrichtet worden sind, glaube ich, schätzen mich im wesentlichen noch, aber das hat nichts mit mir zu tun, sondern das hat etwas mit dem Lehrersein zu tun. Ich bin der Auffassung, daß es an der Zeit ist, die uns vorliegenden inhaltlichen Konzeptionen zur Bildung und Erziehung unserer jungen Generation tiefer im Sinne der Wirksamkeit der Erziehung zu durchdenken. Ich bin auch der Auffassung, daß es seit Jahren Bewährtes gibt, das dürfen wir hier nicht vergessen. Wir alle, die wir hier sitzen, sind Mütter, sind Väter. Ich als Mutter schreibe das, was aus meinem Kind geworden ist, nicht nur den Lehrern zu, sondern auch mir. Das, so meine ich, sollte unser gemeinsames Denken sein:

Wie können wir als Menschen, ich will das Wort Gesellschaft hier sehr zurückhaltend gebrauchen, solche Bedingungen schaffen, daß unsere Kinder – und hier erhoffe ich mir auch Beifall – diese unsere Gesellschaft weiter gut aufbauen, damit wir noch recht lange so niveauvoll diskutieren können.

Frau Pilz (Sportlehrerin): Ich gehöre zu den Vertretern einer Berufsgruppe, die – das ist zumindest in den Köpfen der Lehrer so verankert – im Volke wenig Ansehen genießt, weil sie unsere Jugendlichen dazu erziehen, daß sie zwei Gesichter haben, ein Gesicht für die Schule und ein Gesicht für das Leben. Viele Bürger und viele Berufsgruppen in unserem Land haben zwei Gesichter. Wir haben uns allzu lange daran gewöhnt, nur noch zu sagen, was man von uns hören will, und nicht das, was wir wirklich denken. Unsere Arbeit mit den Kindern ist ja durch zentrale Vorgaben des Ministeriums für Volksbildung geprägt, und es ist sehr schwer, diese Richtlinien für das Pionier- und FDJ-Leben und für die Gestaltung der Nachmittage außer Kraft zu setzen, es sei denn, das Ministerium weist uns einen anderen Weg. Und als ich heute früh die neueste Nummer der Deutschen Lehrerzeitung aufschlug, wurde mir klar, daß die Volksbildung und diese Zeitung wohl die letzten sein werden, die etwas ändern wollen und sich dem Neuen öffnen.

Herr Masur (Gewandhauskapellmeister): Dann müßt ihr in eurem Bereich auch kämpfen und euch nicht wieder Weisungen geben lassen.

Frau Pilz (Sportlehrerin): Ich bin 55 Jahre, ich bin parteilos, und es ist in der Volksbildung nicht so einfach, das zu machen, was man sich selber vorstellt.

Herr Masur (Gewandhauskapellmeister): Dafür sind wir heute hier, daß ihr in der Volksbildung endlich die Freiheit bekommt, nach euren Neigungen die Kinder zu unterrichten und nicht nur nach einem starren Lehrplan. Das ist das Entscheidende. Und dann werden wir auch Kinder haben, die vielfältiger zu denken lernen.

Frau Pilz (Sportlehrerin): Ich bin 30 Jahre lang in unserem Staat Lehrerin gewesen, ich habe meine Meinung und habe meine Schüler erzogen zur Wahrheitsliebe. Es war schwer, aber man hat es gekonnt. Nur leider haben meine Nerven nicht durchgehalten.

Herr L.: Ich bin 19 Jahre alt, und ich möchte hier als Jugendlicher reden. Es wird in letzter Zeit viel über die Jugend in diesem Land gesprochen, auch darüber, warum die Jugend wegrennt. Wir aber werden nicht gefragt. Wenn ich mich hier in diesem Kreis umschaue, sehe ich doch eigentlich nur Ältere. Es wurde viel zur Volksbildung gesagt. Ich spreche jetzt im Namen vieler Leute in meinem Alter: Wir fordern die Entmilitarisierung der Ausbildung. Das

4. Dezember 1989

fängt schon im Kindergarten an, wo man den Kindern Kriegsspielzeug nahe-
bringt. Das führt dann zur FDJ und geht mit der vormilitärischen Ausbildung
in der Lehrausbildung weiter. Hierzu ganz kurz ein paar Auszüge aus einem
Gesetzblatt: Festlegung zur Verwirklichung der Pflicht der Lehrlinge, an der
vormilitärischen Ausbildung teilzunehmen, § 133, Abs. 2, Arbeitsgesetzbuch:
»Wird während des Lehrverhältnisses die vormilitärische Ausbildung katego-
risch abgelehnt, diese Rechtspflicht nicht erfüllt, kann das Lehrverhältnis nicht
fortgesetzt werden. Der lehrvertragsabschließende Betrieb hat die Aufhebung
des Lehrvertrages anzustreben.« Wir fordern, daß dieses Gesetz aufgehoben
wird. Und wir fordern, daß man denen, die sich nicht freiwillig für eine drei-
jährige Armeezeit entscheiden, nicht weiterhin irgendwelche Schwierigkeiten
bei der Studienplatzvergabe bereitet. Und es dürfen die Kandidaten oder Mitglieder der SED bei der Studienauswahl nicht mehr privilegiert werden. Ist
doch klar, daß die Leute abhauen, wenn das nicht anders wird.

Ein Schuldirektor: Das geht gegen meine Ehre. Ich bin etliche Jahre Direktor einer Schule, und ich kann mit gutem Gewissen sagen: An unserer Schule
ist noch nie jemand für die Erweiterte Oberschule oder die Berufsausbildung
mit Abitur abgelehnt worden, weil er die vormilitärische Ausbildung ablehnte. Ich bin gegen solche Verallgemeinerungen, und ich spreche hier auch für
meine Direktorenkollegen im Stadtbezirk. Ich kenne die Praxis und weiß, daß

47

nur die Leistung, die Leistungsbereitschaft und natürlich auch die Stellung zu unserer Republik die entscheidenden Maßstäbe sind.

Herr L.: Wie wird diese Stellung zur Republik beurteilt?

Ein Schuldirektor: Können Sie in Leipzig einen Lehrling nennen, der, weil er bei der vormilitärischen Ausbildung nicht mitgemacht hat, sein Lehrverhältnis nicht fortsetzen konnte?

Herr L.: Mir wurde angedroht, es werde ein Verfahren eingeleitet.

Ein Schuldirektor: Mir ist im Leben schon viel angedroht worden.

Herr Masur (Gewandhauskapellmeister): Der psychische Druck, der ausgeübt wird, reicht ja wohl schon.

Herr I.: Ich wünsche, daß das Unterrichtsfach Russich als Pflichtfach abgeschafft wird. Es erwachsen mir ganz persönliche Probleme daraus. Ich bin in Russisch nicht besonders leistungsstark. Russisch sollte ein Wahlfach sein, wer es gern lernen möchte, der soll es doch tun. Aber kein Zwang sollte mehr dahinterstehen. Damit verderbe ich mir meine Bewerbung. Es kann doch nicht sein, daß man nach Durchschnittsleistung immatrikuliert wird und daß meine Russischnote zählt, wenn ich Physik studieren will.

Eine Dame: Ich schlage vor, das Fach »Umgangsformen« einzuführen und das Fach »Kulturelle Praxis«.

Herr S.: Ich glaube, daß die beginnende Bildungsreform sich in offeneren Bewertungsformen ausdrückt, zum Beispiel dem Wegfall der Bewertung in Staatsbürgerkunde und Geschichte. Damit haben allerdings viele Lehrer Probleme, die schon 20 Jahre im Schuldienst sind und ideologisch sehr stark auf feste Konzepte in ihrem Unterricht angewiesen sind. Diese Lehrer sind überhaupt nicht mehr flexibel genug, um eine neue Diskussion, einen neuen Unterricht durchzuführen. Was passiert mit solchen Leuten?

Darüber sollte sich ein neuer Pädagogischer Kongreß Gedanken machen. Auch brauchen wir eine umfassende Neukonzeption des Bildungswesens, ebenso im Bereich der Erwachsenenbildung. Denn ich glaube nicht, daß ein Handwerksmeister mit 80 Stunden Marxismus-Leninismus und 20 Stunden Rechnungswesen seine Anforderungen erfüllen kann.

Frau Müller (Lehrerin): Ich bin Mutter von 2 Kindern. Meine Firma ist die Volksbildung. Ich unterrichte in der Heldenstadt Leipzig seit 1963 in den Fächern Musik und Deutsch. Ich fordere, daß ich künftig nur nach meiner Leistung im Unterricht und nach dessen Ergebnissen, nach meiner Fürsorge für die Kinder und nach der wichtigen Arbeit mit den Elternhäusern, den Nestern der Schüler, beurteilt werde; und nicht danach, wie viele Berufsoffiziere ich geworben habe.

Ich lehne es zukünftig ab, hinter den Familiennamen eines Kindes ein »i« wie Intelligenz oder ein »a« wie Arbeiter zu schreiben.

Ich fordere mehr Zeit für uns Lehrer zur Ideenfindung und zum schöpferischen Arbeiten. Keine sinnlosen, zeitaufwendigen Statistiken mehr, die uns von der ordentlichen Arbeit abhalten.

Nur noch wirklich notwendige Versammlungen, in denen aber die Wahrhaftigkeit zum Wohle der uns anvertrauten Kinder regieren sollte.

Ich möchte mich nach eigenen Bedürfnissen zukünftig bilden und weiterbilden können.

Ich fordere mit Nachdruck, anstatt des Wehrkundeunterrichts mehr musische Stunden für die Persönlichkeitsentwicklung unserer Kinder einzuplanen. Die Kinder sind in den Theatern, Konzertsälen und Ausstellungen unser Publikum von morgen, und das will gelernt sein. Ich erspare es mir, ihnen meinen Musikunterricht zu schildern. Die äußeren Bedingungen sind schlecht. Konkrete Frage: Wer kann mir helfen, einen guten Flügel und einen guten Plattenspieler zu besorgen? Ich kämpfe um beide Dinge schon lange. Ich fordere, daß ich nur noch fachlich kompetenten Menschen, meinen Schülern und deren Eltern rechenschaftspflichtig bin. Ich lasse mir nicht mehr hineinreden, nicht von oben, aber auch nicht von unten. Ich habe diese Fächer studiert, und möchte nicht zuletzt vor mir selbst geradestehen wollen und können. Ich möchte mich im Spiegel noch ertragen und meinen eigenen Kindern in die Augen sehen können. Ich wünsche mir Freiräume, in denen auch das Training des aufrechten Ganges wieder geübt wird.

Frau Knabe (Lehrerin): Mich macht es sehr traurig, wenn sich Schüler wegen ihrer Ausreise von mir verabschieden müssen. Oder wenn ich daran denke, wie viele noch auf die Ausreise warten. Doch aus der Resignation heraus habe ich Kraft geschöpft, um meine Gedanken aufzuschreiben, die ich jetzt vortragen möchte. Es dürfen nicht Menschen erzogen werden, die zwei Gesichter haben. Wo liegen die Ursachen der Zweigesichtigkeit? Ganz sicher auch in der FDJ-Arbeit. Schüler befinden sich beim Eintritt in die FDJ in einem Abhängigkeitsverhältnis. Viele stehen unter Druck, wenn sie sich für den Eintritt in die FDJ entscheiden. Wer sich nicht in der FDJ engagiert, hat mit Schwierigkeiten bei der Berufswahl oder in seiner Kaderlaufbahn zu rechnen. Unsere Jugendlichen betreiben keine Liebedienerei, aber viele kommen mit ihren zwei Gesichtern ganz gut zurecht.

Wir brauchen jedoch streitbare Geister, die freizügig Ideen entwickeln dürfen. Wir brauchen kühne Vordenker, demokratische Streiter, die die Triebkräfte der Entwicklung suchen. Kann sich der Jugendliche unter der Angst, möglicherweise schiefzuliegen, frei entfalten? Brauchten wir nicht genau wie die Reisefreiheit auch die Freiheit der Gedanken? Gedanken sind jedoch nicht frei, solange sie jeder für sich behält.* Die FDJ ist für viele kein Anlaufpunkt mehr, weil sie bei der Verwirklichung von Spezialinteressen und bei der Entfaltung des Subjektiven zu undifferenziert, zu kollektiv ist. Nachteilig ist auch, daß für unterschiedliche politische Standpunkte zu wenig Spielraum vorhanden ist.

* In Anlehnung an Manfred Strahl, Ausleg-Ware, Eulenspiegel Verlag, Berlin 1989, S. 47.

Herr W. (Maler und Graphiker): Ich bin hier als Vertreter einer Interessengruppe, die sich für die Zulassung freier Schulen und anderer alternativer Einrichtungen des Erziehungs- und Bildungswesens einsetzen will. Wir regen an, daß bei der anstehenden Bildungsreform freie Schulen ihren festen Platz im Bildungssystem haben. Freie Schulen sind Ausdruck einer funktionierenden Demokratie. In der Vergangenheit hat die Einheitspädagogik großen Schaden angerichtet. Dabei geht es nicht um eine Schuldzuweisung an die Lehrer. Diese haben eher noch das Schlimmste verhindert. Aber ein einheitliches Bildungssystem ist ein Monopol, das, auch wenn es noch so reformiert ist, stets der Gefahr der Erstarrung und Routine ausgesetzt ist. Es muß deshalb zur ständigen Auseinandersetzung mit anderen Modellen gezwungen werden. Freie Schulen liegen also im Interesse der gesamten Gesellschaft und können auch von Menschen befürwortet werden, die selbst das staatliche Bildungssystem bevorzugen. So haben wir uns in der Initiative Freie Pädagogik zusammengeschlossen. ›Initiative‹ heißt, daß wir Arbeitsgruppen mit Eltern, Lehrern, Erziehern, Schülern und anderen Interessierten bilden werden, in denen die Gründung freier Schulen und Kindergärten vorbereitet wird. ›Frei‹, das heißt: Die Art und Weise der Mitarbeit von Schülern, Eltern und Lehrern am Schulleben wird entsprechend dem jeweiligen Schulmodell selbst bestimmt. Staatliche Subventionen dürfen nicht mit inhaltlichen Forderungen verbunden werden. ›Pädagogik‹, das heißt: Der sich entwickelnde Mensch mit seinen besonderen individuellen Anlagen, Neigungen und Fähigkeiten steht im Mittelpunkt. Dabei wollen wir bereits erfolgreich angewandte Modelle aufgreifen wie zum Beispiel Offene Schulen oder Waldorf-Schulen. Ich möchte noch darauf hinweisen, daß diese Ideen durchaus keine Neuheiten sind, sondern daß unabhängige Schulen in anderen Ländern ihren festen Platz in der Bildungslandschaft haben. In Deutschland wurde diese Tradition durch den Nationalsozialismus unterbrochen. Versuche, nach 1945 wieder freie Schulen ins Leben zu rufen, wurden bei uns bald wieder unterbunden. So mußte 1949 die Dresdner Waldorf-Schule schließen.

Frau Heinz (Lehrerin): Ich bin für diesen Traum von freien Schulen. Ich habe mir immer gewünscht, eine solche Schule zu haben. Die Eltern geben mir ihre Kinder, und ich arbeite, wie in einer Waldorf-Schule, über Jahre hinweg mit ihnen gemeinsam.

50

Wir müssen unsere Schulen frei machen für alle, das ist der erste Schritt. Wir brauchen sofort wieder eine vierjährige Abiturstufe. Und alle Einschränkungen bei den Zulassungen zur Erweiterten Oberschule, beispielsweise daß nur 15 Prozent eines Jahrganges studieren dürfen, müssen wegfallen. Das hat uns viele wertvolle Leute gekostet. Der jetzige Zustand der Volksbildung hat dazu geführt, daß wir Lehrer die Berufsgruppe mit der schlechtesten Gesundheit in diesem Land sind.

Ein Herr: Für mich ist es schlimm, wie sich die Margot Honecker aus der Verantwortung gestohlen hat, diese Frau. Das ist eine Frechheit.

Herr Mehlhorn (Hochschule für Musik): Ich bekenne mich zu meiner Verantwortung. Ich habe nämlich gegenwärtig den Verdacht, daß sich viele aus ihrer Verantwortung hinausschleichen wollen. Und das dürfen wir nicht zulassen.

Die Grundlagen der Kultur werden in der Schule gelegt. Es geht nicht um eine Schuldzuweisung an Schule und Lehrerschaft. Es geht um viel tieferliegende Probleme der Schulpolitik, die das Ministerium als staatliches Organ zu verantworten hat, und als deren Ergebnis Bildung als persönlicher und gesellschaftlicher Wert in ungeheurer Weise gesunken ist.

Trotz eines im Durchschnitt hohen Bildungsniveaus der Absolventen unserer Schule können wir wegen eines gleichmacherischen Umgangs mit den ganz unterschiedlich begabten Schülern die Leistungspotentiale nicht ausschöpfen. Immer noch wird an dem von Anfang an als falsch erkannten EOS-Beschluß festgehalten. Es gibt an unseren Schulen eine unzureichende Ausprägung des Leistungsklimas, die Ausbildung hoher Leistungsmotivationen wird vielmehr verhindert, was unter anderem auch zu einer Dequalifizierung des Abiturs und des Zehn-Klassen-Abschlusses und zu einer übertriebenen Freizeitorientierung der Schüler geführt hat.

Die Vorteile unseres Bildungswesens gegenüber anderen hochentwickelten Industriestaaten – wie 10-Klassen-Bildung, Niveau des Abiturs oder differenzierte Bildungswege* – wurden in den letzten Jahren völlig unzureichend ausgebaut. Dadurch stagnierte die Entwicklung, setzten sich regressive Tendenzen durch, wurde die Motivation der Lehrer für ihre Tätigkeit reduziert und ihr Sozialprestige in der Gesellschaft abgebaut. Die Volksbildung verlor das Vertrauen, das sie sich nach der Schulreform 1946 in den ersten Jahren unseres Staates schwer erworben hatte.

Seit Jahren beobachten wir eine gewachsene Ignoranz gegenüber den Forderungen der Lehrerschaft, auch die Gewerkschaft positionierte sich nicht offen als Interessenvertreter der Lehrer. Wir zweifeln nach den letzten Äußerungen, Erklärungen und Interviews an der Fähigkeit der Leitung des Ministeriums für Volksbildung, aus eigenen Kräften die bestehende Diskussion konstruktiv aufzugreifen.

* Gemeint waren Spezialschulen für mathematisch-naturwissenschaftlich bzw. musikalisch besonders begabte Kinder

51

Ich sehe jetzt eine große Bereitschaft unter vielen Pädagogen und Erziehern, unter Wissenschaftlern, unter Eltern und Schülern, an der konstruktiven Veränderung der Situation der Volksbildung mitzuwirken. Dieses Potential muß durch eine neue Leitung des Ministeriums für Volksbildung aufgegriffen werden.

Wir brauchen ein geistig-kulturelles und durchgehend kreatives Klima in der Schule. Und wir brauchen eine hohe Differenziertheit und Flexibilität zur Entwicklung der Begabungspotenzen jedes Schülers. So unterschiedlich Begabte auch seien, es ist nicht länger einzusehen, daß die Bundesrepublik fast jedes Jahr einen Nobelpreisträger erhält und wir irgendwie dümmer sein sollen. Und es geht nicht nur um Nobelpreisträger, jeder Schüler benötigt für sein Leben in der Schule ein Erfolgserlebnis aufgrund der von ihm erbrachten Leistungen. Wir brauchen eine Konzentration der umfangreichen und breit zersplitterten pädagogischen Forschung auf Kernfragen für Zukunftsmodelle. Wir müssen uns von jeder Bestätigungsforschung für die Richtigkeit längst gescheiterter Konzepte verabschieden. Wir brauchen entscheidende inhaltliche Veränderungen der Lehrerbildung mit Schwerpunkten auf die Entwicklung des geistig-kulturellen und kreativen Klimas, auf die Befähigung zur differenzierten Arbeit mit jedem Schüler sowie auf die Entwicklung leistungsfähiger Kollektive, und wir brauchen dazu befähigte Lehrerbildner. Wir brauchen dringend Formen eines wissenschaftlichen Lebens in der Pädagogik, eine Beseitigung der gegenwärtigen Einvernahme und Zensur wissenschaftlicher Forschungen durch das Ministerium für Volksbildung.

Eine Dame: Ich bitte euch, Leute, bleibt mißtrauisch.* Unten sitzt fast die ganze Arbeitsgruppe, die unter Professor Mehlhorn arbeitet, wir haben eine Art Mißtrauensantrag bei uns im Büro hängen, auf den wir noch keine Antwort haben. Und wir sind fassungslos über seine Rede, die er hier gehalten hat.

* Der Aussage wurde im Verlauf der Diskussion nicht mehr nachgegangen.

Frau Florstedt (Journalistin): Ich habe 20 Jahre lang in der LVZ gearbeitet, bin vor 2 Jahren dort aus persönlichen Gründen, wie es in der Bescheinigung heißt, ausgeschieden. Ich habe mein ganzes Leben versucht, ein kritischer Journalist zu sein. Ich habe aber in diesen 20 Jahren miterlebt, wie Journalisten gegängelt, gedemütigt, diszipliniert worden sind. Als ich in der LVZ meine Lehrzeit begann, war Herr Pommert Chefredakteur. Seit 1968 ist er für die Medienpolitik im ganzen Bezirk Leipzig verantwortlich. Für das, was bisher geschehen ist, muß er auch die Verantwortung übernehmen. Ich habe also miterlebt, wie Chefredakteure entlassen wurden, ich habe miterlebt, wie Genossen mit Parteiverfahren bestraft worden sind. Herr Pommert, Sie haben sich sehr große Verdienste erworben, als Sie mit Herrn Masur und den übrigen Persönlichkeiten am 9. Oktober diesen Aufruf unterzeichnet haben. Dafür gebührt Ihnen mein ganzer Respekt, aber die Wende macht nicht vergessen, was in den vergangenen 20 Jahren – auch durch Ihr Wirken – geschehen ist. Ich erwarte nun ganz einfach, daß Sie sich dazu äußern.

Herr Pommert (Sekretär der Bezirksleitung der SED): Ich hoffe, daß ich jetzt nicht den Konsens störe. Es gibt eine ganze Reihe von Entwicklungsprozessen, Problemen, die mich in der letzten Zeit genauso nachdenklich gemacht haben wie manch anderen. Und ich habe in einer ganz bestimmten Situation unter ganz bestimmten Umständen daraus eine erste Konsequenz gezogen, wie das in meinem Verhalten am 9. Oktober diesen Jahres zum Ausdruck kam.

Und ich sage Ihnen ganz ehrlich, das ist ein Denkprozeß, der nicht von heute auf morgen gekommen ist. Ich bin mir durchaus im klaren darüber, daß das auch eine Zäsur für mich persönlich ist, für meine gesamte Entwicklung, die sich nicht nur in Worten, sondern in der Haltung, in meinen Taten für dieses Land zeigt.

Ich bin zutiefst davon überzeugt, daß die Demokratisierung unseres Landes über Offenheit, Ehrlichkeit, Gründlichkeit einhergehen muß mit einer grundlegenden Demokratisierung, auch unserer Partei, ihrer innerparteilichen Demokratie und Entscheidungsfindung, gegen jede Form diktatorischer Festlegungen. Ohne Streit um Positionen, ohne Abwägen von Für und Wider wird weder die Erneuerung des Sozialismus, noch die Erneuerung unserer Partei möglich sein. Das ist für mich die entscheidende Konsequenz. Ich bin bereit, auch persönliche Konsequenzen aus meiner Politik und Haltung zu ziehen.

Herr Kirchhöfer (Akademie der Pädagogischen Wissenschaften der DDR): Das Ministerium der Volksbildung, die pädagogische Wissenschaft haben ihre Sprachlosigkeit überwunden. Seit Tagen vollziehen sich Veränderungen. Einige dieser Veränderungen sind längerfristig vorbereitet, andere Veränderungen müssen erarbeitet werden, eine Reihe von Lösungen müssen durch wissenschaftliche Arbeit langfristig erarbeitet werden, in der Volksbildung wird es keine schnellen Lösungen geben.

Aber ich mache Sie aufmerksam auf die Dinge, die gegenwärtig eingeleitet sind, wie die Abschaffung des Wehrkundeunterrichts, der Übergang der Wehrlager-Ausbildung in eine Zivildienst-Ausbildung und die Aussetzung der Lehrpläne in Staatsbürgerkunde und Geschichte in den Klassen 9 und 10. Die volle Übertragung der Souveränität auf die Staatsbürgerkunde- und Geschichtslehrer für ihren Stoff. Dazu gehört in den nächsten Tagen auch die Rückkehr zur vierjährigen Abiturstufe. Das Abiturproblem in unserem Lande ist ein sehr ernstes. Wir haben in der Zwischenzeit 22 verschiedene Wege zur Hochschulreife. Die Frage steht eigentlich, wie sichern wir ein einheitliches deutsches Abitur? Diese Frage ist auch deshalb nicht allein auf die Zweijährigkeit oder Vierjährigkeit zu reduzieren, weil wir ein Differenzierungskonzept brauchen, das leistungsstarke Schüler sehr frühzeitig erfaßt. Also ich bitte Sie, wir haben offensichtlich einen sehr langen Weg vor uns. Aber ich stimme Ihnen sehr zu, daß wir eine generell neue Sicht auf die Schule brauchen, eine Schule, die den Entwicklungsmöglichkeiten des Kindes Raum gibt. Aber eine Schule ohne Erziehung ist undenkbar. Wir brauchen eine Schule, die die Einheit von Erziehung und Entwicklungsmöglichkeiten des Kindes zuläßt.

Herr Zwahr (Historiker): Professor Kirchhöfer, Sie hören sich sehr opportunistisch an am heutigen Tag. Im Januar haben Sie in der Sektion Musik der Akademie der Künste ein Konzept vorgelegt, von dem wir gesagt haben, wenn nur 50 Prozent davon verwirklicht werden, dann jubeln wir. Aber danach kam der Pädagogische Kongreß, und kein Gedanke dieser Konzeption, die ja auf den Tisch der Ministerin gelangte, war mehr zu finden. Und ich bitte Sie, das bei seinen heutigen Worten zu berücksichtigen.

Auch muß ich ganz entschieden widersprechen. Sie sagen, es sei ein langer Weg. Das stimmt nicht. Wir haben einen autoritären Umgang mit den Menschen in unserem Land, der auf einem administrativen System beruht. Und wir müssen diesen autoritären Umgang mit den Menschen aufgeben, und das können wir, wenn wir dieses administrative System aufgeben. Ich habe diese Pädagogische Akademie der Wissenschaften erlebt als ein Gremium der Erstarrung und der Indoktrinierung. Wir haben Lehrplanvorschläge gemacht. Es ist alles abgewürgt worden. Und ich möchte noch etwas sagen zu dem Thema Künste. Sie sind eine Insel selbstbestimmter Menschen. Und wir müssen diese Insel sozusagen zum Festland machen, zum ganzen Land, zu einem Land selbstbestimmter Bürger. Deshalb haben wir die Künstler bewundert, deshalb haben sie in unsere Herzen gesehen und gesprochen, in den verschiedensten Situationen, wo alle anderen geschwiegen haben, peinlich geschwiegen haben.

Herr Perlt (Physiker an der Karl-Marx-Universität Leipzig): Mir erscheint die Passage im Aktionsprogramm für die Wissenschaft sehr kurz und auch recht allgemein gefaßt. Wir dürfen nicht davon ausgehen, daß wir die Wissenschaft fördern, sondern wir müssen die Wissenschaftler fordern, damit sie selbst die benötigten Gelder erarbeiten. Ich bin in der Grundlagenforschung tätig, gemeinsam mit meinen Kollegen haben wir den Vorschlag gemacht, im Ministerium Fonds einzurichten. Fonds, in denen auch Devisen und Reisen enthalten sein müßten und die von einzelnen Kollektiven innerhalb der Universitäten oder den Instituten beantragt und verteidigt werden müssen. Wir brauchen Wissenschaftskollektive, die ihre Ideen offensiv verteidigen. Nur so können wir wirklich eine Spitzenstellung erreichen. Wir brauchen die Eigenverantwortung der Wissenschaftler auch bezüglich der Mittel, die wir zur Verfügung haben. Anders geht das erst mal nicht, die Mittel sind sicher beschränkt.

Herr Masur (Gewandhauskapellmeister): Brauchen wir die Künste, ist das auch eine Fragestellung für die Zukunft. Brauchen wir sie nur als Aushängeschild, als Repräsentation. Oder brauchen wir sie wirklich, um ins Konzert zu gehen, dieses oder jenes zu hören, zu sehen und zu lesen, was wertvoll ist. Was wollen wir unseren Kindern, was wollen wir unserer Jugend mitgeben, damit die klassischen Werte nicht verlorengehen, von denen die Welt glaubt, daß sie im deutschen Volk noch besonders verwurzelt seien. Es gibt Völker, die haben uns schon überrundet. Ich denke nur an die Japaner mit ihrer Kindererziehung im musischen Bereich.

Herr Kurz: Welche Lieder stehen in den Liederbüchern der DDR? Ich finde da Lieder wie »Mein Bruder ist Soldat«. Die ersten beiden Strophen lauten folgendermaßen:

> »Mein Bruder ist Soldat
> im großen Panzerwagen,
> und stolz darf ich es sagen:
> mein Bruder schützt den Staat,
> mein Bruder schützt den Staat!
>
> Der Panzer ist so schwer,
> wie dick sind seine Wände,
> und fährt doch im Gelände
> geschwinde kreuz und quer,
> geschwinde kreuz und quer.«

Dieses Lied ist aus einem Liederbuch, das 1988 erschienen ist, und zwar im Verlag Volk und Wissen, unter der großen Ministerin. Ein weiteres Lied lautet:

> »Wer malt die weißen Striche in den blauen Himmel,
> silberblanke Pfeile, sie haben große Eile.
> Wer lenkt die schnellen Pfeile sicher durch die Lüfte,
> unsere Soldaten, das kann man leicht erraten.«

Oder noch ein anderes Lied könnte ich zitieren:

> »Panzer fahren durch die Stadt,
> Volksarmee Parade hat.
> Menschen stehen am Straßenrand,
> haben Fahnen in der Hand.
>
> Holgers Bruder obenauf,
> er hat einen Stahlhelm auf.
> Seine Uniform ist grün,
> Holger winkt gleich zu ihm hin.«

Das könnte Wilhelm Busch sein, es ist leider nicht Busch. Solche Kunst – meine ich – brauchen unsere Kinder nicht. Und ich möchte auch sagen, welche Art von Künstlern wir nicht brauchen.

Da lebt in Halle ein Nationalpreisträger, Schriftsteller genannt, der ist einer, der die Schrift verstellt und das Denken auch. Ich zitiere aus einem reichlich 100zeiligen Brief an die DKP-Zeitung. Nicht jeder ist so privilegiert wie er, daß er diese Zeitung bekommt. Ich habe zufällig das Privileg, da ich über einen »Giftschein« für die Deutsche Bücherei verfüge. Es ist eine Schande, daß dort schon ein Buch über Feminismus rote Punkte hat. Ich zitiere hier also aus seiner Zuschrift* an die Zeitung der DKP:

»Liebe Genossinnen und Genossen der DKP. Täglich beziehe ich die UZ und bin zutiefst beunruhigt über das, was ich dort zu Gesicht bekomme. Ich bitte Euch darum, der DDR zu lassen, was der DDR ist. Da lobe ich mir rundum die Politik in unserem Lande« – das war im August 1989 geschrieben – »wenngleich es innenpolitisch gewiß noch vieles zu klären und zu verändern gibt. Das aber bleibt uns vorbehalten, das bleibt zu tun von den Mitgliedern des Politbüros der SED, meist ausgewiesenen Antifaschisten. Die Stunde der Wahrheit schien mir besonders in der Beurteilung der Ereignisse in der Volksrepublik China geschlagen zu haben«. Und jetzt kommt das entscheidende Wort: »Humanitätsgedusel, weiter nichts.« Der Nationalpreisträger der Deutschen Demokratischen Republik und herausragende Schriftsteller brachte die Ungeheuerlichkeit zu Papier, die Kritik am Pekinger Blutbad und seinen entsetzlichen, bis heute andauernden Folgen als Humanitätsgedusel zu diffamieren. Dieses Wort hat schon einmal jemand gebraucht, es war der Reichsführer der SS, Heinrich Himmler, in seiner berüchtigten Rede in Posen im Jahre 1942. Ich meine, diese Art von Kunst und diese Art von Künstler brauchen wir nicht.

Wir brauchen eine Kunst, die mit Friedrich Wolfs Ausspruch »Kunst ist Waffe« sehr sorgsam umgeht. Im Arsenal der Kunst ist sehr viel Raum. In ihm hat der Holzhammer ebenso Platz wie die Zauberflöte. Und wenn Sie mich fragen, so bin ich für die Zauberflöte.

Der Brief von Erik Neutsch an die UZ in vollem Wortlaut:

Halle / Saale, 17. Juli '89

Liebe Genossinnen und Genossen der DKP,
täglich beziehe ich die »UZ« und bin zutiefst beunruhigt über das, was ich dort zu Gesicht bekomme, darüber, wie Ihr Euch inzwischen selber zerfetzt. Das Angebot sogenannter freier Meinungsäußerung reicht, nach meinem Empfinden nicht selten, vom Kapitulantentum gegenüber der ökonomischen Faszination Kapitalismus in Eurem Lande (ohne Bedacht darauf, daß zum kapitalistischen Weltsystem auch Südafrika,

Chile und selbst Schottland gehören) bis zur Torheit oder gar Provokation in Sachen, die den Sozialismus angehen.

Nein, als Bürger der DDR möchte ich dazu nicht schweigen. Als einer, der sich auch mit der Großen Französischen Revolution beschäftigt hat, fällt mir gerade anläßlich ihres 200. Jahrestages ein (immerhin verbürgtes) Wort von Saint-Just ein, das wohl auch für die Machtausübung der sozialistischen Staaten seine Bedeutung hat: »Diejenigen, die Revolutionen nur halb durchführen, haben lediglich ihr Grab geschaufelt.«.

Mir liegt nicht daran, mich bei Euch einzumischen. Doch ich bitte Euch umgekehrt darum, der DDR zu lassen, was der DDR ist, dem (trotz aller Verleumdung) ersten Staat mit Arbeiter-und-Bauern-Macht auf deutschem Boden. Entwicklungen, wie sie zur Zeit in Ungarn und Polen vor sich gehen, wären für unseren Anspruch, eine Gesellschaft im Frieden und ohne Ausbeutung des Menschen durch den Menschen, unter der Trikolore: Liberté, Egalité und Fraternité, aufzubauen, nahezu tödlich. Da lobe ich mir rundum die Politik in unserem Lande, wenngleich es innenpolitisch gewiß noch vieles zu klären und zu verändern gibt. Das aber bleibt den Marxisten-Leninisten hierzulande zu tun, und zwar in gediegener und keineswegs von Hektik oder gar Prinzipienlosigkeit getragener Arbeit. Das bleibt zu tun von den Mitgliedern des Politbüros der SED (meist ausgewiesenen Antifaschisten im Widerstand gegen die Nazis) und dem »Großen Vorsitzenden« (wie es abfällig neulich in Eurer Zeitung hieß) Erich Honecker bis zu den Millionen Kommunisten in unserer Partei. Auch von Christen und sonst irgendwie Andersdenkenden, die vernünftig genug sind, die Welt des friedlichen Zusammenlebens, die wir anstreben, nicht durch ein Spiel mit dem Feuer, durch Abenteuer und Willkür zu gefährden.

Die Stunde der Wahrheit schien mir besonders in der Beurteilung der Ereignisse in der Volksrepublik China geschlagen zu haben. Ohne genauere Informationen abzuwarten, eiferten sich selbst führende Genossen bei Euch ganz im Sinne der Hetze bourgeois gelenkter Massenmedien. Um beim Vergleich mit der Französischen Revolution zu bleiben, kommen sie mir jedoch vor wie damals die Girondisten, die Vertreter der Feinde gegen Volksmachtbestrebungen, ideologisch nicht einmal den Erkenntnissen der Jakobiner das Wasser reichend. Humanitätsgedusel, weiter nichts, ohne wie Marx nach dem Klasseninhalt von Humanität – wem soll sie dienen und wem nicht – zu fragen. Wer so vorgeht, ist, nach meinem Verständnis, nur noch zum Opportunismus fähig. Was aber das bedeutet, ist aus der Geschichte der Arbeiterbewegung längst bekannt: das eigentliche Opfer wären früher oder später die Volksmassen mit ihren Sehnsüchten und Hoffnungen und in einem sozialistischen Lande bereits mit ihren politischen und sozialen Errungenschaften. Insofern verstehe ich auch den Schritt von Gisela Elsner. Wenn ich (wovor Gott mich behüten möge) bei Euch leben müßte, wäre mir garantiert nicht anders zumute.

Mit der Bitte zugleich um Verzeihung, wenn ich manch hartes Wort gebraucht haben sollte, aber ich kann nicht umhin, Euch meine tiefe Besorgnis mitzuteilen.

Mit kommunistischem Gruß
  Erik Neutsch

Herr Kleinsorge (Gewandhausmusiker): Ich habe ein paar ganz konkrete Fragen an den Minister. Die Situation der Kultur ist ebenso prekär wie in der Ökonomie. Jeder weiß das. Wir sind uns alle einig, daß wir die Kultur brauchen, wahrscheinlich so wie nie zuvor, auf allen Ebenen. Es gibt viele Ebenen.

Es beginnt mit der Kultur der Städte. Es geht weiter mit der Kultur des Umgangs, und es trifft natürlich auch die Künste ganz direkt. Ich glaube, der Kulturbegriff, den ich noch in der Hochschule gelernt habe – der Kultur nicht nur auf Kunst oder Literatur beschränkte, sondern Kultur im weitesten Sinne begriff als Lebenskultur, Wohnkultur – ich glaube, daß dieser Kulturbegriff wieder mit Leben erfüllt werden muß. Es kann zum Beispiel nicht sein, daß wir jetzt, auch wenn es kurzzeitigen Vorteil verspricht, unsere alten Pflastersteine für Devisen verkaufen und die Straßen dann asphaltieren. In 20 Jahren, wenn wir vielleicht auch einmal soweit sind und begreifen, daß zu einer historischen Altstadt eben keine Betonplatte, sondern dieses alte Pflaster gehört, bedauern wir, was wir jetzt getan haben.

Aber nun ganz konkret zum Gebiet der Musik. Es gibt nicht genügend Musikinstrumente. Herr Minister, das sind Dinge, über die haben wir schon seit Jahren in aller Hartnäckigkeit gesprochen. Ich weiß auch, daß wir bei Ihnen immer ein offenes Ohr gefunden haben, aber es hat sich überhaupt nichts getan. Sie wissen, die Versorgung mit Noten und mit Zubehör in jeder Hinsicht ist schlecht. Es trifft alle Bereiche, uns aber das Papier nicht zur Verfügung zu stellen – das ist eine absolute Kulturlosigkeit. Im Dietz Verlag liegen wirklich Millionen Bücher herum, die keiner haben will, und hier fehlt das Papier!

Die Kultur wird in den nichtproduzierenden Bereich eingeordnet. Aber die Kulturschaffenden, beispielsweise die Orchester und die bildenden Künstler, bringen diesem Land wirklich viele Devisen ein. Dieses Geld bleibt leider nicht in der Kultur. Wer zur 750-Jahr-Feier Berlins verfolgt hat, wie viele ausländische Ensembles in Berlin und zum Glück dann auch im Rest des Landes präsent waren, der kann sehen, daß die alleine aus Geldern bezahlt wurden, die die Kulturschaffenden dieses Landes erwirtschaftet haben. Warum bleibt es nicht generell so, daß Geld, welches die Kultur erwirtschaftet, auch für die Kultur zur Verfügung gestellt wird?

Ich habe an der Franz-Liszt-Hochschule, wo ich ausgebildet wurde, auch später unterrichtet. Ich habe gesehen, daß die materiellen Bedingungen, die eine gute Ausbildung erfordert, einfach nicht gegeben sind. Es fehlen auch dort die Instrumente. Es fehlt Zubehör, es fehlen Noten, es fehlen Kopiergeräte. Es ist praktisch keine materielle Basis mehr da. Es funktioniert wirklich nur noch deshalb, weil die Lehrer selber aus Idealismus und um der Sache willen ihre privaten Materialien zur Verfügung stellen, damit die Dinge weiterlaufen. Es kann doch zum Beispiel nicht sein, daß ein Musikstudent in der Woche zwei Stunden Hauptfach mit seinem Instrument hat, und mindestens vier Stunden GEWI, also Marxismus-Leninismus.

Ich will hier wirklich nicht den Fachidioten das Wort reden, wir sind alle für eine fundierte allseitige Ausbildung, weil das ein Künstler heutzutage einfach braucht. Wer kein Geschichtsbild hat, der kann viele Dinge einfach nicht einordnen, das ist nicht die Frage. Aber die Schwerpunkte müssen ganz eindeutig neu verteilt werden.

Herr Masur (Gewandhauskapellmeister): Die Demonstrationen hätten nicht die Qualität gehabt, wenn nicht so viel GEWI unterrichtet worden wäre.

Herr Hoffmann (Kulturminister der DDR): Um das Stichwort aufzugreifen: Daß ich GEWI-Unterricht hatte – dafür bin ich heute noch dankbar. Wir hatten Geschichte der Philosophie, Geschichte der Völker dieser Erde, Dialektik, wir mußten Dialektik üben und lernen, frei zu sprechen. Und berühmte Professoren brachten uns, die wir damals alle aus einfachen Verhältnissen kamen, das notwendige humanistische Wissen bei, lehrten uns die Geschichte der Griechen, die Chinas und Indiens. Alles das ist heute zugunsten einer etwas flachen, vulgären und sich ständig wiederholenden Erklärung der Wirtschaftspolitik weggefallen. Das muß überwunden werden. Ich warne aber vor einer globalen Abschaffung. Ich bin für eine breite humanistische Bildung. Mit wem man auch in verschiedenen Ländern zusammen kommt, Politiker jedweder Couleur und Künstler, es ist auffällig, daß sie auf manchen Gebieten weitaus gebildeter sind als wir.

Darüber muß nachgedacht werden. Man muß mit Freude lernen, man muß es als ein Erlebnis, als ein Abenteuer empfinden. Und die Schule muß vor allen Dingen lehren, wie man lernt, ein ganzes Leben lang lernt. Ob Sie es glauben oder nicht, Professor Manfred von Ardenne hat mir einmal gesagt: Wissen Sie, Herr Minister, Sie müssen mindestens dreimal im Leben neu anfangen. Man muß diesen Anfang suchen, ihn wollen, und das ist in allererster Linie ein Lernprozeß. Und ich habe etwas Sorge, daß wir darauf nicht genügend vorbereitet sind. Das tiefste Geheimnis des wissenschaftlich-technischen Fortschritts besteht darin, daß sich auf einer soliden philosophischen und weltanschaulichen Grundlage Kreativität entfaltet. Daß man offen nach allen Seiten seine Antennen ausfährt. Die am weitesten entwickelten Industrieländer, die die Hochtechnologie beherrschen, sind – man höre und staune – auch die am weitesten entwickelten Kulturländer. Ich habe das überall erfahren. Das ist das Geheimnis der USA. Die USA, das ist nicht dieser Kojak-Detektiv oder so, nein die USA sind eine kulturelle Großmacht. Ich will Ihnen hier aber keinen Vortrag halten, sondern ich will direkt antworten. – Die angesprochenen Dinge, Musikinstrumente, Devisen, Studenten und so weiter, muß eine neue Regierung lösen, wir brauchen so schnell wie möglich eine neue Regierung. Nicht, daß Sie denken, daß ich das heute das erste Mal sage. Ich fand bisher kein Gehör. Jetzt sage ich es hier. Wir brauchen eine Regierung, die ausschließlich dem Parlament verantwortlich ist. Wir brauchen

5. November 1989

eine Regierung, die nicht so groß ist wie die jetzige, 42 Minister sind einfach zuviel. Es muß ein richtiges, zum Regieren befähigtes Kabinett geben. Einen Hochschul- und einen Kulturminister – hoffentlich sind es zwei –, die mit aller Verantwortung ausgestattet sind und nicht andauernd von der Plankommission, vom Finanzministerium und so weiter bevormundet werden. Wir werden aber auch sagen müssen, was wir nicht schaffen können. Und jetzt will ich Ihnen noch eine Sache hier in diesem Zusammenhang sagen.

Ich bin Mitglied des Zentralkomitees, ich bekenne mich zu meiner Verantwortung. Ich habe diesen schwierigen Prozeß der letzten drei Wochen, die Veränderung in der Parteiführung, mehr oder minder direkt oder indirekt mitgemacht. Ich wende mich jetzt von dieser Stelle aus mit einem persönlichen Wort an den Genossen Egon Krenz. Der Genosse Krenz hat bis dato im Politbüro nicht die Mehrheit und ist in seiner Einflußkraft gestört und beengt. Ich bin dafür, daß in dieser Woche das Zentralkomitee zusammenkommt und daß das Politbüro geschlossen zurücktritt. Erst dann wird der Generalsekretär Egon Krenz die Möglichkeit haben, alle seine guten und richtigen Absichten, die ich unterstütze, zu verwirklichen. Gegenwärtig ist das fast unmöglich. Das wollte ich hier sagen. Es paßt nicht direkt zum Thema Musikinstrumente, aber es ist schon sehr wichtig und sehr notwendig.

Herr Neubert (Komponist): Lassen Sie mich einige Gedanken aus Künstlersicht äußern. Ich glaube, damit auch für Angehörige anderer Kunstgattungen zu sprechen. Lassen Sie mich eine kurze Postulat-Serie aufzählen:

1. Wir möchten endlich Kunst machen können, Kompositionen, Bilder, Plastiken, Bücher, Theaterstücke, Filme, Bauwerke, ohne warten zu müssen, bis ein politischer Jahrestag ins Haus steht – ein Jahrestag, der uns »Kreativität erlaubt«, und sie dann auch noch reglementiert.

2. Wir möchten Musik, Literatur, Bilder, Plastiken, Bühnen- und Filmwerke aus eigenem Antrieb und ohne Beauflagung und Zensur aus der Notwendigkeit unserer Gedanken und Situationen schaffen dürfen.

3. Wir möchten die Gremien, in denen über die Verbreitung unserer Kunstwerke entschieden wird, selbst wählen, schaffen und kontrollieren dürfen. Und ohne daß vorher die Parteigruppen die erlaubte Linie festlegen.

4. Wir möchten selbst den Kontakt zu Künstlerkollegen anderer Länder knüpfen dürfen und Austauschkonzerte, Ausstellungen, Theaterabende und Austauschlesungen veranstalten, ohne daß sie vom Staatsapparat blockiert, reglementiert oder gar unterbunden werden, auch nicht von dem Verhinderungsinstitut »Künstleragentur«.

5. Unsere Werke sollen nicht verwechselt werden mit der Tausendware der – durchaus notwendigen – angewandten Kunst. Unsere Werke sollen nicht an deren ökonomischen Maßstäben gemessen und gewertet werden.

6. Unsere Kunst soll allen gehören, nicht nur den Berufskollegen und Insidern. Die Kunst dem Volke, hieß es einmal. Warum bilden wir das Volk nicht, daß es auch in der Lage und bereit ist, wahre Kunst zu rezipieren. Wo bleibt die musische Volksbildung?

Lassen Sie mich enden mit Friedrich Wolf. Es gibt einen interessanten Satz bei Friedrich Wolf, der heißt: Wir haben die Formen zerbrochen und Formeln geschaffen. Wir haben die Waffen verflucht und sie gerufen, die Formeln zu schützen. Tun wir alles, daß wir gegen die Formeln auftreten und daß wir neue Formen schaffen.

Herr Masur (Gewandhauskapellmeister): Das, was wir früher humanistische Bildung nannten, muß wieder umfassend Einzug halten. Jetzt lassen wir einfach ganze Bereiche weg. Wir lassen die griechische, die römische Kultur weg. Griechische Göttersagen kennt keiner mehr. Allein so eine Geschichte wie »Amor und Psyche« ist völlig unbekannt. Das kennt keiner mehr. Und das sind natürlich Verluste, die dürfen wir nicht zulassen. Das muß in Zukunft einfach wieder da sein.

Wir sind doch ein Land, in dem die Menschen in eindrucksvoller Weise gleichzeitig demonstrieren, protestieren, aber dann auch die Theater und Konzerte besuchen. Das wäre nicht überall in der Welt so. Und ich sage es ganz offen, ich habe Erich Honecker, nachdem er jetzt abgetreten ist, einen persönlichen Brief geschrieben, und ich habe ihm gedankt für die Entscheidung, das Gewandhaus zu bauen und die Dresdner Semper-Oper und das Schauspielhaus. Das war auch eine einsame Entscheidung, die er damals eigentlich wider alle Vernunft traf. Denn bereits zu diesem Zeitpunkt waren wir so tief verschuldet, daß wir uns das schon gar nicht mehr hätten leisten können. Ich bin trotzdem froh, daß die Entscheidung so gefallen ist, daß wir hier sitzen können. Aber es ist ein Beweis dafür, daß sich auch die Leipziger durch ihre Liebe zur Musik, zu ihrem Gewandhaus, zu ihren musikalischen Traditionen, daß sie sich dadurch ein Bedürfnis für die Kunst erhalten haben.

»Damit das Wort Sozialismus nicht wieder mit Bitterkeit und Ironie ausgesprochen wird«

Die System-Frage aus der Sicht der Bevölkerung

Frau C.: Die Begriffe Sozialismus und sozialistisch müssen für uns alle neu definiert werden. Aber nicht nur von den Theoretikern des Marxismus-Leninismus. Wir brauchen klare und durchschaubare und an der Wirklichkeit meßbare Definitionen. Ich will mal aufzählen, was wir alles haben: sozialistischen Handel, sozialistisches Handwerk, sozialistische Betriebe, sozialistische Schulen, sozialistische Berufsausbildung, sozialistische Armeen, sozialistische Leiter, sozialistische Persönlichkeiten. Wir leben sozialistisch, arbeiten sozialistisch und leiten sozialistisch. Alle kennen diese Schlagworte als nahezu sinnentleerte Begriffe. Jeder von uns hat böse Erfahrungen mit einer sozialistischen Einrichtung oder sozialistischen Person gemacht, sonst säßen wir nicht hier. Wir haben miteinander – ich sage hier – sozialistisch gelitten. Wir können uns dieser Begriffe nur noch bedienen, wenn sie umgehend neu von ihrem Inhalt und ihrer Aussage her definiert werden. Wir laufen Sturm gegen unsere sozialistische Vergangenheit, wir ringen um eine sozialistische Zukunft, in die wir Bewährtes aus der Vergangenheit mitnehmen wollen. Wir müssen uns auf ein neues Sozialismus-Verständnis einrichten. Und das so schnell wie möglich, damit die Menschen dieses Wort wieder aussprechen können, ohne Bitterkeit und Ironie.

Frau Lux (Neues Forum, Leipzig): Als Opposition verstehen wir uns nicht, weil wir für den Sozialismus sind – und zwar für wesentlich mehr Sozialismus. Dort, wo scheinbar die Antwort lag, im Begriff Sozialismus, genau dort beginnt erst das Problem. Was ist Sozialismus? Wir fordern eine öffentliche Debatte zur Sozialismus-Konzeption in diesem Land – und zwar zu Grundfragen. Ein Abdrängen in Sozialismustechnokratie lehnen wir ab. Es geht nicht primär um Reisefreiheit. Es geht primär – und das möchte ich unterstreichen – um einen Übergang der formalen Vergesellschaftung in eine reale Vergesellschaftung. Das steht historisch auf der Tagesordnung, und darum kommen wir nicht herum. Der Sozialismus ist Eigentum des Volkes und nicht Eigentum der Regierung. Es geht um durchgreifende Demokratisierung auf allen Ebenen. Das heißt, historisch überlebte, untaugliche Strukturen durch lebendige und zeitgemäße, durch sich bewegende Strukturen zu ersetzen. Durchgreifende Demokratisierung heißt: öffentliche und für jeden, ich betone für jeden, nachvollziehbare Entscheidungsfindung. Die Medien, insbesondere das Fernsehen, können und müssen dabei ein Hauptinstrument sein. Mein Vorschlag: Den zweiten Kanal durchgängig für eine Sozialismus-Debatte zur Verfügung zu stellen.

Ein Wort in eigener Sache. Als Kontaktperson und Sprecherin des Neuen Forums Leipzig besuchten mich in den letzten 14 Tagen über 200 Menschen. Hier mein Resümee dieser Gespräche:

1. Bitterkeit. In 40 Jahren DDR ist es gelungen, den Menschen folgende Formel aufzuprägen: Ich werde nicht gebraucht.

2. Hoffnung. Die reale Fähigkeit und Bereitschaft, mitzudenken, mitzuhandeln, zu planen und zu reagieren, ist in einem Maße vorhanden, daß ich erschüttert bin.

3. Verantwortung. Dieses schöpferische Potential ins Leere laufenzulassen, hieße Verrat und politische Sabotage an diesen Menschen, an mir selbst und meinen Kindern. Ich werde meine ganze Kraft dafür einsetzen, diesem schöpferischen Potential zur Wirkung zu verhelfen, und ich möchte alle Anwesenden bitten, mir dabei Partner zu sein.

4. Utopie. Wolf Biermann 1974:

> »Zu uns fliehn dann in Massen
> die Menschen und gelassen
> sind wir drauf vorbereit'«.

Ein Herr: Mit meinen 61 Jahren habe ich in diesem Staat von Anfang an – bis heute – gearbeitet. Ich möchte sagen, daß wir den Leuten, die Fehler gemacht haben – und ich schließe mich da gar nicht aus –, nicht einfach alles aus der Hand nehmen sollen. Ich bin statt dessen dafür, daß alle, die gegenwärtig das Schiff des Sozialismus auf Grund gesetzt haben, es auch wieder flott machen müssen. Die müssen das alles erst wieder geraderücken, und dann entscheidet das Volk, welche Gesellschaftsordnung es will.

Herr Petri (Tischler-Lehrling): Ich persönlich bin für die generelle Auflösung der SED, die sehr lange Zeit gegen progressive, andersdenkende Kräfte in unserem Land vorging und sich dazu befugt und im Recht meinte. Ihre Kompetenz hat sie dabei weit überschritten. Das sagen ja nun auch die Leute aus ihren eigenen Reihen. Ich weiß um die Vielzahl derer in dieser Partei, die aktiv bei der Verbesserung der jetzigen und der zukünftigen Lage helfen wollen. Möge doch eine neue Partei gegründet werden mit klarem Statut und grundlegender Offenheit. Jene willigen Leute könnten dort eintreten, und jene, die

im Augenblick zurücktreten, bräuchten gar nicht erst in die neue einzutreten. Dann hätten alle Klarheit und die vor allem so dringend benötigte Glaubwürdigkeit. Ich möchte meine Worte nicht mißverstanden wissen, ich bin für den Sozialismus, aber für einen sozialistischen Sozialismus, nicht für einen »gestützten«.

Herr Kempe (Baufachschule Leipzig): Der Sozialismus steht auch für mich nicht zur Disposition. Sozialismus ist gekennzeichnet – das wird jetzt keine Marxismus-Leninismus-Vorlesung – durch die Beziehungen zu den strukturbestimmenden Produktionsmitteln und die Machtausübung durch das Volk, aber nicht durch das Machtmonopol einer Partei und eines Funktionärs. Die Macht muß über ein sauberes Wahlsystem direkt und unverfälscht vom Volk ausgehen. Sie muß der Meinungs- und Interessenvielfalt Raum geben, und sie muß sich manifestieren in einem unbehinderten Ringen der politischen Parteien um die jeweils beste Lösung. Zur Verhinderung von Machtmißbrauch, zur Sicherung eines auch menschlich anständigen Funktionärswechsels, zur Vermeidung biologischer Überalterung und zur Sicherung neuer, frischer und junger Ideen und Impulse ist die Amtszeit für alle Wahlfunktionen auf maximal zwei Legislaturperioden gesetzlich zu begrenzen.

65

Ein Herr: Eine Lehre der Geschichte besagt, daß jeder Versuch, die Leute zu ihrem Glück zu zwingen, nichts bringt als Unglück, ganz gleich, im Namen welcher Ideen das getan wird. Wir müssen vor allem darüber nachdenken, wie wir uns unser System vorstellen, das wir in Zukunft aufbauen werden. Für mich ist die sozialistische Gesellschaft der Zukunft eine Gesellschaft der freien Konkurrenz der besten Ideen um die Ausgestaltung dieser Gesellschaft. Das heißt, daß auch die Partei, wie von vielen gefordert, das Macht- und Wahrheitsmonopol aufgeben muß und daß wir uns in Richtung einer wirklich pluralistischen Parteiengesellschaft entwickeln. Denn bisher haben sich die Menschen noch nichts Besseres ausgedacht, als sich in Parteien und Massenorganisationen zu organisieren, um ihren Forderungen Nachdruck zu verleihen. Die sozialistische Gesellschaft ist für mich eine Gesellschaft, in der wirklich alle Macht vom Volk ausgeht und nicht von einer Führungselite, eine Gesellschaft, in der der Platz jedes einzelnen nur durch seine Kompetenz und seine Leistung bestimmt wird – also eine Leistungsgesellschaft.

Ich habe die Hoffnung, daß man dann, wenn meine Kinder so alt sind wie ich heute, sagen wird, daß 1917 die erste Etappe der Revolution zu einer wahrhaft humanistischen Gesellschaft eingeleitet wurde. Und 1985 mit Michail Gorbatschow die zweite Etappe einer Revolution zu einer wahrhaft sozialistischen Gesellschaft erreicht wurde, die dann bei uns in der DDR 1989 fortgeführt wurde. In diesem Sinne – es lebe die Revolution!

Ein Herr: Ich bin ein Sozialdemokrat. Am vorigen Dienstag haben wir in Leipzig die Sozialdemokratische Partei in der DDR gegründet. Wir stehen am Beginn unserer Arbeit. Drei Stichworte umschreiben unsere Ziele: ökologisch, sozial und demokratisch. Unter sozial verstehen wir ganz sicher, daß jeder in diesem Land die Möglichkeit hat, zu leben, daß niemand – wie ich es in Hannover gesehen habe oder in Bonn und München – vor Kaufhäusern sitzen muß mit einer Büchse zwischen den Knien. Das darf uns nicht passieren, auf keinen Fall! Es muß jeder wohnen können, und es darf nicht sein, daß die Menschen zu Tausenden ohne Halt durch die Straßen irren. So etwas darf nicht vorkommen!

Frau Heinz (Lehrerin): Mein Traum vom Sozialismus ist noch nicht ausgeträumt. Ich habe nie mehr Mut gehabt als heute. Heute glaube ich, daß wir es vielleicht schaffen können, aber nur mit dem ganzen Volk und mit ehrlichen Worten von uns.

Redet nicht von unserem Volk, das gehört uns nicht, das Volk gehört sich selber, und wenn wir Glück haben, nehmen sie uns an.

Herr O. (Techniker): Der Demokratische Aufbruch hält die gegenwärtig vorhandenen politischen Strukturen für nicht ausreichend, den erforderlichen Demokratisierungsprozeß zu gewährleisten. Darum hat er sich als politische

Vereinigung außerhalb der Nationalen Front formiert. Seine Mitglieder wehren sich gegen die Unterstellungen, die DDR in kapitalistische Verhältnisse zurückreformieren zu wollen.

Herr Z. (Ausbilder in einem Betrieb): Wenn die Partei weiterhin auf ihrer führenden Rolle besteht, die sie seit einigen Wochen schon nicht mehr besitzt, und immer noch den real existierenden Sozialismus, wie er 40 Jahre in der DDR praktiziert wurde, der auch weiterhin nicht zur Disposition stehen sollte, uns als einzige Alternative zum Kapitalismus offeriert, dann braucht man kein Prophet zu sein, um schwarzzusehen. Die SED wird mit Sicherheit, dem Weg ihrer Bruderparteien folgend, ihrem selbstverschuldeten politischen Bankrott entgegengehen. Dann wird, wie es sich in den Bruderländern anbahnt, der Kapitalismus zur einzigen Alternative des Sozialismus. Das aber nicht, weil es der Klassenfeind so möchte, sondern weil das Unvermögen einer sozialistischen Partei letztlich dazu führte. Wenn Halbherzigkeit, Verharmlosung und kosmetische Operationen weiterhin praktiziert werden, kann der Sozialismus nicht gerettet werden. Transplantationen aller lebenswichtigen Organe sind nötig, wenn die DDR als sozialistischer Staat weiter existieren soll. Das ist die Aufgabe der Gegenwart.

Herr Kaubitzsch (Elektriker): In den jetzigen Tagen kommt immer wieder die Sorge um den Fortbestand des Sozialismus auf. Diese Frage aber entscheidet nicht die SED, sondern das ganze Volk. Und hier gleich die einfache Zauberformel: Jeder Wähler kreuzt in einer freien und geheimen Wahl seine Idealpartei an. Zusätzlich trifft jeder mit seinem Kreuz die Wahl: Sozialismus – ja oder nein. Die stärkste Fraktion hat dann zugleich den geforderten Wählerauftrag zu erfüllen. Besser kann man das Volk nicht fragen, demokratischer geht es nicht. Das Volk hat ein Recht darauf, weil wir seit 1949 in einer Deutschen Demokratischen Republik leben, in der es in diesem Sinne noch nie Demokratie gegeben hat. Der diktatorische Machtanspruch der SED hat das Volk in die Irre geführt und einen seelischen und moralischen Schaden im Volk angerichtet. Jeder Mediziner wird bestätigen, daß ein Knochenbruch ungefähr nach acht Wochen heilbar ist, aber ein seelischer Schaden oftmals lebenslänglich anhält. Die Angst um den sogenannten Sozialismus ist völlig unbegründet, weil es ihn in Wirklich noch nie gab.

Es war bisher der Sozialismus der Funktionäre. Schon deshalb wurde er ja – wie wir wissen – als real existierend bezeichnet.

Herr O.: Eine einfache Abstimmung mit Ja oder Nein, Sozialismus ja oder Sozialismus nein, halte ich persönlich für falsch in der jetzigen Situation. Als Genosse möchte ich einfach meine Mitbürger auch bitten, daß sie uns – mit uns meine ich uns Genossen, auch mich eingeschlossen, die wir uns nun als schuldig bezeichnen müssen, im Prinzip hat ja jeder von uns auch eine gewisse Mitschuld, obwohl wir für Besseres gekämpft haben in der Partei –, also ich bitte darum, daß die Bürger, die einsichtigen Bürger, uns auch die Chance geben, unsere Politik wirklich darzulegen. Bisher ist sie noch nicht dargelegt worden. Es sind zu viel schöne Worte gedroschen worden.

Ein Herr: Vor kurzem hörte ich im Fernsehen den Satz: Die frischen Winde, die seit einiger Zeit über Westeuropas Länder gezogen sind, haben auch vor den Toren der osteuropäischen Staaten nicht haltgemacht.

Ich glaube, am 9. Oktober ging hier von diesem Boden in Leipzig ein Orkan aus, der in diesem Land schon alles umgewirbelt hat und weiter wirbeln wird und auch in den westeuropäischen Ländern frischen Wind bringen kann. Ich meine, wir haben seit dem 9. Oktober die Chance, das demokratischste Land der Welt zu werden. Es ist bisher nicht mehr als eine Chance, die wir zu wahren haben. Zur Zeit befinden wir uns in einer Phase der absoluten Euphorie, alles freut sich darüber, daß man in den Westen fahren kann, daß Europa plötzlich offen ist. Aber es wird nicht lange dauern, vielleicht nur wenige Tage, und wir werden mit den Realitäten konfrontiert werden. Dann wird man plötzlich aufwachen und sehen, die 15,– DM, die wir für eine Westreise bekommen, entsprechen nicht einmal dem Stundenlohn eines bundesdeutschen Arbeiters. Dann wird der Mythos vom heroischen Volk etwas zerbröckeln, und es werden sich wieder private Interessen in den Vordergrund schieben. Die Leute werden begreifen, daß sie in der Bundesrepublik besser bezahlt werden. Ich glaube, die Probleme, die auf uns zukommen, sind von uns aus allein nicht zu lösen. Es gibt nur eine Lösung unserer Probleme: einen deutsch-deutschen Dialog, der sofort einsetzen muß, und zwar auf allen Ebenen. Die Städtepartnerschaften mit der BRD werden jetzt sicherlich wie Pilze aus dem Boden wachsen, das kann man voraussehen. Man kann auch von hier einen Appell schicken an die Städte in der BRD, an die Wissenschaftler, an die Intellektuellen in der Bundesrepublik, uns über eine gewisse Zeit zu helfen.

Kurt Masur

»Eine der besten Demokratien der Welt«

Die Geschichte der Leipziger Sechs – erzählt
auf der Pressekonferenz am 17. November 1989

Lassen Sie uns die Geschichte der Leipziger Demonstrationen noch einmal
betrachten. Sie entstanden aus den Friedensgebeten, die wiederum eine Folge
des von der UNO angeregten Versuchs waren, den Friedenswillen der Menschen international zu aktivieren. Hier in Leipzig wurden die Friedensgebete
mit wachsender Beteiligung in der Nikolaikirche abgehalten. Die offene Atmosphäre und die öffentlichen Aussprachen zogen nicht nur Christen an,
sondern auch die Menschen, die einfach nur frei reden wollten. Einige
Störungen traten schon in der Kirche auf, und so nach und nach – ich kann
es nicht nachvollziehen, ich hörte immer nur davon – stellte sich heraus, daß
die Kirche von einer zunehmenden Zahl Polizisten observiert wurde. Ich erinnere mich, im Mai/Juni 1989 sahen wir an den Montagabenden regelmäßig
vier bis fünf Transportwagen der Polizei am Nikolaikirchhof. Die aus der Kirche strömende Menge wurde von der Polizei empfangen. Wir alle haben diese
Situation mit Sorge betrachtet, weil wir das Überangebot an Polizei unangemessen fanden und es für junge Menschen natürlich auch eine Herausforderung war, was sich später bewahrheitete.
   Aus diesen Friedensgebeten entwickelten sich Protestdemonstrationen, die
noch gewaltfrei waren, aber zum Teil mit Verhaftungen endeten. Ich persönlich wurde am 11. Juni damit konfrontiert. An diesem Tag bekam ich den Brief
eines Leipzigers, der mich darum bat, für die Straßenmusikanten eine Lanze
zu brechen. Er hatte miterlebt, wie am 10. Juni in der Nähe der Nikolaikirche
ein Straßenmusik-Festival veranstaltet worden war, das durch den Eingriff der
Polizei ein jähes Ende gefunden hatte. Eine ganze Reihe dieser Musiker wurde
verhaftet und zum Teil – wie sich später herausstellte – mit sehr hohen Geldstrafen belegt, da sie auf der Straße ohne Genehmigung musiziert hätten.
Mehreren von ihnen, ich glaube zwei oder drei, wurden Geldstrafen von bis
zu 1000,– Mark auferlegt. Ich meldete mich sofort bei Herrn Dr. Meyer, dem
Kultursekretär der SED in Leipzig, der uns kurz zuvor auf einer Konzertreise

Leipziger   Postulate

Leipzig, am 17. Oktober 1989

Am Abend des Montags vom 9. Oktober 1989 wandten sich die
Leipziger Bürger Gewandhauskapellmeister Prof. Dr. h.c.
Kurt Masur, der Theologe Dr. Peter F. Zimmermann, der Kaba-
rettist Bernd-Lutz Lange und die Sekretäre der Bezirksleitung
Leipzig der SED Dr. Kurt Meyer, Jochen Pommert und Dr. Roland
Wötzel mit folgendem Aufruf an alle Leipziger:

"Unsere gemeinsame Sorge und Verantwortung haben uns
heute zusammengeführt. Wir sind von der Entwicklung in
unserer Stadt betroffen und suchen nach einer Lösung.
Wir alle brauchen einen freien Meinungsaustausch über
die Weiterführung des Sozialismus in unserem Land. Deshalb versprechen die Genannten allen Bürgern, ihre ganze
Kraft und Autorität einzusetzen, daß dieser Dialog nicht
nur im Bezirk Leipzig, sondern auch mit unserer Regierung geführt wird. Wir bitten Sie dringend um Besonnenheit, damit der friedliche Dialog möglich wird."

I. Demokratie und politisches System

" Redet nicht von unserem Volk; das gehört uns nicht. Das Volk
gehört sich selber, und wenn wir Glück haben, nehmen sie uns
an. "

Wir erleben, daß die derzeit bestehenden Volksvertretungen nicht
das Vertrauen ihrer Wähler haben. Die vor uns stehenden gewich-
tigen mittel- und langfristigen Entscheidungen können nur von
neugewählten Volksvertretern - nach ausführlicher Diskussion
mit den betroffenen Menschen - verantwortet werden.
Die Forderung nach neuen Wahlen stellt uns zuerst vor die Aufgabe, die Verfassung unseres Landes zu reinigen und zu ergänzen (§ 1; Zusatz über die Verfassungspflicht zur ökologischen
Verantwortung u.a.).
Die neuzuschaffenden oder zu verändernden Gesetze (Mediengesetz,
Parteiengesetz, Wahlgesetz u.a.) müssen zwei Grundbedingungen
erfüllen : Sie müssen die demokratische und entscheidende Mitarbeit aller interessierten Menschen ermöglichen und jederzeit
die öffentliche Kontrolle der verliehenen Macht erlauben.
Eine Verwaltungsreform als Teil der Erneuerung von unten mit
dem möglichen Ziel, die bis 1952 bestehende Gliederung unseres
Landes in Länder (Anhalt, Brandenburg, Mecklenburg, Sachsen,
Thüringen) hat zwei Aufgaben zu leisten : Sie hat die Dezentralisierung von Entscheidungen zu fördern, die dort getroffen
werden müssen, wo die Menschen damit leben. Und sie muß eine
radikale Entbürokratisierung aller Strukturen und Institutionen
des politischen Systems durchsetzen. x wiederherzustellen
Die Einheit der individuellen und sozialen Menschenrechte ist
neu zu bestimmen und Vorstellungen über sozialistische Menschenrechte (neben der neugewonnenen Reisefreiheit, die unbedingt die
materielle Absicherung braucht, such ein Widerstandsrecht der
Bürger; die Kundgebungsdemokratie "Wir sind das Volk !" brauchen
wir wie die Luft zum Atmen.) sind zu entwickeln und zu realisieren.
Die weißen Flecken in der Geschichte der DDR vor 9. Mai 1945
an bis zum heutigen Tag müssen ausgefüllt werden. Nur eine ehr-
liche, tabufreie Aufarbeitung unserer Vergangenheit - beginnend
mit der Geschichte der SED - kann die Ursachen der heutigen Krise
aufdecken und neue Fehler vermeiden helfen.
Wir gehen zu auf eine Demokratische Republik Deutschland als
unser neues Deutschland.

II. Ökonomie und ...

"Für uns ist die sozialistische Gesellschaft der Zukunft eine
Gesellschaft der freien Konkurrenz der besten Ideen für die
Ausgestaltung dieser Gesellschaft."

Wir fordern und realisieren die schrittweise Veränderung der
ökonomischen Grundstruktur des Bezirkes Leipzig. Um die Domi-
nanz der verarbeitenden Industrie zu sichern, wird die Ver-
edelungschemie zulasten der Schwerchemie entwickelt.
Die Dezentralisierung von Planung und Leitung gibt dem Bezirk
und der Stadt die Möglichkeit für eine angemessene eigene Wirtschaftspolitik für unser Land.
Zwei Voraussetzungen für diese Entwicklung sind zu sichern:
Leitungsfunktionen müssen allein nach Kompetenz besetzt werden,
wofür die Trennung aller Parteien vom Staat und von der Wirt-
schaftsleitung grundlegend ist.
Über halbjährliche Rechenschaftslegung über den Staatshaushalt
und die Devisenwirtschaft ist der Spielraum für politisch-
wirtschaftliche Entscheidung klarzustellen.
Durch die Auswirkungen der Verwaltungsreform wird die Entbürokratisierung auch im Wirtschaftsbereich gefördert.

Schnell in Angriff zu nehmen sind die Einrichtung von Innova-
tionsbüros auf der Grundlage privater Initiativen, die effek-
tive Förderung von Handwerkern ebenso wie eine bedarfsangemes-
sene Entwicklung der Dienstleistungsbetriebe (Hotels und Gast-
stätten nicht zu vergessen).

**Thesen und Forderungen der Leipziger Gewandhausgespräche, zusammen-
gefaßt als »Leipziger Postulate« vom 17. November 1989. In der Eile war das
Original falsch datiert worden.**

begleitet hatte. Wir berieten dann unter vier Augen, was zu tun sei und vereinbarten eine Aussprache im größeren Rahmen für Ende August. Ich hatte vorgeschlagen, alle Leipziger Straßenmusiker einzuladen. Dazu baten wir Vertreter der für die Genehmigungen zuständigen amtlichen Stellen, der Sicherheitskräfte und der Polizei. So kamen alle aktiv und passiv Beteiligten, ungefähr 650 Menschen, hier im Gewandhaus zusammen. Wir begannen mit den Darbietungen eines Leierkastenmannes, um zu demonstrieren, wie schön und freundlich Leipzig mit Straßenmusikern wirken könnte.

Das war unsere erste Erfahrung mit den – ich würde sagen – gegnerischen Kräften. Die Erfahrung, daß man zusammenkommen, über strittige Fragen sprechen und zu klären versuchen kann, wie es soweit hatte kommen können. Die Zusammenkunft war in unser aller Augen ungeheuer positiv verlaufen. Sie bewirkte, daß Genehmigungen viel bereitwilliger erteilt und neue Bestimmungen geschaffen wurden, dank derer man in Leipzig heute schon wieder eine Reihe von Straßenmusikern antreffen kann. Was nicht verhindert werden konnte, war, daß die Situation an der Nikolaikirche immer mehr eskalierte. Daraus ging bereits am 7. Oktober eine gewalttätige Auseinandersetzung zwischen der Polizei und den Demonstranten hervor.

Der Verlust, den die Ausreisewelle in die Bundesrepublik mit sich brachte, war für unser Land hoch. Viele junge Menschen verließen die DDR, und wir empfanden deren 40. Geburtstag als unangemessen gefeiert. Es war – ich zog diesen Vergleich damals – für uns der Geburtstag einer zerstrittenen Familie, die keine friedliche Feier begehen soll. Die Spannungen im Volk führten gerade an diesem Jubiläumstag in Leipzig zu Gewalttätigkeiten zwischen Polizei, Sicherheitskräften und der Bevölkerung. In Berlin waren die Konfrontationen, glaube ich, sogar noch schlimmer.

Wir wußten, daß am folgenden Montag, am 9. Oktober, hier in Leipzig eine Demonstration stattfinden würde, bei der die Gefahr von Ausschreitungen bestand. An diesem Tag gaben wir im Gewandhaus ein Konzert und verbrachten den Tag in größter Unruhe. Ich rief am frühen Nachmittag Dr. Meyer an, der sich sofort bereit erklärte, die anderen Herren zu verständigen und zu einem Treffen zu bitten. In meiner Wohnung berieten wir, was zu tun sei. Die drei Genossen von der SED-Bezirksleitung konsultierten ihre Vorgesetzten und informierten später auch Berlin. Ungefähr 45 Minuten vor der Demonstration trafen wir uns erneut. Wir hatten uns darauf geeinigt, im Leipziger Rundfunk und im Stadtfunk über Straßenlautsprecher einen Aufruf gegen Gewalt verlesen zu lassen. Auch während der Friedensgebete, die an diesem Abend in vier verschiedenen Kirchen stattfanden, sollte der Aufruf von den Kanzeln verlesen werden. An der Demonstration nahmen damals etwa 70 000 Menschen teil, für uns eine unvorstellbar große Zahl. Wir können sagen, wir hatten bei den Demonstrationen der letzten Wochen mehr als die Hälfte der Leipziger Bürger auf den Beinen.

Ich glaube, wir können uns glücklich schätzen, daß die drei Angehörigen der Bezirksleitung der Partei über ausreichend Verantwortungsbewußtsein verfügten, um zu friedlichen Verhältnissen beizutragen. Wir haben alle sechs unseren Einfluß geltend gemacht, soweit wir es vermochten. Pfarrer Dr. Zimmermann eilte in alle Kirchen und verteilte schnell diesen Aufruf, damit er verlesen werden konnte. Der Leipziger Rundfunk zeichnete ihn auf und sendete ihn. Alles war ja eine Frage von Minuten. Und die Bezirksleitung veranlaßte, daß den Sicherheitskräften befohlen wurde, sich zurückzuziehen und die Menge nicht zu provozieren.

Ich habe es einmal so formuliert: Wenn Mut haben heißt, daß man Angst zu überwinden lernt, dann geschah das an diesem Abend. Sie war in uns allen, die Angst, die Befürchtung, daß es, bis der letzte Demonstrant den Platz verlassen hätte, doch noch zu blutigen Zwischenfällen kommen könnte. Die Verantwortung, die wir übernommen haben, ist weit über unsere Befugnis hinausgegangen, ist weit über das hinausgegangen, was wir hätten verantworten können, wenn es anders gekommen wäre. So hatten wir das Glück, daß wir über gehorsame Sicherheitskräfte verfügten und daß die Leipziger Bevölkerung Demonstranten, die ausfällig werden wollten, zurückhielt. Es ist fast unglaublich für uns alle, daß es keinen einzigen Zwischenfall, keine einzige Verhaftung und keine gewalttätigen Auseinandersetzungen an diesem Abend gab.

Diese Ereignisse wurden dann eigentlich zum Modellfall für unser ganzes Land. Sie bewirkten, daß auch die Menschen anderer Städte Mut faßten. Unsere offenen Reden, die Möglichkeit unserer Presse zu freier Berichterstattung hat schon in dieser kurzen Zeit zu einer fast unglaublichen Wandlung in unserem Leben geführt. Das Reisegesetz ist dabei natürlich nicht zu vergessen. Alle Veränderungen geschahen mit solcher Geschwindigkeit, daß keiner von uns heute behaupten kann, er habe diese Entwicklung am 9. Oktober geahnt. Man kann sagen, daß wir vom Volk unseres Landes überholt worden sind. Wir sehen es so, daß wir im Augenblick in einer Situation sind, eine der besten Demokratien der Welt werden zu können, wenn wir die Chance nutzen, wie sie vor uns liegt.

Volker Stiehler

Die Geschichte der Litfaßsäule

Der öffentliche Dialog, der 1989 in der DDR zustande kam, fand im Prinzip der »Runden Tische« seine typische Veranstaltungsform. Zuerst jedoch wurde er auf den Straßen und Plätzen geführt. In Leipzig mauserte sich eine kleine, aber besondere Litfaßsäule am Karl-Marx-Platz zum Anlaufpunkt dieses Meinungsaustauschs. Es war sicherlich die erste Litfaßsäule auf einem öffentlichen Platz in der DDR, die wirklich freie Meinungsäußerungen wiedergab. Ihre Geschichte ist unmittelbar mit dem Gewandhaus und dem Gewandhauskapellmeister Kurt Masur verbunden.

Wie kam die Säule auf den Platz zwischen Gewandhaus und Oper? Am Abend des 9. Oktober 1989 fand im Großen Saal des Neuen Gewandhauses das Abschlußkonzert der Gewandhausfesttage 1989 statt. Es spielte das Gewandhausorchester unter dem Dirigat von Kurt Masur. Zu dieser Abendstunde ging gerade die erste und entscheidende Massendemonstration der Wendezeit friedlich zu Ende. Kurt Masur hatte vor der Demonstration den »Aufruf der Sechs« persönlich an die Teilnehmer der Friedensgebete und an die Menschen auf den Straßen der Innenstadt verlesen und damit nicht unwesentlich zum friedlichen Ausgang dieses Tages beigetragen. Am 10. Oktober flog er mit dem Gewandhausorchester zu einer zehntägigen Gastspielreise in die UdSSR. Während dieser Tage ging eine Unmenge von Briefen aus der Bevölkerung an Kurt Masur ein, und er kündigte telefonisch an, daß er diese Menschen ins Gewandhaus bitte wolle. Am Freitag, dem 20. Oktober, gleich nach der Ankunft auf dem Flughafen Schkeuditz, fuhr Kurt Masur ins Gewandhaus, um die Stapel von Briefen zu sichten. Er lud viele derjenigen, die ihm geschrieben hatten, für den nächsten Sonntag, 11.00 Uhr, in den Kleinen Saal des Gewandhauses ein. Mit interessierten Bürgern wollte er über die wichtigen Fragen der Zeit diskutieren, über Zurückliegendes und Bevorstehendes.

Am Sonntag, dem 22. Oktober, war der Kammermusiksaal des Gewandhauses überfüllt. Die »Gespräche am Karl-Marx-Platz«, geboren als Reaktion auf die Massendemonstrationen des Leipziger Herbstes, hatten begonnen. Nachdem an diesem Tag die Bürger das Gewandhaus wieder verlassen hatten, beriet Professor Masur mit seinen engsten Mitarbeitern über die Weiterführung derartiger Diskussionsveranstaltungen in den nächsten Wochen. Er bat seinen Direktor für Technik, auf dem Karl-Marx-Platz in Leipzig eine spezifische, große Werbefläche zu schaffen, auf der die Bürger zu den nunmehr sonntäglichen Diskussionsveranstaltungen in Gewandhaus, Oper, Universität und im Studentenclub Moritzbastei öffentlich eingeladen werden konnten. Die Wahl fiel auf die gute alte Litfaßsäule. Allerdings – aus den Erfahrungen der planwirtschaftlichen Vergangenheit – war eine Realisierung dieses Vorhabens innerhalb von drei bis vier Tagen schier unmöglich. In den darauffolgenden Tagen machten die Initiatoren jedoch unerwartete Erfahrungen. Sie rannten mit ihrem Ansinnen, eine eigene Litfaßsäule aufstellen zu wollen, bei den zuständigen Behörden der Stadt unerwartet offene Türen ein. Bereits am 24. Oktober mittags waren alle notwendigen amtlichen Fragen geklärt – ohne Schriftverkehr. Im Gewandhaus wurde lediglich eine Aktennotiz angefertigt, aus der hervorgeht, daß die politisch brisanten Probleme dieses Vorgangs von allen Seiten tunlichst ausgeklammert worden waren, um das Projekt nicht zu gefährden.

Wie aber in der DDR von heute auf morgen eine Litfaßsäule besorgen? Litfaßsäulen gab es nicht. Doch es gab viele, die helfen wollten. Schon am 25. Oktober transportierten Arbeiter des Verkehrs- und Tiefbaukombinates eine riesige Betonröhre an, die normalerweise als Abwasserrohr verlegt wurde. Ein solches Betonelement – auf den Kopf gestellt, ein Dach drauf – konnte gut eine Litfaßsäule abgeben. Gesagt, getan! Die Mitarbeiter des Gewandhauses stellten die Röhre gemeinsam mit den Tiefbauern mitten auf dem Karl-Marx-Platz fachmännisch auf. Die Klempner des Gewandhauses verfertigten in Windeseile ein Dach, die Maler strichen sie ein und trugen den Schriftzug auf, der den Zweck der Säule sichtbar machte: Dialog am Karl-Marx-Platz.

Noch am 22. Oktober hatte der Direktor für Technik des Gewandhauses den Leipziger Graphiker Rainer Schade gebeten, mit einigen Gestaltungsideen die Säule zum Blickfang zu machen. Was Rainer Schade zwischen dem 23. und 26. Oktober erdacht und zu Papier gebracht hatte, schmückte am 27. Oktober mittags die Litfaßsäule. Seine Gestaltung war mehr als nur ein Hintergrund für die ersten vier Plakate, die zu den Gesprächen am Karl-Marx-Platz für den 29. Oktober in das Gewandhaus, die Oper, die Karl-Marx-Universität und in die Moritzbastei einluden. Die Bevölkerung Leipzigs nahm die Litfaßsäule nicht nur als Kleinod im Stadtbild zur Kenntnis, sondern nahm auch die Aufforderung zum Dialog selbst sehr ernst. Viel zu schnell war das einfallsreiche Poster Rainer Schades von unzähligen Erklärungen, Aufrufen – von den Stimmen des Volkes – überklebt.

Diese Art der Meinungsäußerung mißfiel der SED-Bezirksleitung. Sie forderte den Gewandhauskapellmeister auf, die Säule entfernen zu lassen. Kurt

Ende Oktober 1989

Masur schlug ihnen vor, die Säule montags im Gewandhaus unterzustellen und jeweils freitags vor dem nächsten Gespräch am Karl-Marx-Platz wieder aufzustellen. Das beruhigte die Herren ein wenig. Für die Mitarbeiter des Gewandhauses blieb dieser Vorschlag allerdings undurchführbar. Dazu war die Säule im wahrsten Sinne des Wortes zu gewichtig.

Nach mehrfachem Drängen der SED-Bezirksleitung erhielt der Direktor für Technik des Gewandhauses deshalb den Auftrag, die Säule mit den Mitarbeitern des Verkehrs- und Tiefbaukombinates am 1. November 1989 wieder abzutransportieren. An diesem Tag, früh 6.30 Uhr, nahmen die Klempner des Gewandhauses unter Protesten der Umstehenden das Dach der Säule ab. Verabredungsgemäß erschienen 7.00 Uhr ein Kranwagen und ein Transportfahrzeug. Inzwischen war die Litfaßsäule von vielen Leipzigern umringt, die auf dem Weg zur Arbeit waren. Ein politischer Aufpasser allerdings war zu dieser frühen Stunde nicht vor Ort. Die Tiefbauer kamen wegen der Leute nicht an die Litfaßsäule heran und standen eine Weile ratlos herum. Dann setzten sie sich wieder in ihre Fahrzeuge und verließen unverrichteterdinge den Platz. Sie berichteten ihrem Chef, die Bevölkerung habe nicht zugelassen, daß die Säule abtransportiert würde. Noch am gleichen Tage erreichte Kurt Masur, daß die Säule mit Billigung der SED-Oberen stehenbleiben konnte. Am Mittag setzten die Handwerker des Gewandhauses der Litfaßsäule ihr Dach wieder auf und »Speakers Corner« – wie die Litfaßsäule genannt wurde – war wieder flott.

Die Litfaßsäule auf dem Karl-Marx-Platz – kleiner als alle ihresgleichen in der Stadt – bot in dieser Form die erste Möglichkeit der freien Meinungsäußerung in der DDR. Bis zu den Wahlen im März 1990 blieb sie ein Blickpunkt politischen Streits und ein Symbol des Aufbruchs.

Nachtrag, Juni 1999: Die Litfaßsäule, die einige Jahre mehr oder wenig behütet, ihr Dasein auf dem Werkplatz des Leipziger Denkmalpflegebetriebes gefristet hatte, wurde 1999 vom Zeitgeschichtlichen Forum des Hauses der Geschichte in Leipzig restauriert und ist dort als ein wichtiges Ausstellungsobjekt zu sehen.

»Man muß dankbar sein, daß man das erleben durfte.«

Acht persönliche Bilanzen

Gespräch mit Kurt Masur am 22. Mai 1999

Herr Masur, Sie haben im Herbst 1989 die Gewandhausgespräche ins Leben gerufen und mit der Autorität Ihrer Person geschützt. Haben Sie geglaubt, daß Ihre Position unangreifbar ist, daß dies für Sie in persönlicher und beruflicher Hinsicht keinerlei Konsequenzen hätte haben können?

Herr Masur: Nein. Ich habe mich nicht so sicher gefühlt. Ich hatte ja schon einmal Auslandsverbot. Drei Jahre lang, nach meinem Engagement bei Walter Felsenstein in Berlin, bis ich dann die Dresdner Philharmonie übernahm. Drei Jahre lang – und zwar in Ost wie West. Ich hatte Angebote aus Aachen und aus Bremen bekommen. Dort wollte ich einen Dreijahresvertrag antreten, aber dennoch DDR-Bürger bleiben. Daraufhin bekam ich dieses Auslandsverbot, von dem ich erst erfuhr, als die ausländischen Orchester fragten: Wieso haben Sie eigentlich nie Zeit? Dabei war ich praktisch arbeitslos. Ich war diese drei Jahre ohne Orchester und ohne feste Einkünfte. Über Wasser hielt mich der Berliner Rundfunk, Kurt Sanderling lud mich ständig zu Gastkonzerten mit dem Berliner Symphonieorchester ein.

Daran erinnerte ich mich natürlich, als ich für die Gewandhausgespräche die Verantwortung übernahm. Das Gewandhausorchester und die Belegschaft hatten mich bestärkt, als sie sich hinter mich stellten.

Wir wollten Sie zur Vorgeschichte der Gewandhausgespräche befragen. Zum Teil haben Sie damals auf einer Pressekonferenz schon darüber gesprochen, aber einige Zusammenhänge hätten wir gern noch genauer gewußt.

Herr Masur: Ausgelöst wurden diese Gespräche durch das verbotene Straßenmusikfestival im Juni 1989. Damals bekam ich einen Brief von einem der Beteiligten. Er schrieb mir: Herr Gewandhauskapellmeister! Beschützen Sie unsere Straßenmusikanten. – Ich hatte ja immer darüber gesprochen, wie bedauerlich es ist, daß in Leipzig keine Straßenmusik gemacht wird. Überall im Ausland gab es Studenten, die sich nebenbei Geld verdienten und an irgendeiner Ecke musizierten. In der DDR war das verboten und verpönt. Man hatte Angst, daß da politische Lieder gesungen werden könnten. Dann wäre offensichtlich sehr viel Unruhe in diesem Land entstanden.

Ich bekam also diesen Brief und rief sofort Dr. Kurt Meyer von der SED-Bezirksleitung an. Ich bat ihn um eine Erklärung. Es stellte sich heraus, daß in Markkleeberg ein Pressefest geplant war, wohl das der »Leipziger Volkszeitung«. Deswegen hatte man für dieses Straßenmusikfestival keine Genehmigung erteilt, obwohl es angemeldet worden war. Die jungen Leute, die sich verabredet hatten, waren dennoch von überallher aus der DDR gekommen. Sie hatten dann mit Kind und Kegel auf der Straße gesessen und musiziert. Die Polizei hatte die Leute langsam umstellt und abgeführt. Ich war entsetzt darüber und habe dann diese Veranstaltungen, Begegnung im Gewandhaus, organisiert, um das Thema ansprechen zu können: Straßenmusik in Leipzig. Wir haben Straßenmusikanten eingeladen – kurios war, daß wir deren Adressen zum Teil von der Kriminalpolizei erhalten hatten – und auch die Leute vom Rat der Stadt, die Genehmigungen erteilten, und die Vertreter der Staatssicherheit, der SED-Bezirksleitung und -Kreisleitung. Dazu hatten wir noch einen Drehorgelspieler gebeten, damit Straßenmusik auch im Gewandhaus erklang. Und Detlef Rentsch von Radio DDR war so mutig, mit dem Mikrofon herzukommen. Die Diskussion wurde vom Sender direkt übertragen, und Rentzsch sagte anschließend: »Meinem Tonmeister sind fast die Ohren abgefallen.«

Diese Aussprache war eine Art Generalprobe für die folgenden Gespräche. Alle Leute, auch die von der Partei, wurden gezwungen, Stellung zu beziehen. Die in dieser Runde diskutiert hatten, faßten dann wohl ein gewisses Vertrauen zueinander, und ich glaube auch, daß ein gewisser Mut entstand. Das war wichtig in dieser Zeit, als die polizeilichen Maßnahmen gegenüber den Teilnehmern an den Friedensgebeten eskalierten.

Dann kam der berühmte 9. Oktober. Wir hatten früh Generalprobe, abends Konzert. Nach der Generalprobe kam einer der jungen Leute vom Neuen Forum und teilte mir mit, daß heute abend die Demonstration niedergeschlagen werden sollte. Wieder rief ich Dr. Kurt Meyer an. Er sagte, daß irgend etwas in der Luft liege. Ich fragte ihn, was geschehen sollte, hatten wir doch an jenem Abend ein Konzert im Gewandhaus. – Was geschieht, wenn DAS geschieht?

Er wußte es auch nicht und wollte sich wieder bei mir melden. Ich bin dann nach Hause gefahren und bekam gegen 4.00 Uhr nachmittags den Anruf von ihm. Er fragte, ob er mit vier Leuten kommen könne. Und das waren dann mit ihm und mir zusammen die Leipziger Sechs.

Wir hatten den Demonstranten in unserem Aufruf versprochen, die strittigen Fragen an die Regierung heranzutragen. Deshalb veranstalteten wir die

10. Juni 1989

Bürgerforen, wo wir Tonbandaufnahmen machten und alle Klagen und Forderungen aufschrieben. In den Leipziger Postulaten faßten wir dann alles zusammen. Diese Postulate haben wir auf unserer ersten internationalen Pressekonferenz vorgestellt.

Gab es damals eine Genehmigung für diese öffentlichen Bürgerforen? Oder haben Sie als Hausherr diese verantwortet?

Herr Masur: Es gab keine offizielle Genehmigung. Schon vor dem 9. Oktober, als einmal ein Demonstrant von einem Staatssicherheitsbeamten in das Gewandhaus geholt wurde, ging ich hinunter und sagte zu ihm: »Das Gewandhaus ist keine Polizeistation. Ich bitte Sie, den Ruf dieses Hauses – wir haben eine humanistische Botschaft zu erfüllen – nicht zu schädigen.«

Vor jeder Reise des Orchesters erhielt ich einen Anruf, welcher Kollege nicht mitfahren dürfe, bei wem die Gefahr bestehe, daß er in der Bundesrepublik bleibe. Jedesmal fanden Gespräche statt, jedesmal bestand ich darauf, daß ich alle Musiker brauche, daß ich ohne sie nicht fahren könne.

Wir haben in Leipzig etliches selbst verantwortet. Ich war Ende September 1989 auf einer Sitzung der Ostberliner Akademie der Künste. Damals wurde bereits über die große Demonstration am 4. November gesprochen, und man bat mich zu kommen. Ich antwortete: »Entschuldigt, ihr habt hier in Berlin eine vom Staat genehmigte Demonstration. Das ist mir zu langweilig. Ich bleibe lieber in Leipzig.« Alles, was hier in Leipzig geschah, geschah ohne Genehmigung und vier Wochen früher als anderswo. Und diese drei Angehörigen der Bezirksleitung, die haben viel Mut bewiesen. Also es war schon sehr heiß für uns alle.

War die Moderation dieser Gespräche nicht eine ganz neue Rolle für Sie? Sie stehen ja sonst vor dem Orchester.

Herr Masur: War es eine neue Rolle? Ich weiß nicht, was ich empfunden habe, als ich damals vorn stand. Aber ich habe eigentlich auch nie ohne ein Ziel musiziert. Wenn wir mit dem Gewandhausorchester irgendwo auftraten, war das Beantworten von Fragen der Journalisten mein täglich Brot. Früher wurde ich immer gefragt: Wie können Sie da drüben bei den Kommunisten überhaupt leben? Wie kann man dort existieren? Sogar in Mexiko-City fragte mich ein Journalist: »Wie kann man das mit seinem Gewissen vereinbaren?« Ihm antwortete ich: »Indem ich genau weiß, daß in der DDR kein Kind verhungert, hier aber verhungern Tausende.« Die DDR war ein Land, in dem anfangs versucht wurde, Lehren aus dem Krieg zu ziehen. Und die Absicht, nach dem Zweiten Weltkrieg etwas Neues zu beginnen, war bei vielen aufrichtig, ehrlich und auch glaubhaft.

Ich lebte in einem Land, wo Politik eine wichtige Rolle spielte. Man mußte Argumente haben, man mußte Fragen beantworten können, man mußte glaubwürdig argumentieren können. Ich war immer und bin bis heute ein Humanist. Und zwar einfach aus dem Grunde, weil fast alle Musik, die wir interpretieren, aus einem ähnlichen Geiste herrührt.

Noch eine Frage zu einem Gefühl, zu einem Gefühl von 1989. Sie sind schon gefragt worden und Sie haben sich erinnert und haben von einem Glücksgefühl gesprochen und haben illustriert, daß auch Menschen kamen und Kontakt zu Ihnen suchten, die sonst eigentlich nicht zu Ihrer Klientel gehörten. Ein großes Vertrauen war da. Kann man dieses Glücksgefühl als ein Verschmelzungserlebnis bezeichnen, das Sie nicht im Konzertsaal mit Ihrem Publikum, sondern in der Öffentlichkeit, mit der ganzen Stadt hatten?

Herr Masur: Anläßlich des Festivals Prager Frühling, ich war damals vielleicht 27 oder 28 Jahre alt, trafen sich immer Künstler aus Ost und West. Dort in Prag wurde ich interviewt und habe gesagt: Ich wünschte mir, daß es einen Konzertsaal gäbe, der so groß wäre, daß er die ganze Menschheit faßte. Dann wären wir zumindest für zwei Stunden vereint. Ich habe selten Programme gemacht, die nur l'art pour l'art sind, sondern immer eine Botschaft zu bringen gesucht. Auch bei meinem Amtsantritt in New York habe ich das deutlich gemacht: Ich möchte in einer Stadt wie dieser nicht gefeiert werden als irgendein Star, ich möchte mit dem Musizieren an die Schönheit, an die Werte des Lebens erinnern. Ich möchte euch berühren, aber ich möchte nicht glänzen. Das haben gerade die New Yorker sehr gut verstanden. Diesen Verschmelzungsprozeß, das Gefühl, du bist Musiker geworden, weil du etwas tun konntest, was die Menschen bewegt, was vielleicht ihr seelisches Gleichgewicht ausbalanciert, was Leidenden helfen kann, was Schmerzen lindern kann – das alles sehe ich in der Musik.

Sie haben gesagt, Sie seien Humanist. Nun könnte man doch naiv sagen, der Humanist betrachtet sich die Welt und stellt fest, sie könnte besser sein. Sind Sie auf der Welt, um etwas dafür zu tun, daß sie besser wird? Und würde Ihnen jetzt ein politisches Amt angetragen, nähmen Sie es aus Humanismus an, weil Sie dort mehr Entscheidungsmacht haben, Ihre Ideen umzusetzen.

Herr Masur: Ein Mensch, der humanistisch denkt und fühlt, ist kein politischer Mensch, sonst müßten alle Politiker Humanisten sein.

Der Humanist soll sich demnach von der Politik fernhalten?

Herr Masur: Nein, das auf keinen Fall. Aber er sollte die Mittel wählen, die ihm zur Verfügung stehen.

Wenn Sie jetzt – zehn Jahre später – zurückblicken, was bedeutete der Herbst '89 für Sie?

Herr Masur: Es war ein bewegendes Erleben. Zehn Prozent der Leipziger Bevölkerung hatten vielleicht eine Verbindung zum Gewandhaus. Die übrigen kannten zwar den Namen und hatten vielleicht Respekt vor einer Institution, die schon über Jahrhunderte existiert. Aber diese Menschen suchten verzweifelt nach Institutionen und Persönlichkeiten, denen sie vertrauen konnten. Das war für mich die große Entdeckung. Ich empfand ein ungeheuer tiefes Gefühl der Dankbarkeit, daß wir so viel Wirkung auf die Menschen hatten. Offenbar vertraute man uns.

Diese Gespräche, die wir im Gewandhaus führten, waren allerdings das Resultat der viel aufregenderen Demonstrationen. Der Sonntag nach einer Demonstration war der Tag, an dem wir über die Probleme sprachen, die die Menschen bewegten. Und wichtig war auch die Stimmung von damals: die Elektrizität, die in der Luft lag, diese Spannung.

Ich weiß nicht, warum ich das damals machte.

Sie sagten, daß Sie immer zu begreifen versuchen, was hinter den Dingen steckt oder was eigentlich geschehen ist. Wie beurteilen Sie, was sich in den letzten zehn Jahren ereignete? Dieser Aufbruch damals ging uns allen ans Herz. Und jetzt sind zehn Jahre vergangen, eine gute Zeit, um Bilanz zu ziehen.

Herr Masur: Wenn ich von der damaligen Zeit ausgehe, dann bedauere ich natürlich unendlich, daß ich diese vielen hoffnungsfrohen Gesichter in Leipzig nicht mehr so finde. Mir scheint, wir alle haben geträumt. Der heutige Ministerpräsident Biedenkopf war mit seiner Tochter drei oder vier Tage hier, das war im Dezember 1989, nur um zu erfahren, wie die Ostdeutschen fühlten, wie sie dachten. Und beide sagten mir: »Wissen Sie, was uns unheimlich mitnimmt? Daß wildfremde Menschen zu uns kommen und in kurzer Zeit ihre Lebensgeschichte erzählen. Sie tragen ihr Herz auf der Zunge. Sie haben das Bedürfnis, endlich zu reden.«

Ich sprach einmal mit Werner Tübke über die Demonstrationen, sagte ihm: »Tübke, das müssen Sie erleben, Sie als Maler müssen das erleben.« Und er kam am Montag, dem 23. Oktober, ins Gewandhaus. Wir schauten von oben auf die Massen. Tübke war sehr still. Hinterher sprachen wir darüber. Er meinte, als er auf die Massen geschaut habe, sei ihm klargeworden: Dort ist jeder ein Mensch, das ist keine Masse. Das sind Individuen, die mit derselben Idee zusammenkommen. Tübke deutet nicht nur an; wenn er Massenszenen malt, hat jeder Kopf seinen eigenen Charakter.

Ich habe damals so viel Hoffnung und Freude empfunden, daß danach eigentlich erst einmal Enttäuschung kommen mußte. Die Freiheit für viele, denen es heute gut geht, sieht oft nicht so aus, wie sie es sich vorstellten. Und wie die Freiheit für jene aussieht, denen es heute schlecht geht, das ist für mich bedrückend. Ich bin in Amerika, kurz nach meinem Antritt als Dirigent der New Yorker Philharmoniker, von einem etwas zynischen Herrn, der glaubte, etwas über die DDR zu wissen, in einer Fernsehsendung gefragt worden: »Wie war denn das so, wenn man in der DDR Privilegien hatte?»

»Ach«, sagte ich, »wissen Sie, Sie filmen hier in meinem Haus, und wenn ich die Homeless people im Winter im Freien übernachten sehe, dann fühle ich mich auch schon wieder privilegiert.«

Die zehn Jahre, die vergangen sind – das ist keine lange Zeit. Daß die Wiedervereinigung stattgefunden hat, ist für uns alle ein großes Glück gewesen. Der Tag, an dem die Leipziger Demonstranten den wichtigen Anstoß für die Veränderungen gaben – der Tag war ein großes Geschenk. Ein Geschenk deshalb, weil man spürte, daß diese ganze Stadt Leipzig nein gesagt hatte zur Gewalt. Zwar gab es damals viele, die zur Gewaltlosigkeit aufgerufen hatten, aber der kleinste Anstoß hätte genügt, um die Auseinandersetzung doch noch dramatisch werden zu lassen. Die ganze Stadt hielt damals den Atem an und sagte: Nein, das machen wir nicht! Und dafür müssen wir dankbar sein.

Gespräch mit Petra Lux* am 29. April 1999

* Frau Lux (Journalistin) war im Herbst 1989 Sprecherin des Neuen Forums in Leipzig und leitet heute ein Yin-Yang-Zentrum.

Warum bist du damals überhaupt zu diesen Gesprächen im Gewandhaus gegangen?

Frau Lux: Das weiß ich nicht mehr. Ich werde ganz oft sagen, das weiß ich nicht mehr. Und das bedrückt mich, weil ich noch keine alte Frau bin und Alzheimer habe. Vielleicht ist es noch nicht lange genug her, um mich wieder erinnern zu können, obwohl – 10 Jahre sind eine lange Zeit.

Was hast du überhaupt noch – außer deinem eigenen Auftritt – von den Gesprächen in Erinnerung?

Frau Lux: Daß viele Leute da waren und eine große Aufmerksamkeit und auch ein großer Respekt herrschte vor dem, was andere sagten. Die Redebeiträge waren sehr differenziert, da haben Leute aus ihrer Erfahrung, aus ihrem Herzen gesprochen. Jede Rede konnte nur diese Person halten. Und das ist etwas Tolles. Ich erinnere mich auch, daß ich in einer Pause Leute traf und mich sehr gewundert habe, daß gerade die gekommen sind. Sie haben sich damals blitz-plautz unters Volk gemischt, und einen Monat vorher hätten eben jene Leute andere vielleicht noch für die Meinungsäußerungen, wie sie im Gewandhaus gemacht wurden, in den Knast gebracht.

Wie war da so deine Gefühlslage?

Frau Lux: Vorsicht, Gefühle von vor 10 Jahren sind schwer zu erinnern. Ich könnte mir vorstellen, daß ich Verachtung empfunden habe.

Kannst du dich noch an deine Hoffnungen und Befürchtungen für die weitere Entwicklung erinnern?

Frau Lux: Ich hatte die Befürchtung, daß ein einig Deutschland kommen würde. Aber wenn ich die Bundesrepublik gewollt hätte, da hätte ich ja ausreisen können. Ich habe keinen Ausreiseantrag gestellt. Ich wollte hierbleiben und hatte, durch die Zeit mit Gorbatschow gestärkt, die Hoffnung, daß es einen Weg gibt, daß Menschen miteinander in einer Gemeinschaft leben können, die eben keine Kapitalstrukturen hat. Das Schlagwort vom dritten Weg – es ist jetzt ein blödes Schlagwort – war damals gefüllt mit ganz konkreten Sachen. Frag mich jetzt nicht mehr womit. Aber es war gefüllt.

Das heißt, die Hoffnung war der Dritte Weg, die Ablehnung des realen Sozialismus und des Kapitalismus.

83

Frau Lux: Die Hoffnung war, daß die DDR ein eigenständiges Land mit einer eigenen Entwicklung bleibt. Natürlich sollten die Grenzen offen sein, das ist ganz klar. Aber, es sollte ein eigener Weg sein. Die Leute waren ja damals gut drauf, wenn du dich erinnerst. Die waren ja sehr engagiert. Das Volkseigentum, dieser Begriff gewann für mich zum ersten Mal in meinem Leben eine wirkliche Bedeutung. Die Leute fühlten sich für ihren Betrieb verantwortlich. Sie schlugen vor, was besser gemacht werden konnte. So ein Mitdenken, so ein Gestaltenwollen, hatte ich nie zuvor erlebt, und danach schon gar nicht.

Der Begriff »Sozialismus« hatte für mich keinen Negativklang. Aber die meisten Leute haben natürlich den real existierenden darunter verstanden. Den wollten sie nicht mehr. Ich habe mich in meinem Leben auch immer gegen das politische System der DDR zur Wehr gesetzt. Aber Sozialismus wollte ich schon, das war mein Land Utopia. Vielleicht gibt es so eine Regierung gar nicht. Vielleicht unterliegt Politik eigenen Gesetzmäßigkeiten, und dann ist dort auch nicht mein Platz. Aber ich glaubte wirklich, daß es in der Politik genauso sein könnte, wie im persönlichen Leben. Daß sie authentisch sein könnte.

Doch wenn du dir die Politiker im Fernsehen anschaust und die Sprache abschaltest, so sehen ihre Gesichter aus, als trügen sie eine Maske. Das Lächeln ist nicht echt, die freuen sich nicht wirklich, die sind nicht wirklich traurig. Das sind unauthentische Menschen. Wenn ich in diese Gesichter gucke, glaube ich ihnen kein Wort, egal was sie sagen. Aber eine Regierung, in der Menschen säßen, die ganz authentisch sind, warum sollte ich da nicht mitmachen.

Wie ist denn deine Bilanz der letzten 10 Jahre?

Frau Lux: Also diese paar Wochen im September und Oktober 1989 waren eine ganz große Kostbarkeit. Damals war es möglich, daß sich viele Leute zusammenschlossen. Es gab so einen Moment, wo eine große Masse von Menschen augenscheinlich das gleiche wollte und eine ganz große Energie zu spüren war, und zwar eine schöpferische, es ging um Eigenverantwortung und ein Sich-verantwortlich-Fühlen für die Gesellschaft.

Danach kam dann in meinem Leben eine ganz individuelle Entwicklung, wo ich an mir gearbeitet habe. Die Gesellschaft und was in der Gesellschaft passiert, diese Strukturen und auch die Beziehung der Bundesrepublik zur Welt, das hat mich zunehmend weniger interessiert. Also ich habe nach ein paar Jahren alle Zeitungen abbestellt, ich, die Journalistin, die nie geglaubt hätte, ohne Zeitung leben zu können und ohne Nachrichten. Mich erreichen trotzdem alle wichtigen Nachrichten.

Zuerst habe ich gedacht, und das war ja auch Gorbatschows Prinzip, eine Gesellschaft kann man nur von oben umgestalten. Aber inzwischen denke ich anders, denn das, was ich wirklich tun kann, kann nur ich tun. Und das hat

9. Oktober 1989

Auswirkungen, und je besser ich bin und je klarer ich bin und je mehr ich meine Arbeit liebe, um so mehr Leute erreiche ich und setze damit überall kleine Keime, und die Leute werden das bei sich auch entwickeln und entdecken.

Früher habe ich mich wahnsinnig über die DDR aufgeregt. Aber es ist auch unglaublich bequem, einen Feind zu haben. Ich habe das auch in Beziehungen erlebt. Beziehungen liefen so lange gut, solange wir einen gemeinsamen Feind hatten, wer immer das auch war. Jetzt habe ich keinen Feind mehr. Jetzt geht es wirklich nur um mich und was ich aus meinem Leben mache. Wenn jetzt was in dieser Gesellschaft nicht gut läuft, dann schiebe ich das nicht mehr auf die Gesellschaft. Die hat immer die Regierung, die sie verdient. Wenn mich heute etwas ärgert, sage ich eben nicht mehr, der Kapitalismus oder die blöden Konzerne sind schuld, sondern ich gucke auf mich. Ich bin für mich selber verantwortlich. Das habe ich gelernt.

Für mich alleine Verantwortung zu übernehmen, heißt, ich delegiere sie nicht ab. Ich mache niemanden dafür verantwortlich, wie es mir geht. Ich finde, das ist ein ganz großer Schritt. Und wenn noch Kraft bleibt, dann fühle ich mich natürlich verantwortlich für die Menschen, die sich mir anvertrauen, die zu mir in den Unterricht kommen. Es ist absurd zu glauben, ich könnte als Einzelperson Verantwortung für einen Verband von einem ganzen Staat übernehmen.

Würdest du denn heute wieder zu einer solchen öffentlichen politischen Gesprächsrunde gehen?

Frau Lux: Das interessiert mich nicht mehr.

Wo drückt dir heute – gesellschaftlich gesehen – am meisten der Schuh?

Frau Lux: Diese Gesellschaft ist in einem Maße gleichgeschaltet, wie es zu DDR-Zeiten gar nicht vorstellbar war. Das erlebe ich so. Das hat etwas mit Macht zu tun, auch mit Medien, die sich auf einer Frequenz rund um die Welt heißlaufen. Diese Frequenz heißt Angst und Chaos, andere Nachrichten scheinen nicht mitteilenswert. Und das hält die Leute eben in Angst und Chaos. Meine Arbeit ist für mich etwas Subversives, sie soll die Leute befähigen, für sich selbst Verantwortung zu übernehmen und sich unabhängig zu machen von dieser blöden Frequenz.

Und jetzt mal die andere Seite. Was sind für dich Gewinne?

Frau Lux: … (langes Schweigen). Ich will ja gar nicht negativ denken, und ich meckere ja auch gar nicht. Aber es fällt mir auf Anhieb gar nichts ein, was ich wirklich schätze, was toll ist. Das ist eigentlich schade, merke ich gerade.

Du hast 1989 eine politische Karriere gemacht, du warst bekannt. Du warst die Sprecherin des Neuen Forums. Dann bist du aus der Politik ausgeschieden und einen anderen Weg gegangen. Wäre denn dieser politische Weg, den du angefangen hast und den du auch als kostbar empfunden hast, ein gangbarer Weg gewesen?

Frau Lux: Es ging damals um Anschluß an die Bundesrepublik. Es ging nicht um einen eigenständigen Weg. Aber jetzt kommen jede Woche 100 Leute in mein Tai-Chi-Zentrum. Das ist so etwas wie ein eigenständiger Weg, im kleinen.

Ich bin nicht in die innere Emigration gegangen. Aber der Weg, den ich in den letzten 10 Jahren ging, war ein Prozeß, den ich meiner inneren Entwicklung zuschreibe.

Gespräch mit Herrn Kaubitzsch* vom 22. April 1999

* Herr Kaubitzsch
war Elektriker am
Gewandhaus
zu Leipzig,
heute Rentner

Wie haben Sie von den Gesprächen im Gewandhaus erfahren?

Herr Kaubitzsch: Im Prinzip hatte ich Heimvorteil, ich war ein Mitarbeiter am Gewandhaus. Wir hatten doch eine Litfaßsäule auf dem Karl-Marx-Platz postiert, und dort wurde auf diese Gespräche, die Professor Masur organisiert hatte, hingewiesen. Bei einer dieser Veranstaltungen hatte ich zufällig Dienst, ich war für die Technik verantwortlich. Und ich war natürlich auch sehr engagiert in den Tagen um den 9. Oktober herum. Am 9. Oktober war ich mit in der Nikolaikirche. Mich hatte die ganze politische Entwicklung von Anfang an interessiert, diese Grenzöffnung in Ungarn, die massenhafte Ausreise der Jugendlichen über Dresden. Am 7. Oktober, einem Sonnabend, hatte ich abends ab 18.00 Uhr Dienst im Gewandhaus. Alle waren in dieser Zeit sehr hellhörig und schauten auf das, was ringsum passierte. Kurz vor 18.00 Uhr wurde ich Zeuge, wie Leute von den Sicherheitskräften mit Wasserwerfern über den Karl-Marx-Platz getrieben wurden. Es war ein furchtbarer Anblick. Die Garderobieren und Platzanweiserinnen, die mit mir im Foyer des Gewandhauses standen, brachen in Tränen aus. Unter den Kollegen, die mit der Technik zu tun hatten, war dann alles klar: Wir gehen zum nächsten Friedensgebet in die Kirche. Am übernächsten Tag, wir hatten halb vier Dienstschluß, gingen die Elektriker und Klimawarte vom Gewandhaus direkt in die Kirche. Auf dem kurzen Stück Weg hörten wir Martinshörner aus der Ferne, Polizeikonvois kamen, doch sobald sie sichtbar wurden, riefen alle Passanten »Buuuh«. Wir waren überrascht, was für eine Menschenmenge sich vor der Kirche schon versammelt hatte und was da alles hinein wollte. Auf der Empore haben wir dann noch Platz gefunden. Hinterher erfuhren wir, daß Leute von der Stasi das ganze Kirchenschiff schon seit zwei Uhr besetzt gehalten hatten. Und draußen war der ganze Kirchplatz voller Menschen, da paßte kein Affe mehr zur Erde. Drinnen in der Veranstaltung wurde verkündet, was in Dresden passiert war, wer verhaftet worden war, und von draußen hörten wir die Rufe »Wir sind das Volk«. Ich bin während der Andacht aufgestanden, zum Fenster gegangen, und habe geguckt, was draußen eigentlich los ist. Dort hörte ich die Sprechchöre der versammelten Menschenmassen – das war beängstigend. Ich habe die Glocken läuten hören, es war, als würde die spannungsgeladene Stimmung in der Kirche die Glocken in Schwingung versetzen. Aber ich hatte auch immer das Gefühl – und ein Kirchenmann bestätigte uns das hinterher, daß die Situation äußerst brenzlig war. Die Stadt war umlagert von Kampfgruppen und Fahrzeugen, hieß es, sie stehen am Ring, bewaffnet …

Zum Schluß wurde gesagt, wie der Zustand in Leipzig sei. Wer Angst und Bedenken hätte, sollte in der Kirche warten und unter dem Schutz der Kirche

bleiben, auch über Nacht. Wir sind dann doch hinausgegangen. Mit meinen Kollegen bin ich auf den Karl-Marx-Platz zurück, wir mußten uns durch die Menschenmassen drängeln. Am Blumenhaus Hanisch kam uns ein Musiker vom Gewandhaus entgegen, der uns ganz aufgeregt zurief: »Habt ihr gehört, um 18.00 Uhr hat Masur über den Funk gesprochen.« Da wußte ich, der Masur hat sich eingesetzt. Dann gingen die ersten los, die Demonstration des 9. Oktober begann. Wir zogen über den Ring, am Stasigebäude vorbei, mit Buhrufen und dem Spruch »Stasi in den Tagebau«.

Von dem Tage an bin ich jeden Montag mit über den Ring gezogen. Es war für mich zur Selbstverständlichkeit geworden, daß man hier mit nachhelfen mußte – es sollte sich was verändern.

Und dann wurden vom Professor diese Sonntagsgespräche anberaumt. Ich dachte damals, was reden die denn nur alle um den heißen Brei herum, die reden doch an der Sache vorbei. In den Anfangswochen ging es ja noch darum, die DDR zu verbessern. Dies und das sollte sich ändern – in kleinen Schritten. Alle, die im Gewandhaus erschienen, sich zu Wort meldeten und geringfügige Veränderungen wollten, waren intellektuelle Leute, Studierte, keine einfachen Menschen wie ich. Da wollte ich einmal etwas geraderücken, mich zu Wort melden. Angeregt wurde ich dadurch, daß der Professor in die Versammlung rief: »Ist denn eigentlich ein Arbeiter hier?« Es meldete sich so gut wie niemand. Da faßte ich den Entschluß: Du mußt hier ein Machtwort sprechen, du mußt sagen, wo es lang geht. Ich fühlte mich im Heimvorteil als Mitarbeiter des Hauses, wollte aber nicht als ein solcher auftreten.

Der bewußte Sonntag kam, und ich hatte keinen Dienst. Ich bin als ganz normaler Passant über den Karl-Marx-Platz geschlendert, und da stand eine Riesenschlange vor dem Haupteingang. Eine halbe Stunde vorher war ich da, 10.00 Uhr fing es an, ich wollte ja einen guten Platz haben. Als die Türen geöffnet wurden, ging ich mit ins Gewandhaus hinein und setzte mich gleich in die Nähe eines Mikrofons. Ich hatte mir ein bißchen was zurechtgelegt und auf einen Zettel geschrieben, denn ich fühlte mich nicht sicher genug, völlig frei zu sprechen. Es kamen der erste Redner, der zweite Redner, dann hab ich mir ein Herz genommen und habe geredet.

Was haben Sie von den Gesprächen sonst noch in Erinnerung?

Herr Kaubitzsch: Das Auftreten von Herrn Margirius. Der mir vorher nicht bekannt war. Er sprach harte und präzise Worte. Das war beeindruckend für mich. Es gab aber auch Beiträge, bei denen ich nicht wußte, was die eigentlich wollten. Über meinen Beitrag gab es hinterher unter uns Gewandhaus-mitarbeitern Diskussionen, da bin ich mit Kollegen zusammengekommen, mit denen ich sonst nichts zu tun hatte. Die waren der gleichen Meinung wie ich und freuten sich, daß es einer ausgesprochen hatte.

Welche Befürchtungen hatten Sie denn damals, wie die Entwicklung laufen wird? Oder:
welche Hoffnungen?

Herr Kaubitzsch: Ich war der Meinung, es konnte nur in die Richtung
gehen, in die es dann ja auch wirklich gegangen ist. Also, ich persönlich wollte keine erneuerte DDR. Ich wollte eine echte Demokratie, wie man sie sich
über das Fernsehen im Westen vorstellte. Ich war auf dem Karl-Marx-Platz, als
seinerzeit der Kohl sprach; ich war da, als der Brandt sprach. Ich war sogar auf
dem Markt, als der Graf, Otto Graf Lambsdorff, in Leipzig war. Ich wollte die
Persönlichkeiten der verschiedenen Parteien hören.

Ich habe gedacht, gebt den Leuten die Einheit, und alles ist vorbei, was sollen wir jetzt noch groß herumreden.

Jetzt sind zehn Jahre vergangen. Wie ist Ihre Bilanz?

Herr Kaubitzsch: Das ist eine schwierige Einschätzung. Was ich mir in den
zehn Jahren habe schaffen können, hätte ich in zehn Jahren DDR niemals
erreicht. Das ist erst einmal die eine Seite. Ich hatte durch das Gewandhaus
einen gesicherten Arbeitsplatz und ein gutes Einkommen – im öffentlichen
Dienst. Jetzt bin ich Rentner. Und was ich mir jetzt mit meiner Rente anschaf-
fen kann, ist nicht viel, aber ausreichend. Das hätte ich mit einer DDR-Rente
niemals erreichen können. Das ist Fakt. Zufrieden ist man wahrscheinlich
sowieso nie.

In der DDR war ich im Handwerk, nicht in der volkseigenen Industrie
tätig. Was in der DDR mit den alten Handwerken gemacht wurde, ist ein kleines Verbrechen. Ich kenne noch die alten Handwerksmeister, die für normale
Bürger zuständig waren – die sind nicht reich geworden. In den siebziger Jahren starb diese Tradition des Handwerks allmählich aus. Meister aus der Industrie übernahmen viele Handwerksbetriebe. Sie fingen bei Null an, wollten
aber schnell reich werden. So habe ich es erlebt. Sie wollten große Aufträge,
hatten aber nichts anzubieten, denn das Material war knapp. Eine neue Steck-
dose für einen Kühlschrank wollten die für die Bevölkerung nicht montieren.
Denn damit konnte man kein Geld verdienen. Das war mein Gram, daß das
typische Handwerk ausstarb.

Ich habe in der DDR nach Feierabend in den Reparaturstützpunkten der
KWV gearbeitet. Ich habe Herde repariert, Wohnungen neu installiert, Wände
aufgestemmt und wieder verschmiert, habe alles gemacht und damit meine
Familie ernährt. Ich habe meine Arbeitskraft bis zum Geht-nicht-Mehr eingesetzt, konnte mir aber keine Reichtümer schaffen. Aber ich habe der Bevölkerung geholfen.

Dadurch hatte ich sozusagen laufend meinen Groll mit der DDR. 1964 bin
ich das letzte Mal wählen gewesen, weil ich es sinnlos fand, einen Zettel in die
Urne zu stecken, ohne irgendwo ein Kreuz zu machen. Das hatte doch keine

Würde. Ich habe doch eine Schulbildung genossen. Damals zu den Wahlen, es war schönes Wetter, machte ich gerade meinen Trabant sauber. Die Zwillinge mußten Mittagsschlaf halten, und danach hatten wir uns vorgenommen, wählen zu gehen. Plötzlich steht der Schwager aus Eilenburg vor der Tür, und wir haben Kaffee getrunken. Wir sind dann halb sechs ins Wahllokal gegangen. Dort riefen die Leute vom Wahlvorstand: »Was, jetzt kommen Sie erst?« Da war ich entsetzt. Bis um sechs hatten wir ja Zeit. Seither bin ich mit meiner Frau nie wieder zur Wahl gewesen. Wahlhelfer erschienen zu Hause. Ich war im Zoff mit der DDR. Mir gefiel nicht, wie das alles hier angepackt wurde. Meine Wunschvorstellung war eben eine Demokratie. Deshalb war mir viel daran gelegen, daß das, was sich in den vierzig Jahren abgespielt hatte, zu Ende geht. Es gab kein Vorwärtskommen mehr, es stagnierte.

Aber, und jetzt kommt die zweite Seite, wir sind von den Westdeutschen oftmals nicht fair behandelt worden. Ich hätte nie gedacht, daß es solche Spekulanten gibt, die aus der Vereinigung noch Kapital geschlagen haben. Und daß wir nach 10 Jahren immer noch 85 Prozent vom Westlohnniveau bekommen, hätte ich auch nie gedacht. Ich dachte, das geht ruck, zuck! Wenn wir Westgeld haben, müssen wir auch dieselben Löhne bekommen. Auch das, was heute an Verbrechen geschieht, ist verwerflich. Und diese Intrigengeschichten überall. Das ist das, was nicht in Ordnung ist. Das soll nun der großen Sache keinen Abbruch tun. Es sind neue Probleme, wir haben eine andere Gesellschaftsordnung, und die hat wieder ihre eigenen Probleme. Das merkt man ja immer erst, wenn man mittendrin ist.

Gespräch mit Frau Müller* am 19. April 1999

* Frau Müller ist Lehrerin für Musik und Deutsch

Warum sind Sie zu den Gewandhausgesprächen gegangen?

Frau Müller: Ich war zu jeder Montags-Demonstration und habe über Bekannte erfahren, daß Kurt Masur sonntags für diese Gespräche das Gewandhaus geöffnet hatte. Wir waren alle so voller Hoffnungen und Wünsche, daß man eigentlich alles, was man dort hören und sehen konnte, wie ein Schwamm aufsog.

Welche Hoffnungen hatten Sie?

Frau Müller: Meine Hoffnung war, daß die Bevormundung, die Reglementierung verschwindet und daß auch gewisse Freiheiten für uns möglich werden. Ganz speziell für meinem Beruf als Lehrer wünschte ich, daß das Berufsethos wieder einen stärkeren Akzent bekommt.

Aber wenn ich das heute betrachte, muß ich sagen, daß wir gar nicht so furchtbar viel weitergekommen sind, in einigen Bereichen sogar Rückschritte gemacht haben. Damals wollte ich, daß man in Lehrplan und Unterricht mehr Raum bekommt, um die Phantasien und die Kreativität der Schüler zu entwickeln.

Und ich wollte, daß nicht mehr so viele Leute in unseren Beruf hineinreden, denn wir sind es, die diesen Beruf studiert und die darin lebenslange Erfahrung gesammelt haben. Außerdem wünschte ich mir, daß wir andere Arbeitsbedingungen bekämen. Denn Sie sehen ja selbst: Diese alte Schule hier, in der habe ich damals auch schon gearbeitet, ich wollte, daß sich einiges ändert. Damals hatte ich ein schlechtes Instrument für den Musikunterricht. Nach meiner Rede im Gewandhaus bekam ich tatsächlich ein Angebot von der Hochschule für Musik, von Ulrich Urban, dem Pianisten, dessen Kinder hier in die Schule gegangen sind – das ist der Flügel, der jetzt noch im Musikzimmer steht.

Ich hatte im Gewandhaus gesagt, daß ich es für unverantwortbar halte, wenn ich einen Schüler im Klassenbuch nach seiner sozialen Herkunft kenntlich machen muß, das fand ich entwürdigend. Genauso furchtbar fand ich – ich habe mich dagegen auch verwahrt und habe es nie getan, obwohl man das von den Klassenleitern verlangte –, die Jungs zu überzeugen, Berufsoffizier zu werden. Ich mußte darüber Rechenschaft ablegen. Ich habe nie einen Schüler verbogen, ich habe gefragt: Wer möchte diesen Offiziersberuf ergreifen? Und dann soll er das bitte tun. Aber ich habe keinen dazu gezwungen. Und es war auch angesagt, mit den Eltern Gespräche darüber zu führen. Ich hätte dabei ein Protokoll anfertigen müssen, um die Argumente zu notieren, warum und weshalb jemand nicht Offizier werden wollte. Aber das habe ich nie getan, denn das empfand ich als Vertrauensbruch.

Was ist da mit Ihnen passiert? Das war doch sicherlich nicht das, was man von Ihnen erwartet hatte?

Frau Müller: Ich hatte zu diesem Problem auch in Gewerkschaftsversammlungen, und wo immer das auch möglich war, in Pädagogischen Räten, meine Meinung vertreten. Geschehen ist mir nichts. Ich merkte, daß wir in DDR-Zeiten alle oft viel zu sehr gekuscht haben, daß man die Möglichkeit hatte, auch offen zu diskutieren, und daß man Ansprechpartner hatte. Und ich habe es auch einmal darauf ankommen lassen. Ich wurde mit meinem Direktor zur SED-Kreisleitung zu einem Gespräch geladen. Dort erschienen dann Berufsoffiziere und auch zwei Herren, die sich selbst nicht vorstellten, nachdem ich sie gefragt hatte, wer sie seien – na, man muß nicht lange rätseln, woher sie kamen. Mein Direktor mußte dort die gesamte Werbungs-Palette der Schule vorlegen, Statistik also, und mich hatte man ebenfalls eingeladen und gefragt, warum ich keinen Berufsoffizier geworben hätte. Ich antwortete, daß ich sol-

Freie Wahlen
für ein
freies Volk

che Überzeugungsarbeit ablehne. Es müßte jeder Beruf für sich selbst sprechen. Ich würde auch nicht angehalten, einen Arzt zu werben oder einen Lehrer. Und es müßte doch an diesem Beruf irgend etwas Negatives sein, wenn die jungen Leute so einen Abstand dazu halten. Ich habe ganz offen meine Meinung vertreten, und ich bin weder gekündigt noch irgendwie anders belangt worden. Ich konnte meine Arbeit weiter tun. Und ich habe mir immer gesagt: Wenn du deine Arbeit gut machst, nämlich die Unterrichtsarbeit, die Arbeit mit dem Kind und dem Elternhaus, dann wüßte ich nicht, warum man mir da »an die Karre« fahren sollte.

Was haben Sie sich von Ihrer Teilnahme an den Gewandhausgesprächen erhofft?

Frau Müller: Ich habe nicht gleich den Mut gehabt, dort etwas zu sagen. Ich habe mir erst mehrere Veranstaltungen angesehen und angehört. Ich war wohl viermal dort. Ich sah dort kompetente Leute sitzen. Professor Masur war anwesend, Herr Schreiber, der lange Zeit den Gewandhaus-Kinderchor geleitet hat, die Kabarettisten der academixer waren mehrere Male eingeladen und so weiter. Ich habe gedacht, daß über die Probleme, die dort angesprochen wurden, vielleicht ein Katalog entwickelt würde, an dem ablesbar ist: Das bewegt die Menschen, das haben sie angesprochen, und wir versuchen diese Probleme gemeinsam zu lösen. Ich habe mir also Veränderung gewünscht und wollte dazu einen Anstoß geben.

Was fühlten Sie dabei?

Frau Müller: Unwahrscheinliches! Ich fange bei der ersten Demo an, zu der ich mit meiner Tochter ging. Wir standen vor der Nikolaikirche und haben ein bißchen von weitem »die Lage gepeilt«. Die Friedensgebete in der Nikolaikirche waren zu Ende, und ich werde es nie vergessen, wie die Menschen herauskamen und die Internationale sangen. Man ging singend in diese Demo. Wir liefen, das gebe ich ganz ehrlich zu, zunächst auf dem Bürgersteig. Es kam ein junger Mann auf uns zu, drückte meiner Tochter eine Blume in die Hand und mir eine Kerze und sagte: »Ach ihr zwei Frauen, kommt doch mit und reiht euch ein.« Da war mir schlecht. Ich fragte mich: Mein Gott, was machst du jetzt hier? Ist das richtig, was hier passiert? Wie bisher konnte es nicht weitergehen, aber dann diesen ersten Schritt zu tun, Bürgersteig hinunter, sich in die Masse einzureihen, war für mich unheimlich aufregend. Die nächsten Male waren wir schon mutiger und haben uns sofort angeschlossen.
An dem Tag, als der Schießbefehl bekannt wurde, am 7. Oktober, ging ich bewußt allein in die Stadt. Ich lehnte mich bei Blumen-Hanisch, gegenüber der Uni, an eine Säule und betrachtete das Geschehen. Ich sah, daß auf dem Flachdach der Uni viele Kameras standen, und dachte: Es ist egal! Von hinten tippte mich jemand an, ich drehte mich um und erkannte zwei Schüler, die

ich damals noch im Unterricht hatte. Sie sagten: »Um Gottes Willen, passen Sie auf sich auf, heute ist sicherlich Fürchterliches im Gange, und wer weiß, was alles passiert.« Ich antwortete ihnen: »Das ist ja lieb von euch, aber paßt ihr nur auf euch selbst auf und wagt euch nicht so weit vor.«

Es gab dann auch offene Gespräche mit meinen Schülern im Unterricht. Ein oder zwei Tage später zeigte einer der Schüler, der mich gewarnt hatte, seinen Rücken. Er war am 7. Oktober festgenommen worden. Man hatte die Leute in die Passagen hineingetrieben, in Specks Hof und offenbar auch in die Theaterpassage, und zugeriegelt. Dann sind die Menschen auf Laster verladen und irgendwo hingefahren worden. Das war für diese Schüler das Finale des 7. Oktober. Der Junge hielt sein Hemd hoch und zeigte seine Wunden im Unterricht. Wir haben darüber gesprochen. Darüber mußte man sprechen, die Gemüter waren zu sehr erregt. Wir haben uns ausgetauscht, auch unter Kollegen.

Der Schüler hat im Unterricht seinen Rücken mit den Striemen gezeigt. Was hat er erzählt?

Frau Müller: Sie waren irgendwohin nach Markkleeberg rausgefahren worden, wohin genau, weiß ich nicht. Dort mußten sie stehen und wurden geschlagen. Und wir waren alle derartig erregt, daß man auch schwer in der Lage war, einen normalen Unterricht durchzuführen. Die Schüler waren verunsichert, suchten Rat und wollten meine Meinung wissen. Ich hatte auch immer ein gutes Vertrauensverhältnis zu den Elternhäusern und Schülern, so daß sie zu mir kamen und fragten: »Frau Müller, wie sehen Sie denn das, und kann man mit Ihnen reden?« Da mußte man schon mal den Unterricht verwenden, weil ich denke, man muß in jeder Unterrichtsstunde »Farbe bekennen« und muß sich einer Sache ehrlich stellen. Das ist auf einer anderen Ebene heute wieder genauso.

Und wie sind Ihre Erinnerungen insgesamt an die Gewandhausgespräche?

Frau Müller: Das war eine derartig aufgewühlte Atmosphäre, die ansteckte. Jeder hat damals gedacht: Wenn du jetzt hier vorgehst und sprichst, was passiert mit dir, wie fassen die anderen den Beitrag auf? Oder, was passiert danach, wer sitzt hier mit im Raum? Man war natürlich auch erregt, weil man der Auffassung war, alle hier im Saal verfolgen das gleiche Ziel. Das war sehr hoffnungsvoll und auch eine freudige Erregung, die mich da eingeholt hat.

Wie ist jetzt Ihre persönliche Bilanz der letzten zehn Jahre?

Frau Müller: Ich bin noch Lehrer. Man könnte sagen, daß sich für mich viele dieser Wünsche und Träume, die den Lehrerberuf betreffen, nicht erfüllt haben. Es ist unbegreiflich, daß wir, die das Gleiche geleistet haben wie unsere Kollegen im »Westen«, ihnen als Lehrer nicht gleichgestellt werden. Sie haben politisch bzw. parteilich unterrichtet und wir auch, jeder in einem anderen System. Heute unterrichten wir ebenfalls Ethik und Gemeinschaftskunde, früher hieß das Fach Staatsbürgerkunde. Seit 1991 müssen wir uns »bewähren«, bewähren in unserem Beruf, in dem wir weit über 20 Jahre Berufserfahrung gesammelt haben – aber diese Erfahrungen zählen nicht. Wir sind Lehrer zweiter oder dritter Klasse. Gerade im Herbst ist unsere Arbeit eingeschätzt worden, dazu mußten wir Hospitationen »über uns ergehen lassen« –, ein Kollege im Westen kann das, wenn er 50 Jahre alt ist, ablehnen. Wir haben nicht die Chance. Wenn wir uns nicht beurteilen lassen, so hieß es, könnten wir nicht finanziell höhergestuft werden. Ansonsten kann jeder zu mir in den Unterricht kommen, das ist kein Problem, aber hier geht es ums Prinzip. Außerdem ist jetzt erst der Kündigungsschutz eingetreten. Bisher befanden wir uns in diesem Bewährungsfeld. Wir hätten entlassen werden können. Ich habe mich wie in einer Probezeit gefühlt, von 1991 bis 1998. Es steht auf unseren Gehaltszetteln als unser Anfangsjahr 1991.

Unsere Arbeitsbedingungen haben sich materiell nicht wesentlich verbessert. Beispielsweise ist in mein Musikzimmer – und nicht nur da – eingebrochen worden. Ein CD-Player wurde gestohlen, und ich habe von einem Schüler einen ausrangierten geschenkt bekommen. Es stand kein Geld zur Verfügung, um ein neues Gerät zu kaufen.

Außerdem dürfen wir nicht voll arbeiten. Wir werden auf dieser Dreiviertel-Planstelle mit nur 85 Prozent bezahlt. Unsere Klassenstärken, die in DDR-Zeiten bei höchstens 25 Schülern – und das war schon viel – lagen, sind jetzt bei 30 Schülern angelangt. Das ist eine wesentliche Verschlechterung der Arbeitsbedingungen. Wie soll ich da auf einen Schüler individuell eingehen und ihn individuell auf eine Prüfung vorbereiten? Es wurde auch die Klassenleiterstunde eingespart, die dringend notwendig ist, um organisatorische und erzieherische Probleme zu klären.

Man ist in den letzten zehn Jahren auch innerlich – und darüber sprechen wir sehr viel im Kollegium miteinander – nicht mehr zur Ruhe gekommen. Es ging Schlag auf Schlag. Als sich die Vereinigung vollzog, war im Prinzip klar, in welche Richtung es geht, wir hatten aber immer noch Hoffnung, daß einige soziale Dinge – also so eine gewisse Sicherheit – erhalten werden. Ich hatte niemals daran gezweifelt, daß unser Beruf und unsere Ausbildung, unser Studium – ganz gleich, wen es auch immer betrifft, ob Ingenieur oder Lehrer, anerkannt werden, daß wir gleichgestellt werden. Aber das ist nicht so geworden. Ich habe nicht die Chance, verbeamtet zu werden, auf den Status lege ich keinen Wert, aber daraus ergeben sich finanzielle Nachteile. Ich gehe in drei Jahren in Rente, wenn ich dann meine Wohnung bezahlen kann, bin ich froh.

Früher war unser Heim unsere Burg. Die Familie traf sich dort, und es wurde geredet, Freunde kamen. Ich habe 34 Jahre im Waldstraßenviertel gewohnt. Das war meine Heimat. Dort bin ich 1995 herausgerissen worden. Die Wohnung ist rekonstruiert worden, und nun kann ich sie nicht mehr bezahlen. Es war für mich ein Problem, irgendwo wieder Fuß zu fassen, heimisch zu werden. Aus finanziellen Überlegungen heraus habe ich nicht die Freiheit, die mir genehmste Wohnung zu wählen.

Auch im Unterricht gibt es einen Niveauabfall. Wir haben in DDR-Zeiten mit höherem Anspruch unterrichtet, und zwar aus dem Grunde, weil unsere Schüler, auch die, die später an die EOS gehen sollten, bei uns bis zur 10. Klasse blieben. Damit war ein hohes Niveau gegeben, wir haben ganz phantastische Dinge in Deutsch und Musik gemacht. Heute ist das anders, denn die Schüler gehen nach der 5. und 6. Klasse zum Gymnasium, und damit ist natürlich schon eine Auswahl getroffen. Ich will damit unsere Schüler der Mittelschule nicht für dumm erklären, aber das Niveau ist gesunken. Lehrpläne und Lehrbücher stimmen zum Beispiel nicht überein. Plötzlich stehen auch andere Werte im Mittelpunkt. Ich möchte fast sagen, daß es einen Werteverfall gibt. Es wird wenig gelesen. Die Schüler schätzen äußere Dinge, beurteilen sie oft oberflächlich, sind nicht mehr gewillt, in die Tiefe zu gehen und nachzudenken. Außerdem sind sie wenig motiviert. Unsere Schüler der 10. Klassen sagen ganz ehrlich, ohne dreist sein zu wollen: »Frau Müller, Sie haben ja recht, aber wozu soll ich mich bemühen, ich bekomme sowieso keine Lehrstelle.«

Das war jetzt mehr Ihre persönliche Bilanz. Sie sind aber nicht nur als Lehrerin auf die Straße gegangen, sondern auch als DDR-Bürgerin, die sagt, es muß sich hier insgesamt und ganz allgemein etwas ändern. Wie ist die allgemeine Bilanz nach den 10 Jahren?

Frau Müller: Wir haben keine völlige Freiheit. Wir haben jetzt die Freiheit, nach Südtirol zu fahren oder wohin auch immer, wir haben die Freiheit, ganz offen zu sagen, was uns nicht paßt – aber das haben wir uns ja zum Teil auch in der DDR schon herausgenommen. Heute sieht es so aus, daß ich die Freiheit, viele Dinge zu tun, aus finanziellen Gründen nicht habe. Was mich ganz besonders bedrückt, auch weil wir damit als Lehrer konfrontiert werden, sind diese riesigen sozialen Unterschiede. Daß es Menschen gibt, die durchaus etwas leisten können und wollen, aber einfach nicht dazu kommen, weil der Betrieb geschlossen ist und die Menschen arbeitslos sind. Diese Dinge finde ich schon bedrückend und ungerecht. Früher, als Lehrer in DDR-Zeiten, haben wir als Argument geäußert: »Wenn ich die Freiheit zu reisen nutzen will, brauche ich eine Arbeit, die nicht jeder hat.« Das, was wir früher gelernt haben, bestätigt sich heute.

Wir haben im Deutschunterricht sehr interessante Kurzvorträge in den 9. und 10. Klassen erarbeitet. Thema war: Was mich bewegt. Es gab in unserem Unterricht keine Einschränkungen. Was die Schüler bewegt hat, haben sie vorgetragen. Das waren sehr vielseitige Beiträge, auch politischer Art. Dabei war

die Klassenzimmertür zu. Das haben wir unter uns ausgemacht, es war Ver-
trauenssache zwischen den Schülern und mir oder einem anderen Kollegen.

Ja, diese Dinge bewegen mich sehr, auch der Krieg im Kosovo. Ich bin sehr
gespalten in meinen Gefühlen. Einerseits kann Milošević dort nicht so weiter
regieren. Auf der anderen Seite bin ich furchtbar im Zweifel, wenn von unserem Territorium aus die Bomber starten und wir am Krieg beteiligt sind. Ich
meine, da kommt schon ein Stück Geschichte hoch. Dennoch könnte man
formulieren: Wir sind geblieben und »kämpfen« weiter.

Gespräch mit Herrn Petri* am 14. Mai 1999

* Herr Petri
absolvierte 1989
gerade eine
Tischlerlehre
und studiert
heute Jura

Warum sind Sie im Herbst 1989 zu den Gewandhausgesprächen gegangen?

Herr Petri: Das Gewandhaus war mir kein fremder Ort, da ich einige Zeit im
Gewandhaus-Kinderchor gesungen habe. Die Räumlichkeiten waren mir ver-
traut, die Menschen dort mochte ich, es war für mich in gewisser Weise ein
»erweitertes Wohnzimmer«.

Welche Hoffnungen und Befürchtungen hatten Sie im Herbst '89?

Herr Petri: Es war eine komische Zeit. Es ging damals im Sommer los mit
diesen Demonstrationen an der Nikolaikirche. Ich erlebte mit Kumpels die
merkwürdigsten Szenen auf dem Nikolaikirchhof. Zur mittäglichen Zeit standen Leute herum, die nicht so aussahen, als ob sie wegen einer staatlichen
Aufgabe dort erschienen wären. Sie sahen eher jung aus und so, als seien sie
aus eigener Überzeugung gekommen. Wir haben es erlebt. Bei Sonnenschein,
gegen drei Uhr nachmittags waren diese Leute da, die wir von ihrem Äußeren
als gleichgesinnt und sympathisch einschätzten. Aber wenn irgend jemand
sich in der Unterhaltung verplappert hatte, entpuppten sich plötzlich vier,
fünf der Umstehenden als diensthabende Anwesende. Das ging ganz schnell:
Arme auf den Rücken, vier Mann, vier Ecken, und dann landeten die auf dem
Robur. Das hat uns mächtig Angst eingeflößt, so daß wir dann am hellichten
Tage mit Leuten, die wir nicht kannten, jede Konversation vermieden, uns nur
leise, fast flüsternd austauschten. Später bei den Demonstrationen, als sich
dann auf dem Nikolaikirchhof schon mehr Leute versammelten, kamen die
Bereitschaftspolizisten aus Eutritzsch. Sie marschierten in Zweierreihen mit
Hunden und Prügelstöcken unten von der Ritterstraße herauf und bildeten
eine menschliche Barrikade. Die Demonstranten vom Nikolaikirchhof saßen
in der Falle. Sie konnten nicht weg, und die Polizisten griffen sich wahllos
Leute heraus – auf die brutalste Art und Weise. Wir hatten damals Chorprobe

98

im Saal der Nikolaigemeinde. Wir konnten über einen Hofgang um diese Barrikade herumlaufen, so daß sie unserer nicht habhaft werden konnten. Wir wollten uns dieser Aggression nicht aussetzen, weil wir das als sinnlos empfanden.

Das hatte sich also zunehmend gesteigert: erst das mitten aus der Menge haschen, wenn man sich verplappert hatte, dann die Bereitschaftspolizisten mit Hunden, und dann, zum Herbst hin, wurden am Sonntagabend drohend die Wasserwerfer durch die Stadt, durch die Hainstraße und den Brühl, gefahren. Da war irgendwie auch viel Angst und Unsicherheit dabei, weil das ein völlig ungewohntes Bild war, daß im Osten, in der DDR, solche massive Gewalt gegen das eigene Volk aufgefahren wurde. Das kannte man ja eigentlich nur aus den Nachrichten, darauf wurde von offizieller Seite auch immer verwiesen: So ist es im Westen! Und nun war es plötzlich auch bei uns so. Es war erschreckend, weil man dachte, man lebt in einer gewaltfreien Oase. Im nachhinein denke ich, bei allen Vorteilen der Gewaltfreiheit, daß während des Umsturzes zu wenige Aggressionen frei geworden sind. Das Volk hätte schon mehr Bizeps zeigen können.

Vielleicht wäre es etwas besser gewesen – auch für das heutige Klima –, wenn die Reformbewegung im Osten Zeit gehabt hätte, die gesellschaftlichen Verhältnisse erst einmal klarzustellen, eine Selbstreinigung, wenn sie überhaupt möglich war, in Gang zu setzen. So saßen eben über die Wende hinweg die Genossen und die Mächtigen, dieser Klüngel mit seinem Beziehungsgeflecht, weiter an den Töpfen. Es ist schade, daß die Möglichkeit fehlte, dieses Netz, an dem dann später weiter gewoben wurde, zu zerschneiden. Auch die Selbstreinigung wäre nur wieder eine Selbstinfektion geworden, wie man heute weiß.

Sie durften damals kein Abitur ablegen? Warum?

Herr Petri: Wenn bei einer Klassenstärke von 30 Personen im Höchstfall drei, vier Leute zum Abitur zugelassen wurden, dann ist es halt ein Privileg, Abitur machen zu dürfen. Im Grunde genommen zählte nicht die Leistung, sondern die Kaderakte der Eltern. Und wessen Eltern eine staatsnahe Kaderakte hatten, der hatte unter Umständen mehr Chancen auf einen Abiturplatz als Leute, die so eine Kaderakte nicht oder das Gegenteil davon vorweisen konnten.

Was hatten Ihre Eltern für eine Kaderakte?

Herr Petri: Mein Vater war freischaffender Künstler. Ich hatte das Glück, nicht in einem systemnahen Elternhaus aufzuwachsen. Keiner war in der Partei. Der Direktor der Schule, die ich besuchte, hatte erst die Zuckerbrotvariante probiert: Er wollte mich freundlich lächelnd zum Aushorchen der Mitschüler bewegen, später versuchte er mich dann auch noch für die Armee zu werben, für die Offizierslaufbahn. Das hat wohl jeder Schüler zu Ostzeiten über sich ergehen lassen müssen – diese peinliche Befragung. Nachdem ich das abgelehnt hatte, war Konfrontation angesagt. Er sagte zu mir: »Ich verspreche Ihnen, daß ich dafür sorge, daß Sie nicht das Abitur machen können.«

Sind Sie vom Schuldirektor für die Stasi geworben worden?

Herr Petri: So kann man das noch nicht nennen. Das war halt ein scharfer Hund. Weil ich damals FDJ-Sekretär der Klasse war, Mitschüler hatte, mit denen es wohl pädagogische und andere Probleme gab, wollte er informiert werden. Was ich ablehnte – mit den bekannten Folgen.

Dann sind Sie also, als das Abitur nicht möglich war, Tischlerlehrling geworden?

Herr Petri: So einfach war das nicht. Man weiß, wie das zu Ostzeiten funktionierte: Herumlungern und drauf warten, bis einem was angeboten wurde, ging nicht. Da habe ich halt die Tischlerlehre anvisiert. Es war auch nicht so einfach, eine Lehrstelle zu kriegen. Deswegen verstehe ich das Gejammere der heutigen Jugend nicht, zu Ostzeiten wurde einem auch keine Wunschlehrstelle hinterhergeworfen. Diese Vorstellung sollte heutzutage niemand haben. Die DDR hatte schon damals un peu Marktwirtschaft. Aber irgendwie hat es mit der Lehrstelle doch geklappt. Im nachhinein war dieser Knick, dieser Umweg für mich ein Glücksfall, weil ich in der Wendezeit meinen Beruf, meinen Facharbeiter hatte. Ich habe dann noch einige Jahre in Leipzig gearbeitet. Hier hatte ich das Glück, bei der Rekonstruktion von tollen historischen Gebäuden im Stadtzentrum mit dabeisein zu können, bei Arbeiten, die wahrscheinlich in den nächsten 50 bis 60 Jahren nicht wieder vorkommen werden. Es ist einfach schön, wenn man da mitarbeiten und auch seinen Lokalpatriotismus ein bißchen pflegen konnte.

Dann haben Sie sich doch noch entschlossen, ein Studium aufzunehmen?

Herr Petri: Ja. Das Abitur habe ich 1991 oder 1992 neben der Arbeit abgelegt, auf der Abendschule in der Löhrstraße. Ich wollte einfach nicht, daß dieser Direktor, der immer noch Lehrer sein durfte, den Sieg davonträgt. Aber das war eigentlich nur eine Nebenmotivation. Ich wollte es auch selber. Nach dem Abitur habe ich drei Jahre gearbeitet und dann ein Jura-Studium aufgenommen.

Hatten Sie in der Wendezeit in Leipzig eine eigene Wohnung?

Herr Petri: Ich wollte gern in Leipzig eine eigene Wohnung haben. Aber es war einfach katastrophal. Die LWB hatte Praktiken bei jungen Leuten, die sich um eine Wohnung bewarben, die skandalös waren. Es gab Wohnberechtigungsscheine mit 13 Dringlichkeitskategorien – knapp nach der Wende. In Berlin rannte ich dagegen offene Türen ein und bekam ohne große Probleme einen Wohnberechtigungsschein, einen Wohnungsbesichtigungstermin und schließlich eine bezahlbare Wohnung. In Leipzig gab es zu dem Zeitpunkt noch kein Überangebot an Wohnungen so wie heute. In den Ämtern herrschte überall dieser hängengebliebene DDR-Stil. Die Leute hatten Angst, die »Herrschaften« beim Kaffeetrinken zu stören, man kam sich als Störenfried vor, wenn man ein Anliegen hatte. Das war ein Grund, aus Leipzig wegzugehen. Es gab auch andere Gründe: Ich wollte frischen Wind, mich verändern. Berlin war vom Leben her, vom Angebot, Deutschlands interessantester Fleck.

Wenn Sie für die letzte Dekade eine persönliche Bilanz ziehen sollten, wie würde die ausfallen?

Herr Petri: Ich kann mich nicht beklagen. Ich habe in den letzten zehn Jahren eigentlich all das machen können, was ich machen wollte. Das so zu machen, wäre zu DDR-Zeiten nicht möglich gewesen. Schwierigkeiten im Alltag hat man überall, das ist – glaube ich – systemunabhängig.

Wenn heute zu ähnlichen Diskussionen wie den Gesprächen im Gewandhaus eingeladen würde, gingen Sie hin?

Herr Petri: Nein! »Wo drückt uns der Schuh?« – sich hier in Deutschland diese Frage zu stellen, das wäre angesichts des Jugoslawienkonflikts zynisch. Ich würde es für günstig halten, daß öffentliche Podiumsdiskussionen meinethalben stattfinden zur Frage »Deutschland und Europa im Krieg«. Man muß leider konstatieren, daß in Europa ein Tabu gebrochen wurde … schade, bedauerlich. Über so etwas soll diskutiert werden. Wie Deutschland sich verhält, die NATO, welche Bereitschaft es in der Bevölkerung gibt, die Folgen all dessen mitzutragen und den Leuten im Kosovo zu helfen.
    Die Vereinigung? Für die Masse ist es Alltag geworden. Es ist nichts Besonderes mehr, daß man vereint ist. Ich glaube, die Deutschen sind da auf einem guten Weg.
    Wenn man durch Leipzig geht, kann man es genießen, wie die Stadt aussieht. Wenn man auf der Autobahn fährt, kann man es genießen, wie die Autobahn in Ordnung kommt. Wenn man auf dem Flughafen steht, dann muß man nicht mehr feuchte Augen kriegen, wenn man irgendwelche Leute sieht, die reisen können. Der Alltag ist in anderen Dingen schwieriger geworden.

16. Oktober 1989

Aber: Uns geht es schon ganz gut. Wenn man nach Jugoslawien schaut, sind das hier in Deutschland Luxusprobleme. Wir können sehr zufrieden sein, wie wir hier leben.

Seit dem Herbst 1989 hat sich viel ereignet, man muß dankbar sein, daß man so etwas miterleben durfte. Das Volk auf dem Ring. Wann erlebt ein Mensch das Volk als Souverän? Umbrüche in Gang zu setzen, das ist höchst selten. Dieses Gefühl, dabeizusein, war unheimlich spannend. Ich würde mich dagegen wenden, wenn man über die Demonstranten in Leipzig sagen würde, daß sie wie die wilden Geier auf die deutsche Einheit zugeflogen sind. Besser: daß man das aus eigener Kraft in Gang setzte. Wir wollten diesen Wechsel selbst durchboxen, und zwar in der DDR, in diesem einmaligen Mikrokosmos.

Und man hat etwas gelernt über die Distanz der Mächtigen zum Volke. Eine Distanz, die auch heute wieder festgestellt werden kann. Vielleicht werden wir noch einmal Momente haben, in denen das Volk auf der Straße irgend etwas herumreißen kann – wie damals.

Gespräch mit Herrn Wötzel* am 2. Juni 1999

* Dr. Roland Wötzel führt heute eine Anwaltskanzlei in Leipzig

Wie stellten sich die Monate vor dem Wende-Herbst 1989 aus Ihrer Sicht dar?

Herr Wötzel: Die zentrale und auch die Bezirks-Parteiführung konnten die politische Lage überhaupt nicht mehr richtig einschätzen; die Partei war politisch nicht mehr handlungsfähig. Wer sich ständig wichtig tut, daß ihm ›die führende Rolle‹ zukomme, der muß natürlich erst recht in Krisensituationen das eigene Führungspotential ausspielen. Damit meine ich zunächst die geistige Führung. Aber dazu waren wir überhaupt nicht in der Lage, und das habe ich als sehr deprimierend erlebt.

Jedem, der sich aufmerksam mit unserem System auseinandersetzte, ist deutlich geworden, daß es überzentralisiert war – und dann war die Zentrale auch noch ›krank‹. Der schwer erkrankte Honecker gibt die Macht nicht an Krenz ab, sondern an Mittag. Mittag ist ebenfalls krank, so daß in dieser ganzen Zeit von zentraler Stelle überhaupt kein Anstoß kam. Die Bezirksleitung Leipzig war völlig unsicher, wie sie zu reagieren hatte. Es mangelte an Kreativität; ein Bezirkssekretär wie Modrow war wahrscheinlich doch eine große Ausnahme. Wir haben immer in die Presse geschaut – nichts Orientierendes. Schließlich setzten wir große Hoffnungen darauf, daß Honecker in seiner Rede zum 7. Oktober etwas Großes oder Weitgehendes, der komplizierten Situation Angepaßtes verkünden würde, daß er zu dem, was sich im Land ereignete, Stellung nähme – aber diese Rede war ja eine vollkommene Platitüde.

Die Demonstranten standen auf der Straße. Man hätte sich entweder mit den Massen verbünden – oder gegen die Massen antreten müssen. Anläßlich des Pleiße-Marsches im Juni 1989 wurde von Sekretariatsmitgliedern über die Möglichkeit eines Dritten Weges nachgedacht: Wir machen mit, wir bringen uns mit ganz konkreten Dingen ein. Wir wollten ja kapieren, was da vor sich ging, wollten uns aussprechen mit den Leuten und sie überzeugen. Aber das war im Sekretariat nicht mehrheitsfähig. Es wurde vom ersten und zweiten Sekretär, mit denen ich darüber diskutiert hatte, nicht akzeptiert.

Was haben Sie noch unternommen, um die geistige Führung zu erlangen oder wenigstens aus der allgemeinen Lähmung herauszukommen?

Herr Wötzel: Ich kann mich noch erinnern, daß ich an der Universität zum Semesterende einen Vortrag hielt. Das Motto war ein Zitat nach einer Arbeit Lenins: ›Werden die Bolschewiki die Macht behaupten?‹ Diese Frage stand ja. Wenn wir uns nicht behaupten, werden andere die Mächtigen sein. Ich hatte erhofft, daß wir aus der Universität stärkere geistige Impulse bekämen, die uns helfen würden, mit der Lage zurechtzukommen. Es war ja klar, daß wir im Herbst wieder mit Aktionen wie dem Pleiße-Marsch konfrontiert sein würden. Natürlich hat man auch an der Universität nach Alternativen gesucht. In Leipzig arbeiteten Wirtschaftswissenschaftler und Juristen an einer umfassenden Konzeption zur Veränderung der Planung in den Bezirken. Es ging um die Ausarbeitung eines anderen Systems der Planung und Leitung, das dezentraler und gewissermaßen selbstorganisierend sein sollte. Die Arbeit wurde in der Zeit der Perestroika begonnen und war schon weit gediehen. Es ist ja nicht so gewesen, daß es zu keiner Zeit vernünftige Vorschläge zu Fragen der Wirtschaftsentwicklung gegeben hätte. Ich selbst war Hauptabteilungsleiter bei Gerhard Schürer, dem Vorsitzenden der Staatlichen Plankommission der DDR. Das von uns damals entwickelte System der Planung und Leitung (NÖS) ist aufgrund der Intervention von Breshnew nicht eingeführt worden. Die Abteilungen wurden zerschlagen und ich nach Leipzig, zum Rat des Bezirkes, geschickt. Wir hatten uns damals auf Liebermann und Šik und andere gestützt. Es gab an den Universitäten und Hochschulen der DDR viele kritische Geister, die über Alternativen nachgedacht haben. Es ist eigentlich nie ruhig geworden um derartige Verordnungen im System der Planung und Leitung, es wurde immer weiter darüber nachgedacht, und es gab auch Konzeptionen.

Wie sollte dieses ökonomische System aussehen und wie der bessere Sozialismus?

Herr Wötzel: Bis zu dem VIII. Parteitag, also etwa bis zum Jahr 1969/70, strebten wir eine andere Kombination von Markt und Plan an; der Markt sollte eine größere Rolle in der Planwirtschaft bekommen. Aber die Entwicklung ging in eine ganz andere Richtung. Im Jahr 1971 fing man an, die halbstaatlichen Betriebe zu verstaatlichen, und die großen Kombinate wurden gebildet – ein Riesenfehler, der Markt wurde immer weiter eingegrenzt.

Später, etwa um das Jahr 1987 herum – obwohl ich, das sei betont, kein Gorbatschow-Anhänger bin, denn Gorbatschow hatte überhaupt keine Konzeption für die wirtschaftliche Entwicklung –, reifte in mir die Einsicht, daß der Sozialismus eine Opposition braucht, um die innere Stabilität halten zu können. Man hätte eine sozialistische Opposition benötigt, dann hätte sich die Frage der Macht ganz anders gestellt. Statt dessen standen wir in jeder Machtauseinandersetzung mit dem Rücken an der Wand. Auf jede inhaltliche, möglicherweise auch sozialistische Alternative, die artikuliert wurde – ob das 1956 oder 1968 war –, mußten wir immer mit Drohgebärden reagieren. Wir hätten eine normale sozialistische Opposition gebraucht, und ich glaube, daß sich viele der Bürgerrechtler dort hätten wiederfinden können.

Doch in diesen Fragen gab es immer politisch-strategische Defizite auf unserer Seite. Die breit lancierte Kritik der Parteizentrale am Dritten Weg war in ihrer Wirkung so massiv, daß wir keinerlei theoretischen Vorlauf hatten.

Bestenfalls meinten einige kritische Denker, daß der Dritte Weg eine Möglichkeit sei, doch in der Partei war das überhaupt nicht verbreitet, nicht gestattet. An einigen wissenschaftlichen Instituten dachte man darüber nach, aber wie jener Weg praktisch zu beschreiten sei, dazu gab es überhaupt keine Vorstellung.

Im Gegensatz zur Linken in Westdeutschland, auch zu den Linken bei den Grünen, hatten wir eine Scheu, uns mit Strukturen auseinanderzusetzen. Übrigens gilt das heute noch in der PDS, wenn man die ältere Generation der PDS betrachtet: die will über solche Fragen kaum diskutieren. Sie sieht auch Machtfragen immer nur eindimensional: entweder Schwarz oder Weiß. Entweder sind wir drin in der Regierung, oder wir sind draußen. Tolerierung oder andere Modelle der Machtbeteiligung oder -ausführung interessieren kaum.

Ausgearbeitete Konzepte für einen reformierten Sozialismus gab es 1989 also weder innerhalb noch außerhalb des politischen Establishments der DDR. In der Öffentlichkeit herrschte erstarrtes Schweigen, im Privaten wurde hitzig diskutiert – und auf den Straßen forderte eine Handvoll entschlossener Leute zunächst einmal nur den Aufbruch dieser Kommunikationsblockade. Die Reaktion der Staatsgewalt führte dazu, daß sich die Konfrontationen in rasanter Weise zuspitzten. Am 2. Oktober schwemmten Demonstranten die Polizeiketten noch zur Seite, am 7. Oktober wurden schon Wasserwerfer eingesetzt und 210 Demonstranten festgenommen. Was waren die Planungen für den 9. Oktober? Können Sie sich daran erinnern?

Herr Wötzel: Natürlich. Wenn man in solch einem Entscheidungsgremium sitzt, wird man natürlich auch mit Entscheidungen konfrontiert, die außerhalb des eigenen Verantwortungsbereiches liegen. Man muß darüber mitentscheiden. Uns war bekannt, daß es eine außerordentlich starke Konzentration von Sicherheitskräften um und in der Stadt gab: Die umliegenden Unteroffiziersschulen waren alarmiert, außerdem hatte Leipzig selbst Kasernen, die Polizei war in höchster Alarmbereitschaft, die Kampfgruppen waren mobilisiert und die Staatssicherheit natürlich auch. Wenn in dieser Situation irgend jemand, auf welcher Seite auch immer, die Nerven verloren hätte, dann wäre es zu einer extremen Situation gekommen. Dazu hätte es gar nicht, wie immer vermutet wurde, eines Schießbefehles bedurft. Wenn es so gekommen wäre, wie es vorgesehen war, nämlich daß die Demonstranten am Hauptbahnhof von Sperrfahrzeugen aufgehalten und zurückgedrängt worden wären, dann hätte es sicher Verletzte und eventuell auch Tote gegeben. Dazu mußte überhaupt kein Schuß fallen.

Im Unterschied zur diffusen Situation an den Tagen zuvor, wo sich die Sicherheitskräfte zurückzogen, dann wieder zuschlugen oder auch überrannt wurden, sollte es an diesem Tag anders ausgehen?

Herr Wötzel: Es sollte eine Entscheidung herbeigeführt werden. Und diese Entscheidung sollte nicht, ich betone das noch einmal, mit militärischen Mitteln ausgetragen werden. Davon ist mir nichts bekannt. Aber es sollte wahrscheinlich deutlich gemacht werden: »Hier stoppt die Demonstration. Hier geht's nicht weiter.«

Wie kam es genau am 9. Oktober 1989 dazu, daß Sie sich mit diesem gemeinsamen Aufruf zur Gewaltfreiheit exponierten?

Herr Wötzel: Es mußte ein Signal gesetzt werden. Die Zahl der Demonstranten nahm ja nicht linear zu, sie potenzierte sich. Wer die Eigengesetzlichkeit von Massenbewegungen kennt, weiß, daß bei einer weiteren Verdopplung der Teilnehmerzahlen nach dem 9. Oktober die Entwicklung aus dem Ruder gelaufen wäre. Das kann kein Staat aushalten.

Schon vor dem 9. Oktober hatte ich Bernd-Lutz Lange gefragt, ob er bereit wäre, etwas mit zu unternehmen. Wir hatten uns mit unseren unterschiedlichen Anschauungen immer sehr gerieben, darum mochte ich ihn, und er antwortete mir: »Wenn es hilft, ein Unglück zu verhindern, bin ich dabei, trotz aller Meinungsverschiedenheiten.« Allerdings hatte ich noch keine genaue Vorstellung, wie, wo und wann man etwas tun könnte. Bereits früher gab es über Bernd-Lutz Lange, Jürgen Hart den Versuch, mit dem Neuen Forum einen Dialog zu organisieren. Das war nicht einfach, wir hatten alle zu große Berührungsängste, auch das Neue Forum.

Am 7. Oktober war ich in Altenburg mit einer italienischen Delegation. Dort erhielt ich einen Anruf, daß es in Leipzig Unruhen gebe und die Polizei mit Demonstranten zusammengestoßen sei. Ich fuhr nach Leipzig zurück, sah mir das auf dem Karl-Marx-Platz an und ging in die Bezirksleitung. Dort traf ich Jochen Pommert, der Diensthabender war, und sagte zu ihm: »Wenn wir am 40. Geburtstag der Republik so gegen die Menschen vorgehen, verlieren wir jegliche Legitimation.«

Am Vormittag des 9. Oktober erhielt ich die telefonische Mitteilung, daß Dr. Peter Zimmermann einen Orden zum 7. Oktober zurückgegeben habe. Ich verabredete mich mit ihm am Gewandhaus, weil ich den Kontakt nutzen wollte, um eventuell in die Nikolaikirche hineinzukommen. Am frühen Nachmittag rief der Gewandhauskapellmeister Kurt Masur in der Bezirksleitung an. Kurt Meyer nahm den Anruf entgegen. Ich glaubte sehr gut zu wissen, wie Kurt Meyer dachte. Mir war schlagartig klar, daß man diese Situation nutzen konnte, um zu diesem Dialog zu kommen. Zu Bernd-Lutz Lange hatte ich vorher nur gesagt: »Bernd, heute nachmittag könnte es soweit sein.« Der wußte nicht, wo wir hinwollten, bis ich ihn mit dem Auto abgeholt und ihn informiert habe.

In der Wohnung von Masur formulierten wir unseren Aufruf. Wir wollten damit den Nerv der Menschen treffen, den gemeinsamen kleinsten Nenner aller Beteiligten da draußen auf den Straßen ansprechen. Niemand wollte eine Konfrontation, worauf die Situation unvermeidlich zutrieb. Viele Kommandeure der Polizei, der Armee und der Kampfgruppen sind letztlich auch erleichtert darüber gewesen, daß es nicht zu einer Auseinandersetzung kam. Sie haben auch mir Briefe in die Bezirksleitung geschickt und haben sich bei mir bedankt.

Ich hatte noch eine andere Information, die uns half, dieses Signal zu setzen. Walter Friedrich vom Zentralinstitut für Jugendforschung in Leipzig war mit einem Brief bei mir gewesen, den er danach an Krenz geschickt hatte. Nüchtern und sehr mutig hatte er darin die tatsächliche Lage beschrieben. Krenz, der den Brief aufmerksam gelesen hatte – sonst nahm er auch vieles, was ihm aus dem Zentralinstitut für Jugendforschung übergeben wurde, nicht zur Kenntnis –, sprach diesen Brief mit Walter Friedrich in Berlin, am 9. Oktober in der Frühe, durch. Friedrich wollte mich danach besuchen, erreichte mich aber nicht und wurde zu Masur geschickt. Professor Friedrich brachte mir die Nachricht mit, daß auch im Politbüro die Auseinandersetzung beginne, Krenz aber feststellen mußte, daß die stärkeren Bataillone nicht auf seiner Seite standen.

Am Freitag, dem 13. Oktober, ist Krenz dann nach Leipzig gekommen, hat Leute vom Nationalen Verteidigungsrat mitgebracht und die Voraussetzungen geschaffen, daß man sehr schnell zur Sicherheitspartnerschaft übergehen konnte. Auch die Isolierung von uns dreien innerhalb der Bezirksleitung ließ dann nach.

Sie sagten, daß um Leipzig herum viele Sicherheitskräfte zusammengezogen waren, Unteroffiziersschüler, Kampfgruppen und schließlich die Polizei. Wer verantwortete den Einsatz? War das eine Angelegenheit des MdI, der Parteiführung in Berlin, oder wurde das auf der Ebene der Bezirksleitung entschieden?

Herr Wötzel: Für den Verteidigungs- oder Sicherheitsfall – und in Leipzig stand die innere Sicherheit in höchstem Maße auf dem Spiele – hatte die DDR eine doppelte Struktur. Es gab zunächst die zentrale Linie: Dem Nationalen Verteidigungsrat unterstanden alle Sicherheitsorgane, Armee, Polizei, Staatssicherheit auf allen Ebenen, von den Ministerien bis hinunter zur Kreisebene. Daneben existierte die Führungslinie der SED, vom Zentralkomitee über die Bezirke bis hin zu den Kreisen. Wenn man die Lage am 9. Oktober genau analysiert, sieht man, daß diese Doppelstruktur nicht funktionierte, letztlich waren beide Entscheidungsstränge paralysiert. Innenminister Dickel wies dann an, daß zur Personensicherung überzugehen sei. Das heißt, Selbstschutz der Angehörigen der Sicherheitsorgane, Sicherung der Waffen und der Objekte. Wie das beim MfS war, weiß ich nicht.

Es gab ein tatsächliches Entscheidungsvakuum. Das wird an folgender Tatsache deutlich: Nachdem wir drei aus dem Gewandhaus in die Bezirksleitung zurückgekehrt waren, gingen wir zu Helmut Hackenberg, dem amtierenden ersten Sekretär, der auch den Vorsitz der Bezirkseinsatzleitung innehatte, die alle Sicherheitsorgane des Bezirks zusammenfaßte. Hackenberg saß in seinem Büro, die anderen alle in ihren Befehlsständen. Mehrfach fragte Helmut Hackenberg auch uns: »Was soll ich denn nun tun?« – Wir drei hatten uns schon engagiert, wir konnten bloß sagen: »Die militärischen Kräfte zurückziehen.« Das hat Helmut Hackenberg dann auch getan. Deshalb kam es eben nicht zu dieser Konfrontation am Hauptbahnhof. Zwischenzeitlich gab es noch ein Telefonat mit Krenz, was wiederum deutlich macht, daß die Doppelstruktur nicht richtig funktionierte. Nehmen wir bloß an, Innenminister Dickel hätte den Übergang zur personellen Sicherung befohlen und Hackenberg hätte etwas völlig anderes angeordnet, was er zum Glück nicht getan hat. Was wäre daraus entstanden?

Ich glaube, daß diese Doppelstruktur überhaupt nicht funktionieren konnte, weder im Ernstfall für die innere Sicherheit noch im Verteidigungsfall. Ob Strukturen ihre Funktion erfüllen, erkennt man ohnehin erst im Ernstfall.

Kurt Masur sagte im Interview: Die drei von der Bezirksleitung haben am 9. Oktober »viel Mut bewiesen«. War Ihnen das bewußt?

Herr Wötzel: Ich will die Sache nicht hochhängen; ob mir das zum damaligen Zeitpunkt bewußt war, möchte ich bezweifeln. Ich hatte überwiegend Hoffnung, obwohl ich ein pessimistischer Mensch bin. Noch am Abend dieses Tages sagte ich zu meiner Frau, daß wir noch keinen Grund hätten, uns zu freuen.

Was mir erst hinterher bekannt wurde: In einem Gespräch zwischen Honecker und Mielke fiel der Satz: »Nun haben wir die Verräter in den eigenen Reihen.« Die Linken waren ja mit vermeintlichen Verrätern in den eigenen Reihen nie besonders langmütig. Wahrscheinlich auch wegen ihrer schlechten Erfahrungen. Aber ich glaube heute noch, daß wir der linken Linie nicht untreu geworden sind. Ich bin wirklich kein Freund jener Leute, die die Sozialdemokratie zu dem Grundsatz gebracht haben: »Die Bewegung ist alles, das Ziel ist nichts.« Aber ich bin auch ein Gegner von Menschen, die sagen: Das Ziel ist alles. Das kann es nicht sein. Die Sozialisten können nicht über Blut zur besseren Gesellschaft kommen. Man kann auch die Menschenrechte nicht herbeibomben, Linke müssen wissen, daß Gewalt kein Mittel der Politik sein darf.

Wir drei von der Bezirksleitung sind noch in der Nacht zum 10. Oktober angerufen worden, daß wir am nächsten Morgen, 6.00 Uhr, eine schriftliche Stellungnahme in der Bezirksleitung abzugeben und uns nicht mehr von dort zu entfernen hätten. Aber das waren Dinge, die man wohl akzeptieren muß, wenn man an Schalthebeln der Politik sitzt. An den folgenden Tagen wurden wir in der Bezirksleitung geschnitten. Es gab in der Zwischenzeit sehr hektische Beratungen des zweiten Sekretärs, auch mit Berlin, wie es weitergehen sollte. Unser Aufruf ist auch nicht veröffentlicht worden, der kam in den folgenden Tagen nicht in die Zeitung. Als Krenz am Freitag in die Bezirksleitung kam, klärte sich einiges. Krenz hat dann gemerkt, das Ding kippt um, wenn wir noch was retten wollen, dann müssen wir uns auf dieses Pferd zumindest mit aufschwingen. Politik ist immer auch ganz nüchternes Kalkül.

Ich habe nur wenig richtige Anfeindungen erlebt, habe mich die ganze Zeit offen durch die Stadt bewegt. Ich bin in Bauarbeiterdiskussionen gegangen. Viele Leute, überraschenderweise auch aus kirchlichen Kreisen, sagten mir: »Wenn Sie Hilfe brauchen, kommen Sie.« Ich habe es glücklicherweise nicht nötig gehabt.

Daß die Schar der Opportunisten nach dem 9. Oktober erst einmal abwartete, ob Sie nun zum Aussätzigen oder zum Helden gemacht würden, war zu erwarten. Gab es aber auch Leute, die Ihnen danach, als Ihr Engagement vom 9. Oktober längst sakrosankt war, noch vorwarfen, daß Sie alles verdorben hätten, daß Sie schuld seien am Untergang der DDR und an dem, was danach kam?

Herr Wötzel: Es gab schon solche Verdächtigungen. Ich bin am 5. November zum Ersten Sekretär der Bezirksleitung gewählt worden. Hinterher kam ein älterer, sehr tapferer Genosse zu mir, der mir das so ähnlich sagte. Ich habe ihn gefragt, was die Alternative zu diesem Handeln gewesen wäre; er entgegnete: »Willst du, daß ich dir antworte: Militär?« Er hat dann aber klargestellt, daß er einen solchen Weg nicht meine und daß es nach seiner Meinung auch andere Möglichkeiten gegeben hätte, die Macht zu halten. Wir haben dieses Gespräch nie zu Ende geführt.

Wie blicken Sie auf die letzte Dekade zurück?

Herr Wötzel: Was sich in diesem Jahr ereignet hat, ist eine wichtige Zäsur. Die deutsche Regierung verletzt gerade die Verfassung, sie führt einen Angriffskrieg, Deutschland ist wieder zum Aggressor geworden, sie bricht das Völkerrecht, von den eigenen Parteiprogrammen ganz zu schweigen. Fischer sagt auf der Bundesdelegiertenkonferenz der Grünen schon vor der Abstimmung, daß er einen eventuellen Beschluß gegen die Bombardements nicht umsetzen wird. In der Familie sprechen wir andauernd über dieses Problem, wir können es nicht fassen. Ich habe dieser Gesellschaft fast alles zugetraut, aber daß es zu einem solchen Verfall der moralischen Werte, die ich ja zumindest bei der SPD und den Grünen noch vermutete, kommt, das verschlägt mir doch den Atem. Mit diesem Ereignis hat die DDR ihre moralische Legitimation schon fast wieder zurückerhalten. Einen solchen Angriffskrieg hat sie nicht geführt. Und wir hier in Sachsen sind nicht mehr in der Lage, uns selbst zu regieren, wir sind besetzt. Die Führungs- und Kommandopositionen sind überall von Westdeutschen besetzt. Gehen Sie ans Landgericht, ans Oberlandesgericht – wer sind denn die vorsitzenden Richter? Gehen Sie an die Landesregierung, in die Ministerien, betrachten Sie die Wirtschaft, Banken, Versicherungen, vor allem die Medien, Fernsehen, Presse. Und sitzt an irgendeiner relevanten Stelle tatsächlich ein Ossi, dann ist der Vize gleich ein Wessi, der aufpaßt, daß der vor ihm schön in der Spur bleibt. So haben wir es früher auch gehandhabt: war irgendwo einer von der CDU Chef, haben wir einen von uns dahintergesetzt. Heute wird das nur viel eleganter praktiziert. Ich habe nicht übermäßig viel erwartet, aber da sind meine Erwartungen noch überboten worden.

Gegenüber der sächsischen Intelligenz ist ein Enthauptungsschlag geführt worden. Der größte Teil des geistes- und sozialwissenschaftlichen Potentials aus DDR-Zeiten ist in Sachsen entlassen worden. Hoch- und Fachschulen wurden liquidiert. Von bestimmten Fakultäten der Universität spricht man überhaupt nicht mehr. An vielen Stellen haben wir dafür nicht die erste und zweite, sondern die dritte und vierte ›Garnitur West‹ bekommen – und keiner sagt zu denen: Gilt denn Ihr Abschluß überhaupt noch mit dieser mangelnden Qualifikation?

Als die DDR von ihrer Bevölkerung abgewählt wurde, prophezeite Stefan Heym, daß die DDR eine Fußnote der Geschichte werden würde. Seit einigen Jahren beziehen sich die Ostdeutschen deutlich positiver auf ihre DDR-Erfahrungen als unmittelbar nach dem Beitritt. Wie ist Ihr Rückblick auf die DDR?

Herr Wötzel: Für mich ist sie ein gescheiterter Versuch, den Sozialismus zu verwirklichen. Wir sind vor allem deswegen gescheitert, weil wir es nicht geschafft haben, Volkseigentum und Demokratie zu verbinden. Und eine ganz persönliche Fehlleistung in meinem Leben ist, daß ich zu wenig, viel zuwenig Kritik geübt oder kreative Beiträge zur Verwirklichung unserer hohen Ideale geliefert habe. Für mich ist die DDR eine große Chance gewesen, die wir verloren haben. Wenn wir uns mit den großen Denkern der Vergangenheit – des Humanismus, der Renaissance, der Aufklärung, des Sozialismus – beraten, deren Anregungen beherzigt hätten, dann hätten wir sogar bei einer niedrigeren Konsumrate den Sozialismus erhalten können oder ihn zumindest so beispielhaft machen können, daß ihn die anderen nur mit Gewalt hätten beseitigen können. Aber so sind wir innerlich kaputtgegangen, die Menschen selbst haben diesen Sozialismus nicht mehr gewollt. Das halte ich für ein Manko auch meiner eigenen Lebensbilanz. Wir sind schuld an diesem erfolglosen Experiment, und das wird uns die Geschichte nicht abnehmen können. Wir sind schuld, daß wir statt dessen über sehr viele kleinen Lügen zu Lebenslügen gekommen sind, wie zum Beispiel: Der Zweck heiligt die Mittel.

Gespräch mit Frau Thielemann* am 22. April 1999

* Frau Thielemann arbeitet als Physiotherapeutin

Wann haben Sie von den Gewandhausgesprächen erfahren und warum sind Sie hingegangen?

Frau Thielemann: Wenn ich mich recht erinnere, war wohl im Radio oder in der Presse angekündigt, daß dort freie Gespräche zu verschiedenen Themen stattfinden. Und da ja so vieles im argen lag, dachte ich, wenn über das Gesundheitswesen gesprochen wird, mußt du hingehen und deinen Beitrag leisten.

Natürlich gehörte auch bißchen Mut dazu, dort frei zu sprechen. Man mußte sich überwinden. Aber es war mir ein Bedürfnis, die Dinge aufzuzeigen, die im argen lagen. Denn es war ja wirklich nicht so, daß die Leute nicht arbeiten wollten.

In meinem Beruf war es schon ein schweres Arbeiten. Aber wenn man eine Arbeit ordentlich verrichten will, in welchem Beruf auch immer, dann muß man sich schon ganz schön engagieren. Ich habe mich eigentlich immer engagiert und lag dann natürlich auch oft quer – damals –, heute ist es nicht anders.

Was haben Sie sich erhofft von dieser Gesprächsteilnahme? Wollten Sie vor allem Dampf ablassen oder wie war das?

Frau Thielemann: Eigentlich Dampf ablassen, denn damals glaubte man ja doch, daß jetzt möglicherweise ein »besseres Zeitalter« beginnt und daß man aus den alten Dingen vielleicht etwas für die Zukunft lernen könnte. Erhofft hatte ich mir selbst eigentlich nichts, ich wollte, wie gesagt, Dampf ablassen und aufzeigen, was für die Zukunft vielleicht besser sein könnte.

Wie waren Ihre Empfindungen, wie haben Sie diese Gespräche erlebt? War das ein schönes Erlebnis?

Frau Thielemann: Als schön würde ich das nicht bezeichnen. Es sollte eine sachliche Auseinandersetzung sein, wo von den Werktätigen einmal gesagt werden konnte, woran es mangelt oder wo das Dilemma liegt. Das war ja eigentlich bekannt, bloß das wurde eben damals nicht gesagt, statt dessen hieß es immer nur: »Wir können nicht anders, und das müßt ihr einsehen.« – Naja, alles wurde bis dahin eher schöngeredet.

Wie waren Ihre Hoffnungen über die Gewandhausgespräche hinaus, auf den Wende-Herbst 1989 bezogen?

Frau Thielemann: Meine Hoffnungen waren natürlich völlig andere als das, was sich dann durchgesetzt hat. Man hatte ja wirklich gehofft, daß jede Seite das Negative abstreift und das Positive von jeder Seite übernommen wird.

Mit Seiten meinen Sie die Systeme?

Frau Thielemann: Ja, Kapitalismus und Sozialismus. Und leider Gottes hat es sich erwiesen, daß uns hier der Kapitalismus pur ereilt hat und ich mich jetzt eigentlich in einer Kolonie des Westens wohnen sehe. So glasklar und knallhart bringe ich das zum Ausdruck. Und ich bin der Meinung: Wer seine Kolonien nicht bezahlen kann, der sollte sich keine leisten. Denn das, was sie jetzt an Rüstungsgeld, an Kriegsgeld rauswerfen, das haben wir in 10 Jahren nicht gekriegt, obwohl wir jetzt auch Westen geworden sind. Na, oder nicht!?

Ihre allgemeine Bilanz ist gespalten oder eher negativ?

Frau Thielemann: Gespalten. Man kann ja nicht alles nur negativ sehen. Es gibt positive Sachen, wenn man zum Beispiel im Beruf geblieben ist, möglichst sogar beide Partner. Wer so lebt, für den gestaltet sich das Leben natürlich relativ positiv. Da eröffnen sich Möglichkeiten. Manche Dinge sind sehr preiswert einzukaufen. Wenn Sie Geld haben, steht Ihnen die Welt offen, aber nicht, wenn Sie kein Geld haben. Und es sind ja viele, die davon betroffen sind, weil sie arbeitslos geworden sind. Mein Mann ist arbeitslos geworden, ich bin es seit dem 1. April auch. Aber das können wir später erörtern. Das gehört also auch in eine Wendegeschichte mit hinein.

Und Ihre ganz persönliche Bilanz? Sie hatten damals über die Zustände im Bezirkskrankenhaus gesprochen und sagten: »Ich fühle mich oft nur als Kran für die Patienten. Wir haben keine ordentlichen Hebegeräte, und selbst wenn ich ganz geringe Dinge brauche, sind große Anträge nötig, damit ich ein paar Behandlungsgeräte bekomme, die zum Teil nur zwei Mark fünfzig kosten.« Wie stellt sich die weitere Entwicklung aus Ihrer speziellen Sicht als Physiotherapeutin dar?

Frau Thielemann: Ja, das habe ich damals gesagt. Es ist vieles anders geworden. Es gibt jetzt modernere Geräte zur Behandlung, zum Beispiel für Lähmungspatienten, und Apparate, die sich einfach bedienen lassen. Aber beim Heben ist es nahezu dasselbe geblieben. Wir haben jetzt ein Hebegerät, das ist dermaßen umständlich, daß ich mit zwei, drei Leuten, die ich zusammentrommele, viel schneller mit dem Patienten fertig bin, und ihn von einem Ort zum anderen gebracht habe. Es gibt schon bessere Behandlungsmöglichkeiten, aber bei den Hebegeräten hat sich nach wie vor nicht viel geändert. Da sind wir, weiß Gott, nach wie vor am Heben, Ziehen und am schweren Arbeiten. Und leider Gottes muß ich dazu noch sagen, daß die Patienten nicht die

Betten haben, die sie eigentlich bräuchten, also zumindest höhenverstellbare. Es gibt große und kleine Menschen. Und wenn ich da manchmal einen schwerkranken Menschen an den Bettrand setze, um mit ihm aufzustehen, dann hängen seine Füße in der Luft, weil das Bett zu hoch ist. Gut, beim Aufstehen mag das ja noch gehen, aber wenn ich ihn aus dem Rollstuhl wieder zurück ins Bett setzen will, was dann? Also das möchten sie dann schon mindestens zu zweit machen. Dabei gibt es eine ganz andere, eine ganz einfache Lösung, nämlich höhenverstellbare Betten. Doch solche Betten gibt es natürlich auf den Stationen fast überhaupt nicht. Zu teuer, kein Geld, nach wie vor. Auf der Schwerverletzten-Station oder in den verschiedenen Wachzimmern auch, also da, wo die Patienten in komatösen Zuständen liegen, da gibt es solche Betten. Aber die anderen Patienten, die dann auf dem Weg der Besserung sind und im normalen Krankenzimmer liegen – derlei Betten sind wie eh und je rar.

Nun haben Sie gesagt, daß Sie inzwischen seit dem 1. April 1999 arbeitslos sind. Wie kam es dazu?

Frau Thielemann: Es hat eine Umstrukturierung im ganzen Krankenhaus stattgefunden. Es sind jetzt immer mehr ältere, geriatrische Patienten zur Aufnahme gekommen, so daß vor allem von den Schwestern mehr körperlicher Einsatz abverlangt wird. Wir als Physiotherapeuten mußten ja immer schon mit komatösen und gelähmten Patienten arbeiten, aber für dieses Personal war das relativ neu, früher war das eine Station, wo zum großen Teil Hepatitis-Patienten lagen. Die hatten dann zwar Bettruhe – früher – jetzt gibt es ja auch modernere Behandlungsverfahren, aber es sind eben keine Schwerstkranken. Nun liegen auf dieser Station neuerdings auch Schwerstkranke. Und wenn ich dort hinkam und sah, wie diese Patienten gelagert waren, wie die im Bett lagen, was ich dann alles dort anschleppte, und was am nächsten Tag aber wieder von den Schwestern weggeräumt war, also da bin ich nur noch Amok gelaufen. Die Zusammenarbeit mit den Schwestern, die solche Patienten noch nicht gewöhnt waren, war sehr schlecht. Ich hatte zwei Jahre lang das Vergnügen, auf so einer Station zu sein, und da wurde ich eben für die Schwestern der Buhmann.

Und Sie denken, daß das auch etwas mit der Entlassung zu tun hat?

Frau Thielemann: Das hat auf alle Fälle was damit zu tun.

Und wie geht es jetzt weiter?

Frau Thielemann: Keine Ahnung. Ich will versuchen, eine neue Arbeitsstelle zu kriegen. 55 Jahre werde ich jetzt. Und das kann ich Ihnen ganz ehrlich dazu sagen, ob Sie das wollen oder nicht: Ich bin jetzt eigentlich in so

30. Oktober 1989

einen Notstand geraten, den ich so halb als Erpressung bezeichne. Entweder ich nehme 30 000 DM Abfindung an oder es kommt zum Prozeß. Innerhalb von 2 Tagen habe ich mich zu entscheiden, was ich mache. Morgen ist der Tag, entweder ich nehme das Geld, oder es kommt zum Prozeß, und dann kriege ich gar nichts. Je nachdem, wie der Prozeß ausgeht, werde ich entweder wieder eingestellt, oder ich habe Pech gehabt. Und das entscheidet die Richterin. Es geht um Gesichtsverlust meinerseits gegenüber der Klinik. Die Stationsärztin der einen Station hat zu mir gesagt: »Na Thielemännchen, das würde ich mir aber nicht bieten lassen.« Aber das Krankenhaus will sein Gesicht nicht verlieren, und ich will auch mein Gesicht nicht verlieren. Die Richterin hatte sich eigentlich so geäußert, daß sie keinen Kündigungsgrund sieht.

Mal spekulativ gesehen: Wenn heute wieder so etwas wie die Gewandhausgespräche über die Probleme in diesem Land oder in seinen Teilbereichen stattfände, würden Sie wieder hingehen?

Frau Thielemann: Ich glaube nicht. Ich betrachte das als sinnlos. Weil es so viele Proteste, Kundgebungen, Demonstrationen und Unterschriftenaktionen schon gegeben hat. Und alle haben nichts bewirkt, gar nichts. Das war sicher-

114

lich damals eine Chance. Aber die freie Rede, die wir heute haben, wo jeder im Prinzip sagen kann, was er will, die bewirkt nichts.

Sie können sagen, was Sie wollen, und es hilft nichts, so ist das, weil ganz andere Dinge im Vordergrund stehen, als die Meinung des Volkes zu hören.

Ich glaube wirklich, es steht nur der blanke Materialismus im Vordergrund, und da kann man reden wie man will, eine Rede bewirkt gar nichts. Ich bin von der Entwicklung, die in den letzten zehn Jahren stattgefunden hat, mehr als enttäuscht, weil man es sich doch anders vorgestellt hatte. Und ich nehme an, es geht vielen so. In unserem Freundeskreis diskutieren wir alle so, und ich kenne kaum jemanden, der sagt: Das ist ja alles prima, und so hatte ich mir das vorgestellt, und so müssen wir das machen. Also ich kenne niemanden.

Für junge Leute, wenn sie den nötigen finanziellen Hintergrund und vielleicht auch noch das nötige Wissen haben, mag das schön sein, die können allerhand anstellen. Aber die brauchen sicherlich auch viel Protektion, denn heute ist das noch genau wie früher: Beziehungen schaden nur demjenigen, der sie nicht hat. Stellen, die vakant sind, die werden doch alle nur durch Beziehungen vergeben. Also da geht fast nichts durch Auswahl aufs blanke Bewerben hin, sondern da wird schon geschummelt und geschoben. Ich bin nach wie vor der Meinung: In dem Staat hier steht der ganz groß im Vordergrund, der am besten mauscheln kann. Und wenn sie jemanden raushaben wollen, dann werfen sie den aus der Arbeit raus – das hat jetzt nichts mit meinem Fall zu tun. Ich habe vor dem 1. April genauso diskutiert wie jetzt. Und ich werde ja irgendwann einmal wieder eine Arbeit finden, es wird schon irgendwas werden. Das ist meine generelle Meinung, daß hier viele miese Sachen laufen. Und dann kann ich überhaupt nicht verstehen, wenn jetzt zum Beispiel jemand Konkurs anmeldet, einer der schon des öfteren Konkurs angemeldet hat, daß der im gleichen Atemzug was Neues anfangen kann. Wo kommt denn das Geld her? Das hat der doch schon irgendwie eingestrichen. Oder? Sehe ich da etwas falsch? Aber das ist gang und gäbe. Und dann diejenigen, die die größten Dividenden kriegen, die jammern, daß sie dem Arbeitnehmer am Tag 1,10 DM mehr bezahlen müssen … Diese Gesellschaft geht mir so auf den Zünder, ich gehe auch nicht mehr wählen.

Früher habe ich noch meine Leute agitiert, daß man was tun muß, damit sich was ändert – das mache ich jetzt nicht mehr.

Und das, worüber sich natürlich viele beklagen, ist, daß die Kollegialität untereinander abgenommen hat, ganz einfach aus dem Grunde, weil nun junge dynamische Leute als Chefs eingesetzt werden, meistenteils solche Importe, die dann hier die große Karriere machen wollen – mit 33 Jahren schon Chefarzt! Und die stehen dann auch wirklich recht gut im Sold hier, will ich mal dazu sagen. Der neue Chef sagte, er will eine Abteilung mit Pep – Sind wir denn eine Disco? Und unter ihrem Fußvolk, das ja auch wieder ziemlich hörig und abhängig ist, machen die dann dermaßen Streß, bis sie die Leute völlig uneinig haben. Ich finde das vollkommen falsch. Wenn ich jetzt als junger dynamischer Mensch, wie man das heutzutage so schön sagt, das Glück gehabt hätte, Chefarzt geworden zu sein, dann wäre ich doch daran interessiert, meine Leute zusammenzuhalten und denen zu sagen: Hört zu, der Wind, der weht jetzt anders, wir wollen aber versuchen, das zusammen zu meistern.

Wir waren schon immer eine relativ große Abteilung, aber so uneinig, daß alles hinter der vorgehaltenen Hand erzählt wird, das waren wir noch nie. Das war bei den Kommunisten besser.

Gespräch mit Bernd Lutz Lange* am 22. April 1999

* Kabarettist und Autor

Wie haben Sie die Zeit vor und nach dem berühmten 9. Oktober 1989 in Erinnerung?

Herr Lange: Im Jahr 1989 hatte sich das gesellschaftliche Klima verändert. Die Leute waren, glaube ich, in der Öffentlichkeit allmählich mutiger geworden. Ich entsinne mich an ein Forum mit dem damaligen Stadtarchitekten Fischer zur Gestaltung des Stadtzentrums von Leipzig. Es fand im Grassi-Museum statt, und Fischer wurde heftig attackiert, wenn er Sachverhalte falsch darstellte.

Über die Courage der jungen Leute vom Scheibenholz schrieb ich in meinem Buch »Dämmerschoppen«. Dort fand im Sommer des Jahres 1989 der Abschlußgottesdienst zum Kirchentag statt. Meine Geschichte heißt »Mut« und erzählt, wie junge Gottesdienstbesucher mit einem Plakat, auf dem in chinesisch und deutsch das Wort »Demokratie« stand, gegen die Ereignisse in Peking demonstrierten. Das hat mir sehr imponiert. Damals hätte ich mich noch nicht getraut, mit auf die Straße zu gehen und in Richtung Innenstadt zu marschieren.

Daß man in der Öffentlichkeit selbstbewußter auftrat, hängt meines Erachtens mit der von Gorbatschow verkündeten Perestroika zusammen. Zum ersten Mal hatten die Bürger der DDR ihre Argumente nicht aus den ARD-Programmen, sondern aus dem Osten bezogen und brachten die Funktionäre damit in große Bedrängnis. Als Ende 1988 der »Sputnik« und einige sowjetische Filme verboten wurden, als Hager seine Metapher mit den Tapeten formulierte, begehrten die Menschen mit dem Argument auf: »Ich schäme mich vor meinen sowjetischen Freunden!« Daß die SED-Führung die Perestroika ignorierte, läutete für mich eigentlich schon das Ende der DDR ein. Plötzlich sollte das, was Jahrzehnte propagiert worden war, nämlich »Von der Sowjetunion lernen, heißt siegen lernen«, nicht mehr stimmen. Viele Funktionäre gerieten dadurch in Konflikte, waren sie doch nicht gewöhnt, daß ihre Politik in irgendeiner Weise in Frage gestellt wurde. Jahrzehntelang war alles abge-

Juli 1989

nickt worden, von ein paar internen Auseinandersetzungen zwischen Ortho-doxen und etwas Liberaleren innerhalb der SED-Leitungen einmal abge-sehen. Jetzt wurden die »Verantwortlichen« plötzlich verantwortlich gemacht, mußten sich rechtfertigen. Das hatten sie bis zum 9. Oktober nie nötig gehabt.

Nach der ersten großen Demonstration wurde das alles sehr schnell anders. Am Samstag nach dem 9. Oktober moderierte ich im Academixer-Keller die meiner Ansicht nach erste öffentliche Diskussion über die Medien in der DDR. Das war einer der aufregendsten Tage, die ich in dieser Zeit erlebt habe, denn dort brach ein Damm. Zum ersten Mal äußerten Menschen in der Öffentlichkeit und mit klopfendem Herzen – man sah es ihnen an, sie waren teilweise hochrot vor Erregung – ihre Kritik. Jahrzehntelang hatte man immer nur bei irgendwelchen Feten unter Freunden diskutiert – ausgenommen ein paar ganz wenige Mutige. Und nun brach das plötzlich aus den Leuten her-aus. Rudi Röhrer, damals Chefredakteur der Leipziger Volkszeitung, war an-wesend, und Jochen Pommert, Agit-Prop-Chef der SED-Bezirksleitung, sie wurden plötzlich kritisiert, angegriffen nach Jahrzehnten des Herrschens. Das haben sie nicht verkraftet. Als Jochen Pommert sich von mir verabschiedete, hatte er eine eiskalte Hand.

Am Tag darauf war ich dann selbst eingeladen. Werner Hennig, Rektor der Universität, hatte zum ersten öffentlichen Frühschoppen in die Moritzbastei gebeten. Peter Zimmermann, der Theologe, und Roland Wötzel, ich glaube auch Professor Nowak, saßen neben mir im Podium. Unsere Diskussion wurde aus der Veranstaltungstonne in alle Räume der Moritzbastei übertragen. Zweitausend Menschen waren zu diesem Frühschoppen gekommen. Sie saßen in allen Räumen der Moritzbastei vor den Lautsprechern, um diese Diskussion mitzuerleben.

Auch bei den Gesprächen im Gewandhaus eine Woche darauf zitterte vielen die Stimme, hatte man doch immer noch Angst, alles könnte wieder zurückkippen. Ich selbst habe allerdings nicht geglaubt, daß es nach dem 9. Oktober zu weiteren Polizeieinsätzen kommen würde.

Was wir natürlich alle nicht voraussehen konnten, war die Entwicklung nach dem 9. November, nach der Maueröffnung. Dann war es auch nicht mehr unsere Straße, nicht mehr unser Ring, nicht mehr unsere Demo. Leute, die bis dahin immer hinter der Gardine gestanden und gelugt hatten – »Hauen sie drauf oder nicht?« –, tauchten plötzlich auf, forderten »Deutschland einig Vaterland!« Eine völlig neue Entwicklung begann.

Sie kannten viele der SED-Funktionäre von den »Abnahmen« der Kabarett-Programme. In welcher Rolle sahen die sich? Haben die Funktionäre gedacht, wir müssen mit »unseren Kabarettisten« nun einmal »ideologisch arbeiten« und deren »Unklarheiten« beseitigen, wir müssen mit ihnen diskutieren – oder wurde einfach angewiesen?

Herr Lange: Die Partei hat die Wirkung von Kunst immer überschätzt. Man glaubte dort, daß man mit Kabarett, mit Büchern, mit frechen Theaterinszenierungen einen Umsturz herbeiführen könnte.

Im November 1988, als mein erstes Programm mit Gunter Böhnke »abgenommen« wurde, waren die Auseinandersetzungen mit den Kulturfunktionären um einzelne Szenen schon heftig. Manche Genossen haben gesagt: »Jawohl, das machen wir, das müssen wir machen, das ist eine offensive Selbstdarstellung.« Und andere haben gesagt, »Da habe ich ideologische Bauchschmerzen« oder »Das trage ich nicht weg«. Das war auch so ein Funktionärssatz. Die einen haben gesagt: »Das trage ich mit weg«, die anderen haben gesagt: »Das trage ich nicht mit weg.« Oder dieser berühmte Satz: »Genossen, das bleibt mal in diesem Raum.« Das schwebte dann wie so was Mystisches, was nicht aus dem Raum sollte … Gespensterhafte Formulierungen. Bei solchen Begegnungen merkte ich natürlich, daß der Riß auch durch die Partei ging. Daß es den Gorbatschow-Flügel gab und die Hardliner – wie der Westen sie nannte. Als Parteiloser dachte ich, daß man sich mit Funktionären wie Wötzel oder Keller, die was verändern wollten, verbünden müßte. Das waren Leute, die etwas wollten, was auch mich hoffen ließ: Wenn die an die Macht kommen, werden wir eine Liberalisierung des Sozialismus vielleicht erleben.

**Leipziger Gewandhausgespräche. Im Podium (v. l. n. r.): Bernd-Lutz Lange,
Jochen Pommert, Roland Wötzel, Kurt Masur, Peter Zimmermann, Kurt Meyer**

*Was war denn der Kabarettist aus Sicht dieser Funktionäre? Galt er ihnen als ein
Sensor, wo man sagt, ich sehe mir einmal an, was der Künstler sagen will, denn deren
Wahrnehmungen sind auch wichtig. Und dann können wir immer noch überlegen, ob
das politisch machbar ist. Oder galt der Kabarettist von vornherein als ein <u>Querulant</u>,
den man leider dulden, aber auch kontrollieren mußte.*

Herr Lange: Für alle Dogmatiker war der Künstler ein Querulant, er war
unbequem, er war unnötig, er machte überflüssigen Ärger mit seinen sensi-
blen Beobachtungen. Die wirkliche Beschreibung der DDR fand ja auf den
Theaterbühnen statt, in der Literatur, im Kabarett und bei den Lieder-
machern. Dogmatikern war das sehr suspekt. Funktionäre wie Dietmar Keller
hingegen, der natürlich auch nicht frei von Dogmen war, haben aber gesehen,
daß der Künstler die Leute zu produktiven Überlegungen provoziert, daß er
etwas vorwärts treibt, daß er die Widersprüche benennt. Nicht alle Marxisten
hatten sich ja von ihrer theoretischen Grundlage, nach der die Widersprüche
die Entwicklung vorantreiben, verabschiedet. Von solchen wurden die Künstler natürlich als Verbündete akzeptiert.

*Wie verhielt sich der Kabarettist, wenn ein begutachtender Funktionär über einen Satz
stolperte. Wie wurde das verhandelt?*

119

Herr Lange: Dogmatiker, die bestimmte Sätze nicht tolerierten, sagten dann meistens: »Also in der einen Szene, da ist ein Satz, den verstehe ich nicht.« Sofort wußten wir: Den will er nicht, den hat er sehr wohl verstanden. Die »Abnehmer« hatten das Textbuch zumeist schon vorher gelesen. Nun ist allerdings zwischen Gelesenem und Gespieltem ein großer Unterschied. Manches hatte sich im Spiel abgeschwächt, anderes sich verstärkt. Das provozierte Diskussionen. Wir kannten natürlich die Grenze des Durchsetzbaren. Honecker anzugreifen oder die Mauer, solche Szenen wären von vornherein zum Streichen verurteilt gewesen.

1998 feierten Gunter Böhnke und ich unser Zehnjähriges als Kabarett-Duo, u. a. mit Szenen aus der DDR-Zeit. Die Westleute sind über die Aussagen erstaunt gewesen, selbst die Ostleute wollten es nicht mehr glauben, und ein Kritiker fragte argwöhnisch: »Das habt ihr noch mal verschärft?« Nichts hatten wir verändert in dieser Szene aus dem Jahre 1988, in der das Völkerschlachtdenkmal für Devisen nach Japan verkauft wurde. »Wenn wir nicht unsere Vergangenheit verkaufen, können wir uns nicht die Gegenwart leisten«, hieß es da. Zum Schluß wird gefragt, wie das weitergehen soll, und die Antwort lautet: »Ich sage nur – Gebietsaustausch.« – »Klar, dann verkaufen wir noch ganze Gebiete an den Westen. Na ich sag es ja, wir siegen nie gegen den Kapitalismus.« Darauf Gunter Böhnke: »Nee, aber wir haben ihm noch ordentlich Geld abgeknöpft.« Daß wir solch eine Szene gespielt hatten, konnten sich die Leute 10 Jahre später schon nicht mehr vorstellen.

»Das Völkerschlachtdenkmal blieb in der DDR, Sie auch …«

Herr Lange: Daß ich nicht in den Westen gegangen bin hat zwei Gründe. Zum einen wäre für mich der Verlust der Heimat durch nichts aufzuwiegen gewesen. In München überfiele mich sofort Sehnsucht nach den bröselnden Häusern der Hainstraße. Die Heimat, das Sächsische, hätte ich nie aufgeben wollen. Ich lebe ja von dieser Mentalität, von diesem Humor, von diesem hohen Grad an Selbstironie, der im deutschen Witz einmalig ist. Zum anderen zählte ich zu denen, die meinten, es können ja nicht alle weggehen. Ein paar müssen bleiben, hoffen oder in bescheidenem Maße mittun, den Boden lockern.

Wir haben immer gehofft, gehofft, daß irgendwann, nächstes Jahr die Liberalisierung beginnen würde. Wir haben alle nur vom besseren Sozialismus geträumt. Seit frühester Jugend war das tschechische Modell mein Vorbild. 1968 hat mein Traumsozialismus ein Ende gefunden. Ich war damals als junger Mann in Prag und habe das sehr intensiv erlebt.

Dieser ›bessere Sozialismus‹ war auch im Herbst 1989 Ihre Option?

Herr Lange: Ja. Und als dann das Neue Forum auf dem Karl-Marx-Platz vor dem Kapitalismus warnte: »Denkt dran, was auf euch zukommt, die Arbeitslosigkeit, die hohen Mieten und die hohen Lebenshaltungskosten«, haben die Arbeiter hochgerufen: »Ihr seid wohl zu faul zum Arbeiten?« Die haben gedacht: Ich bin doch ein guter Arbeiter und kann was. Sie waren voller Hoffnung und haben sich nicht vorstellen können, daß sie nicht gebraucht würden. Diese Naivität ist ja nur natürlich, wenn man 40 Jahre lang in einem Land gelebt hat, in dem man so sehr gebraucht wurde, daß man als Arbeiter sogar den Abteilungsleiter erpressen konnte, indem man drohte: »Nu, wenn es dir nicht paßt, dann gehe ich! In solch einem Land konnten sie sich nicht vorstellen, daß sie einmal überflüssig sein würden.

Wichtig wäre heute, Konsequenzen aus dem zu ziehen, was 1989 passiert ist. Die Runden Tische waren für mich der richtige Weg. Dort saßen Leute, die sich durch nichts weiter auszeichneten als durch Sachkenntnis oder Menschlichkeit. Die Parteien haben längst bewiesen, daß sie unfähig sind, die Weisheit des Volkes zu nutzen, um mit den neuen Herausforderungen, den neuen Problemen fertig zu werden. Irgendwann, so hoffe ich, werden im Parlament Leute sitzen, die sich nur durch Sachkenntnis und nicht durch Parteidisziplin auszeichnen. Und wenn ein Redner etwas Vernünftiges sagt, dann wird das nicht automatisch niedergemacht werden, nur weil er Mitglied der Gegenpartei ist.

Ein Vorgriff auf die Runden Tische waren die Gewandhausgespräche. Es war sozusagen eine »Große Volksaussprache«. Da war wirklich »das Volk« da?

Herr Lange: Da war das Volk da, und man hat gemerkt, was für gute kluge Überlegungen auf der Strecke geblieben sind, weil sie von der SED nicht erwünscht waren. Man hat gesehen, welch ein Intelligenz-Potential vorhanden war, bei Menschen, die aus Überzeugungsgründen nie in dieser Partei mitgetan hätten. Natürlich gab es auch in der Partei hochintelligente Leute – und es gab Karrieristen und einfältige Menschen. Die Partei hatte aber nicht genug Kader in ihren Reihen, um bestimmte Positionen auch wirklich mit geeigneten Personen besetzen zu können. Oft waren die Geeignetsten parteilos, doch da bestimmte Positionen prinzipiell mit SED-Kadern besetzt wurden, erhielt eben ein weniger Geeigneter den Posten. Hier ist wirklich viel von der Weisheit des Volkes verschleudert worden, Witz und gute Gedanken gingen verloren, wurden in den Wohnungen verpulvert, ohne eine Chance auf öffentliches Gehör oder gar Realisierung.

Nach der Wende war die Möglichkeit gegeben, daß die Geeignetsten oder jene, die sich berufen fühlten, in die Politik gingen …

Herr Lange: Wir sollten aber daran denken, wenn wir uns heute kritisch über die Politik und die Machtausübung in diesem Lande äußern, daß wir damals alle die Chance hatten, in die Politik zu gehen, um es besser zu machen. Warum haben wir es nicht getan? Ich kann nur für mich sprechen: Ich könnte psychisch gar nicht damit leben, ständig Macht ausüben zu müssen. Und ich könnte nicht mit so vielen Feinden leben, die mich ständig attackieren, dem wäre ich nicht gewachsen. Solange Parteien existieren, wird ein bestimmter Typ von Mensch an die Macht streben, Leute, die charakterlich nicht gerade von hoher Sensibilität gekennzeichnet sind. Ein ganz seltener Fall, wo sich Macht mit Sensibilität vereinte, ist für mich Willy Brandt.

Wie ist Ihre persönliche Bilanz nach der letzten Dekade?

Herr Lange: Die persönliche Bilanz fällt positiv aus. Ich gehöre, wenn man das salopp formulieren will, zu den Gewinnern der Revolution, meine Arbeit wird – Gott sei Dank – von Menschen angenommen. Ich lebe ohne eine Mark Fördergeld, nur davon, daß Menschen zu uns kommen.

Die Medienpräsenz ist für mich als Kabarettist und Autor durch diese Wendezeit unglaublich gestiegen. In der DDR fand Kabarett im Fernsehen nicht statt. Wir hatten keine Möglichkeit, Video-Kassetten zu verkaufen. Jetzt produzieren wir mit dem mdr ganze Folgen, und wer uns vom Fernsehen kennt, kommt in die Gastspiele. Wenn wir heute in Magdeburg im Schauspielhaus vor 730 Besuchern auftreten, haben wir das dem Fernsehen zu verdanken. All das, was ich mir gewünscht habe, kann ich nun verwirklichen: Bücher veröffentlichen, Kabarettprogramme so zusammenstellen, wie ich sie will. Und ich darf reisen, unsere Provinz zwischendurch ein bißchen abschütteln. Ich fühle mich nicht in erster Linie als Deutscher, sondern eher als sächsischer Europäer, auch wenn ich bis an mein Lebensende in einem gewissen Sinn DDR-Bürger bleiben werde. Zwischen Jerusalem und San Francisco, zwischen Venedig und Wien habe ich in den letzten zehn Jahren all das sehen können, wovon ich geträumt habe.

Und wie fällt Ihre Bilanz für dieses Volk, dieses Land und diese Gesellschaft aus?

Herr Lange: Wir leben in einer Gesellschaft, die den Leuten immer wieder suggeriert, daß man durch Besitz Glück und Ansehen erlangen kann. Ich weiß nicht, wie lange sich das noch fortsetzen läßt, ich weiß auch nicht, wie man sich dem verweigern kann, das haben ja die 68er versucht. Was ist aus ihnen geworden?

Hinzu kommt, daß die Menschen dadurch verunsichert werden, daß eigentlich alles möglich ist, daß auch jener, der Unrecht tut, davonkommt – mit einem guten Rechtsanwalt. Wer viel Geld hat, hat in diesem System recht. Es gibt also gar kein Recht. Und viele bleiben auf der Strecke. Wenn die Demokratie so ins Uferlose treibt, verunsichert sie die Menschen und verstärkt ihre Sehnsucht nach Führung, nach einer Kraft, die verspricht, Ordnung zu schaffen –, und das kann gefährlich werden. Wir haben erlebt, was innerhalb von nur fünf Jahren – von 1933 bis 1938 – in der Kulturnation Deutschland alles möglich wurde. Plötzlich erschlug der Nachbar den Nachbarn.

Die menschlichen Grundtragiken bleiben in jeder Gesellschaft, auch in dieser, wieder dieselben: Neid, Eifersucht, Haß, alles bleibt. Eine Erkenntnis, die ich als ganz junger Mensch aus einer Predigt mitgenommen habe, lautet: »Die wichtigsten Dinge im Leben sind nicht käuflich. Liebe, Freundschaft, Gesundheit.« Verinnerlicht man das, wird man auch etwas unabhängiger. Die Dinge, denen man hinterherjagt, sind zumeist nur Ersatz. Wie allerdings kann man das den Menschen klarmachen? Neu ist das alles gar nicht, schon im Märchen vom Fischer un siner Fru wird es erzählt. Die Wünsche sind heute nur ein wenig technisierter.

Wenn die Leute nicht glücklich sind in ihrem schönen Auto, dann meinen sie, es muß vielleicht ein größeres sein. Und dann sitzen sie in dem nun noch größeren Auto – und es klappt wieder nicht mit dem Glück.

In jedem April, wenn die Knospen aufspringen, trete ich auf den Balkon und klatsche den Kastanien Beifall. Ich bedanke mich bei ihnen, daß sie uns wieder vergeben haben. Die müßten das Blühen ja längst eingestellt haben, nach dem, was wir mit denen machen.

Nachwort

Wir bleiben hier

Die Leipziger Gewandhausgespräche dokumentieren eine die Menschen in der DDR aufwühlende Zeit. Am 9. Oktober 1989 trugen der mutige Aufruf der »Leipziger Sechs« und die entwaffnend große Zahl der Demonstranten dazu bei, daß eine blutige Konfrontation mit den Sicherheitskräften abgewendet und Besonnenheit wieder die Oberhand gewinnen konnte. Danach brach eine bewegende Phase der öffentlichen Kommunikation an. Überall in der DDR wurden Foren, Runde Tische und Tribunale abgehalten. Nachdem jahrzehntelang das öffentliche Leben in der DDR kontrolliert und reglementiert war, gab es einen großen Bedarf an freier, unzensierter Diskussion.

Vom 22. Oktober bis zum 17. November trafen sich die Menschen jeden Sonntag zu den Leipziger Gewandhausgesprächen. Dort führten sie die sozusagen letzte große ›Volksaussprache der DDR‹. Sie fand in jener kurzen Phase des Umbruchs statt, in der noch viele Entwicklungen möglich schienen. Erst nach der Maueröffnung am 9. November lief alles auf einen raschen Beitritt der DDR zur Bundesrepublik hinaus.

Die vollständigen Tonbandmitschnitte dieser Debatten im Leipziger Gewandhaus ermöglichen uns heute, zehn Jahre danach, die Problemsichten und die Hoffnungen aus diesen besonderen Wochen zu rekonstruieren.

Der größte Teil jener, die sich zu Wort meldeten, äußerte sich im Detail über Schwierigkeiten in der DDR. So kam eine lange Liste von Absurditäten, Mißständen und Skandalen zusammen. Wie in der Realität, so konnte man auch in den Gewandhausgesprächen eine Lawine ungelöster Probleme ins Rutschen kommen sehen. Über die Wirtschaftspolitik der DDR wurde aus der Erfahrung des täglichen Arbeitens heraus der Stab gebrochen. Immer wieder in der Kritik standen die Subventionen von Lebensmitteln und Energie, die Paragraphen des Arbeitsgesetzbuches, die Kündigungen erschwerten, sowie Löhne und Gehälter, die stärker differenziert und an Leistung gekoppelt werden sollten. Die Mangelberichte aus den Krankenhäusern und Pflegeheimen waren äußerst deprimierend, und Eltern, Lehrer, Künstler und Kirchenvertreter sorgten sich wegen der fehlenden geistigen Bewegungsfreiheit und Pluralität in den Schulen und Kultureinrichtungen. Die Diagnosen der Bürger waren mitunter äußerst scharfsichtig, und wenn es noch eines nachträglichen Beweises bedurft hätte, daß die DDR in den achtziger Jahren substantiell am Ende war – er wäre mit der Aufzählung dieser Zustände erbracht worden.

In den Zukunftsvorstellungen der Menschen gingen die Meinungen dann jedoch weit auseinander. Einig waren sich die Akteure des Herbstes '89 nur darin, daß sie gemeinsam die erstarrten gesellschaftlichen Strukturen aufbrechen wollten. Sie waren bereit, dazu selbst beizutragen, ihr Leben zu verändern. Und so kam es dann ja auch. Die deutsche Einheit zwang später alle zu neuen Erfahrungen.

Was aus den Disputanten vom Herbst 1989 geworden ist, wissen wir meistenteils nicht. Viele kleine Wenden und Wendungen, Karrieren und Konkurse, Tragödien und Triumphe haben sich seit 1989 im Leben der Ostdeutschen vollzogen. Nicht zu jeder Gegenwart mag manches passen, was damals im revolutionären Eifer gesagt wurde.

Übereinstimmend jedoch erinnern und bewahren die Akteure den Herbst '89 als eine »biographische Kostbarkeit«, ganz gleich, ob sie heute in New York, Berlin oder Leipzig-Mockau wohnen, und unabhängig davon, ob sie zu den Gewinnern oder Verlierern der letzten Dekade gehören. Ein Demonstrant von damals sagt zehn Jahre später treffend: »Man muß dankbar sein, daß man so etwas miterleben durfte. Das Volk auf dem Ring. Wann erlebt ein Mensch schon einmal das Volk als Souverän?«

Für jene Menschen, die von sich sagten, daß sie das Volk seien und »Wir bleiben hier!« riefen, waren diese Wochen ein einmaliges Erlebnis von Würde und Souveränität. Jede Demokratie mag sich diese Massenbewegung, diese öffentliche politische Kritik und das Engagement der Menschen nur wünschen. In den Festreden zum zehnjährigen Jubiläum sollte dieser glückliche Moment massenhafter Politisierung und Mobilisierung in den Mittelpunkt gerückt werden.

Wie stellten sich die Disputanten vom Herbst 1989 nun aber ihre Zukunft und die Zukunft Ostdeutschlands vor?

Die überwiegende Mehrheit der Akteure wünschte sich im Oktober 1989 trotz ihrer bitteren Erfahrungen eine sozialistische Entwicklung für die DDR. Eine Frau rief in den Saal: »Mein Traum vom Sozialismus ist noch nicht ausgeträumt.«

Das mag verwundern nach dem gerade gehaltenen Scherbengericht über den realen Sozialismus in der DDR.

Dieser »Traum vom Sozialismus« hatte verschiedene Dimensionen. In der Wirtschaft sollte es marktwirtschaftliche Elemente geben, von denen man sich mehr Leistungsanreize und ein besseres Angebot an Waren und Dienstleistungen erhoffte. Politisch wurde ein sozialistischer, pluralistischer Rechtsstaat gewünscht, ein »dritter« politischer Weg. Schließlich waren die Ostdeutschen gerade dabei, die politische Diktatur abzuschütteln. Eine Diktatur, die letztlich die real existierende Unfreiheit der DDR als unumgänglichen Preis für soziale Sicherheit ausgab. Offensichtlich wollten sich die Ostdeutschen nach diesem politischen Triumph nicht gleich wieder dem anderen Dogma beugen, jenem Dogma, nach dem die krasse soziale Ungleichheit im Westen der unumgängliche Preis für politische Freiheit sein sollte. »Freiheit, Gleichheit, Brüderlichkeit« verstand man in Ostdeutschland viel mehr als eine Gleichstellung von politischen und sozialen Rechten. Im Jahr des zweihundertsten Geburtstags der Großen Französischen Revolution mochte man Freiheit, Gleichheit und Brüderlichkeit nicht schon wieder getrennt sehen. Niemand solle »vor Kaufhäusern sitzen müssen mit einer Büchse zwischen den Knien«, formulierte ein Mann: »Das darf uns nicht passieren, auf keinen Fall!«

Letztendlich aber sind gesellschaftliche Werte und Utopien noch keine politischen Konzepte. Diese zu entwickeln, hätte es damals Zeit bedurft, und die war im Herbst 1989 knapp. Riesig dagegen waren die Probleme und der Erwartungsdruck. Vier Wochen nach Beginn der mit Pathos, Naivität und Utopismus aufgeladenen Dialogphase fiel die Mauer, und der rasche Anschluß der DDR an die Bundesrepublik machte alle gesellschaftlichen Zukunftskonzepte überflüssig.

Das mußte zu Enttäuschungen führen. Die nachrevolutionären Bilanzen der von uns befragten 89er sind allesamt ambivalent. Das liegt jedoch nicht allein an Arbeitslosigkeit und wachsender sozialer Ungleichheit. Auch die »Wende-Gewinner« äußern sich distanziert.

Die Kritik der Ostdeutschen am politischen System der Bundesrepublik wird zuweilen als Undankbarkeit, als eine ungerechtfertigte Anspruchshaltung an den Staat oder überhaupt als ein Zeichen für einen unterentwickelten demokratischen Geist mißverstanden und schließlich einer rückwärtsgewandten Verklärung der DDR angelastet. Zu solchen Mißverständnissen kann es nur kommen, wenn der Aufbruch von 1989 zu einer nachholenden Verwirklichung westlicher Demokratie heruntergespielt wird. Die Ostdeutschen aber haben in der DDR ihre eigenen Gesellschaftserfahrungen gesammelt, die im Aufbruch des Herbstes '89 verdichtet wurden. Warum sollen sie nicht ernst genommen werden? Der Herbst '89 war eine gegen die sozialistische Diktatur gerichtete Revolution, was aber nicht bedeutet, das sie einfach als eine pro westliche zu verstehen ist. Was in jenen wenigen Wochen an Gesellschaftskonzepten und Utopien gebündelt wurde, enthält noch viele unabgegoltene Forderungen. Und wenn wir an den Herbst '89 erinnern, so sollen diese als ganz gegenwärtige, produktive Herausforderung genommen werden.

Leipzig im Juni 1999   Thomas Ahbe · Michael Hofmann

Uwe Schwabe

Chronik

Demonstrationen, Kundgebungen und Streiks
in der DDR vom August 1989
bis zur ersten freien Volkskammerwahl am 18. März 1990

Die Ereignisse im Herbst 1989 in der DDR wurden im In- und Ausland vor allem durch die Geschehnisse in Berlin, Leipzig und Dresden wahrgenommen. Von den Aktivitäten in anderen Städten und Gemeinden ist bis heute sehr wenig bekannt; über die Teilnahme an Demonstrationen existierten für viele Orte oft nur vage Angaben. Um die bisher eher spekulativ vorhandenen Zahlen auf »sichere Füße« zu stellen, wurde diese ausführliche Chronik erarbeitet. Sie umfaßt den Zeitraum von August 1989 bis zur Volkskammerwahl am 18. März 1990.

Waren die Proteste der Bevölkerung anfangs lediglich vom Willen zur Veränderung der bestehenden Verhältnisse geprägt, änderte sich das bald, und der Wunsch zur schnellen Wiedervereinigung beider deutscher Staaten wurde laut. Nach der Maueröffnung am 9. November 1989 in Berlin kam es in den Grenzgebieten zur Bundesrepublik Deutschland – in den Bezirken Karl-Marx-Stadt, Erfurt, Magdeburg und Gera – verstärkt zu Demonstrationen, bei denen die Öffnung der Grenze und der Abbau der Grenzsicherungsanlagen gefordert wurden.

Ab Januar 1990 wurde die verzögerte Auflösung des Ministeriums für Staatssicherheit und die Zahlung von Überbrückungsgeldern an ehemalige MfS-Angehörige bei den Demonstrationen und Kundgebungen ein zentrales Thema. Verstärkt wurde auch gegen die SED-PDS protestiert und deren Auflösung gefordert.

Im Frühjahr 1990 wuchs die Angst vor sozialen Einbußen, es wurden vor allem Lohnerhöhungen gefordert, später spielte das Umtauschverhältnis 1:1 eine zentrale Rolle. Ab Februar 1990 kamen dann die neuen und alten Parteien auf den Plan, die jetzt stattfindenden Kundgebungen waren verstärkt vom Wahlkampf geprägt.

Es ist sehr schwer, ein »wahres« Bild von der Beteiligung der Bevölkerung an den Demonstrationen und Kundgebungen zu erhalten. Die vorhandenen

Schätzungen liegen meist weit auseinander. So gibt es z.B. zur Demonstration am 26. Oktober 1989 in Erfurt vier verschiedene Angaben:
– 15 000 lt. Andreas Dornheim, Politischer Umbruch in Erfurt 1989/90
– 30 000 lt. Dokumentation, 100 Tage die die DDR erschütterten
– 10 000 lt. Dokumentation, Chronik der Ereignisse und Ministerium des Innern
– 8000 lt. Ministerium für Staatssicherheit

Bei einem Vergleich der Schätzungen konnte allerdings nicht festgestellt werden, daß z.B. das MfS immer die niedrigsten Angaben gemacht hätte und die Schätzungen von Teilnehmern stets weitaus höher gelegen hätten. Extrem unterschiedliche Schätzungen wurden in der Chronik berücksichtigt.

Auch die Berichte über Inhalte und Themen der Demonstrationen und Kundgebungen waren von den subjektiven Einschätzungen desjenigen geprägt, der die Meldung produzierte.

In einigen Fällen existieren verschiedene Angaben über den Tag, an dem eine bestimmte Demonstration oder Kundgebung stattfand. Der Inhalt der Meldung und der Hinweis auf die Teilnehmerzahlen waren gleich, aber die angegebenen Daten variierten, z.B.: Havelberg am 10. oder 11. November 1989, Osterwieck am 10. oder 11. November 1989, Frankfurt/Oder am 24. oder 25. Januar 1990 und Zwönitz am 16. oder 17. Januar 1990. Deshalb wurden hier beide Daten aufgenommen.

Die Namen und Bezeichnungen der Kirchgemeinden wurden aus den Dokumenten der Berichterstatter so übernommen, wie diese sie wiedergegeben hatten.

1989

6. August

Dresden nach einer Bittandacht mit 1500 Teilnehmern Demonstration gegen den Bau des Reinstsiliziumwerkes; Polizei schreitet mit Gewalt dagegen ein und nimmt zahlreiche Teilnehmer fest

1. September

Arnsdorf/Dresden Schweigemarsch von der Dorfkirche zur Andachtskirche* mit 23 Teilnehmern **– Forst** eine Gruppe junger Leute demonstriert an der Oder-Neiße-Friedensgrenze während einer offiziellen Gedenkveranstaltung mit eigenen Transparenten, z.B. »Friedensbrücken statt Friedensgrenzen« **– Neuruppin** »Weg des Friedens« zum Gedenken an den 50. Jahrestag des Überfalls auf Polen vom Gemeindehaus der Evangelisch-Freikirchlichen Gemeinde zum Platz der Opfer des Faschismus; dort findet eine Andacht unter freiem Himmel mit 120 Teilnehmern statt **– Stralsund** Schweigemarsch mit Kerzen zur Jakobikirche nach einem Friedensgebet in der Nikolaikirche mit 200 Teilnehmern; in der Jakobikirche findet anschließend ein Gesprächsforum statt

* Kirchennamen entnahm der Autor in der vorliegenden Form dem ausgewerteten Material

4. September

Leipzig erstes Friedensgebet nach der Sommerpause in der Nikolaikirche; nach dem Friedensgebet versammeln sich 800 Teilnehmer auf dem Nikolaikirchhof, von Bürgerrechtlern werden Transparente entfaltet, auf denen sie Menschenrechte, Reisefreiheit und Toleranz einfordern; eine versuchte Demonstration wird von Polizeiketten aufgehalten; 500 (BDVP, MfS: 250) ausreisewillige Teilnehmer demonstrieren später bis zum Hauptbahnhof und fordern freie Fahrt nach Gießen

10. September

Potsdam Jugendliche beteiligen sich mit eigenen Plakaten an der offiziellen Kundgebung zum »Internationalen Gedenktag für die Opfer des faschistischen Terrors«; die Polizei schreitet dagegen ein und nimmt zahlreiche Teilnehmer fest

11. September

Leipzig Friedensgebet in der Nikolaikirche, anschließend versammeln sich 500 Teilnehmer auf dem Nikolaikirchhof; die Polizei sperrt erneut den Nikolaikirchhof ab; es werden 89 Teilnehmer zugeführt, 19 Teilnehmer erhielten Haftstrafen bis zu 6 Monaten, 22 andere Geldstrafen bis zu 10 000 Mark

18. September

Leipzig Friedensgebet in der Nikolaikirche, der Nikolaikirchhof wird abgesperrt; wieder werden 31 Teilnehmer festgenommen, 3 Teilnehmer erhalten Haftstrafen, 5 Teilnehmer Geldstrafen bis zu 10 000 Mark

23. September

Weißenfels 20 Jugendliche veranstalten nach einer Diskoveranstaltung auf einer Hauptverkehrsstraße einen Sitzstreik und rufen »Wir wollen raus«, »Stasi raus« und »Wir fordern das Neue Forum«; 5 Teilnehmer werden von der Polizei festgenommen

25. September

Leipzig nach dem Friedensgebet in der Nikolaikirche demonstrieren ca. 8000 (MfS: 3500, SED-Bezirksleitung: 4000) Teilnehmer über den Ring bis zum Hauptbahnhof, sie fordern Reformen in der DDR und die Zulassung des Neuen Forums; am Bahnhof wird der Zug durch massiven Polizeieinsatz aufgelöst, es werden 6 Teilnehmer verhaftet

30. September

Arnstadt Demonstration auf dem Marktplatz mit 800 Teilnehmern; Herr Sattler hatte mit einem Flugblatt dazu aufgerufen

2. Oktober

Berlin Beginn der Mahnwache für die politischen Gefangenen in der DDR in der Gethsemanekirche in Berlin-Prenzlauer Berg – **Leipzig** Demonstration nach dem Friedensgebet mit 10 000 (Das war die DDR: 20 000, BDVP: 8000) Teilnehmern, der Zug wird an der Fußgängerbrücke durch massiven Polizeieinsatz gestoppt; nach tätlichen Auseinandersetzungen zwischen Demonstranten und Sicherheitskräften gelangen die Demonstranten bis zur Bezirksverwaltung des MfS; nun setzt eine Verfolgungsjagd durch das Stadtzentrum ein, bei der erstmals Spezialeinheiten der Polizei mit Schild und Hunden eingesetzt werden; es werden 20 Teilnehmer verhaftet

3. Oktober

Bad Schandau 500 Reisende werden aus den Zügen, die in die ČSSR fahren, herausgeholt; 30 bis 40 Personen beginnen daraufhin einen Sitzstreik in der Bahnunterführung – **Dresden** im Laufe des Tages versammeln sich 1200 Personen auf dem Dresdner Hauptbahnhof (Sächsisches Staatsarchiv: 1500 bis 2000), sie fordern »Wir wollen raus – Wir wollen Freiheit«; die Polizei schreitet dagegen ein, 33 Personen werden zugeführt

4. Oktober

Dresden um den Hauptbahnhof sind am frühen Morgen und am Abend ca. 10 000 (Sächsisches Staatsarchiv: 20 000) Menschen versammelt (Reisende, Ausreisewillige, Schaulustige); von Sicherheitskräften werden Schlagstöcke und Wasserwerfer eingesetzt, ca. 200 Personen werfen Pflastersteine auf Bahnhofsgebäude, Bahnhofsvorplatz und Polizisten; Polizeifahrzeuge werden beschädigt, Polizisten werfen Steine zurück, Tränengas wird eingesetzt; 400 Personen gehen zu Fuß auf den Schienen Richtung Strehlen; am frühen Morgen werden 33 Personen zugeführt; bis 24.00 Uhr wird der Bahnhof geräumt, und insgesamt werden 224 Personen zugeführt – es kommt auch an den Bahnhöfen in **Bad Schandau, Pirna, Heidenau** (insg. 400 Personen), **Zwickau** (100), **Freiberg** (100), **Reichenbach** (60), **Plauen** (500) zu Demonstrationen – **Karl-Marx-Stadt** Demonstration am Hauptbahnhof mit 800 Teilnehmern, bei der 82 Personen zugeführt werden – **Neubrandenburg** Demonstration von Ausreisewilligen – **Werdau** die Polizei geht mit Schlagstöcken und Hunden gegen 150 Übersiedlungswillige vor, die am Gleisdreieck Steinpleis/Ruppertsgrün auf die Züge aus Prag warten

5. Oktober

Dresden gegen 19.00 Uhr kommt es erneut zur Demonstration von ca. 5000 Personen, erneute gewalttätige Auseinandersetzung zwischen Demonstranten und Sicherheitskräften, 155 Personen werden zugeführt – **Magdeburg** Demonstration mit 120 Teilnehmern (Wir sind das Volk: 800 Teilnehmer und 250 Zuführungen), 80 Zuführungen nach dem Gebet für Ausreiseantragsteller – **Plauen** in der Markuskirche findet eine Friedensandacht statt; es versammeln sich vor und in der Kirche über 2000 Menschen – **Wilthen** Demonstration von Jugendlichen nach einem »Ball der Jugend«; es werden 17 Jugendliche zugeführt

6. Oktober

Aschersleben 50 Personen versammeln sich vor der Stephanikirche zu einer Demonstration; der Pfarrer überredet sie aber, in die Kirche zu kommen – **Bautzen** ein geplanter Schweigemarsch von Ausreiseantragstellern mit 150 Teilnehmern auf dem Postplatz wird im Vorfeld von der Polizei verhindert; es gibt 15 Zuführungen – **Dresden** Demonstration auf der Prager Straße, vor dem Rathaus und auf dem Leninplatz mit ca. 5000 Teilnehmern, sie fordern »Wir wollen mehr Freiheit«; nach Einsatz der Polizei werden 361 Teilnehmer zugeführt – **Zwönitz** 25 Personen demonstrieren mit Kerzen vom Marktplatz zum Neubaugebiet

7. Oktober

Arnstadt im Stadtzentrum versammeln sich 600 (100 Tage die die DDR erschütterten: 800) Demonstranten; die Polizei löst diese Demonstration unter Einsatz von

Gewalt auf, 32 Personen werden zugeführt – **Aschersleben** Demonstration mit 16 Teilnehmern von der Stephanikirche zum Marktplatz; die Polizei schreitet ein und nimmt 2 Teilnehmer fest – **Berlin** Tausende Menschen demonstrieren; die Polizei löst die Demonstration gewaltsam auf, es erfolgen 700 Zuführungen – **Dippoldiswalde** Demonstration von 50 Jugendlichen; die Polizei schreitet ein und nimmt 22 Personen fest – **Dresden** es versammeln sich ca. 800 bis 1000 Personen vor dem Hauptbahnhof und fordern die Zulassung des Neuen Forums, »Wir bleiben hier« und »Reformen wollen wir«; anschließend Demonstrationszug vom Pirnaischen Platz zum Fučikplatz mit ca. 30 000 (Sächsisches Staatsarchiv: 4000) Demonstranten, sie werden durch Sicherheitskräfte auseinandergetrieben; es werden 129 Personen zugeführt – **Erfurt** Demonstration mit 150 Teilnehmern – **Gehlsdorf/Rostock** 30 Jugendliche demonstrieren in die Rostocker Innenstadt; unterwegs werden sie von der Polizei aufgehalten, die 20 Jugendliche zuführt – **Guben** Demonstration am Wilhelm-Pieck-Monument; es kommt zum gewaltsamen Einschreiten der Polizei mit zahlreichen Zuführungen – **Hainichen** 20 Jugendliche versammeln sich zu einem Schweigemarsch mit Kerzen auf dem Marktplatz; die Polizei nimmt die Jugendlichen fest und läßt sie nach 30 Minuten wieder frei; danach gehen sie ins Jugendkulturhaus und erzählen von der Aktion; die Jugendlichen im Saal beginnen Losungen zu rufen wie »Freiheit und Reformen«; die Polizei löst die Veranstaltung auf; vor dem Klubhaus werden die Jugendlichen von der Polizei verprügelt, es formiert sich ein Demonstrationszug von 150 Leuten zum Markt, der aber kurze Zeit später wieder durch Gewalt aufgelöst wird; 30 bis 40 Personen werden zugeführt und eine Woche festgehalten – **Halle** Demonstration von 100 Teilnehmern auf dem Marktplatz nach einem Friedensgebet in der Marktkirche, die Polizei löst die Demonstration auf; es werden 48 Teilnehmer zugeführt – **Ilmenau** 20 Jugendliche demonstrieren nach einer Tanzveranstaltung durch die Innenstadt und rufen »Stasi raus – Gorbi hilf uns – wir bleiben hier!« – **Karl-Marx-Stadt** im Anschluß an eine Kulturveranstaltung im Kulturpalast demonstrieren 1000 (Auferstanden aus Ruinen: 800) Personen vom Luxor-Palast zur Zentralhaltestelle; die Polizei löst die Demonstration gewaltsam auf – **Leipzig** obwohl kein Friedensgebet stattfindet, versammeln sich ca. 10 000 (BDVP: 4000) Demonstranten in der Nähe der Nikolaikirche; die Polizei löst die Ansammlung unter Einsatz von Wasserwerfern gewaltsam auf, es werden 210 Demonstranten festgenommen, davon erhalten 13 Haftstrafen für mehrere Monate; die festgenommenen Demonstranten werden im Agra-Gelände in Pferdeställen (einem vorgesehenen Internierungslager) bis zu 24 Stunden festgehalten – **Lindow** 20 Jugendliche versammeln sich zu einem Sitzstreik vor dem Rathaus und rufen »Gorbatschow!« – **Magdeburg** Demonstration mit ca. 500 Teilnehmern auf dem Domplatz, ca. 130 Zuführungen – **Markneukirchen** 100 Personen demonstrieren schweigend mit Kerzen vor der St.-Nikolaikirche – **Plauen** 10 000 Demonstranten versammeln sich auf dem Theaterplatz, der Demonstrationszug versucht, zum Rathaus zu gelangen, die Straße zwischen Rathaus und Lutherkirche wird durch Polizei und Kampfgruppen abgesperrt; es beginnt ein gewaltsamer Einsatz der Sicherheitskräfte unter Mithilfe der Feuerwehr, die ihre Löschzüge als Wasserwerfer einsetzt; Teilnehmer werden verhaftet und bis zu einer Woche festgehalten – **Potsdam** Demonstration mit ca. 200 (Jetzt oder nie: 3000) Teilnehmern von der Klement-Gottwald-Straße zur Friedrich-Ebert-Straße; die Polizei schreitet ein und nimmt 106 Personen fest – **Rostock** Schweigemarsch von 50 Jugendlichen vom Universitätsplatz zur Petrikirche, dort findet eine Andacht statt; dabei wird der Universitätsplatz mit dem »Brunnen der Lebensfreude« symbolisch in »Platz der Unzufriedenen« umgetauft – **Torgau** eine Demonstration wird im Vorfeld durch Polizeieinsatz verhindert – Demonstrationen auch in **Jena, Dessau, Roßlau** und **Suhl**

8. Oktober

Berlin Demonstration mit 1000 Teilnehmern im Bereich Gethsemanekirche/Schönhauser Allee, gewaltsame Auflösung durch die Polizei – **Bischofswerda** Demonstration vor dem Gebäude der Kreisdienststelle des MfS mit 50 Teilnehmern, es wird zum Sitzstreik aufgerufen; alle Teilnehmer werden zugeführt – **Dresden** das Neue Forum hat für 15.00 Uhr zu einer Kundgebung auf dem Theaterplatz aufgerufen; gegen 17.00 Uhr versammeln sich ca. 5000 Jugendliche auf dem Fetscherplatz; die Demonstration wird durch die Polizei gewaltsam aufgelöst, es werden 150 Personen zugeführt; gleichzeitig Demonstration mit 20 000 Teilnehmern (Sächsisches Staatsarchiv: 1500) vom Pirnaischen Platz zum Postplatz, die Polizei löst die Demonstration auf und nimmt 111 Personen fest; später wird die Demonstration nach Gesprächszusage vom Rat der Stadt friedlich abgebrochen – **Großröhrsdorf/Dresden** 30 Jugendliche demonstrieren durch die Stadt und rufen »Gorbi, Gorbi«; 20 Jugendliche werden zugeführt – **Lindow** mehrere Jugendliche, die an dem Sitzstreik vom Vortag teilgenommen haben, werden verhaftet, dagegen protestieren am Abend Lindower Bürger mit einer Demonstration durch die Stadt zum Rathaus; sie rufen »Wir bleiben hier – Reformen wollen wir« und werden von der Polizei festgenommen; daraufhin versammeln sich weitere Bürger vor dem Rathaus, bauen auf der Straße des Friedens eine Barrikade, die Polizei schreitet mit Gummiknüppeln dagegen ein – **Markneukirchen** Demonstration mit brennenden Kerzen vor der St.-Nikolai-Kirche; die Polizei schreitet ein, worauf einige Teilnehmer in die Kirche flüchten – **Meerane** 20 Jugendliche führen einen Schweigemarsch vom Jugendklubhaus zur St.-Marien-Kirche durch – **Plessow/Potsdam** Demonstration von 10 Jugendlichen zur Zollschule, alle werden zugeführt – **Prenzlau** Demonstration von 30 Jugendlichen nach einer Tanzveranstaltung, sie fordern die Zulassung des Neuen Forums; es werden 8 Jugendliche zugeführt – **Treuen/Karl-Marx-Stadt** 30 Jugendliche demonstrieren nach einer Tanzveranstaltung unter Rufen wie »Forum und Gorbi« zum Platz der Deutsch-Sowjetischen-Freundschaft – **Wilhelm-Pieck-Stadt Guben** Mahnwache von 28 Jugendlichen am Wilhelm-Pieck-Monument, sie fordern die Freilassung ihrer Freunde, die einen Tag vorher festgenommen wurden; die Polizei löst die Mahnwache unter Einsatz von Gewalt auf und führt die Jugendlichen zu

9. Oktober

Dresden erstes Gespräch zwischen 20 abgeordneten Demonstranten und staatlichen Vertretern, am Abend wird vor 22 000 Personen in 4 Kirchen über das Gespräch informiert – **Halle** Schweigedemonstration mit Kerzen an der Marienkirche unter der Losung »Gewaltfrei widerstehen. Schweigen für Leipzig. Schweigen für Reformen. Schweigen fürs Hierbleiben« mit 2000 (Ministerium des Innern: 600) Teilnehmern; Polizei setzt Schlagstöcke und Hunde ein, es werden 39 Teilnehmer zugeführt – **Leipzig** Demonstration von fast 70 000 (100 Tage die die DDR erschütterten: 100 000) Menschen über den gesamten Ring nach Friedensgebeten in 4 Kirchen, im Vorfeld werden Flugblätter der Arbeitsgruppe Menschenrechte, Gerechtigkeit und Umweltschutz verteilt, die zur Gewaltlosigkeit aufrufen; das Gesprächsangebot der »Leipziger Sechs« wird in Kirchen und über den Stadtfunk verlesen – **Lindow** nach einem Friedensgebet in der Lindower Kirche demonstrieren die 500 Teilnehmer zum Rathaus und fordern, alle Inhaftierten freizulassen, gleichzeitig stellen sie am Rathaus brennende Kerzen ab; einige der Verhafteten sind inzwischen freigelassen worden – **Magdeburg** vor dem Gebet im Dom werden zahlreiche Jugendliche festgenommen

10. Oktober

Dresden der Dialog vom Vortag geht weiter; Freilassung von 500 Demonstranten und Vertretern des Neuen Forums – **Halle** Beginn der Mahnwache auf dem Gelände der St. Georgengemeinde für die Freilassung der Inhaftierten – **Ilmenau** Demonstration in der Innenstadt, es kommt zu zahlreichen Zuführungen – **Nordhausen** zum wiederholten Male Demonstration – **Wernigerode** 15 Jugendliche demonstrieren mit Kerzen in Richtung Marktplatz, dort schließen sich weitere 25 Personen an; die Polizei schreitet dagegen ein und nimmt 7 Personen fest

11. Oktober

Berlin 300 Studenten der Humboldt-Universität demonstrieren vor der Mensa-Nord für Reformen im Hochschulsystem – **Halberstadt** Protestaktion vor und in der Martini-Kirche mit 5000 (Eine Hoffnung lernt gehen: 1000) Teilnehmern

13. Oktober

Karl-Marx-Stadt vor der Johannis- und der Lutherkirche findet eine Kundgebung zum Thema »Wirtschaftsprobleme« mit insgesamt 5000 (Freie Presse: 2000) Teilnehmern statt – **Klingenthal** Demonstration mit 500 Teilnehmern zur evangelisch-lutherischen Kirche, dort findet anschließend eine kirchliche Veranstaltung statt

14. Oktober

Arnstadt Demonstration vom Rathaus zur Bachkirche mit 400 Teilnehmern – **Plauen** Kundgebung auf dem Otto-Grotewohl-Platz, bei der anschließenden Demonstration fordern 20 000 (Ministerium des Innern: 10 000) Teilnehmer Rede- und Pressefreiheit und Freiheit für alle oppositionellen Parteien

15. Oktober

Suhl Gottesdienst »40 Jahre DDR« nach einem Aufruf der kirchlichen Gruppe »Gesellschaftliche Erneuerung«, Tausende versammeln sich wegen Überfüllung des Gebäudes vor der Kirche

16. Oktober

Berlin Demonstration für die Zulassung des Neuen Forums, freie Wahlen und Presse- und Meinungsfreiheit mit 3000 Teilnehmern – **Dresden** nach einem Bittgottesdienst in der Kreuzkirche findet eine Demonstration zum Rathaus mit 10 000 (Sächsisches Staatsarchiv: 8000) Teilnehmern statt; am Rathaus wird über die Gesprächsergebnisse der »Gruppe der 20« berichtet – **Halle** Schweigedemonstration vor der Marktkirche mit den Forderungen »Gewaltfreiheit für unsere Stadt«, die »Zulassung des Neuen Forums«, »Freie Wahlen und Presse- und Meinungsfreiheit« mit 5000 (Ministerium des Innern: 1500) Teilnehmern, anschließend finden Diskussionsveranstaltungen in 2 Kirchen statt – **Leipzig** ca. 120 000 Demonstranten beteiligen sich an der Montagsdemonstration; zum ersten Mal erfolgt eine Berichterstattung in den DDR-Medien – **Reichenbach i. Vogtl.** Demonstration, anschließend Diskussion mit dem Bürgermeister und Mitgliedern des Rates der Stadt – **Waren/Müritz** 300 Personen führen nach einem Fürbittgottesdienst in der Georgenkirche einen Schweigemarsch mit Kerzen unter dem Motto »Eine Hoffnung lernt laufen« zur Marienkirche durch; in der Marienkirche wird der Gottesdienst beendet – **Wurzen** nach einem Friedensgebet im Dom Demonstration mit 400 Teilnehmern – **Zwickau** Demonstration nach einem Friedensgebet – Demonstration auch in **Potsdam**

17. Oktober

Dresden in 5 Kirchen versammeln sich 20 000 Bürger, um Informationen über das Gespräch mit Oberbürgermeister Berghofer vom Vortag zu erhalten, anschließend Demonstration durch die Innenstadt

18. Oktober

Eberswalde-Finow Demonstration – **Greifswald** Demonstration für Reisefreiheit, Demokratie und die Zulassung des Neuen Forums mit 3000 (100 Tage die die DDR erschütterten: 1000, Ministerium des Innern: 8000) Teilnehmern nach einem Friedensgebet im Dom – **Markneukirchen** Schweigemarsch für Reisefreiheit und Reformen mit 1200 (MfS: 2000) Teilnehmern, anschließend Diskussion in der Kirche – **Mühlhausen** vor der Georgikirche versammeln sich 150 Menschen und diskutieren über die aktuelle Lage im Land – **Neubrandenburg** unter dem Motto »Weg der Hoffnung« findet nach einem Friedensgebet in der Johanniskirche ein Schweigemarsch zur katholischen Kirche mit 10 000 (Ministerium des Innern: 3000) Teilnehmern statt – **Suhl** in 2 Kirchen finden, organisiert von der AG »Gesellschaftliche Erneuerung« und dem Neuen Forum, Informationsveranstaltungen statt, ca. 1300 Teilnehmer sind von einer Kirche zur anderen unterwegs

19. Oktober

Erfurt nach einem Friedensgebet in der Lorenzkirche demonstrieren 300 Teilnehmer unter dem Motto »Marsch der Betroffenheit« zur Andreaskirche – **Friedrichroda** Demonstration mit 200 Teilnehmern nach einem Friedensgebet in der Ortskirche – **Greifswald** nach einer Veranstaltung in der Mensa der Universität demonstrieren 200 Teilnehmer von der Innenstadt in Richtung Neubaugebiet – **Leinefelde** Demonstration zum Rat der Stadt nach einem Gottesdienst – **Rostock** nach den Fürbittandachten in der Marien- und der Petrikirche wird zum ersten Mal eine Demonstration mit 10 000 (Ministerium des Innern: 1500, MfS: 2000) Teilnehmern durch die Innenstadt durchgeführt – **Stendal** nach einem Friedensgebet in der Petrikirche demonstrieren 500 Teilnehmer zum Marktplatz – **Zeulenroda** Demonstration nach einer kirchlichen Veranstaltung in der Stadtkirche mit 3000 (Ministerium des Innern: 1500 bis 2000) Teilnehmern – **Zittau** Veranstaltung des Neuen Forums mit 20 000 (Wir sind das Volk: 10 000, Ministerium des Innern: 6000) Teilnehmern, die Johanniskirche kann die Menschen nicht fassen; es werden auch andere Kirchen mit einbezogen, und per Lautsprecher werden die Reden nach draußen übertragen

20. Oktober

Dessau erster großer »Gottesdienst für Erneuerung« in der Johanniskirche mit 2000 Teilnehmern, viele stehen vor der Kirche; anschließend findet eine Demonstration mit 800 bis 1000 Teilnehmern für »Meinungs-, Reise- und Pressefreiheit« statt – **Dresden** in der Kreuzkirche findet ein Gottesdienst statt, anschließend demonstrieren 20 000 (Chronik der Wende: 50 000) Teilnehmer mit brennenden Kerzen durch die Innenstadt und fordern freie Wahlen – **Gotha** Demonstration mit 6000 Teilnehmern – **Karl-Marx-Stadt** 5000 (Auferstanden aus Ruinen: 800, Ministerium des Innern: 3000) Menschen demonstrieren durch das Stadtzentrum; anschließend findet eine Kundgebung am Karl-Marx-Monument statt – **Klingenthal** Demonstration von der Gaststätte Kosmos über den Markt zur Kirche Zum Friedensfürsten mit 2000 Teilnehmern mit den Forderungen »Wir sind das Volk und freie Wahlen« und »Bald sind wir frei«; in der Kirche findet anschließend eine Diskussion statt – **Mühlhausen** nach einem Bittgottesdienst »Für unser Land« in der Martinikirche Demonstration durch das Stadtzentrum zur Kreisdienststelle des MfS mit 600 (Mühlhausen 1989/1990: 2000) Teilnehmern – **Oederan** Demonstration durch die Innenstadt zum Marktplatz mit 1500 Teilnehmern, anschließend Kundgebung mit Abgeordneten des Rates des Kreises – **Olbernhau** Demonstration für Reformen und Freiheit mit 300 (MfS: 400) Teilnehmern von der Stadtkirche durch das Stadtzentrum und wieder zurück

21. Oktober

Arnstadt Kundgebung auf dem Marktplatz mit 400 Teilnehmern und Vertretern des Rates der Stadt – **Berlin** Demonstration und Menschenkette für die Freilassung noch Inhaftierter der Ereignisse um den 7.10., der Weg führt vom Palast der Republik zum Polizeipräsidium, 1200 Teilnehmer – **Camburg** Kundgebung auf dem Gelände der Cyriaksburg mit 200 Teilnehmern, es werden die Ziele des Neuen Forums vorgestellt

138

und dessen Zulassung wird gefordert **– Langebrück/Dresden** Demonstration mit 500 Teilnehmern zum Thema Umwelt und gegen den Bau eines Tanklagers **– Plauen** Demonstration vom Rathaus, nach kurzer Ansprache von Superintendent Küttler, durch die Innenstadt, anschließend Kundgebung vor dem Rathaus mit 30 000 (Wir sind das Volk: 50 000, Sächsisches Tageblatt: 20 000, Ministerium des Innern: 25 000) Teilnehmern **– Potsdam** Demonstration durch die Klement-Gottwald-Straße mit 200 (MfS: 150) Teilnehmern, Transparente werden mitgeführt mit Losungen »Abrüstung unserer Sicherheitsorgane – Dialog statt Gummiknüppel« und »Keine Verfolgung politisch Engagierter – wir fordern Dialog« **– Rostock** Demonstration vom Rathaus durch die Innenstadt mit 2000 Teilnehmern

22. Oktober

Freiberg Schweigemarsch zum Obermarkt nach einem Fürbittgottesdienst **– Gera** Friedensgebet in der Johanniskirche, an dem 1800 Personen teilnehmen, anschließend demonstrieren 500 Personen zum VPKA und stellen Kerzen ab **– Mühlhausen** nach einer kirchlichen Veranstaltung in der Martinikirche findet eine Demonstration zum Rathaus mit 600 Teilnehmern statt; am Rathaus kommt es zur Diskussion mit dem Bürgermeister **– Stavenhagen** nach einer kirchlichen Veranstaltung findet eine Demonstration zum Marktplatz mit 30 Teilnehmern statt; am Rathaus kommt es zur Diskussion mit dem Bürgermeister

23. Oktober

Aue Demonstration für Freiheit und Demokratie mit 1500 Teilnehmern nach einer kirchlichen Veranstaltung **– Ballenstedt/Halle** Erneuerungsgebet mit anschließender Demonstration, auf der die Schließung der Bezirksparteischule der SED gefordert wird **– Berlin** nach einer Veranstaltung in der Gethsemanekirche kommt es zur Demonstration mit 2000 (Chronik der Wende: 5000, Ministerium des Innern: 2500) Teilnehmern zum Gebäude des Staatsrats der DDR; dort wird eine Petition verlesen, in der gefordert wird, mehrere Kandidaten für das Amt des Staatsoberhaupts aufzustellen **– Colditz** Demonstration mit 300 Teilnehmern nach einem Montagsgebet **– Dresden** Kundgebung mit ca. 50 000 (Wir sind das Volk: 100 000, Ministerium des Innern: 50 000) Teilnehmern auf dem Theaterplatz nach einem Gottesdienst in der Kreuzkirche, anschließend Demonstration durch die Innenstadt **– Eisenach** Kundgebung auf dem Marktplatz mit 3500 Teilnehmern nach einem Friedensgebet in der Georgenkirche **– Forst** Demonstration mit 300 (Ministerium des Innern: 500, MfS: 150) Teilnehmern nach einem Friedensgebet **– Glauchau** Demonstration zum Marktplatz mit 700 (MfS: 500) Teilnehmern nach einer Fürbittandacht, es wird die Zulassung des Neuen Forums gefordert; auf dem Markt findet im Anschluß eine Diskussion mit dem Bürgermeister statt **– Greiz** Kundgebung vor der Stadtkirche mit 500 Teilnehmern, während in der Kirche gleichzeitig ein Friedensgebet stattfindet **– Halle** Demonstration mit 10 000 (Ministerium des Innern: 7000, MfS: 2000) Teilnehmern vom Marktplatz zur SED-Bezirksleitung, gleichzeitig offener Dialog auf dem Marktplatz mit Mitgliedern der SED-Stadtleitung, anschließend »Gebet für unser Land« in

3 Innenstadtkirchen **– Heiligenstadt** Schweigemarsch mit 1000 (Thüringer Tageblatt: 200) Teilnehmern nach einer »Marienfeierstunde« in der Pfarrkirche **– Leipzig** Demonstration nach Friedensgebeten in 5 Kirchen mit 200 000 (Wir sind das Volk: 300 000, Neues Deutschland: 150 000) Teilnehmern, es wird gegen die Wahl von Krenz protestiert **– Lindow** Friedensgebet und anschließend Demonstration zum Rathaus mit 100 Teilnehmern **– Magdeburg** Friedensgebet für gesellschaftliche Erneuerung im Dom, anschließend erste Demonstration durch die Innenstadt mit 8000 (100 Tage die die DDR erschütterten: 30 000, Ministerium des Innern: 7500) Teilnehmern **– Marienberg** Demonstration vom Ernst-Thälmann-Platz zum Rathaus und zurück mit 250 Teilnehmern **– Merseburg** erste Demonstration mit 900 Teilnehmern nach einem Friedensgebet **– Mühltroff/Plauen** Schweigemarsch mit 200 Teilnehmern nach einem Gottesdienst **– Oelsnitz** Demonstration mit 800 Teilnehmern vom Jugendklub zur Jakobikirche; dort findet eine Friedensandacht statt; anschließend erneut Demonstration zur SED-Kreisleitung für »Freie Wahlen« und mit der Forderung »Neue Männer braucht das Land« **– Olbernhau** Demonstration mit 250 Teilnehmern für Freiheit, Reformen und Menschenrechte von der evangelisch-lutherischen Kirche zum Rathaus **– Pößneck** Schweigemarsch mit 200 Teilnehmern nach einem Gottesdienst **– Reichenbach i. Vogtl.** Demonstration für Gleichheit, Demokratie und Reisemöglichkeiten mit 150 Teilnehmern **– Schwerin** Demonstration zum Protest gegen die Wahl von Krenz mit 50 000 (Wir sind das Volk *und* Ministerium des Innern: 40 000) Teilnehmern nach einem Friedensgebet im Dom, aufgerufen dazu hatte das Neue Forum; gleichzeitig findet eine Kundgebung des Demokratischen Blocks und des Rates der Stadt für eine lebendige und soziale Demokratie im Alten Garten statt **– Stralsund** nach Friedensgebeten in der Jacobi- und der Marienkirche Demonstration mit 6000 (Ministerium des Innern: 2500) Teilnehmern zum Rathaus **– Templin** Demonstration mit 350 Teilnehmern nach einer kirchlichen Veranstaltung **– Waren/Müritz** Demonstration mit 800 Teilnehmern zur Marienkirche nach einem Fürbittgottesdienst in der Georgenkirche, auf dem Marktplatz wird das Friedensgebet beendet **– Zwickau** nach einer Friedensandacht Demonstration für Reise- und Pressefreiheit mit 1500 (MfS: 1000) Teilnehmern

24. Oktober

Anklam Demonstration mit 4000 Teilnehmern **– Aschersleben** Demonstration mit 750 Teilnehmern nach einem Friedensgebet in der Stephaniekirche unter dem Motto »Begegnung und Dialog«; Themen der Demonstration sind Ökologie und Wehrersatzdienst **– Berlin** Kundgebung vor dem Gebäude der Volkskammer gegen die Wahl von Egon Krenz zum neuen Staatsratsvorsitzenden mit 12 000 Teilnehmern **– Demmin** Demonstration mit 500 Teilnehmern **– Dresden** nach einem Bittgottesdienst in der Kreuzkirche Demonstration von der Ernst-Thälmann-Straße zum Platz der Einheit mit 1000 Teilnehmern, aufgerufen hatte das Neue Forum; auf dem Theaterplatz findet eine Kundgebung statt, auf der die Freilassung der Inhaftierten und freie Wahlen gefordert werden **– Meiningen** Demonstration durch die Innenstadt mit 900 Teilnehmern nach einem Friedensgebet in der Stadtkirche **– Meißen** nach einem Friedensgebet in der Frauenkirche Demonstration und Kundgebung auf dem Marktplatz mit 7000 (Sächsisches Staatsarchiv: 6000, Union: 8000) Teilnehmern nach einem Aufruf des Neuen Forums; es wird gefordert »Wir wollen Taten sehen«, »Nach 40 Jahren kam es an das Licht, der Sozialismus läuft so nicht«; der Bürgermeister versprach, mit einer Abordnung den Dialog im Rathaus fortzuführen – **Nordhausen** nach einem Fürbittgottesdienst in der Altendorfer Kirche demonstrieren 800 (Harzkurier: 2500) Teilnehmer zum Rat des Kreises, wo eine Kundgebung stattfindet – **Weimar** Demonstration vom Platz der Demokratie durch die Innenstadt und wieder zurück mit 5000 Teilnehmern – **Wernigerode** Demonstration mit 800 Teilnehmern – **Zwönitz** Demonstration von 50 Jugendlichen im Neubaugebiet, es wird ein Plakat mit der Aufschrift »Wir wollen selbst entscheiden« mitgeführt

25. Oktober

Altenburg nach einer Fürbittandacht Demonstration für freie Wahlen, Pressefreiheit und die Zulassung des Neuen Forums mit 2000 Teilnehmern – **Bad Doberan** nach einem Friedensgottesdienst im Münster Demonstration mit 3000 (MfS: 2000) Teilnehmern – **Bad Elster** Demonstration zum Regierungskurheim »Haus am See« mit 450 (MfS: 500) Teilnehmern, es wird gefordert, das Haus dem Volk zu übergeben; im Vorfeld findet eine kirchliche Veranstaltung in der Trinitatiskirche statt – **Bad Lausick** Friedensgebet in der Friedenskirche, anschließend Demonstration mit 300 Teilnehmern zur alten Schule, wo eine öffentliche Stadtverordnetenversammlung stattfindet – **Berlin** Demonstration mit 250 Teilnehmern von der Gethsemanekirche zur Marienkirche, in der Marienkirche findet eine Veranstaltung mit Bischof Forck statt; anschließend versuchen 250 Personen, zum Palast der Republik zu demonstrieren, weden aber von der Polizei aufgehalten – **Coswig/Halle** Demonstration mit 400 Teilnehmern nach einem Gebet um Erneuerung in der Nikolaikirche – **Eisenberg** Kundgebung mit 1800 (MfS: 900) Teilnehmern auf dem Marktplatz nach einem Aufruf der Superintendentur, anschließend findet eine Demonstration statt – **Freiberg** 1700 Personen versammeln sich vor der Petrikirche, im Anschluß finden in der Petrikirche und im Klubhaus »Alte Mensa« Gesprächsforen mit Vertretern des Rates des Kreises und der Stadt statt – **Genthin** Demonstration mit 100 Teilnehmern – **Greifswald** nach Friedensgebeten in der Jacobikirche und im Dom St. Nikolai Demonstration mit 6000 (Ministerium des Innern: 4000) Teilnehmern für demokratische Reformen – **Halberstadt** Gebet für unser Land in der Martinikirche, anschließend Demonstration mit 10 000 (Ministerium des Innern: 5000) Teilnehmern nach einem Aufruf des Neuen Forums – **Jena** Demonstration zum Rathaus mit 10 000 (Ministerium des Innern: 5000) Teilnehmern nach einer Fürbittandacht in der Stadtkirche, im Rathaus wird dem Bürgermeister ein »Forderungsprogramm« übergeben – **Limbach-Oberfrohna** Demonstration für Reisefreiheit mit 500 Teilnehmern nach einer kirchlichen Veranstaltung – **Marienberg** Demonstration mit 80 Teilnehmern von der Stadtkirche zum Gebäude des Rates der Gemeinde und zurück – **Markneukirchen** Demonstration mit 3000 Teilnehmern vom Platz vor dem »Volkshaus« zur Nikolaikirche; anschließend findet eine Kundgebung mit verschiedenen Rednern statt, die vor allem die Darlegung der Aufgaben des MfS und freie Wahlen fordern **– Meerane** Demonstration und anschließend Kundgebung auf dem Marktplatz mit 600 Teilnehmern nach einer kirchlichen Veranstaltung zum Thema »Wir Christen bleiben, aber es darf nicht so bleiben« **– Neubrandenburg** »Marsch der Hoffnung« mit 20 000 (Freie Erde: 40 000) Teilnehmern zum Karl-Marx-Platz nach einem Friedensgebet in der Johanniskirche; anschließend findet eine Kundgebung mit dem Bürgermeister statt, wo u. a. »Pressefreiheit«, »Zulassung des Neuen Forums« und »Jetzt oder nie – ungarische Demokratie« gefordert werden **– Neuhausen** Demonstration zum Rat des Kreises mit 100 (MfS: 80) Teilnehmern nach einem »Fürbittgebet für den Innern Frieden«, am Rat des Kreises werden brennende Kerzen abgestellt **– Neustrelitz** Demonstration mit 1000 Teilnehmern nach einer kirchlichen Veranstaltung in der Stadtkirche **– Penzlin** Friedensandacht, anschließend Demonstration **– Reichenbach** nach einer ökumenischen Fürbittandacht in der Peter-Paul-Kirche findet eine Demonstration zum VPKA und zur Kreisleitung der SED mit 1500 (MfS: 1000) Teilnehmern statt; es werden Kerzen abgestellt **– Schöneck** Demonstration zum Rathaus mit 2500 Teilnehmern nach einer kirchlichen Veranstaltung **– Schwarzenberg** Kundgebung auf dem Schloßplatz für sofortige freie Wahlen und gegen die Führungsrolle der SED mit 50 Teilnehmern **– Senftenberg** nach einem Gottesdienst in der katholischen Kirche Demonstration und anschließend Kundgebung für Reise- und Wahlfreiheit mit 700 Teilnehmern **– Sondershausen** Demonstration mit 450 (MfS: 800) Teilnehmern nach einem Friedensgottesdienst in der katholischen Kirche **– Weißenfels** Demonstration mit 80 Teilnehmern nach einem »Friedensgebet für gesellschaftliche Erneuerung« in der Marienkirche **– Wittstock/Potsdam** Demonstration vom Bahnhof zum Gebäude des MfS mit 500 (MfS: 1000) Teilnehmern; die Demonstranten werfen Steine an das Gebäude und rufen »Stasi raus!« **– Zwickau** nach einem Aufruf des Kreistagsausschusses der Nationalen Front findet auf dem Hauptmarkt eine Kundgebung für eine spürbare Veränderung und eine kritische Bewertung der gesellschaftlichen Entwicklung in der DDR statt, anschließend Demonstration zum Rathaus mit 5500 Teilnehmern – Demonstration und Kundgebung finden auch statt in **Calbe/ Magdeburg**

26. Oktober

Adorf Demonstration zum Rathaus mit 1000 Teilnehmern, anschließend findet ein Gespräch mit 10 Demonstranten und dem Bürgermeister statt **– Dresden** nach einer Abendandacht in der Kreuzkirche findet eine Kundgebung auf den Wiesen des Hygienemuseums mit 100 000 Teilnehmern statt, anschließend Demonstration mit 4000 Teilnehmern **– Erfurt** Demonstration mit 15 000 (100 Tage die die DDR erschütterten: 30 000, Chronik der Ereignisse *und* Ministerium des Innern: 10 000, MfS: 8000) Teilnehmern zum Domplatz mit den Forderungen »Wir sind das Volk« und »Stasi raus«; vorher fanden Friedensgebete in der Lorenz- und der Predigerkirche statt **– Frankfurt/Oder** Demonstration **– Friedrichroda** Demonstration mit 950 Teilnehmern nach einem Friedensgebet in der evangelischen Kirche **– Gera** Demonstration mit 5000 Teilnehmern nach Friedensgebeten in der Johannis- und der Salvatorkirche – **Großenhain/Dresden** Demonstration mit 600 Teilnehmern zum Rathaus nach einer Veranstaltung in der Marienkirche – **Halle** Kundgebung und offener Dialog im Halleschen Volkspark mit 7300 Teilnehmern mit Forderungen zur Änderung der Medienpolitik und der Machtstrukturen, für Versammlungs- und Redefreiheit – **Leinefelde** Demonstration mit 2500 Teilnehmern nach einer Messe in der katholischen Kirche – **Neustadt/Orla** Demonstration zum Rathaus mit 500 (MfS: 400) Teilnehmern nach einem Friedensgebet – **Neustrelitz** Schweigemarsch zum Marktplatz mit 3400 Teilnehmern nach einem Aufruf der evangelischen Kirche – **Parchim** Demonstration für freie Wahlen und Menschenrechte mit 4000 Teilnehmern nach einem Friedensgebet in der Marienkirche – **Perleberg** Demonstration mit 900 Teilnehmern nach einer Veranstaltung in der Jakobikirche zum Thema »Neues Forum« – **Potsdam** 50 Studenten fordern auf einer Demonstration den Stopp des Abrisses der alten Bausubstanz – **Quedlinburg** nach einer kirchlichen Veranstaltung findet eine Kundgebung, zu der das Neue Forum aufgerufen hat, mit 3000 Teilnehmern statt – **Rostock** nach kirchlichen Veranstaltungen in 4 Kirchen findet eine Demonstration für freie Wahlen und die Zulassung des Neuen Forums mit 25 000 (Ministerium des Innern: 10 000) Teilnehmern statt – **Sondershausen** Demonstration mit 600 Teilnehmern nach einer Veranstaltung im Kino – **Stendal** Demonstration zur Otto-Grotewohl-Allee für die Zulassung des Neuen Forums mit 2000 (MfS: 3000) Teilnehmern nach einem Friedensgebet in der Petrikirche – **Wittenberg** Demonstration vor dem Rathaus mit 500 Teilnehmern, Pfarrer Schorlemmer übergibt dem Bürgermeister einen Brief mit der Aufforderung, in den Dialog zu treten – **Zeulenroda** Demonstration mit 3500 (MfS: 4000) Teilnehmern nach einer kirchlichen Veranstaltung zum Thema »Aussprache mit Jugendlichen« – **Zossen** nach einem Gottesdienst in der Dreifaltigkeitskirche findet eine Demonstration – für freie Wahlen, gegen Stasi und Krenz – mit 300 Teilnehmern zur SED-Kreisleitung und zurück zur Kirche statt, vor der Kirche Diskussion mit dem Bürgermeister – Demonstrationen und Kundgebungen finden auch statt in **Hagenow**, **Wittenburg**, **Ludwigslust**, **Worbis**, **Boitzenburg** und **Röbel** mit insgesamt 10 500 Teilnehmern nach kirchlichen Veranstaltungen

27. Oktober

Auerbach Demonstration vom Neubaugebiet Louis Müller zum Institut für Lehrerbildung, anschließend Kundgebung für freie Wahlen und die Zulassung des Neuen Forums mit 8000 (MfS: 5000, Die Wende im Kreis Auerbach: 20 000) Teilnehmern – **Colditz** Montagsgebet, anschließend Demonstration zum Rathaus mit 300 Teilnehmern – **Demmin** Demonstration mit 160 Teilnehmern – **Dessau** Gebet um Erneuerung in 2 Innenstadtkirchen, anschließend Demonstration zum Rathausplatz mit ca. 30 000 (Ministerium des Innern: 8000) Teilnehmern, mit Forderungen nach »Freien Wahlen« und der »Zulassung des Neuen Forums«; da am Rathausplatz keine Lautsprecheranlage vorhanden ist und der Bürgermeister sich nicht verständlich machen kann, gehen die Teilnehmer zurück zur Johanniskirche, wo ein offenes Forum stattfindet – **Dorfchemnitz/Karl-Marx-Stadt** Demonstration von 25 Jugendlichen von der Kirche zum Wohnhaus der Bürgermeisterin – **Dresden** Demonstration vom Altmarkt zur Neustadt für Reformen und für mehr Rechtssicherheit mit 12 000 Teilnehmern nach einem Gottesdienst in der Kreuzkirche **– Eibenstock** Demonstration nach einem Rockkonzert mit 300 (MfS: 200) Teilnehmern von der evangelisch-lutherischen Kirche durch die Innenstadt und wieder zurück **– Friedrichroda** Demonstration mit 1000 Teilnehmern **– Görlitz** nach einem Friedensgebet in der Frauenkirche kommt es zu einer Demonstration in Richtung Untermarkt mit 1000 Teilnehmern **– Gotha** Demonstration von der Augustinerkirche zum Rat des Kreises mit 3000 (Ministerium des Innern: 2500) Teilnehmern nach einem Friedensgebet; beim Rat des Kreises wird die Zusage gegeben, sich dem Dialog zu stellen **– Großräschen/Cottbus** Demonstration mit über 1000 (Lausitzer Rundschau: 1200; Ministerium des Innern: 1500) Teilnehmern; anschließend findet eine Kundgebung auf dem Hof der 5. Oberschule statt **– Güstrow** Demonstration nach einer Veranstaltung im Dom mit 20 000 (100 Tage die die DDR erschütterten: 15 000, Ministerium des Innern: 12 000) Teilnehmern; anschließend findet ein Gespräch im Dom statt, bei dem vor allem die Zulassung des Neuen Forums gefordert wird **– Karl-Marx-Stadt** Demonstration mit 10 000 Teilnehmern nach einer kirchlichen Veranstaltung in der Johanniskirche mit der Forderung »Wir wollen endlich Taten sehen« und für die Zulassung des Neuen Forums **– Klingenthal** Demonstration durch das Stadtzentrum für »Freie Wahlen, für das Neue Forum« mit 4000 Teilnehmern und anschließender kirchlicher Veranstaltung **– Lauchhammer** Demonstration mit 3500 (Ministerium des Innern: 2000) Teilnehmern, anschließend Kundgebung auf dem Marktplatz **– Milmersdorf/Neubrandenburg** Demonstration mit 46 Teilnehmern **– Mühlhausen** nach einem Friedensgottesdienst in der Martinikirche Demonstration mit 500 Teilnehmern zur Bezirksverwaltung des MfS, dort riefen sie »Stasi in die Volkswirtschaft« **– Oederan** Demonstration durch die Innenstadt mit 300 (MfS: 450) Teilnehmern; anschließend Gespräche mit Vertretern des Rates der Stadt auf dem Marktplatz, Thema »Gegen Stasi, Wir sind das Volk« **– Olbernhau** Demonstration mit 4000 Teilnehmern vom Ernst-Thälmann-Platz und zurück für freie Wahlen, die Zulassung des Neuen Forums und die Veröffentlichung von Umweltdaten **– Osterwieck/Magdeburg** Demonstration mit 500 Teilnehmern nach einem Friedensgebet in der Stadtkirche **– Pockau** Demonstration mit 45 Teilnehmern von der evangelisch- lutherischen Kirche durch die Stadt und zurück **– Saalfeld** Friedensgebet in der Johanniskirche, anschließend Demonstration zum Marktplatz mit 8000 (MfS: 6000) Teilnehmern; auf dem Marktplatz findet eine Kundgebung mit dem Bürgermeister und Stadtverordneten statt **– Schmölln** im Anschluß an einen Gottesdienst Demonstration von der Stadtkirche zum Marktplatz und zurück mit 300 (MfS: 500) Teilnehmern, mit den Forderungen »Neues Forum zulassen« und »Stasi in die Produktion« **– Stralsund** Friedensgebet mit anschließender Demonstration zum Rathaus für freie Wahlen und die Bildung einer Koordinierungskommission für den gesellschaftlichen Dialog, vor dem Rathaus findet im Freien das 2. Rathausgespräch statt **– Tambach-Dietharz** Demonstration mit 250 Teilnehmern von der Gaststätte Felsental zur Kirche, wo eine Kundgebung stattfindet **– Teterow** Lichterkette durch die Innenstadt bis zum Marktplatz mit 3500 Teilnehmern nach einem Friedensgebet **– Triptis** Demonstration zum Marktplatz mit 100

Teilnehmern nach einer kirchlichen Veranstaltung in der evangelischen Kirche – **Werdau** Kundgebung auf dem Markt für freie Wahlen und einen offenen Dialog mit 300 bis 500 Teilnehmern – **Zossen** Demonstration mit 300 Teilnehmern nach einem Gottesdienst in der Dreifaltigkeitskirche

28. Oktober

Arnstadt Kundgebung auf dem Rathausvorplatz mit 1000 Teilnehmern – **Bad Langensalza** Dialog vor dem Rathaus mit dem Bürgermeister und Ratsmitgliedern, anschließend Demonstration zum Rat des Kreises mit 600 Teilnehmern – **Berlin** Kundgebung mit 30 Teilnehmern vor der Botschaft der ČSSR gegen die Maßnahmen der Prager Regierung – **Erfurt** öffentlicher Dialog in der Thüringenhalle, der auch auf deren Vorplatz übertragen wird, wo ihn mehr als 3000 Teilnehmer verfolgen – **Frauenstein** Schweigemarsch mit 35 Teilnehmern – **Greiz** Kundgebung und anschließend Demonstration für die Zulassung des Neuen Forums mit 6000 Teilnehmern – **Halle** 50 Frauen demonstrieren mit ihren Kindern gegen Gewalt – **Karl-Marx-Stadt** Demonstration mit 6000 Teilnehmern vom Rathaus zu 3 Kirchen, wo Gesprächsforen stattfinden für freie Wahlen und die Zulassung des Neuen Forums; anschließend erneut Demonstration mit 8000 Teilnehmern – **Lengenfeld** Demonstration durch die Innenstadt für »Freie Wahlen, Abschaffung des Wehrkundeunterrichts und Schaffung eines Zivilen Wehrersatzdienstes« mit 1000 Teilnehmern nach einer Fürbittandacht in der Aegidius-Kirche – **Marienberg** Demonstration für »Reisefreiheit, nie wieder Gewalt und gleiches Recht für alle« mit 500 Teilnehmern nach einem Fürbittgottesdienst in der St.-Marien-Kirche – **Mühlhausen** Veranstaltung in der Marienkirche, die mit Lautsprechern auch nach draußen übertragen wird; vor der Kirche standen ca. 1000 Teilnehmer – **Münchenberndorf/Gera** Demonstration mit 150 Teilnehmern nach einem Kirchenkonzert – **Plauen** Demonstration vom Rathaus, nach kurzer Ansprache von Superintendent Küttler, durch die Innenstadt, vorbei am Gebäude des MfS, am Wehrkreiskommando und der SED-Kreisleitung (diese Strecke wird bei allen Demonstrationen gegangen), anschließend Kundgebung vor dem Rathaus mit 40 000 (Wir sind das Volk, Ministerium des Innern: 30 000) Teilnehmern für die Zulassung des Neuen Forums – **Rostock** Demonstration für Demokratie und Pressefreiheit mit 10 000 Teilnehmern, an der SED-Kreisleitung, der BDVP und der Bezirksverwaltung des MfS werden Kerzen abgestellt – **Schmölln** Demonstration mit 200 (MfS: 250) Teilnehmern nach einem Gottesdienst in der Stadtkirche – **Schönberg** Demonstration mit 60 Teilnehmern zum FDGB-Gästehaus nach einer Friedensandacht in der evangelisch-lutherischen Kirche; am Gästehaus wird die Forderung überreicht, die Einrichtung der Allgemeinheit zu übergeben – **Schönheide** Demonstration mit 80 (MfS: 300) Teilnehmern von der evangelisch-lutherischen Kirche zum Rat der Gemeinde – **Senftenberg** Demonstration mit 3500 Teilnehmern für freie Wahlen und einen Wehrersatzdienst, anschließend Kundgebung auf dem Marktplatz – **Sondershausen** Demonstration mit 3000 Teilnehmern zur SED-Kreisleitung und zur Kreisdienststelle des MfS nach einer Diskussionsveranstaltung – **Spremberg** Demonstration mit 1000 Teilnehmern zur SED-Kreisleitung und zur

Kreisdienststelle des MfS – **Ueckermünde** Gottesdienst in der Marienkirche; anschließend Demonstration mit 6000 (MfS: 2500) Teilnehmern in den Ueckerpark, wo eine Kundgebung stattfindet – Demonstration und Kundgebung finden auch statt in **Sebnitz** 200 Teilnehmer

29. Oktober

Bad Langensalza Kundgebung vor dem Rathaus mit 500 Teilnehmern, Themen »Umwelt, Reisefreiheit und kommunale Probleme« – **Bad Salzungen** Demonstration für Pressefreiheit und die Zulassung des Neuen Forums mit 800 (MfS: 1900) Teilnehmern nach einem Gottesdienst, aufgerufen hatte ein Stadtverordneter der CDU – **Berlin** an den Sonntagsgesprächen mit Oberbürgermeister Krack vor dem Roten Rathaus nehmen 22 000 Menschen teil – **Freiberg** nach einem Fürbittgottesdienst in der Petrikirche unter dem Motto »Einladung zum Training des aufrechten Ganges« findet ein Schweigemarsch zum Marktplatz mit 3000 (Ministerium des Innern: 1500) Teilnehmern statt, aufgerufen hat das Neue Forum – **Gotha** Kundgebung auf dem Hauptmarkt mit Vertretern des Rates des Kreises und 20 000 Teilnehmern, 4 Stunden lang werden die leitenden Funktionäre mit Kritik bombardiert – **Gräfenhainichen** Demonstration mit 300 Teilnehmern für die Zulassung des Neuen Forums und für freie Wahlen – **Hohenstein-Ernstthal** nach einem Fürbittgottesdienst in der St.-Christopheri-Kirche Demonstration mit 350 (MfS: 150) Teilnehmern mit den Forderungen »Mauer weg, Neues Forum zulassen, Egon weg« – **Kirchberg/Karl-Marx-Stadt** nach einem Gottesdienst findet eine Demonstration für »Freie Wahlen und gegen die Stasi« mit 400 Teilnehmern durch die Innenstadt und zurück zur Kirche statt – **Schmölln** Demonstration nach einer kirchlichen Veranstaltung in der Stadtkirche mit 500 Teilnehmern unter dem Motto »Weltweiter Fackelzug für Jesus«, an der Kreisdienststelle des MfS werden Kerzen abgestellt – **Ueckermünde** Demonstration für Pressefreiheit und die Zulassung des Neuen Forums mit 2500 (Leben in der DDR – Enquete-Kommission Schwerin: 5000) Teilnehmern nach einem Gottesdienst – **Zschopau** Demonstration durch die Innenstadt mit 30 Teilnehmern nach einer Tanzveranstaltung – Demonstrationen und Kundgebungen finden auch statt in **Friedland/Neubrandenburg** 100 Teilnehmer, und **Markneukirchen**

30. Oktober

Aue Demonstration zur SED-Kreisleitung und zum Gebäude des MfS mit 8000 Teilnehmern – **Anklam** Demonstration von der Marienkirche zum Theater – **Berlin** nach Veranstaltungen in der Gethsemanekirche und der St.-Hedwigs-Kirche demonstrieren 850 Teilnehmer zur Botschaft der ČSSR – **Cottbus** nach einem Aufruf des Neuen Forums findet eine Demonstration mit 20 000 (Ministerium des Innern: 28 000) Teilnehmern vom Theater zur Stadthalle mit anschließendem Meeting statt – **Dingelstädt** Demonstration zur Gertrudiskirche mit 750 Teilnehmern nach einem »Sühne- und Bittgottesdienst« im Kloster Kerbscher Berg – **Dippoldiswalde** Demonstration von 50 Jugendlichen auf dem Bahnhofsvorplatz; sie rufen »Erich laß die Faxen sein und hohle Perestroika rein«, die Polizei schreitet ein und nimmt 10 Jugendliche fest –

Dresden während des dritten Rathausgesprächs versammeln sich nach einer kirchlichen Veranstaltung in der Kreuzkirche 20 000 Personen vor dem Rathaus und demonstrieren anschließend in zwei Zügen durch die Innenstadt, erstmals werden Losungen gerufen wie »Stasi in die Produktion« – **Ehrenfriedersdorf** Demonstration für demokratische Veränderungen mit 250 Teilnehmern – **Eisenach** Demonstration nach 2 Friedensgebeten mit 3000 Teilnehmern (Eine Revolution nach Feierabend: 10 000) – **Forst** Demonstration mit 1800 Teilnehmern nach einem Friedensgebet – **Gerbershausen/Erfurt** Demonstration mit 250 Teilnehmern; es wird gefordert, die geplante Schadstoffdeponie im Territorium der Gemeinde nicht zu bauen – **Grimma** Kundgebung auf dem Marktplatz mit dem Bürgermeister und dem Vorsitzenden des Rates des Kreises – **Großröhrsdorf/Dresden** Demonstration von 15 bis 20 Jugendlichen auf dem Festplatz, sie rufen »Gorbi, Gorbi!«; die Polizei schreitet ein und nimmt 11 Jugendliche fest – **Halle** nach Fürbittgebeten in 3 Kirchen findet eine Demonstration für einen konsequenten Umweltschutz mit 50 000 (Liberal-Demokratische Zeitung: 80 000, Ministerium des Innern: 20 000) Teilnehmern von der Marktkirche zur SED-Bezirksleitung statt, die von der SED geplante Demonstration »Rote Fahnen gegen weiße Kerzen« fällt wegen mangelnder Beteiligung aus – **Heiligenstadt** nach einem Abendgebet in der St.-Gerhard-Kirche demonstrieren 1000 Teilnehmer zum Friedensplatz, wo eine Kundgebung mit 10 000 Teilnehmern stattfindet – **Hennigsdorf** Schweigemarsch von der evangelischen Kirche mit 1500 Teilnehmern zur katholischen Kirche, wo ein Gottesdienst stattfindet – **Hoyerswerda** Demonstration und anschließend Kundgebung auf dem Platz des 7. Oktober mit 15 000 (Ministerium des Innern: 12 000) Teilnehmern nach einem Gottesdienst in der Lutherkirche – **Jena** Kundgebung auf dem Rathausplatz mit 12 000 (Ministerium des Innern: 7000) Teilnehmern – **Karl-Marx-Stadt** Demonstration für Demokratie und für die Einführung eines zivilen Wehrersatzdienstes vom Karl-Marx-Monument durch das Stadtzentrum mit 20 000 (Ministerium des Innern: 10 000) Teilnehmern, anschließend findet eine Kundgebung vor dem Rathaus statt – **Kohren-Sahlis** Demonstration mit anschließender Kundgebung – **Leipzig** nach Friedensgebeten in 5 Kirchen findet eine Kundgebung und anschließend eine Demonstration mit 200 000 (Wir sind das Volk: 300 000) Teilnehmern statt, wichtigste Forderung ist die Aufgabe des Machtmonopols der SED – **Lindow** nach einer Bittandacht findet eine Demonstration für freie Wahlen mit 300 Teilnehmern statt – **Magdeburg** Gebet für gesellschaftliche Erneuerung im Dom, anschließend Demonstration zum Lutherdenkmal mit 15 000 (Jetzt oder nie: 50 000, Ministerium des Innern: 23 000) Teilnehmern, es werden ein »Ziviler Ersatzdienst« und die »Zulassung des Neuen Forums« gefordert – **Malchin** Schweigemarsch zur katholischen Kirche nach einer Friedensandacht in der evangelischen Kirche – **Merseburg** Demonstration durch die Innenstadt mit 1500 Teilnehmern nach einem Friedensgebet im Dom; während des Friedensgebets werden Unterschriften für die Schließung des sowjetischen Militärflugplatzes gesammelt – **Neustadt/Sebnitz** Demonstration nach einer kirchlichen Veranstaltung in der St.-Jacobi-Kirche – **Nossen/Dresden** nach einem Aufruf der Nossener Bürgerbewegung findet eine Kundgebung vor dem Rathaus für die Zulassung des Neuen Forums, Abschaffung des Wehrunterrichts und der Kampfgruppen und für freie Wahlen mit 2000 Teilnehmern statt – **Plauen** Demonstration nach einer kirchlichen Veranstaltung – **Pößneck** nach einem Friedensgebet findet ein Schweigemarsch mit 5000 (Volksstimme: 800, MfS: 4000) Teilnehmern statt – **Ribnitz-Damgarten** Demonstration mit 1000 Teilnehmern nach einem Fürbittgottesdienst in der Marienkirche – **Schwarzenberg** nach einem Fürbittgottesdienst Demonstration mit 4000 Teilnehmern für die Zulassung des Neuen Forums – **Schwerin** im Anschluß an Friedensgebete in 3 Kirchen und nach einem »Montagsgespräch im Marstall« findet nach einem Aufruf des Neuen Forums im Alten Garten eine Kundgebung mit 60 000 (Chronik der Wende: 40 000, 100 Tage die die DDR erschütterten: 80 000) Teilnehmern statt, anschließend Demonstration für Presse- und Reisefreiheit durch das Stadtzentrum – **Stralsund** nach 2 Friedensgebeten in der Marienkirche findet eine Demonstration für freie Wahlen und einen zivilen Wehrersatzdienst mit 3500 Teilnehmern zum Rathaus statt, dort wird eine Resolution mit 6000 Unterschriften übergeben, in der eine Koordinierungsgruppe für den gesellschaftlichen Dialog gefordert wird – **Templin** Demonstration nach einer Friedensandacht in der Magdalenenkirche – **Tröbnitz/Gera** Demonstration mit 500 Teilnehmern nach einem Gottesdienst in der evangelisch-lutherischen Kirche – **Waren/Müritz** Demonstration nach einem Fürbittgottesdienst in der St.-Georgen-Kirche, anschließend Kundgebung auf dem Neuen Markt – **Weißwasser** Demonstration mit 600 Teilnehmern nach einer kirchlichen Veranstaltung »Gespräch mit Gott und miteinander für mehr Demokratie« – **Wittichenau/Dresden** Demonstration mit 1500 Teilnehmern nach einem Friedensgottesdienst in der Kreuzkirche – **Zwickau** Demonstration für Wiedervereinigung und die Abschaffung der Kampfgruppen mit 10 000 Teilnehmern nach einem Friedensgebet in der Pauluskirche – Demonstrationen und Kundgebungen finden auch statt in **Sonneberg** 7000 Teilnehmer, **Oschatz, Delitzsch, Leisnig, Wurzen, Lychen, Bernsbach, Burgstädt, Flöha, Schneeberg** und **Oelsnitz**

31. Oktober

Altenburg Demonstration mit 1500 Teilnehmern nach einer kirchlichen Veranstaltung – **Bad Brambach** nach einem Gottesdienst Demonstration mit 200 Teilnehmern – **Bad Wilsnack** Demonstration mit 200 Teilnehmern zum Rathaus nach einer kirchlichen Veranstaltung – **Bautzen** 1000 Bürger versammeln sich zu einem Forum in der Innenstadt – **Berlin** Demonstration für die Freilassung der Inhaftierten in Prag mit 200 Teilnehmern vom Alexanderplatz zur Botschaft der ČSSR; an der Mühlendammbrücke werden die Demonstranten von der Polizei gestoppt – **Geithain** Demonstration mit 1000 Teilnehmern nach einer kirchlichen Veranstaltung in der Nikolaikirche – **Goldberg/Schwerin** Demonstration mit 80 Teilnehmern nach einer kirchlichen Veranstaltung – **Lobenstein** nach einem Friedensgebet in der Stadtkirche Kundgebung auf dem Marktplatz für den Wegfall des Grenzgebietes mit 2000 Teilnehmern – **Meiningen** Demonstration für Presse- und Reisefreiheit und die Zulassung des Neuen Forums mit 5000 bis 6000 Teilnehmern – **Meißen** nach einem Friedensgebet in der Frauenkirche findet eine Demonstration für Presse- und Reise-

148

freiheit, die Zulassung des Neuen Forums und für den Stopp des Verfalls der Altstadt mit 10 000 (Ministerium des Innern: 6000) Teilnehmern zum Rat des Kreises statt – **Naumburg** Demonstration mit 1200 Teilnehmern zur Kreisdienststelle des MfS – **Neuhaus a. R.** Demonstration mit 500 Teilnehmern nach einem Friedensgebet – **Nordhausen** Demonstration, anschließend Kundgebung auf dem August-Bebel-Platz mit 10 000 (Ich liebe euch doch alle, Ministerium des Innern: 20 000) Teilnehmern – **Penig** Demonstration zum Marktplatz, wo eine Kundgebung mit 800 Teilnehmern durchgeführt wird – **Plau am See** vor dem Rathaus findet eine Kundgebung mit 200 Teilnehmern statt – **Stadtroda** Demonstration mit 1200 Teilnehmern zur SED-Kreisleitung – **Weimar** Demonstration zum VPKA und zur Kreisdienststelle des MfS mit 10 000 (Oktoberfrühling: 15 000) Teilnehmern; an der Kreisdienststelle werden Kerzen abgestellt und »Stasi raus!« gerufen – **Wittenberg** nach kirchlichen Veranstaltungen in der Schloß- und der Stadtkirche findet eine Demonstration zum Marktplatz mit 10 000 Teilnehmern statt; vorher wurden gebündelte Demokratieforderungen an die Rathaustür geheftet – **Zittau** nach einer kirchlichen Veranstaltung mit Manfred Stolpe in der Johanniskirche findet ein Schweigemarsch zur SED-Kreisleitung mit 3000 (Ministerium des Innern: 2500) Teilnehmern statt – **Zschopau** Demonstration für einen demokratischen Wandel mit 2000 Teilnehmern – **Zwönitz** 350 Demonstranten fordern »Stasi in die Produktion« – Demonstrationen und Kundgebungen finden auch statt in **Wolfen** 1200 Teilnehmer, **Waltershausen/Erfurt** 600 Teilnehmer, und **Bad Salzungen** 1000 Teilnehmer

1. November

Coswig/Halle Demonstration mit 500 Teilnehmern nach einem »Gebet um Erneuerung« in der evangelischen Kirche – **Frankfurt/Oder** Demonstration für Meinungs- und Pressefreiheit mit 30 000 Teilnehmern, anschließend Kundgebung auf dem Zentralen Platz, aufgerufen hat das Neue Forum – **Freital** Demonstration gegen die Verschmutzung der Umwelt durch das Edelstahlwerk mit 1000 (Sächsisches Staatsarchiv: 2000) Teilnehmern – **Gehringswalde/Karl-Marx-Stadt** Demonstration mit 100 Teilnehmern nach einer kirchlichen Veranstaltung – **Halberstadt** Gebet für unser Land in der Martinikirche, anschließend Demonstration für Demokratie, freie Wahlen, Zulassung des Neuen Forums und für einen zivilen Wehrersatzdienst mit 12 000 (Ministerium des Innern: 5000) Teilnehmern – **Hoyerswerda** Demonstration mit 20 000 Teilnehmern, anschließend Kundgebung auf dem Platz des 7. Oktober – **Ilmenau** Schweigemarsch mit 20 000 (Volksstimme, Ministerium des Innern: 4000) Teilnehmern – **Jena** nach einer Fürbittandacht findet eine Demonstration für eine Reform des Wehrdienstes und mehr Umweltschutz mit 3000 (MfS: 2000) Teilnehmern statt – **Königs Wusterhausen** Demonstration nach einer Informationsveranstaltung zum »Neuen Forum« mit 1500 Teilnehmern – **Lichtenstein/Karl-Marx-Stadt** Demonstration mit 100 Teilnehmern nach einer kirchlichen Veranstaltung – **Limbach-Oberfrohna** Demonstration gegen die führende Rolle der SED mit 8000 Teilnehmern nach einer kirchlichen Veranstaltung in der Lutherkirche – **Markneu-**

kirchen zum wiederholten Male Demonstration mit 6000 Teilnehmern – **Neubran-denburg** Friedensgebet in der Johanniskirche, anschließend »Marsch der Hoffnung« mit 30 000 (Ministerium des Innern: 15 000) Teilnehmern zum Karl-Marx-Platz; dort findet eine Kundgebung für freie Wahlen, Meinungsfreiheit und den Abbau von Privilegien statt – **Neuhausen** Demonstration mit 100 Teilnehmern nach einer kirch-lichen Veranstaltung – **Neustrelitz** Demonstration mit 3000 Teilnehmern nach ei-nem Friedensgebet – **Pasewalk** Demonstration mit 2500 Teilnehmern nach einem Friedensgebet – **Penzlin** Friedensandacht, anschließend Demonstration – **Reichen-bach i. Vogtl.** nach einem Friedensgottesdienst in der Peter-Paul-Kirche findet eine Demonstration für freie Wahlen und die Zulassung des Neuen Forums mit 4000 Teil-nehmern statt – **Schmalkalden** Demonstration mit 70 Teilnehmern nach einer Dis-kussionsveranstaltung – **Schmölln** Demonstration und Kundgebung mit 500 bis 600 Teilnehmern – **Schwarzenberg** Kundgebung auf dem Platz der Befreiung mit 8000 Teilnehmern – **Senftenberg** Demonstration von der katholischen Kirche zum Neu-markt für mehr Demokratie und die Zulassung des Neuen Forums mit 6000 Teilneh-mern – **Sömmerda** Demonstration gegen die führende Rolle der SED und für die Abschaffung der Kampfgruppen mit 700 Teilnehmern nach einer kirchlichen Veran-staltung – **Sondershausen** Demonstration für freie Wahlen und Reisefreiheit mit 1700 Teilnehmern nach einer kirchlichen Veranstaltung in der katholischen Kirche – **Tambach-Dietharz** Schweigemarsch mit 300 Teilnehmern nach einem Friedensge-bet in der Lutherkirche – **Weißenfels** Demonstration mit 600 Teilnehmern nach ei-nem Friedensgebet in der Marienkirche – **Wismar** Kundgebung auf dem Marktplatz, 250 Teilnehmer fordern »Keine Privilegien den Volksvertretern« – **Wittstock/Pots-dam** Demonstration mit 1500 Teilnehmern nach einer Informationsveranstaltung über die Ziele des Neuen Forums – **Zipsendorf/Leipzig** Fürbittgottesdienst und anschließend Demonstration zum Gemeindeamt mit 60 Teilnehmern – Demonstra-tionen und Kundgebungen finden auch statt in **Greifswald** 8000 Teilnehmer, **Herz-berg** 1000 Teilnehmer, **Genthin** 2500 Teilnehmer, **Tangermünde** 150 Teilnehmer, **Köthen** 2500 Teilnehmer, und **Hermsdorf** 500 Teilnehmer

2. November

Bad Elster Demonstration zum Ferienheim des MfS mit 200 Teilnehmern nach einer Dialogveranstaltung – **Erfurt** Friedensgebete in 4 Kirchen, anschließend Schweige-demonstration mit 30 000 (Ministerium des Innern: 35 000, Dokumentation Thürin-gen 1989/90: 50 000) Teilnehmern zum Domplatz, wo eine Kundgebung für eine sinnvolle Altstadtsanierung und die Abschaffung der Privilegien stattfindet – **Forst** Kundgebung auf dem Platz der Promenade mit 7000 Teilnehmern – **Friedrichroda** Schweigemarsch mit 5000 Teilnehmern nach einem Friedensgottesdienst – **Gera** Gottesdienst in 3 Innenstadtkirchen, anschließend Demonstration für die Zulassung des Neuen Forums und mehr Demokratie mit 10 000 (Ministerium des Innern: 15 000) Teilnehmern – **Glauchau** Kundgebung des Neuen Forums auf dem Markt-platz mit 7000 Teilnehmern – **Großenhain** Demonstration mit 1000 Teilnehmern von der Marienkirche zum Rathaus gegen das MfS und für einen zivilen Wehrersatz-

150

dienst – **Halle** Demonstration mit 10 000 (Ministerium des Innern: 7000) Teilnehmern, anschließend Kundgebung auf dem Marktplatz mit dem 1. Sekretär der SED-Bezirksleitung – **Köthen** Dialogveranstaltung im Stadion mit 10 000 Teilnehmern, an der auch Vertreter des Rates des Kreises teilnehmen, es wird die Ablösung des Vorsitzenden des Rates des Kreises gefordert – **Leinefelde** nach einem Gottesdienst findet eine Demonstration zur Stadthalle mit anschließender Kundgebung statt, 3000 (Wir sprengen unsere Ketten: 8000) Teilnehmer – **Neuruppin** Demonstration von der Klosterkirche zur Musikschule mit 500 Teilnehmern, dort wird eine Dialogveranstaltung durchgeführt und nach draußen übertragen – **Quedlinburg** nach einer kirchlichen Veranstaltung findet eine Demonstration zum Marktplatz statt, wo eine Kundgebung mit Mitgliedern des Rates des Kreises und 15 000 Teilnehmern durchgeführt wird – **Reumtengrün/Auerbach** Demonstration mit 200 Teilnehmern – **Riesa** Friedensgebet in der Trinitatiskirche, anschließend Demonstration gegen Stasi und SED mit 3000 Teilnehmern – **Rostock** Demonstration gegen das MfS mit 40 000 (Volksstimme: 20 000, MfS: 30 000) Teilnehmern nach Friedensgebeten in 5 Kirchen – **Schönebeck** Gebet um gesellschaftliche Erneuerung in der Marienkirche, anschließend Schweigemarsch für die Zulassung des Neuen Forums mit 5000 Teilnehmern – **Sebnitz** Kundgebung auf dem alten Friedhof gegen das MfS und für die Senkung der Funktionärsgehälter mit 1500 Teilnehmern – **Stendal** nach einem Bittgottesdienst im Dom findet eine Demonstration mit 3500 (Ministerium des Innern: 5500) Teilnehmern, vorbei an der Kreisdienststelle des MfS (mit Rufen »Stasi in die Volkswirtschaft«), zum Marktplatz statt; auf dem Marktplatz wird auf einer Kundgebung u. a. die Zulassung des Neuen Forums gefordert – **Wilhelm-Pieck-Stadt Guben** nach einem Aufruf des Neuen Forums und der Initiativgruppe »Gubener Bürger« findet eine Demonstration vom Wilhelm-Pieck-Monument zum Busbahnhof mit 15 000 (Ministerium des Innern: 12 000) Teilnehmern statt; auf der anschließenden Kundgebung werden mehr Offenheit und Machtkontrolle gefordert – **Zeulenroda** Demonstration mit 4000 Teilnehmern von der Dreifaltigkeitskirche zum MfS-Gebäude – Demonstrationen und Kundgebungen finden auch statt in **Neustadt/ Orla** 1000 Teilnehmer, **Steinbach** 3000 Teilnehmer, **Steinbach-Hallenberg** 600 Teilnehmer, **Lengenfeld** 400 Teilnehmer, **Teterow** und **Lommatzsch**

3. November

Altenburg Fürbittgottesdienste in 3 Kirchen mit anschließender Demonstration für freie Wahlen und die Zulassung der Neuen Forums mit 6000 Teilnehmern – **Auerbach** Demonstration vom Neubaugebiet Louis Müller zum Friedensplatz mit 9000 (MfS: 5000) Teilnehmern, wo eine Kundgebung stattfindet, auf der die Zulassung des Neues Forums und der Wegfall der Diktatur gefordert werden – **Bad Liebenwerda** Demonstration zur Kreisdienststelle des MfS mit 100 Teilnehmern nach einem Fürbittgottesdienst in der Stadtkirche – **Bernburg** Kundgebung für freie Wahlen und die Einrichtung eines zivilen Wehrersatzdienstes mit 15 000 (MfS: 13 000) Teilnehmern – **Calau/Cottbus** Demonstration mit 100 Teilnehmern nach einer kirchlichen Veranstaltung – **Dessau** Gebet um Erneuerung in 4 Innenstadtkirchen, anschließend

Demonstration zum Rathausplatz mit 70 000 (Volksstimme: 10 000, Ministerium des Innern: 40 000) Teilnehmern, wo ein offenes Forum mit Mitgliedern der Stadtverwaltung stattfindet – **Dresden** nach einem Gottesdienst in der Annenkirche findet eine Demonstration für Neuwahlen und die Zulassung des Neuen Forums mit 3000 (MfS: 3500) Teilnehmern statt – **Eberswalde-Finow** Friedensandacht, anschließend Demonstration mit 3000 Teilnehmern – **Eisenberg** Demonstration mit 400 Teilnehmern zur Kreisdienststelle des MfS nach einem Friedensgottesdienst – **Erfurt** Kundgebung auf dem Domplatz mit 50 000 Teilnehmern, auf der die Rücktritte des 1. Sekretärs der SED-Bezirksleitung und des Oberbürgermeisters gefordert werden – **Görlitz** nach Friedensgebeten in 4 Kirchen findet eine Demonstration mit 5000 Teilnehmern statt, auf der die Ablösung des Bürgermeisters gefordert wird – **Gotha** nach einem Friedensgebet findet eine Demonstration zum Gewerkschaftshaus statt; freie Wahlen, der Rücktritt der Funktionäre des Kreises und die Freilassung und Rehabilitierung aller politischen Gefangenen werden gefordert; 12 500 (Freie Wählergemeinschaft: 20 000) Teilnehmer – **Gräfenroda** Schweigemarsch mit 700 Teilnehmern – **Güstrow** Kundgebung mit 6500 (MfS: 5500) Teilnehmern auf dem Markt, anschließend Demonstration zur Kreisleitung der SED; im Anschluß an die Demonstration findet eine Informationsveranstaltung im Dom statt – **Johanngeorgenstadt** Demonstration mit 600 Teilnehmern – **Kahla** Demonstration mit 1200 Teilnehmern – **Karl-Marx-Stadt** Demonstration vom Rathaus zur Bezirksverwaltung für Staatssicherheit, zurück zum Rathaus, dort wird eine Kundgebung mit 20 000 Teilnehmern durchgeführt, auf der das vorher stattgefundene Rathausgespräch ausgewertet wird – **Klingenthal**: Demonstration mit 6000 (MfS: 8000) Teilnehmern – **Königstein** nach einer Veranstaltung in der Kirche demonstrieren 50 Teilnehmer zum Rathaus – **Malchin** Kundgebung auf dem Marktplatz mit 1000 Teilnehmern – **Mühlhausen** Demonstration mit 600 Teilnehmern zur Kreisdienststelle des MfS nach einem Friedensgebet in der katholischen Kirche; während der Demonstration wird die Ablösung des 1. Sekretärs der SED-Kreisleitung gefordert – **Olbernhau** Demonstration mit 10 000 Teilnehmern – **Osterwieck/Magdeburg** Schweigemarsch mit 300 Teilnehmern nach einem »Gottesdienst für unser Land« – **Saalfeld** Demonstration durch das Stadtgebiet zum Marktplatz mit 10 000 Teilnehmern nach einem Friedensgebet in der Johanniskirche; auf dem Marktplatz findet eine Kundgebung mit Funktionären der SED-Kreisleitung statt – **Schleusingen/Suhl** Demonstration mit 1000 Teilnehmern nach einem Friedensgottesdienst – **Sebnitz** Demonstration mit 400 Teilnehmern nach einem Gottesdienst zum Thema »Ökumenische Gebetsstunde in den Anliegen unseres Landes« – **Werdau** erstes Friedensgebet in der Marienkirche, anschließend Demonstration mit 1400 (MfS: 1000) Teilnehmern

4. November

Altenburg Kundgebung auf dem Theaterplatz für freies Reisen und freie Wahlen, anschließend Demonstration mit 10 000 bis 12 000 Teilnehmern nach einem Aufruf des Neuen Forums – **Angermünde** Menschenkette vor der Kreisdienststelle des MfS mit 15 Teilnehmern – **Annaberg-Buchholz** Demonstration mit 10 000 (MfS: 6000)

Teilnehmern nach einem Fürbittgottesdienst in der Evangelisch-Methodistischen Kirche; an der Kreisdienststelle des MfS werden Kerzen abgestellt **– Arnstadt** Demonstration für freie Wahlen und die Zulassung des Neuen Forums mit 5000 Teilnehmern **– Bad Muskau** Demonstration mit 120 Teilnehmern, anschließend findet eine Bürgeraussprache statt **– Berlin** erste offiziell beantragte und genehmigte Demonstration mit mehr als einer halben Million Teilnehmern **– Coswig/Dresden** Kundgebung auf dem Schulhof der Ostrowski-Oberschule mit 2500 Teilnehmern, wegen Dauerregen wird die Kundgebung in die evangelische Kirche verlegt **– Crimmitschau** erstes Friedensgebet in der Johanneskirche und anschließend Demonstration mit 2000 (Ministerium des Innern: 5000) Teilnehmern **– Dahme** Demonstration mit 1500 (Ministerium des Innern: 4000) Teilnehmern und anschließend Kundgebung vor dem »Haus des Volkes« **– Dresden** Demonstration vom Fučikplatz zum Kulturpalast mit 15 000 Teilnehmern mit den Forderungen »SED – ade« und »Stasi in die Volkswirtschaft« **– Eisleben** Demonstration mit 700 Teilnehmern zur Kreisdienststelle des MfS **– Freiberg** vor dem Rathaus Kundgebung für freie Wahlen und die Zulassung des Neuen Forums, anschließend Demonstration durch die Innenstadt zurück zum Rathaus mit 5000 (Ministerium des Innern: 2500) Teilnehmern nach einem Aufruf des Neuen Forums **– Gadebusch** Demonstration für Demokratie und freie geheime Wahlen mit 1600 Teilnehmern nach einem Aufruf des Neuen Forums **– Genthin** Demonstration mit 2000 Teilnehmern, es wird die Ablösung von Erich Mielke gefordert **– Greiz** Demonstration gegen die Alleinherrschaft der SED und für das Neue Forum mit 2500 Teilnehmern **– Heringsdorf** Demonstration mit 4000 Teilnehmern zum Ferienheim des MfS »Fritz Schmenkel«, wo dessen Freigabe gefordert wird **– Jena** nach einem Einwohnerforum findet eine Demonstration zum Stadtzentrum mit 8000 (MfS: 40 000) Teilnehmern statt **– Lauscha** Demonstration mit 3500 Teilnehmern **– Lengenfeld** Demonstration und Kundgebung für freie Wahlen und die Zulassung des Neuen Forums mit 3000 Teilnehmern nach einem Gottesdienst in der evangelischen Kirche **– Lichtenstein/Karl-Marx-Stadt** Demonstration vom Karl-Marx-Platz durch das Stadtzentrum zum Platz der DSF, anschließend Kundgebung mit 1000 Teilnehmern nach einem Aufruf der Bürgerinitiative »Suchet der Stadt Bestes« **– Ludwigslust** Demonstration für freie Demokratie und geheime Wahlen mit 4000 Teilnehmern nach einem Aufruf des Neuen Forums **– Magdeburg** Kundgebung der Kunstschaffenden auf dem Domplatz mit 40 000 (Ministerium des Innern: 7000) Teilnehmern, anschließend Demonstration zum Haus des Lehrers **– Marienberg** Demonstration für die Zulassung des Neuen Forums und die Abschaffung des MfS und der SED mit 4000 (MfS: 1000) Teilnehmern **– Mühlhausen** nach einer Informationsveranstaltung in der Marienkirche findet eine Demonstration zum Untermarkt mit 3000 Teilnehmern nach einem Aufruf der Initiativgruppe »Veränderung jetzt« statt **– Naumburg** Demonstration durch die Innenstadt mit 12 000 Teilnehmern nach einem Aufruf oppositioneller Kräfte **– Parchim** Demonstration für Demokratie und freie geheime Wahlen mit 3500 Teilnehmern nach einem Aufruf des Neuen Forums **– Plauen** Demonstration vom Rathaus, nach kurzer Ansprache von Superintendent Küttler, durch die Innenstadt zum Rathaus, anschließend Kundgebung mit 25 000 (Ministerium des Innern: 30 000) Teilnehmern; es wird der Rücktritt der Regierung gefordert – **Potsdam** Kundgebung für freie Wahlen und »Stasi in die Produktion«, anschließend Demonstration zur Bezirksverwaltung des MfS mit 30 000 (MfS: 20 000) Teilnehmern nach einem Aufruf des Neuen Forums – **Röbel/Neubrandenburg** Demonstration für demokratische Erneuerung mit 3500 (Ministerium des Innern: 2000) Teilnehmern – **Rostock** Kundgebung für »Freie Wahlen und politische Reformen« vor dem Rathaus, anschließend demonstrieren 30 000 (Ministerium des Innern: 20 000) Teilnehmer zur Bezirksverwaltung des MfS – **Rudolstadt** nach einem Fürbittgottesdienst in der Stadtkirche Demonstration zur Lutherkirche am Markt mit 3500 Teilnehmern, Forderungen »Demokratie Jetzt, Wir sind das Volk, Stasi in die Volkswirtschaft« – **Salzwedel** Demonstration für die Beseitigung der Diktatur der SED mit 3000 Teilnehmern nach einem Aufruf des Neuen Forums – **Schönheide/Karl-Marx-Stadt** Kundgebung vor dem Rathaus mit 200 Teilnehmern – **Schwedt** Demonstration durch die Innenstadt mit 15 000 (MfS: 4500) Teilnehmern; an der Kreisdienststelle des MfS werden Kerzen abgestellt – **Sebnitz** Demonstration mit 2000 Teilnehmern nach einem Bürgerforum, aufgerufen hat das Neue Forum – **Spremberg** Kundgebung vor dem Kreiskulturhaus mit 1000 (Ministerium des Innern: 200) Teilnehmern – **Stollberg** Friedensmarsch mit 8000 Teilnehmern durch die Innenstadt; im Anschluß findet ein Gemeindeabend in der St.-Jakobi-Kirche statt – **Suhl** nach einem Friedensgebet »Für unser Land« findet eine Demonstration für mehr Demokratie, freie Wahlen und die Einführung eines Sozialen Friedensdienstes mit 20 000 (Ministerium des Innern: 12 000, Dokumentation Thüringen 1989/90: 35 000) Teilnehmern statt, anschließend Kundgebung vor der Stadthalle, aufgerufen hat das Neue Forum – **Templin** Demonstration vor der Kreisdienststelle des MfS mit 200 Teilnehmern – **Wernigerode** Demonstration mit 5000 Teilnehmern nach einem Aufruf des Neuen Forums, an der Kreisdienststelle des MfS werden Kerzen abgestellt – **Wittenberg** Demonstration und anschließend Kundgebung für freie Wahlen und die Zulassung der neuen Gruppierungen mit 5000 Teilnehmern nach einem Aufruf von Demokratie Jetzt – **Zittau** Rathausgespräch mit anschließender Kundgebung, 3000 Teilnehmer – Demonstrationen und Kundgebungen finden auch statt in **Ribnitz-Damgarten** 2000 Teilnehmer, **Kühlungsborn** 500 Teilnehmer, **Egeln/Magdeburg** 200 Teilnehmer, **Arenshausen** 100 Teilnehmer, **Triptis** 500 Teilnehmer, und **Heiligenstadt** 2000 Teilnehmer

5. November

Bad Salzungen Kundgebung auf dem Marktplatz gegen die führende Rolle der SED mit 3500 Teilnehmern – **Bernsdorf/Cottbus** Demonstration mit 1200 Teilnehmern – **Bitterfeld** Demonstration zur Kreisdienststelle des MfS mit 4000 Teilnehmern nach einem Friedensgebet in der Marktkirche – **Borna** Demonstration am Vormittag für freie Wahlen mit 150 Teilnehmern, am Abend Demonstration zum Rathaus nach einem Bittgottesdienst in der Stadtkirche mit 200 (MfS: 500) Teilnehmern – **Dresden** nach einem Bittgottesdienst in der Kreuzkirche Demonstration durch die Innenstadt gegen den Bau des Reinstsiliziumwerkes mit 15 000 (Sächsisches Staatsarchiv: 13 000)

Teilnehmern – **Freiberg** Sternmarsch zum Obermarkt mit 2000 Teilnehmern nach Friedensgebeten in der Petri- und der Jacobikirche – **Geithain** Kundgebung im Sportstadion mit 2000 Teilnehmern – **Gößnitz/Leipzig** Demonstration zum Rathaus mit 800 (MfS: 500) Teilnehmern – **Gräfenhainichen** nach einem Friedensgebet findet eine Demonstration gegen die führende Rolle der SED mit 4000 Teilnehmern statt, aufgerufen hat das Neue Forum – **Guben** Im Filmtheater findet eine Diskussionsveranstaltung statt, Thema sind die Übergriffe der Polizei am 8.10.1989, vor und im Filmtheater versammeln sich 10 000 (Ministerium des Innern: 5500) Teilnehmer – **Hildburghausen** Demonstration mit 650 Teilnehmern nach einem Fürbittgottesdienst, an der Kreisdienststelle des MfS werden Kerzen abgestellt – **Hohenstein-Ernstthal** Schweigemarsch mit 800 Teilnehmern nach einem Fürbittgottesdienst in der St.-Christopheri-Kirche – **Jüterbog** Kundgebung auf dem Sportplatz gegen die führende Rolle der SED mit 5000 Teilnehmern nach einem Aufruf des Rates der Stadt – **Schwarzburg/Gera** Demonstration gegen das MfS mit 300 Teilnehmern – **Stralsund** Kundgebung auf dem Olof-Palme-Platz unter dem Motto »Theaterschaffende und ihr Publikum mit verantwortlichen Persönlichkeiten im Gespräch«, 8000 (Chronik Stadtarchiv Stralsund: 10 000) Teilnehmer – **Treuen** nach einer Informationsveranstaltung des Neuen Forums im »Treuener Hof« findet eine Demonstration mit 2500 Teilnehmern statt, anschließend Kundgebung am Kulturzentrum – **Ueckermünde** nach einem Gottesdienst in der Marienkirche demonstrieren 1200 Teilnehmer zum Ueckerplatz, wo eine Kundgebung der Nationalen Front mit 2800 (MfS: 4000) Teilnehmern stattfindet – **Waren/Müritz** Demonstration zum Stoph-Objekt in Birkenheide, dessen Schließung wird gefordert – **Wismar** Demonstration für freie Wahlen und gegen den Führungsanspruch der SED – Demonstrationen und Kundgebungen finden auch statt in **Großburschla/Erfurt** 120 Teilnehmer, und **Torgau** 2000 Teilnehmer

6. November

Artern Informationsveranstaltung in der Marienkirche, anschließend Demonstration für die Ablösung des 1. Sekretärs der SED-Kreisleitung mit 450 Teilnehmern – **Aue** Demonstration mit 20 000 Teilnehmern nach einem Fürbittgottesdienst in der Friedenskirche, im Anschluß Kundgebung vor dem Kreiskulturhaus – **Bad Blankenburg** nach einem Friedensgebet in der evangelischen Kirche Demonstration, anschließend Kundgebung auf dem Marktplatz mit 5000 Teilnehmern – **Bad Langensalza** Demonstration mit 450 Teilnehmern nach einem Friedensgebet in der Marktkirche – **Bad Sülza/Rostock** Demonstration nach einem Friedensgebet – **Bärenstein/Karl-Marx-Stadt** Demonstration und anschließend Kundgebung vor dem Rathaus mit 300 Teilnehmern nach einem Fürbittgottesdienst – **Bautzen** Demonstration mit 5500 (MfS: 1500) Teilnehmern – **Bergen** Demonstration nach einem Friedensgebet – **Bernburg** Gottesdienst in der Martinskirche, anschließend Demonstration durch die Innenstadt mit 2000 Teilnehmern; es wird der Rücktritt des 1. Sekretärs der SED-Kreisleitung gefordert – **Colditz** Demonstration mit 1000 Teilnehmern nach einer kirchlichen Veranstaltung in der Stadtkirche – **Cottbus** Demonstration mit 10 000

(MfS: 32 000) Teilnehmern, anschließend Kundgebung vor der Stadthalle – **Crotten-dorf/Karl-Marx-Stadt** Demonstration mit 150 Teilnehmern nach einem Aufruf Crottendorfer Schüler – **Delitzsch** Demonstration zur Kreisdienststelle des MfS mit 1000 Teilnehmern nach einem Friedensgebet – **Dingelstedt/Erfurt** Demonstration mit 3500 Teilnehmern nach kirchlicher Veranstaltung – **Döbeln** Demonstration mit 1000 (MfS: 1500) Teilnehmern nach einem Gottesdienst in der Stadtkirche – **Dres-den** nach einer kirchlichen Veranstaltung in der Kreuzkirche findet eine Demonstra-tion mit 100 000 (Sächsisches Staatsarchiv: 70 000) Teilnehmern statt, anschließend Kundgebung auf dem Fučíkplatz – **Ehrenfriedersdorf** Demonstration mit 700 Teil-nehmern nach einem Friedensgebet – **Eisenach** Demonstration mit 3000 Teilneh-mern nach einem Bittgottesdienst in der Georgenkirche – **Eisenhüttenstadt** De-monstration zur Kreisdienststelle des MfS mit 600 Teilnehmern – **Eisfeld/Suhl** Demonstration mit 200 Teilnehmern nach einem Friedensgebet – **Erlbach/Karl-Marx-Stadt** Schweigemarsch von der Schule zur Kirche mit 500 Teilnehmern, in der Kirche findet ein Fürbittgottesdienst statt – **Friedland/Neubrandenburg** Demon-stration mit 1500 Teilnehmern nach einem Friedensgebet – **Geismar/Erfurt** Stern-marsch zur Kontrollstelle der VP in Geismar mit 1600 Personen aus verschiedenen im Grenzgebiet gelegenen Gemeinden, mit der Forderung »Weg mit der Sperrzone, weg mit dem Schlagbaum« und für die Wiedervereinigung Deutschlands – **Glauchau** Demonstration mit 2000 (MfS: 2500) Teilnehmern nach einem Fürbittgottesdienst in der St.-Georgen-Kirche – **Grimma** Demonstration zum Markt mit 1000 Teilnehmern nach einem Friedensgebet, es wird gefordert, daß die »Bonzen« abtreten sollen – **Grimmen** Demonstration nach einem Friedensgebet – **Hainichen** Demonstration mit 1000 (MfS: 700) Teilnehmern – **Halle** »Gebet für unser Land« in der Marktkirche, anschließend Demonstration mit 60 000 (Halle im Herbst: 80 000) Teilnehmern und Kundgebung auf dem Marktplatz, auf der der Rücktritt des 1. Sekretärs der SED-Bezirksleitung gefordert wird – **Heiligenstadt** Demonstration zum Friedensplatz mit 20 000 Teilnehmern nach einem Gottesdienst im Paterkloster, anschließend findet eine Dialogveranstaltung mit 25 000 Teilnehmern statt, auf der freie Wahlen und die Abschaffung des Sperrgebietes gefordert werden, außerdem fordern Sprechchöre »Egon reiß die Mauer ab« – **Hennigsdorf/Potsdam** Demonstration mit 1600 Teil-nehmern nach einer kirchlichen Veranstaltung – **Hildburghausen** Bürgerforum mit 1500 Teilnehmern auf dem Marx-Engels-Platz, anschließend Demonstration mit 300 Teilnehmern zur SED-Kreisleitung – **Hoyerswerda** Demonstration und anschlie-ßend Kundgebung auf dem Platz der Roten Armee mit 500 Teilnehmern – **Karl-Marx-Stadt** Demonstration durch das Stadtzentrum mit anschließender Kundge-bung am Karl-Marx-Monument mit 50 000 (Auferstanden aus Ruinen: 60 000 bis 70 000, Ministerium des Innern: 100 000) Teilnehmern – **Königsbrück** Demonstra-tion mit 700 Teilnehmern – **Kröpelin/Rostock** Demonstration mit 1500 Teilneh-mern nach einem Friedensgebet – **Leipzig** nach Friedensgebeten in 6 Kirchen finden eine Kundgebung und anschließend eine Demonstration mit 200 000 (Ministerium des Innern: 300 000) Teilnehmern statt, es wird die Abschaffung des neuen Reisege-setzes gefordert und gerufen »SED muß weg« – **Leisnig** Demonstration durch die

Innenstadt zum Rathaus mit 1000 (MfS: 200) Teilnehmern für die Auflösung der Kampfgruppen – **Lindow** Demonstration mit 1000 Teilnehmern nach einer kirchlichen Veranstaltung – **Magdeburg** Bürgerforum auf dem Domplatz in Magdeburg mit 50 000 bis 80 000 (Ministerium des Innern: 25 000, MfS: 32 000) Teilnehmern nach einem Friedensgebet im Dom – **Malchin** Demonstration mit 1800 Teilnehmern nach einem Friedensgebet – **Malchow** Demonstration mit 1000 Teilnehmern nach einem Friedensgebet – **Meerane** Demonstration mit 2000 Teilnehmern nach einem Gottesdienst in der St.-Martins-Kirche – **Merseburg** Demonstration mit 3000 bis 5000 (Ministerium des Innern: 2000) Teilnehmern nach einem Friedensgebet, an der Kreisdienststelle des MfS werden Losungen gerufen wie »Stasi raus« und brennende Kerzen abgestellt – **Mittweida** Demonstration nach einem Friedensgebet in der Stadtkirche – **Oelsnitz** Demonstration und anschließend Kundgebung auf dem Ernst-Thälmann-Platz mit 6500 Teilnehmern – **Oschatz** Demonstration mit 3000 Teilnehmern nach einem Friedensgebet in der St.-Aegidien-Kirche – **Oschersleben** Demonstration mit 1100 Teilnehmern nach kirchlicher Veranstaltung – **Osterburg** Demonstration mit 1000 Teilnehmern nach kirchlicher Veranstaltung – **Pockau** Demonstration zum Kulturpark mit 300 Teilnehmern – **Pößneck** Kundgebung auf dem Marktplatz und anschließend Demonstration mit 6000 Teilnehmern nach einem Friedensgebet – **Pritzwalk** Demonstration mit 1000 Teilnehmern nach einer kirchlichen Veranstaltung – **Rabenau** Demonstration mit 450 Teilnehmern nach einer Informationsveranstaltung des Neuen Forums in der evangelischen Kirche – **Schmalkalden** Demonstration mit 250 Teilnehmern, an der Kreisdienststelle des MfS werden Kerzen abgestellt – **Schwarzenberg** Kundgebung auf dem Platz der Befreiung mit 5000 (MfS: 8000) Teilnehmern nach einem Aufruf des Neuen Forums, anschließend Demonstration zum Objekt der Kreisdienststelle des MfS – **Schwerin** nach einem Friedensgebet finden eine Kundgebung und anschließend eine Demonstration mit 25 000 Teilnehmern statt, an der BDVP und der Bezirksleitung der SED werden Kerzen abgestellt – **Sonneberg** Demonstration mit 12 000 Teilnehmern nach einem Friedensgebet in der Stadtkirche – **Staßfurt** Demonstration mit 3000 (MfS: 2000) Teilnehmern nach kirchlicher Veranstaltung – **Stendal** Kundgebung auf dem Marktplatz und anschließend Demonstration für Medienfreiheit, freie Wahlen und Reisefreiheit mit 3000 Teilnehmern nach einem Aufruf des Neuen Forums – **Stralsund** Demonstration zum Wohnhaus des Oberbürgermeisters mit 1900 (MfS: 2300) Teilnehmern nach einem Friedensgebet in der Marienkirche – **Templin** Demonstration mit 2000 Teilnehmern nach einem Friedensgebet – **Waldenburg/Karl-Marx-Stadt** Demonstration mit 400 Teilnehmern nach einer kirchlichen Veranstaltung – **Waren/Müritz** Demonstration und anschließend Kundgebung gegen das neue Reisegesetz mit 1000 Teilnehmern nach einem Friedensgebet – **Weißwasser** Demonstration nach einer Veranstaltung in der evangelischen Kirche, aufgerufen hat das Neue Forum – **Wernigerode** Kundgebung und anschließend Demonstration mit 2500 Teilnehmern – **Worbis** Demonstration nach einer kirchlichen Veranstaltung – **Wurzen** Demonstration mit 3000 (MfS: 2000) Teilnehmern nach Friedensgebeten im Dom und in der katholischen Kirche – **Zehdenick/Potsdam** Demonstration mit 2000

Teilnehmern nach einer kirchlichen Veranstaltung – **Zwickau** nach Friedensgebeten in 3 Kirchen versammeln sich 14 000 (Ministerium des Innern: 10 000) Teilnehmer zu einer Kundgebung auf dem Hauptmarkt – Demonstrationen und Kundgebungen finden auch statt in **Forst** 1000 Teilnehmer, **Welzow** 500 Teilnehmer, **Apolda** 10 000 Teilnehmer, **Wittenberge** 1200 Teilnehmer, **Neuzelle/Frankfurt** 600 Teilnehmer, **Bad Frankenhausen** 1800 Teilnehmer, **Bleicherode/Erfurt** 5000 Teilnehmer, **Borna** 250 Teilnehmer, **Gößnitz** 600 Teilnehmer, **Kamenz** 600 Teilnehmer, **Lichtenberg/Dresden** 350 Teilnehmer, **Rothenburg** 250 Teilnehmer, und **Eibau** 220 Teilnehmer

7. November

Anklam Kundgebung für Reformen mit 3000 Teilnehmern – **Bad Salzungen** Demonstration mit 3000 (MfS: 5000) Teilnehmern nach einem Friedensgebet in der Stadtkirche, an der Kreisdienststelle des MfS werden Kerzen abgestellt – **Berlin** Demonstration für freie Kommunalwahlen unter dem Motto »Wahlbetrüger vor Gericht« vom Alexanderplatz zur Volkskammer mit 1000 Teilnehmern – **Böhlitz-Ehrenberg/Leipzig** Demonstration vor dem Rat der Gemeinde mit 250 Teilnehmern; die Teilnehmer fordern den Bürgermeister zum Gespräch, der sich diesem auch stellt – **Erfurt** Kundgebung auf dem Domplatz mit 10 000 Teilnehmern – **Goldberg/Schwerin** Demonstration mit 300 Teilnehmern nach einer kirchlichen Veranstaltung – **Gotha** Demonstration und anschließend Kundgebung mit 20 000 Teilnehmern, es stellen sich die SDP, das Neue Forum und der Demokratische Aufbruch vor – **Katharinenberg/Erfurt** Demonstration zur Kontrollstelle Katharinenberg des Sperrgebietes mit 100 Teilnehmern für die Aufhebung des Grenzgebietes – **Lauchröden/Erfurt** 40 Jugendliche demonstrieren nach einer kirchlichen Veranstaltung zum Objekt der Kompanie der Grenztruppen, rufen »Nieder mit dem Zaun« und stellen brennende Kerzen ab – **Meiningen** Demonstration mit 20 000 Teilnehmern nach einem Friedensgebet in der Stadtkirche, vor dem VPKA und der Kreisdienststelle des MfS werden Kerzen abgestellt – **Meißen** Demonstration für die Zulassung des Neuen Forums und den Rücktritt der Regierung, anschließend Kundgebung am Elbufer mit 5000 Teilnehmern – **Neuruppin** nach einem Friedensgebet in der Klosterkirche demonstrieren 33 Jugendliche vorbei am Rat des Kreises, der SED-Kreisleitung zur Kreisdienststelle des MfS – **Nordhausen** Demonstration und anschließend Kundgebung mit 30 000 Teilnehmern, es kommt zum Dialog mit Funktionären der SED-Kreisleitung und Vertretern des Neuen Forums – **Rathenow** Demonstration mit 1000 (MfS: 8000) Teilnehmern, an der Kreisdienststelle des MfS werden Kerzen abgestellt – **Regis-Breitingen/Leipzig** Demonstration zum Thema »Umwelt« – **Weimar** Demonstration und anschließend Kundgebung mit 20 000 Teilnehmern, vor dem VPKA werden Kerzen abgestellt – **Weißenfels** Kundgebung auf dem Marktplatz und anschließend Demonstration mit 1500 Teilnehmern – **Wismar** Demonstration und anschließend Kundgebung auf dem Marktplatz für die Umgestaltung der DDR mit 50 000 Teilnehmern nach einem Aufruf des Neuen Forums – **Zschopau** vor dem Filmeck findet ein Rathausgespräch mit 2000 Teilnehmern statt – Demonstrationen und Kundgebungen finden auch statt in **Sternberg** 300 Teilnehmer, **Lübz** 2000 Teilnehmer, **Döbern/Cottbus** 300 Teilnehmer, **Tangerhütte** 600 Teilnehmer, **Naumburg** 1400 Teilnehmer, **Bitterfeld** 1000 Teilnehmer, **Schlotheim/Erfurt** 100 Teilnehmer, **Schmiedefeld** 800 Teilnehmer, **Gehlberg/Suhl** 400 Teilnehmer, **Geithain** 2500 Teilnehmer, **Penig** 500 Teilnehmer, **Zwönitz** 1500 Teilnehmer, **Sangerhausen** 6000 Teilnehmer, **Ribnitz-Damgarten** 3000 Teilnehmer, und **Roßlau** 2000 Teilnehmer

8. November

Berlin Kundgebung der SED vor dem ZK der SED mit 14 000 Teilnehmern – **Eilenburg** Kundgebung auf dem Marktplatz mit 5000 Teilnehmern, anschließend Demonstration zur Kreisdienststelle des MfS – **Finsterwalde** Demonstration mit 15 000 Teilnehmern nach einem Friedensgottesdienst, an der Kreisdienststelle des MfS werden Kerzen abgestellt – **Frankfurt/Oder** Schweigemarsch mit 2500 Teilnehmern nach einer Veranstaltung des Neuen Forums in der Georgenkirche – **Freiberg** Kundgebung nach einem Aufruf des Rates der Stadt, gleichzeitig Demonstration zum Kundgebungsplatz mit 2000 Teilnehmern, die Kundgebung findet dann vor 8000 Teilnehmern statt, gefordert wird die Abschaffung der führenden Rolle der SED – **Freital** Kundgebung für Neuwahlen mit 10 000 (Ministerium des Innern: 8000, MfS: 5000) Teilnehmern – **Greifswald** Demonstration mit 6000 Teilnehmern nach dem Friedensgebet im Dom – **Halberstadt** Demonstration für freie Wahlen und die Ablösung des ZK mit 10 000 (Eine Hoffnung lernt gehen: 18 000) Teilnehmern nach einem »Gebet für unser Land« in der Martinikirche – **Königs Wusterhausen** Demonstration mit 700 Teilnehmern, an der Kreisdienststelle des MfS werden Kerzen abgestellt – **Limbach/Oberfrohna** Demonstration mit 15 000 (Ministerium des Innern: 20 000) Teilnehmern nach einem Friedensgebet in der Stadtkirche – **Neubrandenburg** Friedensgebet in der Johanniskirche, anschließend Demonstration (»Marsch der Hoffnung«) und Kundgebung auf dem Karl-Marx-Platz für »Freie Wahlen« und »Mindestrente fürs ZK« mit 25 000 (Ministerium des Innern: 20 000) Teilnehmern – **Reichenbach i. Vogtl.** Demonstration mit 4000 Teilnehmern nach einem Gottesdienst – **Sondershausen** Demonstration zur Stadtmitte mit 1000 Teilnehmern nach einer Veranstaltung in der katholischen Kirche, an der SED-Kreisleitung werden Kerzen abgestellt, die Demonstranten fordern »Wir sind das Volk«, »Wir bleiben hier« und »Stasi in die Produktion« – **Weißenfels** Demonstration zur Kreisdienststelle des MfS mit 5000 Teilnehmern – Demonstrationen und Kundgebungen finden auch statt in **Bad Doberan** 5000 Teilnehmer, **Demmin** 3000 Teilnehmer, **Neustrelitz** 2000 Teilnehmer, **Genthin** 1800 Teilnehmer, **Stendal** 1000 Teilnehmer, **Tangermünde** 1000 Teilnehmer, **Unterwellenborn** 3000 Teilnehmer, **Wasungen/Suhl** 2500 Teilnehmer, **Borna** 1500 Teilnehmer, **Kühlungsborn** 5000 Teilnehmer, **Wismar** 3500 Teilnehmer, **Großräschen/Cottbus** 3000 Teilnehmer, **Zerbst** 3000 Teilnehmer, **Zeitz** 7000 Teilnehmer, und **Markneukirchen** 6000 Teilnehmer

9. November

Bad Elster Demonstration zum Genesungsheim des MfS »Glück auf« mit 3300 Teilnehmern, dort werden Kerzen abgestellt – **Berlin** Schweigemarsch zur Pogromnacht mit 150 Teilnehmern – **Borna** Demonstration mit 500 Teilnehmern zum Markt; dort hält der Bürgermeister eine Ansprache – **Cottbus** Kundgebung vor der Stadthalle mit 9000 Teilnehmern; es wird die Amtsenthebung des 1. Sekretärs der SED-Bezirksleitung gefordert – **Erfurt** Demonstration zum Domplatz mit 20 000 (MfS: 45 000, BDVP: 50 000) Teilnehmern nach Friedensgebeten in 4 Kirchen; es wird u. a. der Rücktritt vom Oberbürgermeister gefordert – **Friedrichroda** nach einem Friedensgebet findet eine Demonstration durch die Innenstadt mit 850 Teilnehmern statt – **Gera** Demonstration mit 25 000 Teilnehmern nach kirchlichen Veranstaltungen in der Johannis- und der Salvatorkirche – **Großenhain** Demonstration mit 2500 Teilnehmern zur SED-Kreisleitung, dort findet eine Kundgebung statt – **Hagenow** Schweigemarsch und anschließend Kundgebung mit 8000 Teilnehmern – **Heidenau** Demonstration für die Schließung des Zellstoffwerkes mit 600 Teilnehmern – **Hildburghausen** Demonstration mit 3500 (MfS: 1000) Teilnehmern, an der Kreisdienststelle des MfS werden Kerzen abgestellt – **Jena** Demonstration mit 8000 (MfS: 7000) Teilnehmern, an der Kreisdienststelle des MfS werden Kerzen abgestellt – **Leinefelde** Abendgottesdienst, anschließend Demonstration zum Zentralen Platz mit 22 000 (BDVP: 5000) Teilnehmern, dort findet eine Kundgebung für die Anerkennung der Mündigkeit der Bürger, Abschaffung des Führungsanspruches der SED und den Wegfall des Sperrgebietes statt – **Leipzig** Schweigemarsch zur Pogromnacht mit 3500 Teilnehmern – **Lucka/Leipzig** Demonstration mit 500 Teilnehmern – **Mittweida** Demonstration nach einer Veranstaltung in der Stadtkirche – **Ohrdruf** Kundgebung auf dem Marktplatz mit 500 Teilnehmern, anschließend Demonstration durch die Stadt zurück zum Markt; eigentlich sollte ein Rathausgespräch stattfinden, wegen des großen Andranges wird es auf den Marktplatz verlegt – **Pegau** nach einem Friedensgebet in der St.-Laurentius-Kirche Demonstration und anschließend Kundgebung mit 500 Teilnehmern – **Rostock** Demonstration für einen Erneuerungsprozeß in der SED mit 40 000 (Neues Deutschland: 20 000, Ministerium des Innern: 50 000) Teilnehmern nach Friedensgottesdiensten in 6 Kirchen; vor dem Rat des Bezirkes und der Bezirksverwaltung des MfS werden Kerzen abgestellt – **Schönebeck** Schweigemarsch mit 2500 Teilnehmern; an der Kreisdienststelle des MfS werden Kerzen abgestellt – **Sebnitz** Demonstration und anschließend Kundgebung des Neuen Forums mit 1000 Teilnehmern – **Teterow** Demonstration mit anschließender Kundgebung auf dem Marktplatz nach einem Friedensgebet – **Torgau** Demonstration und anschließend Kundgebung mit 8000 Teilnehmern – **Worbis** Demonstration mit 700 Teilnehmern zum VPKA, es wird die Öffnung der Grenzübergangsstelle in Teistungen gefordert – **Zeulenroda** Demonstration mit 2500 (MfS: 5000) Teilnehmern; an der Kreisdienststelle des MfS werden Kerzen abgestellt – **Zittau** nach Veranstaltungen in 3 Kirchen findet eine Demonstration mit 9000 Teilnehmern statt; an der Kreisdienststelle des MfS werden Kerzen abgestellt – Demonstrationen und Kundgebungen finden auch statt in **Quedlinburg** 2000 Teilnehmer, **Stadtroda** 2500 Teilnehmer, und **Lommatzsch**

10. November

Altenburg Demonstration mit 3000 (MfS: 2000) Teilnehmern; an der Kreisdienststelle des MfS werden Kerzen abgestellt – **Auerbach** Demonstration vom Neubaugebiet Louis Müller zum Friedensplatz; dort findet eine Kundgebung zum Thema Grenzöffnung mit 5000 Teilnehmern statt – **Bad Liebenwerda** Demonstration mit 300 Teilnehmern; an der Kreisdienststelle des MfS werden Kerzen abgestellt – **Berlin** nach Abschluß der 10. ZK-Tagung findet im Berliner Lustgarten eine Großkundgebung der SED mit 150 000 Teilnehmern statt – **Dessau** Gebet um Erneuerung in 4 Innenstadtkirchen, anschließend Demonstration zum Marktplatz mit 15 000 Teilnehmern; dort findet eine Kundgebung statt, auf der die Abschaffung des Führungsanspruches der SED gefordert wird – **Dietzenrode/Erfurt** 40 Personen demonstrieren zum Kontrollpunkt der Grenztruppen und stellen brennende Kerzen ab – **Flöha** Demonstration mit 5000 Teilnehmern nach einem Aufruf des Neuen Forums – **Görlitz** nach einem Gottesdienst in 4 Kirchen demonstrieren ca. 4000 Personen durch die Innenstadt und fordern den Stopp des weiteren Abrisses der Altstadt – **Gotha** Schweigemarsch zum Hauptmarkt mit 4500 (BDVP: 5000, Freie Wählergemeinschaft: 25 000) Teilnehmern nach einem Friedensgebet in der Augustinerkirche – **Johanngeorgenstadt** Demonstration mit 300 Teilnehmern; am Genesungsheim des MfS werden Kerzen abgestellt – **Kahla** Demonstration und anschließend Kundgebung mit 1500 Teilnehmern nach einem Fürbittgottesdienst – **Karl-Marx-Stadt** Demonstration vom Rathaus durch das Stadtzentrum zum Rathaus zurück für »Politische Reformen ohne SED-Norm« mit 3500 Teilnehmern, gleichzeitig Demonstration im Gebietskommando Wismut mit 600 Teilnehmern – **Mühlhausen** Demonstration zur SED-Kreisleitung und zum MfS-Gebäude mit 400 bis 500 Teilnehmern nach einem Friedensgebet in der katholischen Kirche – **Neustadt/Sebnitz** Demonstration nach einem Gottesdienst mit 250 Teilnehmern – **Schleiz** Kundgebung auf dem Neumarkt; anschließend findet eine Demonstration mit 800 Teilnehmern statt – **Schmölln** Demonstration mit 150 (Mfs: 250) Teilnehmern; an der Kreisdienststelle des MfS werden Kerzen abgestellt – **Sebnitz** Demonstration mit 80 Teilnehmern von der evangelischen zur katholischen Kirche an der Kreisdienststelle des MfS vorbei – Demonstrationen und Kundgebungen finden auch statt in **Querfurt** 600 Teilnehmer, **Güstrow** 6000 Teilnehmer, **Saalfeld** 8000 Teilnehmer, **Olbernhau** 10 000 Teilnehmer, **Osterwieck/Magdeburg** 500 Teilnehmer, und **Havelberg** 500 Teilnehmer

11. November

Annaberg Demonstration und anschließend Kundgebung auf dem Marktplatz mit 10 000 (Ministerium des Innern: 6000) Teilnehmern nach Gottesdiensten in 2 Kirchen – **Arnstadt** Demonstration durch das Stadtzentrum zum Marktplatz mit 8000 Teilnehmern, anschließend Kundgebung im Stadtpark, nach einem Aufruf des Neuen Forums – **Bergen/Rügen** Kundgebung für eine dauerhafte Wende mit 3500 Teilnehmern nach einem Aufruf des Neuen Forums – **Ellrich/Erfurt** 150 Personen erzwangen sich an der Grenze den Durchlaß in die BRD – **Erfurt** Kundgebung vor der Bezirksleitung der SED für eine Erneuerung der Partei mit 6000 Teilnehmern –

Frankfurt/Oder Demonstration der SED vor der Bezirksparteischule für eine konsequente Erneuerung der Partei mit 2000 (MfS: 3000) Teilnehmern – **Fürstenwalde** Demonstration für freie Wahlen mit 8000 (MfS: 3000) Teilnehmern nach einem Aufruf der Initiativgruppe der evangelischen Kirche – **Gera** Kundgebung auf dem Markt mit 3500 Teilnehmern nach einem Aufruf der Betriebsparteiorganisation VEB Modedruck – **Greiz** Demonstration und anschließend Kundgebung auf dem Markt für eine Volksabstimmung zum Artikel 1 der Verfassung der DDR mit 1500 Teilnehmern – **Havelberg** Demonstration mit 500 Teilnehmern – **Karl-Marx-Stadt** Kundgebung am Karl-Marx-Monument für eine Erneuerung der Partei mit 20 000 Teilnehmern nach einem Aufruf der SED – **Kirchgandern/Erfurt** Kerzendemonstration zur Grenze mit der Forderung »Der Zaun muß weg« – **Leipzig** Kundgebung der SED – **Lengenfeld/Karl-Marx-Stadt** Demonstration mit 1100 Teilnehmern nach einer Friedensandacht – **Lübben** Kundgebung auf dem Marktplatz zum Thema »Demokratische Erneuerung – jetzt« mit 2000 Teilnehmern – **Marienberg** Kundgebung und anschließend Demonstration mit 2000 Teilnehmern – **Neubrandenburg** Kundgebung der SED vor dem Haus der Bezirksleitung für eine konsequente Erneuerung der Partei mit 2000 Teilnehmern – **Olbernhau** Kundgebung mit anschließender Demonstration – **Plauen** Demonstration vom Rathaus, nach kurzer Ansprache von Superintendent Küttler, durch die Innenstadt zum Rathaus und anschließend Kundgebung mit 15 000 (MfS: 10 000) Teilnehmern – **Potsdam** Demonstration mit 500 Teilnehmern nach einem Aufruf des Neuen Forums, gleichzeitig Kundgebung der SED mit 2500 Teilnehmern – **Rudolstadt** Demonstration zur Lutherkirche für die Auflösung des MfS und der Kampfgruppen mit 1000 Teilnehmern nach einem Friedensgebet – **Schönheide/Karl-Marx-Stadt** Demonstration und anschließend Kundgebung vor dem Rat der Gemeinde mit 800 Teilnehmern – **Spremberg** Demonstration mit 1000 (MfS: 800) Teilnehmern nach einem Aufruf des Neuen Forums – **Suhl** Kundgebung der SED mit 1000 (MfS: 2000) Teilnehmern – **Wittenberge** nach einem Friedensgebet in der evangelischen Kirche findet eine Demonstration mit anschließender Kundgebung mit 2000 Teilnehmern statt – Demonstrationen und Kundgebungen finden auch statt in **Angermünde** 120 Teilnehmer, **Osterwieck/Magdeburg** 800 Teilnehmer, **Wolgast** 4000 Teilnehmer, **Blankenburg** 1500 Teilnehmer, **Schwerin** 2000 Teilnehmer, und **Zwenkau**

12. November

Besenhausen/Erfurt Demonstration für die Öffnung der Grenze mit 1500 Teilnehmern – **Bitterfeld** nach einem Friedensgebet in der Marktkirche finden eine Kundgebung auf dem Marktplatz und anschließend eine Demonstration mit 1500 (MfS: 1200) Teilnehmern statt – **Borna** Demonstration zur Kreisdienststelle des MfS mit 150 Teilnehmern nach einem Friedensgottesdienst – **Brandenburg** Demonstration und Kundgebung mit 8500 (MfS: 7000) Teilnehmern nach einem Aufruf des Neuen Forums – **Crimmitschau** Friedensgebet mit anschließender Demonstration – **Dresden** Demonstration auf dem Fučikplatz für eine Erneuerung der SED mit 50 000 Teilnehmern nach Aufruf der SED – **Eisfeld/Suhl** Demonstration für freie Wahlen mit

1300 Teilnehmern – **Finsterwalde** Kundgebung der SED auf dem Marktplatz mit 1000 Teilnehmern – **Frauenstein** Demonstration und anschließend Kundgebung mit 400 Teilnehmern nach einem Aufruf des Kirchenvorstandes – **Gößnitz** Demonstration mit 1000 (MfS: 600) Teilnehmern – **Gräfenhainichen** Schweigemarsch mit 2000 Teilnehmern – **Halle** Demonstration von der St. Johannes- und St. Petruskirche zur Marienkirche mit 1000 Teilnehmern – **Hohenstein-Ernstthal** Demonstration mit 800 Teilnehmern nach einem Fürbittgottesdienst in der St. Christopherikirche – **Kaulsdorf/Berlin** Demonstration für Reisefreiheit mit 60 Teilnehmern nach einem Fürbittgottesdienst – **Kirchberg/Karl-Marx-Stadt** Demonstration vom Markt durch die Innenstadt und zurück mit 200 Teilnehmern – **Lübben** Kundgebung auf dem Marktplatz mit 1000 Teilnehmern nach einem Aufruf der LDPD – **Magdeburg** Kundgebung der SED für eine konsequente Veränderung der Partei mit 2000 Teilnehmern – **Oberwiesenthal** nach einem Friedensgebet Demonstration und anschließend Kundgebung für freie Wahlen und die Auflösung des Gästehauses der Partei, 1000 Teilnehmer – **Rostock** Kundgebung von Rostocker Theaterleuten auf dem Ernst-Thälmann-Platz mit 1000 (MfS: 2000) Teilnehmern, anschließend Demonstration zum Haus des Volkstheaters, wobei der Rücktritt der SED-Bezirks- und -Kreisleitung gefordert wird, im Volkstheater findet im Anschluß ein Forum zum Thema »Wem gehört die Wirklichkeit« statt – **Strausberg** Demonstration mit 10 000 Teilnehmern nach einem Aufruf des Neuen Forums – **Torgau** Demonstration und anschließend Kundgebung auf dem Marktplatz mit 800 Teilnehmern nach einem Gottesdienst – **Treuen/Karl-Marx-Stadt** Demonstration vom »Treuener Hof« zum Kulturzentrum mit 1500 Teilnehmern – **Ueckermünde** Schweigemarsch, anschließend Kundgebung mit 1500 Teilnehmern – **Wismar** Willenskundgebung von 2000 SED-Mitgliedern auf dem Wismarer Marktplatz – **Wolgast** Kundgebung des Neuen Forums für die Abschaffung der Kampfgruppen mit 3000 Teilnehmern – Demonstrationen und Kundgebungen finden auch statt in **Gera** 1700 Teilnehmer, **Karl-Marx-Stadt** 10 000 Teilnehmer, **Rosenthal/Dresden** 10 000 Teilnehmer, und **Nordhausen** 1800 Teilnehmer

13. November

Apolda Demonstration und anschließend Kundgebung mit 5000 Teilnehmern – **Arendsee/Neubrandenburg** Demonstration mit 250 Teilnehmern nach einer kirchlichen Veranstaltung – **Aue** Demonstration mit 5000 Teilnehmern nach einer kirchlichen Veranstaltung – **Bad Blankenburg** Demonstration mit 2000 Teilnehmern nach einem Friedensgebet – **Bautzen** Demonstration mit 10 000 Teilnehmern; an der Kreisdienststelle des MfS werden Kerzen abgestellt – **Buttlar/Suhl** 50 Personen fordern an der Staatsgrenze die Eröffnung einer Grenzübergangsstelle – **Cottbus** Kundgebung vor der Stadthalle mit 10 000 Teilnehmern, gleichzeitig Gottesdienst in der Oberkirche, von der aus anschließend 500 Personen zur Kreisdienststelle des MfS demonstrierten – **Delitzsch** Demonstration mit 2000 (MfS: 900) Teilnehmern nach einem Aufruf des Neuen Forums – **Döbeln** Demonstration mit 2000 (MfS: 200) Teilnehmern nach einer kirchlichen Veranstaltung – **Dresden** Protestkundgebung für die Abschaffung des Artikels 1 der Verfassung der DDR und anschließend Demonstration von der Kreuzkirche zum Fučikplatz mit 100 000 Teilnehmern – **Eisenach** nach einem Friedensgebet findet eine Demonstration mit 1500 Teilnehmern statt; es wird der Rücktritt des 1. Sekretärs der SED-Kreisleitung gefordert – **Forst** Demonstration mit 600 Teilnehmern nach einem Fürbittgottesdienst – **Geisa/Suhl** Demonstration zur Staatsgrenze mit 50 Teilnehmern nach einem Friedensgebet – **Glauchau** Demonstration mit 1000 Teilnehmern nach einer kirchlichen Veranstaltung – **Grimma** Demonstration mit 400 (MfS: 500) Teilnehmern nach einer kirchlichen Veranstaltung – **Guben** Demonstration vom Wilhelm-Pieck-Denkmal zum Busbahnhof, wo eine Kundgebung mit 6000 Teilnehmern stattfindet – **Halle** Demonstration vom Marktplatz zum Platz vor der Eissporthalle für freie Wahlen und gegen die SED »Nimm deinen Hut SED und geh«, 8000 Teilnehmer – **Heiligenstadt** Demonstration mit 9000 Teilnehmern nach einem Gottesdienst im Paterkloster, im Anschluß Kundgebung vor dem Rat des Kreises gegen die führende Rolle der SED – **Hohenstein-Ernstthal** Demonstration mit 4000 (MfS: 3000) Teilnehmern nach einer kirchlichen Veranstaltung – **Hoyerswerda** Demonstration durch die Innenstadt zum Rat der Stadt, wo eine Kundgebung mit 1000 (MfS: 7500) Teilnehmern stattfindet – **Kamenz** Schweigemarsch mit 300 Teilnehmern nach einem Friedensgebet; an der Kreisdienststelle des MfS werden Kerzen abgestellt – **Karl-Marx-Stadt** Kundgebung vor dem Karl-Marx-Monument und anschließend Demonstration mit 50 000 (Ministerium des Innern: 70 000) Teilnehmern; Forderungen »Lorenz raus aus dem ZK« und »40 Jahre sind genug« – **Kirchgandern/Erfurt** Kerzendemonstration zur Staatsgrenze mit 200 Teilnehmern – **Leisnig** Demonstration mit 150 (MfS: 60) Teilnehmern nach einer kirchlichen Veranstaltung – **Leipzig** nach Friedensgebeten in 6 Kirchen finden eine Kundgebung und anschließend eine Demonstration für freie Wahlen, Reisefreiheit und gegen den Führungsanspruch der SED mit 150 000 (Wir sind das Volk: 200 000, Ministerium des Innern: 100 000) Teilnehmern statt – **Luckau** Kundgebung auf dem Marktplatz gegen die führende Rolle der SED mit 1500 Teilnehmern – **Magdeburg** Montagsgebet im Dom, anschließend Kundgebung auf dem Domplatz für ein neues Wahlgesetz, Meinungs- und Demonstrationsfreiheit, 10 000 Teilnehmer – **Malchin** Schweigemarsch mit 1000 (MfS: 1100) Teilnehmern nach einem Gottesdienst – **Meerane** Demonstration mit 1000 Teilnehmern nach einer kirchlichen Veranstaltung – **Merseburg** Demonstration mit 1300 (MfS: 1000) Teilnehmern nach dem Friedensgebet; an der Kreisdienststelle des MfS werden Kerzen abgestellt – **Neubrandenburg** nach einem Friedensgebet findet ein »Marsch gegen das Vergessen« zur Bezirksparteischule und zur Bezirksleitung der SED mit 3000 Teilnehmern nach einem Aufruf des Neuen Forums statt; es wird die Schließung der Schule gefordert – **Neuruppin** »Weg des Friedens« – Schweigemarsch vom Ernst-Thälmann- Platz zur sowjetischen Kommandantur gegen den Fluglärm in Neuruppin mit 10 000 bis 12 000 Teilnehmern; es wird ein Brief an den sowjetischen Kommandanten mit der Forderung, den Flugbetrieb einzustellen, übergeben – **Oelsnitz** Demonstration mit 1500 (MfS: 2500) Teilnehmer nach einer kirchlichen Veranstaltung – **Oschatz** Demonstration mit 2500 (MfS: 3500) Teilnehmern nach einer kirchlichen Veranstaltung – **Osterburg** Demonstration zur Kreisdienststelle des MfS mit 1000 (MfS: 300) Teilnehmern nach einer kirchlichen Veranstaltung in der Nikolaikirche – **Pößneck** nach einem Friedensgottesdienst finden eine Kundgebung auf dem Markt und anschließend eine Demonstration für freie Wahlen und die Weiterführung der »Revolution von unten« mit 4000 Teilnehmern statt – **Ribnitz-Damgarten** Demonstration mit 500 Teilnehmern nach einem Friedensgebet in der St.-Marien-Kirche – **Rothenburg** Demonstration nach einem Friedensgebet – **Schwarzenberg** Demonstration mit 3000 Teilnehmern nach einer kirchlichen Veranstaltung – **Schwerin** Kundgebung im Alten Garten für freie Wahlen und für einen Volksentscheid zum Artikel 1 der Verfassung der DDR mit 10 000 (Ministerium des Innern: 6000) Teilnehmern; aufgerufen hat das Neue Forum – **Sonneberg** Demonstration für die Auflösung der Kampfgruppen und die Einführung der Marktwirtschaft mit 7000 (MfS: 2000) Teilnehmern nach einem Friedensgebet – **Stadtlengsfeld/Suhl** Demonstration mit 150 Teilnehmern – **Staßfurt** Demonstration für freie Wahlen und Reisefreiheit mit 500 Teilnehmern nach einem Gottesdienst – **Stendal** Kundgebung der SED auf dem Thälmannplatz für eine konsequente Erneuerung der Partei mit 1500 Teilnehmern – **Stralsund** nach einem Aufruf der »Stralsunder 20« finden nach einem Friedensgebet in der Marienkirche eine Demonstration und anschließend eine Kundgebung auf dem Markt mit 1700 (MfS: 1000, Chronik Stadtarchiv Stralsund: 4000) Teilnehmern statt – **Strausberg** Schweigemarsch und anschließend Kundgebung mit 5000 Teilnehmern nach einem Aufruf des Neuen Forums – **Templin** nach einem Aufruf der Nationalen Front finden eine Demonstration und anschließend eine Kundgebung auf dem Marktplatz mit 1200 Teilnehmern statt – **Waren/Müritz** nach einem Fürbittgottesdienst finden ein Schweigemarsch zum Marktplatz mit 2000 (MfS: 1100) Teilnehmern und eine Kundgebung für freie und geheime Wahlen statt – **Weißwasser** Kundgebung zum Thema Kommunalpolitik auf dem Platz der Befreiung mit 2000 Teilnehmern, anschließend Gottesdienst in der evangelischen Kirche – **Werdau** Friedensgebet in der Marienkirche, anschließend Demonstration zur Bonifatiuskirche mit 2500 Teilnehmern – **Wernigerode** nach einem Gottesdienst Kundgebung und anschließend Demonstration zur Kreisdienststelle des MfS mit 500 Teilnehmern – **Wismar** Kundgebung auf dem Marktplatz gegen die führende Rolle der SED und gegen den Artikel 1 der Verfassung der DDR mit 20000 (Leben in der DDR, Enquete-Kommission Schwerin: 35 000) Teilnehmern; aufgerufen hat das Neue Forum – **Worbis** Demonstration von 20 Jugendlichen durch die Innenstadt – **Wurzen** Demonstration mit 2000 Teilnehmern nach einem Gottesdienst im Dom – **Zwickau** nach Friedensgebeten in der Moritz- und der Friedenskirche findet eine Demonstration zum Hauptmarkt mit anschließender Kundgebung für demokratische Wahlen mit 3000 Teilnehmern statt – Demonstrationen und Kundgebungen finden auch statt in **Rathenow** 2500 Teilnehmer, **Lübbenau** 1000 Teilnehmer, **Zeitz** 2500 Teilnehmer, und **Ehrenfriedersdorf** 1000 Teilnehmer

14. November

Bad Düben nach einem Gebet in der evangelischen Kirche finden eine Demonstration und anschließend eine Kundgebung auf dem Marktplatz mit 1000 (MfS: 2500) Teilnehmern statt **– Bad Brambach** Demonstration mit 1000 Teilnehmern, anschließend Gottesdienst **– Bad Salzungen** Demonstration mit 1000 Teilnehmern nach einem Friedensgebet in der Stadtkirche; an der Kreisdienststelle des MfS werden Kerzen abgestellt **– Bitterfeld** Demonstration nach einem Gottesdienst **Döbern** Schweigemarsch mit 100 Teilnehmern nach einem Friedensgebet in der evangelischen Kirche **– Geithain** Demonstration und anschließend Kundgebung auf dem Marktplatz mit 300 Teilnehmern nach einem Friedensgebet; an der Kreisdienststelle des MfS werden Kerzen abgestellt **– Grevesmühlen** Demonstration zur SED-Kreisleitung mit 1000 Teilnehmern nach einer Veranstaltung des Neuen Forums in der evangelischen Kirche **– Ilmenau** Demonstration mit 1500 Teilnehmern nach einem Aufruf der SED-Kreisleitung, es wird der Rücktritt des 1. Sekretärs der SED-Kreisleitung gefordert **– Kitzscher/Leipzig** Demonstration mit 1000 (MfS: 700) Teilnehmern nach einem Aufruf des Neuen Forums **– Königsbrück** Demonstration mit 400 (MfS: 300) Teilnehmern nach einer Veranstaltung des Neuen Forums in der evangelischen Kirche **– Köthen** Demonstration nach einem Gottesdienst **– Lobenstein** Demonstration für freie Wahlen mit 1000 Teilnehmern nach einem Bittgottesdienst in der Stadtkirche **– Lübz** Demonstration mit 5000 Teilnehmern nach einem Friedensgebet **– Meiningen** Demonstration zur Kreisdienststelle des MfS mit 9000 Teilnehmern nach einem Friedensgebet in der Stadtkirche **– Meißen** Demonstration vom Marktplatz zum Rat des Kreises, wo eine Kundgebung mit 4000 Teilnehmern stattfindet; an der Kreisdienststelle des MfS werden Kerzen abgestellt **– Meuselwitz** Demonstration mit 200 (MfS: 300) Teilnehmern; an der Kreisdienststelle des MfS werden Kerzen abgestellt **– Naumburg** Demonstration nach einem Gottesdienst **– Nordhausen** Demonstration mit 7500 (MfS: 10 000) Teilnehmern, anschließend Kundgebung auf dem August-Bebel-Platz **– Pulsnitz** nach einem Aufruf des Bürgerkomitees findet eine Demonstration vom Kulturhaus zum Markt mit anschließender Kundgebung gegen die führende Rolle der SED mit 3000 Teilnehmern statt **– Quedlinburg** Demonstration nach einem Gottesdienst **– Rathenow** Demonstration mit 7000 (MfS: 8000) Teilnehmern und anschließender Kundgebung vor dem Kinderkaufhaus; an der Kreisdienststelle des MfS werden Kerzen abgestellt **– Roßlau** Demonstration mit 2000 Teilnehmern nach einem Gottesdienst **– Sangerhausen** Demonstration mit 3500 Teilnehmern nach einer Veranstaltung des Neuen Forums in der Jacobikirche **– Stadtroda** Demonstration mit 350 (MfS: 300) Teilnehmern nach einem Aufruf des Neuen Forums; an der Kreisdienststelle des MfS werden Kerzen abgestellt **– Sternberg** Demonstration für die Freigabe des militärischen Sperrgebietes »Oberer See« mit 200 Teilnehmern nach einer Veranstaltung des Neuen Forums in der evangelischen Kirche **– Weimar** Demonstration mit 10 000 Teilnehmern nach einem Aufruf der oppositionellen Gruppierungen **– Wittenberg** Demonstration nach einem »Erneuerungsgottesdienst« in der Schloßkirche mit 1500 Teilnehmern, anschließend Kundgebung auf dem Marktplatz **– Zeitz** Demonstration nach einem Gottesdienst **– Zwickau** Kundgebung der SED auf dem Hauptmarkt für eine Erneuerung der Partei mit 3000 Teilnehmern – Demonstrationen und Kundgebungen finden auch statt in **Thale** 500 Teilnehmer, **Zittau** 2000 Teilnehmer, **Zwickau** 700 Teilnehmer, **Rochlitz** 350 Teilnehmer, **Aue** 1000 Teilnehmer, und **Leuckersdorf/Karl- Marx-Stadt** 100 Teilnehmer

15. November

Bad Doberan Demonstration und anschließend Kundgebung mit 3000 Teilnehmern nach einem Friedensgottesdienst im Münster – **Bad Lausick** Demonstration zum Marktplatz für freie Wahlen mit 400 Teilnehmern nach einem Gottesdienst – **Beeskow** Demonstration zur Kreisdienststelle des MfS und anschließend Kundgebung auf dem Markt mit 1500 Teilnehmern – **Berlin** Demonstration vor der rumänischen Botschaft für Solidarität mit dem rumänischen Volk mit 150 Teilnehmern – **Coswig/Halle** Demonstration mit 300 Teilnehmern nach einer kirchlichen Veranstaltung in der evangelischen Kirche – **Dankmarshausen/Suhl** Demonstration an der Grenze mit 150 Teilnehmern für die Eröffnung einer Grenzübergangsstelle – **Demmin** Demonstration mit 250 Teilnehmern nach einem Friedensgebet – **Eisenberg** Demonstration mit 1000 (MfS: 2000) Teilnehmern nach einem Friedensgebet, an der Kreisdienststelle des MfS werden Kerzen abgestellt – **Frohburg** Demonstration mit 500 Teilnehmern zum Marktplatz, wo eine Kundgebung stattfindet – **Gehringswalde** Demonstration mit 250 Teilnehmern – **Greifswald** nach einer Andacht im Dom Demonstration und anschließend Kundgebung mit 1300 Teilnehmern – **Halberstadt** Gebet »Für unser Land«, anschließend Demonstration für mehr Demokratie in der Gesellschaft, freie Wahlen, Verfassungsänderung und Meinungsfreiheit mit 2000 (Eine Hoffnung lernt gehen: 6000) Teilnehmern – **Harzgerode** Kundgebung auf dem Markt mit 1000 Teilnehmern – **Hermsdorf** Schweigemarsch von 150 Schülern und Jugendlichen – **Ifta/Erfurt** Demonstration mit 80 Teilnehmern zur Grenze für die Eröffnung einer Grenzübergangsstelle – **Ilmenau** Demonstration und anschließend Kundgebung für mehr Rechtssicherheit mit 10 000 (Ministerium des Innern: 7000, MfS: 6000) Teilnehmern nach einem Aufruf des Neuen Forums und des Demokratischen Aufbruchs – **Königs Wusterhausen** Demonstration mit 350 Teilnehmern nach einem Friedensgebet in der Kreuzkirche; an der Kreisdienststelle des MfS werden Kerzen abgestellt – **Limbach-Oberfrohna** Demonstration durch das Stadtzentrum mit 15 000 (MfS: 8000) Teilnehmern nach einem Friedensgebet in der Lutherkirche – **Lunzenau/Karl-Marx-Stadt** Demonstration mit 250 Teilnehmern – **Markneukirchen** Demonstration vom Volkshaus zur evangelischen Kirche und anschließend Kundgebung mit 4500 Teilnehmern – **Neustrelitz** Demonstration mit 1500 (MfS: 1200) Teilnehmern nach einem Gebet in der Stadtkirche – **Nienburg/Halle** Schweigemarsch für freie Wahlen mit 100 Teilnehmern – **Pasewalk** Demonstration mit 500 Teilnehmern nach einem Friedensgebet – **Potsdam** Kundgebung im Karl-Liebknecht-Stadion mit 2000 Teilnehmern unter dem Motto »1. Potsdamer Umweltnacht« nach einem Aufruf des Umweltbundes »Argus« – **Reichenbach i. Vogtl.** Demonstration mit 2500 (MfS: 3000) Teilnehmern nach einem Friedensgottesdienst in der Peter-Paul-Kirche – **Rudolstadt** Mitglieder der SED demonstrieren vor dem

Gebäude der SED-Kreisleitung und fordern Rechenschaft und den Rücktritt des Sekretariats sowie die Aufdeckung von Korruption und Amtsmißbrauch – **Schöneck** Demonstration zum Rathaus mit 500 Teilnehmern nach einer kirchlichen Veranstaltung – **Sondershausen** Demonstration mit 500 Teilnehmern nach einem Friedensgebet in der katholischen Kirche – **Treffurt** Demonstration mit 500 Teilnehmern zur Grenze für die Eröffnung einer Grenzübergangsstelle – **Weferlingen/Magdeburg** 1500 Personen fordern an der Staatsgrenze die Eröffnung einer Grenzübergangsstelle – **Weißenfels** Demonstration mit 1500 (MfS: 2000) Teilnehmern nach einem Friedensgebet in der Marktkirche, an der Kreisdienststelle des MfS werden Kerzen abgestellt – **Wittstock/Potsdam** Demonstration mit 300 Teilnehmern nach einem Aufruf der LDPD, im Anschluß Gottesdienst in der Stadtkirche – **Zerbst** Demonstration mit 500 Teilnehmern nach einer »Gebetsandacht zur gesellschaftlichen Erneuerung« – Demonstrationen und Kundgebungen finden auch statt in **Neukalen/Neubrandenburg** 800 Teilnehmer, **Herzberg** 1000 Teilnehmer, **Quedlinburg** 1000 Teilnehmer, und **Geithain** 150 Teilnehmer

16. November

Adorf Demonstration mit 300 Teilnehmern – **Bad Elster** Demonstration mit 200 Teilnehmern für die Übergabe des Gästehauses des FDGB an die Allgemeinheit – **Berlin** FDJ-Meeting im Lustgarten mit 400 Teilnehmern; es wird u. a. der Rücktritt des Zentralrates der FDJ gefordert – **Borsdorf/Leipzig** Kundgebung mit 200 Teilnehmern vor dem Rat der Gemeinde nach einem Aufruf des Neuen Forums; es sprechen Bürgermeister und Abgeordnete zum Problem Handel und Versorgung – **Erfurt** nach Friedensgebeten in mehreren Kirchen findet eine Demonstration durch die Innenstadt mit anschließender Kundgebung gegen das Machtmonopol der SED statt, 10 000 Teilnehmer – **Gera** Friedensgebet in 3 Innenstadtkirchen, anschließend Demonstration mit 10 000 Teilnehmern – **Großenhain** Demonstration mit 4500 Teilnehmern – **Jena** Demonstration mit 4000 (MfS: 3500) Teilnehmern nach einem Gottesdienst in der evangelischen Kirche – **Kaulsdorf/Gera** Demonstration und Kundgebung mit 500 Teilnehmern zum Thema Umweltprobleme und Maxhütte – **Kremmen/Potsdam** Kundgebung auf dem Marktplatz, anschließend Demonstration mit 250 Teilnehmern zum Ernst-Thälmann-Platz für freie Wahlen und Umweltschutz – **Lengefeld** Schweigemarsch mit 300 Teilnehmern – **Mutzschen/Leipzig** Demonstration mit 120 Teilnehmern – **Neustadt/Orla** Demonstration mit 500 Teilnehmern nach einem Friedensgebet – **Parchim** Lichterkette durch die ganze Stadt – **Pegau** nach einem Friedensgebet in der St.-Laurentius-Kirche Demonstration mit 200 Teilnehmern – **Quedlinburg** nach einer kirchlichen Veranstaltung, wo über die Ziele des Neuen Forums berichtet wird, finden eine Demonstration und anschließend eine Kundgebung auf dem Karl-Ritter-Platz mit 5000 Teilnehmern statt – **Rostock** Demonstration zur Bezirksverwaltung des MfS mit 15 000 (MfS: 20 000) Teilnehmern nach Friedensgottesdiensten in mehreren Kirchen; es wird ein Volksentscheid gegen den Führungsanspruch der SED gefordert – **Schönebeck** Demonstration mit 500 Teilnehmern; an der Kreisdienststelle des MfS werden Kerzen abgestellt – **Sebnitz**

Demonstration und Kundgebung für die Abschaffung der Kampfgruppen mit 2000 (MfS: 800) Teilnehmern nach einem Aufruf des Neuen Forums – **Steinach/Suhl** Demonstration mit 350 Teilnehmern nach einer kirchlichen Veranstaltung – **Stendal** Gottesdienst im Dom, anschließend Demonstration mit 1000 Teilnehmern zur Kreisdienststelle des MfS, aufgerufen hat das Neue Forum – **Tangermünde** Demonstration vom Alten Friedhof zum Markt, anschließend Kundgebung zum Thema Umweltschutz – **Zeitz** Kundgebung der SED mit 1200 Teilnehmern – **Zeulenroda** Demonstration an der Kreisdienststelle des MfS vorbei mit 5000 Teilnehmern – Demonstrationen und Kundgebungen finden auch statt in **Ueckermünde** 2000 Teilnehmer, **Fürstenwalde** 1500 Teilnehmer, **Leinefelde** 4000 Teilnehmer, **Bautzen** 2500 Teilnehmer, und **Kamenz** 1200 Teilnehmer

17. November

Altenburg Demonstration nach einem Fürbittgottesdienst in 3 Kirchen – **Aschersleben** Demonstration mit 3000 Teilnehmern nach einem Bittgottesdienst in der Stephanikirche unter dem Motto »Mehr Gerechtigkeit in der DDR« – **Auerbach** Demonstration vom Neubaugebiet Louis Müller zum Friedensplatz, dort findet eine Kundgebung zum Thema »Vogtland unsere Heimat, Deutschland unser Vaterland, Europa unsere Zukunft« mit 1500 Teilnehmern statt – **Berlin** Kundgebung im Lustgarten mit anschließender Demonstration zum August-Bebel-Platz für eine Studienreform mit 10 000 (Ministerium des Innern: 8000) Studenten – **Bischofswerda** Demonstration für die Fortsetzung des Weges der Demokratischen Erneuerung mit 2000 Teilnehmern – **Bockwitz/Magdeburg** Jugendliche demonstrieren in den Abendstunden an der Grenze und fordern deren Öffnung – **Calau/Cottbus** Kundgebung auf dem Marktplatz mit 300 Teilnehmern nach einem Aufruf des Neuen Forums – **Dessau** Gebet um Erneuerung in 4 Innenstadtkirchen, anschließend Schweigemarsch mit 4000 Teilnehmern vom Rathausplatz zur Johanniskirche, in der Kirche findet ein offener Dialog mit 1500 Teilnehmern statt – **Flöha** Demonstration mit 1000 Teilnehmern zum Rat des Kreises, dort findet eine Kundgebung statt – **Görlitz** Friedensgebet in 4 Kirchen, anschließend Demonstration mit 1500 Teilnehmern – **Gotha** nach einer kirchlichen Veranstaltung Demonstration durch das Stadtzentrum zum Rathaus mit 2000 Teilnehmern; am Rathaus werden Kerzen abgestellt, und es wird gefordert, daß der 1. Sekretär der SED-Kreisleitung zurücktrete – **Halle** Schweigemarsch mit 4000 Teilnehmern nach einem »Erneuerungsgebet« in der Gemeindekirche – **Kahla** Demonstration gegen die führende Rolle der SED mit 150 Teilnehmern nach einem Fürbittgottesdienst – **Karl-Marx-Stadt** Demonstration vom Karl-Marx-Monument durch die Innenstadt und zurück mit 50 Teilnehmern – **Klingenthal** Demonstration und anschließend Kundgebung auf dem Platz der Einheit für ein neues Wahlrecht und die Wiedervereinigung Deutschlands mit 2000 (MfS: 1500) Teilnehmern – **Krossen/Gera** Kundgebung auf dem Marktplatz mit 100 Teilnehmern – **Löbau** Demonstration und anschließend Kundgebung mit 10 000 (Ministerium des Innern: 7000) Teilnehmern nach einem Aufruf des Neuen Forums – **Motzlar/Suhl** Demonstration an der Staatsgrenze für die Öffnung einer Grenzübergangsstelle mit 100 Teilnehmern

– **Olbernhau** Demonstration und anschließend Kundgebung für freie Wahlen und die Einheit Deutschlands mit 1500 Teilnehmern – **Querfurt/Halle** Kundgebung und Demonstration mit 2000 Teilnehmern nach einem Aufruf des Neuen Forums – **Saalfeld** Demonstration mit 250 Teilnehmern nach einem Friedensgebet in der Johanniskirche – **Schleiz** Demonstration vom Altmarkt zum Neumarkt und anschließend Kundgebung mit 600 Teilnehmern – Demonstrationen und Kundgebungen finden auch statt in **Parchim** 1000 Teilnehmer, und **Radebeul** 1600 Teilnehmer

18. November

Annaberg Demonstration und anschließend Kundgebung mit 4000 (MfS: 3000) Teilnehmern nach einem Aufruf des Neuen Forums – **Artern** Demonstration mit 1000 (MfS: 250) Teilnehmern, am Gebäude des MfS/AfNS werden Kerzen abgestellt – **Eberswalde-Finow** Demonstration für eine radikale Wirtschaftsreform mit 7000 (Ministerium des Innern: 1500, MfS: 2000) Teilnehmern nach einem Aufruf des Neuen Forums – **Eisleben** Demonstration mit 350 (MfS: 250) Teilnehmern – **Finsterwalde** nach einer kirchlichen Veranstaltung Demonstration und anschließend Kundgebung mit 5000 (MfS: 3000) Teilnehmern – **Glauchau** Kundgebung auf dem Markt mit anschließender Demonstration für freie Wahlen und Meinungsfreiheit mit 1000 (MfS: 700) Teilnehmern nach einem Aufruf des Neuen Forums – **Greiz** Demonstration zum Marktplatz für freie und geheime Wahlen mit 2000 Teilnehmern – **Leipzig** erste öffentliche Kundgebung des Neuen Forums mit 30 000 (Chronik der Ereignisse: 50 000, Ministerium des Innern: 10 000) Teilnehmern – **Luckenwalde** Demonstration zum Kreisamt des MfS/AfNS mit 1300 Teilnehmern nach einem Aufruf des Neuen Forums und der CDU – **Neuruppin** nach einem Aufruf des Neuen Forums finden eine Demonstration und anschließend eine Kundgebung auf dem Ernst-Thälmann-Platz unter dem Motto »Auf rollenden Steinen wächst kein Moos« mit 3000 (MfS: 2000) Teilnehmern statt; es wird die Durchsetzung der verfassungsmäßigen Rechte auf Versammlungs-, Meinungs- und Vereinigungsfreiheit gefordert – **Oranienburg** Kundgebung und anschließend Demonstration mit 2500 Teilnehmern – **Plauen** Demonstration vom Rathaus, nach kurzer Ansprache von Superintendent Küttler, durch die Innenstadt zum Rathaus und anschließend Kundgebung mit 10 000 Teilnehmern – **Potsdam** nach einem Aufruf von Potsdamer Basisgruppen findet eine Demonstration zum Bezirksamt des MfS/AfNS mit 700 Teilnehmern statt, es wird gefordert »Mielke in den Strafvollzug« – **Salzwedel** Demonstration mit 1000 (MfS: 2000) Teilnehmern nach einer Veranstaltung des Neuen Forums in der Katharinenkirche – **Schmalkalden** Demonstration mit 650 (MfS: 1000) Teilnehmern nach einem Friedensgebet in der Stadtkirche – **Senftenberg** Demonstration und anschließend Kundgebung auf dem Neumarkt mit 3000 (Ministerium des Innern: 4500, MfS: 1000) Teilnehmern nach einem Aufruf des Neuen Forums – **Suhl** Demonstration und anschließend Kundgebung für eine umfassende Demokratisierung mit 5000 (MfS: 1000) Teilnehmern nach einem Aufruf des Neuen Forums – **Teichwolframsdorf/Gera** Demonstration von der Hauptstraße zum Sportplatz für freie Wahlen mit 150 bis 180 Teilnehmern – **Wanzleben** Protestaktion vor der Kreisdienststelle des MfS/AfNS mit

50 Teilnehmern – **Weißwasser** Demonstration mit 2000 (MfS: 1500) Teilnehmern nach einer kirchlichen Veranstaltung, bei der das Neue Forum vorgestellt wird – **Wolfersdorf/Gera** Demonstration mit 350 Teilnehmern nach einem Bittgottesdienst – Demonstrationen und Kundgebungen finden auch statt in **Gadebusch** 500 Teilnehmer, **Arnstadt** 1500 Teilnehmer, **Stadtroda** 350 Teilnehmer, **Markneukirchen** 100 Teilnehmer, **Lengefeld** 200 Teilnehmer, und **Marienberg**

19. November

Altenburg Demonstration, anschließend Kundgebung mit 5000 Teilnehmern, aufgerufen hat das Landestheater Altenburg – **Bautzen** Demonstration und anschließend Kundgebung auf dem Hauptmarkt mit 800 Teilnehmern gegen die führende Rolle der SED und für die Einsetzung einer Untersuchungskommission, die den Ereignissen im Strafvollzug nachgeht; aufgerufen hat das Neue Forum – **Berlin** Kundgebung auf dem Alexanderplatz und anschließend Demonstration zur Volkskammer mit 5000 Teilnehmern nach einem Aufruf von Künstlern und Kulturschaffenden – **Bernau** Demonstration und anschließend Kundgebung im Friedrich-Engels-Park für freie Wahlen und gegen den Führungsanspruch der SED mit 3000 bis 5000 (MfS: 1500) Teilnehmern, aufgerufen hat der Bernauer Bürgerkreis – **Bitter/Schwerin** 300 Personen fordern am Grenzzaun die Eröffnung einer Grenzübergangsstelle – **Bitterfeld** im Anschluß an ein Friedensgebet in der Stadtkirche finden eine Kundgebung und danach eine Demonstration mit 350 Teilnehmern statt; aufgerufen hat die Bürgerinitiative Bitterfeld – **Borna** nach einem Friedensgottesdienst Demonstration zum Kreisamt des MfS/AfNS und zur SED-Kreisleitung mit 200 Teilnehmern – **Brandenburg** Kundgebung mit 3000 Teilnehmern nach einem Aufruf der SED – **Bützow** Demonstration für freie und geheime Wahlen mit 1000 Teilnehmern – **Crimmitschau** Friedensgebet in der Johanniskirche, anschließend Demonstration mit 2500 Teilnehmern – **Dresden** Demonstration der Künstler und Kulturschaffenden mit anschließender Kundgebung auf dem Theaterplatz für freie Wahlen und gegen den Führungsanspruch der SED, 70 000 (Wir sind das Volk: 50 000, Ministerium des Innern: 100 000) Teilnehmer – **Eisenach** Demonstration und anschließend Kundgebung für Neuwahlen und die Abschaffung der führenden Rolle der SED mit 5000 (MfS: 25 000) Teilnehmern nach einem Aufruf des Theaterverbandes – **Erfurt** Demonstration und anschließend Kundgebung auf dem Domplatz mit 10 000 (Politischer Umbruch in Erfurt: 20 000, MfS: 12 000) Teilnehmern nach einem Aufruf der Künstler und Kulturschaffenden – **Frankfurt/Oder** Demonstration und anschließend Kundgebung auf dem Zentralen Platz für Versammlungs- und Pressefreiheit sowie die Unumkehrbarkeit des Reformprozesses mit 2500 Teilnehmern nach einem Aufruf der Kunstschaffenden – **Freiberg** Demonstration und anschließend Kundgebung vor dem Kreisamt des MfS/AfNS mit 3000 Teilnehmern nach einem Aufruf des Neuen Forums – **Gera** Demonstration und anschließend Kundgebung mit 3000 (MfS: 2500) Teilnehmern nach einer Diskussionsveranstaltung im Theater – **Gotha** Demonstration mit 5000 (MfS: 3500) Teilnehmern nach einem Aufruf des Neuen Forums – **Gräfenhainichen** Kundgebung auf dem Marktplatz zu kommunalen Problemen mit 1500 Teilnehmern

– **Heinersdorf/Suhl** Kundgebung vor dem Kulturhaus mit anschließender Demonstration zur Staatsgrenze mit 300 Teilnehmern; die Teilnehmer fordern die Öffnung der Grenze; durch den massiven Druck der Teilnehmer wird von den Grenztruppen die Grenze geöffnet – **Jena** Demonstration von der Stadtkirche zum Kreisgericht und zurück mit 10 000 Teilnehmern nach einem Aufruf des Neuen Forums – **Karl-Marx-Stadt** Demonstration vom Luxor-Palast zum Karl-Marx- Monument, dort findet eine Kundgebung mit 3000 (MfS: 4000) Teilnehmern statt, zu der die Kulturschaffenden aufgerufen haben – **Ketzin/Potsdam** Demonstration für die Schließung der Deponie Ketzin mit 1500 Teilnehmern – **Kirchberg/Karl-Marx-Stadt** Schweigemarsch und anschließend Kundgebung vor dem Rathaus mit 150 Teilnehmern nach einem Gottesdienst – **Klötze** nach einem Aufruf des Neuen Forums findet eine Demonstration mit 450 Teilnehmern zum Kreisamt des MfS/AfNS mit den Forderungen »Nie wieder MfS« und »Wir brauchen keine neue Gestapo – nein zum AfNS« statt – **Knau/Gera** Demonstration zum Thema Umweltschutz von den Orten Knau und Weira zur Schweinemastanlage in Neustadt/Orla mit 3500 Teilnehmern – **Meiningen** Demonstration und Kundgebung der Kunst- und Kulturschaffenden mit 7000 Teilnehmern – **Naumburg** Demonstration und anschließend Kundgebung mit 5000 Teilnehmern, am Kreisamt des MfS/AfNS werden Kerzen abgestellt – **Neustrelitz** Demonstration durch die Innenstadt und anschließend Kundgebung auf dem Theatergelände für die Unumkehrbarkeit der Wende, 2000 Teilnehmer, aufgerufen haben dazu Kunst- und Kulturschaffende – **Oebisfelde** 100 Demonstranten fordern an der Staatsgrenze, die Grenze zu öffnen – **Pirna** Demonstration und anschließend Kundgebung mit 8000 Teilnehmern nach einem Aufruf des Neuen Forums – **Potsdam** Kundgebung auf dem Platz der Nationen mit 6000 Teilnehmern – **Rudolstadt** Kundgebung auf dem Marktplatz zur Durchsetzung von Artikel 27/28 der Verfassung der DDR mit 700 (Jens Henkel: 1000) Teilnehmern nach einem Aufruf vom Schauspielensemble des Theaters – **Schwedt** Demonstration und anschließend Kundgebung für Presse-, Versammlungs- und Meinungsfreiheit sowie einen besseren Umweltschutz mit 3000 (MfS: 1500) Teilnehmern nach einem Aufruf von Kultur- und Kunstschaffenden – **Teterow** Demonstration vom Sportplatz zum Markt mit 600 Teilnehmern; dort findet eine Kundgebung statt, auf der verschiedene Vertreter von Parteien und Organisationen sprechen, Thema »Für freie Wahlen« – **Treuen** Demonstration vom »Treuener Hof« zum Kulturzentrum nach einem Aufruf der LDPD für die Vereinigung Deutschlands, anschließend Diskussionsveranstaltung im Kulturhaus – **Weimar** Demonstration und anschließend Kundgebung für Meinungsfreiheit und gegen die führende Rolle der SED mit 1500 Teilnehmern nach einem Aufruf des Deutschen Nationaltheaters – Demonstrationen und Kundgebungen finden auch statt in **Güstrow** 150 Teilnehmer, und **Oberwiesenthal**

20. November

Apolda Demonstration mit 1100 Teilnehmern; am Kreisamt des MfS/AfNS werden Kerzen abgestellt – **Aue** Demonstration mit 8000 Teilnehmern; am Kreisamt des MfS/AfNS werden Kerzen abgestellt – **Bautzen** Demonstration und anschließend

Kundgebung mit 4000 Teilnehmern; es werden Neuwahlen und die Aufgabe des Führungsanspruches der SED gefordert **– Berlin** Demonstration von 400 Personen vor der Botschaft der SR Rumänien, sie fordern Freiheit für Rumänien, am Nachmittag demonstrieren 500 Personen von der St.-Hedwigs-Kathedrale zum Alexanderplatz mit der Losung »Solidarität mit den Bürgern Rumäniens« **– Bernburg** Friedensgebet in der Martinskirche, anschließend findet eine Demonstration für freie Wahlen und die Zulassung des Neuen Forums mit 800 Teilnehmern statt **– Colditz** Demonstration mit 250 Teilnehmern nach einem Friedensgebet **– Cottbus** Demonstration von der Oberkirche durch das Stadtzentrum unter dem Motto »Reisewelle ja, aber wo bleiben die Konzeptionen« mit 8000 Teilnehmern nach einem Aufruf des Neuen Forums **– Delitzsch** Demonstration mit 1500 (MfS: 700) Teilnehmern nach einem Montagsgebet in der Stadtkirche **– Dresden** Demonstration von der Kreuzkirche zum Fučikplatz mit 100 000 (Ministerium des Innern: 50 000) Teilnehmern mit der Forderung »Rechtssicherheit spart Staatssicherheit« **– Döbeln** Demonstration mit 2500 (MfS: 700) Teilnehmern nach einem Fürbittgottesdienst **– Halle** nach einem Aufruf des Neuen Forums findet eine Demonstration rund um die Altstadt zum Hansering mit 50 000 (LDZ: 100 000, Ministerium des Innern: 25 000) Teilnehmern statt, auf dem Hansering wird eine Kundgebung für eine unumkehrbare Erneuerung der Gesellschaft durchgeführt **– Hildburghausen** Demonstration mit 120 Teilnehmern **– Hoyerswerda** Demonstration von 80 Jugendlichen **– Kamenz** Demonstration mit 500 Teilnehmern, am Kreisamt des MfS/AfNS werden Kerzen abgestellt **– Karl-Marx-Stadt** Kundgebung auf der Karl-Marx-Allee und anschließend Demonstration mit 50 000 (Auferstanden aus Ruinen: 80 000) Teilnehmern nach einem Aufruf des Neuen Forums **– Leipzig** Montagsgebete und Demonstration mit 200 000 (Wir sind das Volk: 250 000, Ministerium des Innern: 150 000) Teilnehmern **– Magdeburg** Gebet für gesellschaftliche Erneuerung im Dom, anschließend Schweigemarsch zum Gebäude des MfS/AfNS mit 10 000 Teilnehmern, es wird die Offenlegung der Strukturen des Amtes und die Nutzung des Gebäudes für öffentliche Zwecke gefordert **– Merseburg** Friedensgebet im Dom und anschließend Demonstration mit 800 Teilnehmern, Forderungen »ZK-Mindestrente« und »Umweltschutz, Leuna – Buna verpesten die Welt« **– Neubrandenburg** Demonstration mit 1100 Teilnehmern nach einem Friedensgebet, anschließend Veranstaltung des Neuen Forums in der Stadthalle **– Oelsnitz** Demonstration mit 1000 Teilnehmern; am Kreisamt des MfS/AfNS werden Kerzen abgestellt **– Oschatz** Demonstration mit 1000 Teilnehmern; am Kreisamt des MfS/AfNS werden Kerzen abgestellt **– Osterburg** Demonstration mit 300 Teilnehmern; am Kreisamt des MfS/AfNS werden Kerzen abgestellt **– Schwerin** Demonstration und anschließend Kundgebung im Alten Garten unter dem Motto »Veranstaltung des politischen Überlegens« mit 10 000 (Ministerium des Innern: 5000) Teilnehmer **– Stralsund** Friedensgebet mit anschließender Kundgebung auf dem Alten Markt für eine Änderung des Artikels 1 der Verfassung der DDR sowie freie und geheime Wahlen **– Weißwasser** Demonstration zur SED-Kreisleitung mit 300 Teilnehmern nach einer Veranstaltung in der Kirche **– Werdau** Friedensgebet mit anschließender Demonstration zur Bonifatiuskirche **– Wernigerode** Demonstration mit 600 Teilnehmern; am Kreisamt des MfS/AfNS werden Kerzen abgestellt – **Wurzen** Demonstration mit 1500 (MfS: 2500) Teilnehmern nach einem Friedensgebet im Dom; am Kreisamt des MfS/AfNS werden Kerzen abgestellt – **Zwickau** nach Friedensgebeten in der Lutherkirche und im Dom St. Marien Schweigemarsch unter dem Motto »Wir brauchen keinen Vormund« – Demonstrationen und Kundgebungen finden auch statt in **Ribnitz-Damgarten** 1300 Teilnehmer, **Bernau** 3000 Teilnehmer, **Frankfurt/Oder** 2500 Teilnehmer, **Heiligenstadt** 9000 Teilnehmer, **Eisenach** 2000 Teilnehmer, **Pößneck** 2000 Teilnehmer, **Sonneberg** 6000 Teilnehmer, **Schleusingen** 1000 Teilnehmer, **Bautzen** 4000 Teilnehmer, **Grimma** 40 Teilnehmer, **Leisnig** 30 Teilnehmer, **Schwarzenberg** und **Crottendorf**

21. November

Berlin 25 Personen protestieren vor dem Kulturzentrum der ČSSR gegen den Polizeieinsatz vom 17.11.1989 in Prag – **Döringsdorf/Erfurt** 50 Personen fordern an der Grenze die Eröffnung einer Grenzübergangsstelle – **Erfurt** Schweigedemonstration für die Opfer des Stalinismus – **Geithain** Kundgebung auf dem Marktplatz zu kommunalen Problemen mit 120 Teilnehmern – **Königsbrück** Demonstration mit 200 Teilnehmern nach einem Friedensgebet – **Meiningen** Demonstration durch das Stadtzentrum mit 5000 Teilnehmern nach einem Friedensgebet; vor der SED-Kreisleitung und dem Kreisamt des MfS/AfNS werden Kerzen abgestellt – **Meißen** Demonstration vom Marktplatz zum Kreisamt des MfS/AfNS zum Thema »Staatssicherheit+Rechtssicherheit« mit 1000 Teilnehmern nach einem Aufruf des Neuen Forums; an der SED-Kreisleitung werden Kerzen abgestellt, im Anschluß findet ein Bürgerforum statt – **Niesky** Demonstration mit 500 Teilnehmern nach einer Veranstaltung des Neuen Forums – **Nordhausen** Demonstration gegen die Führungsrolle der SED mit 5000 Teilnehmern nach einem Aufruf des Neuen Forums – **Pferdsdorf/Erfurt** 100 Personen fordern an der Grenze die Eröffnung einer Grenzübergangsstelle – **Rathenow** Schweigemarsch und anschließend Kundgebung mit 6000 Teilnehmern – **Sangerhausen** Demonstration mit 2000 Teilnehmern nach einer Veranstaltung des Neuen Forums in der Jacobikirche; es wird eine Kontrolle des MfS/AfNS und Einsichtnahme in die Akten gefordert – **Stralsund** Demonstration von 600 Angehörigen des Medizinischen Personals für die Unterbringung der Kinderklinik im Marienlazarett – **Torgau** Kundgebung vor dem Gebäude der SED-Kreisleitung mit 1500 Teilnehmern – **Weimar** Demonstration für freie Wahlen mit 5000 Teilnehmern nach einem Aufruf der evangelischen Kirche – **Weißenberg/Dresden** Kundgebung des Neuen Forums mit 200 Teilnehmern – **Zschopau** Kundgebung mit 1000 Teilnehmern – **Zwingen/Erfurt** 350 Personen fordern an der Grenze die Eröffnung einer Grenzübergangsstelle – Demonstrationen und Kundgebungen finden auch statt in **Bad Doberan** 400 Teilnehmer, **Köthen** 350 Teilnehmer, **Bad Langensalza** 1000 Teilnehmer, **Lobenstein** 1000 Teilnehmer, **Bad Salzungen** 500 Teilnehmer, **Mittweida** 700 Teilnehmer, **Penig** 250 Teilnehmer, **Zschopau** 450 Teilnehmer, und **Hohen-Neuendorf/Potsdam** 100 Teilnehmer

22. November

Dippoldiswalde Demonstration für ein »Deutschland einig Vaterland« und »Partei raus aus den Betrieben« mit 700 Teilnehmern – **Eilenburg** Kundgebung des Neuen Forums auf dem Marktplatz mit 2000 (MfS: 1000) Teilnehmern; es wird eine Unterschriftensammlung zur Änderung von Artikel 1 der Verfassung der DDR durchgeführt – **Eisenach** Friedensgebet, anschließend Demonstration zum Kreisamt MfS/AfNS; dort werden Kerzen abgestellt – **Eisenberg** Demonstration mit 1500 (MfS: 300) Teilnehmern nach einem Friedensgebet in der Stadtkirche – **Freital** Demonstration mit 150 bis 200 Teilnehmern, anschließend Kundgebung mit 500 Teilnehmern, auf der gefordert wird »Stasi weg« und »Tschüß SED«, nach einem Aufruf der »Gruppe der 25« – **Greifswald** Kundgebung und anschließend Demonstration mit 1200 Teilnehmern – **Großenhain** Demonstration mit 500 Teilnehmern – **Halberstadt** Gebet für unser Land, anschließend Demonstration mit 8000 Teilnehmern – **Halle** Kundgebung für eine konsequente Erneuerung der Partei mit 5000 Teilnehmern nach einem Aufruf der Bezirksleitung der SED – **Kella/Erfurt** 100 Personen fordern an der Grenze die Einrichtung einer Grenzübergangsstelle – **Limbach-Oberfrohna** Demonstration mit 5000 Teilnehmern nach einem Friedensgebet – **Markneukirchen** Demonstration mit 3500 Teilnehmern – **Regis-Breitingen** Demonstration der Ortsgruppe der LDPD vom Stadtzentrum zum Sportplatz; dort findet eine Kundgebung statt – **Reichenbach** Demonstration für Wiedervereinigung mit 900 Teilnehmern – Demonstrationen und Kundgebungen finden auch statt in **Bad Doberan** 1200 Teilnehmer, **Neustrelitz** 450 Teilnehmer, **Brandenburg** 150 Teilnehmer, **Herzberg** 800 Teilnehmer, **Sondershausen** 2500 Teilnehmer, und **Görlitz** 800 Teilnehmer

23. November

Bad Elster Demonstration mit 400 Teilnehmern, anschließend Kundgebung – **Calau/Cottbus** Kundgebung auf dem Platz des Friedens mit 1000 Teilnehmern nach einem Aufruf des Neuen Forums – **Erfurt** Demonstration und anschließend Kundgebung gegen den Führungsanspruch der SED mit 10000 Teilnehmern nach einem Gottesdienst – **Gera** Demonstration durch die Innenstadt mit 8000 Teilnehmern nach einem Friedensgebet in der Johanniskirche – **Großenhain** Demonstration mit 800 Teilnehmern vom Karl-Marx-Platz zum Rat des Kreises – **Haldensleben** Demonstration mit 1000 Teilnehmern nach einem »Gebet zur gesellschaftlichen Erneuerung« – **Rostock** Demonstration durch die Innenstadt mit 15 000 Teilnehmern nach einem Friedensgottesdienst in der Marienkirche, es wird eine Unterschriftenaktion für ein neues Wahlgesetz durch Volksentscheid durchgeführt – **Sebnitz** Kundgebung und Demonstration mit 400 Teilnehmern nach einem Aufruf des Neuen Forums – **Torgau** Kundgebung des Neuen Forums – Demonstrationen und Kundgebungen finden auch statt in **Joachimsthal/Frankfurt** 400 Teilnehmer, **Schönebeck** 9800 Teilnehmer, **Riesa** 3500 Teilnehmer, und **Adorf** 600 Teilnehmer

24. November

Auerbach Demonstration vom Neubaugebiet zum Friedensplatz und anschließend Kundgebung für die völlige Aufklärung aller Verbrechen am Volk und für die Wiedervereinigung Deutschlands, 2500 Teilnehmer – **Bischofswerda** Demonstration von der Südvorstadt zum Altmarkt – **Dessau** Gebet um Erneuerung in 4 Innenstadtkirchen, anschließend Demonstration mit 4000 (Ministerium des Innern: 3000) Teilnehmern zum Rathausplatz, wo eine Kundgebung mit dem Leiter des Volkspolizeikreisamtes und dem Leiter der Dessauer Dienststelle des MfS/AfNS stattfindet; die Teilnehmer fordern die Auflösung des Amtes; anschließend wieder offener Dialog in der Johanniskirche mit 1000 Teilnehmern – **Eppendorf** Demonstration mit 200 Teilnehmern nach einem Aufruf der CDU-Ortsgruppe – **Gotha** Demonstration zum Hauptmarkt mit 2000 Teilnehmern; dort findet eine Kundgebung statt, auf der die Nachrichten von den Demonstrationen in der ČSSR begrüßt werden – Demonstrationen und Kundgebungen finden auch statt in **Marienberg** 1000 Teilnehmer, **Thalheim** 1500 Teilnehmer, und **Klingenthal** 1500 Teilnehmer

25. November

Annaberg nach einer kirchlichen Veranstaltung in der St.-Annen-Kirche finden eine Demonstration und anschließend eine Kundgebung auf dem Marktplatz mit 1500 (MfS: 3000) Teilnehmern statt – **Arnstadt** Demonstration und anschließend Kundgebung für Solidarität mit den Völkern der SR Rumänien und der ČSSR, 3000 Teilnehmer, nach einem Aufruf des Neuen Forums – **Berlin** Demonstration vor der Ständigen Vertretung der BRD gegen das Auftreten von Neonazis in der DDR mit 120 Teilnehmern nach einem Aufruf der Antifa-Gruppe und der »Kirche von unten« – **Borna** Kundgebung des Neuen Forums auf dem Karl-Marx-Platz – **Coswig/Meißen** Kundgebung auf dem Schulhof der Ostrowski-Oberschule zum Thema »Wahlbetrug« – **Dedeleben/Magdeburg** 1500 Personen demonstrieren an der Grenze für die Eröffnung einer Grenzübergangsstelle – **Dippoldiswalde** Demonstration und anschließend Kundgebung auf dem Platz des Friedens mit 1500 Teilnehmern und den Forderungen, sich von den Maßnahmen gegenüber der ČSSR 1968 und von der Entwicklung in der SR Rumänien zu distanzieren, nach einem Aufruf des Neuen Forums – **Döbeln** Demonstration und anschließend Kundgebung mit 2000 Teilnehmern nach einem Aufruf des Neuen Forums – **Hettstedt/Halle** Kundgebung mit 1500 (MfS: 800) Teilnehmern nach einem Aufruf des Neuen Forums – **Marienberg** Demonstration vom Markt zur SED-Kreisleitung gegen den Führungsanspruch der SED mit 400 Teilnehmern – **Meerane** nach einem Friedensgebet Demonstration zu ökologischen Problemen mit 300 Teilnehmern – **Neu Bleckede/Schwerin** 120 Personen fordern auf einer Demonstration die Einrichtung einer Fährverbindung über die Elbe in die BRD – **Plauen** Demonstration vom Rathaus, nach kurzer Ansprache von Superintendent Küttler, durch die Innenstadt zum Rathaus und anschließend Kundgebung mit 5000 (Ministerium des Innern: 6000) Teilnehmern; sie fordern die Wiedervereinigung – **Potsdam** Demonstration für demokratische Erneuerung mit 400 (MfS: 600) Teilnehmern zum Platz der Nationen nach einem Aufruf der Potsdamer

Basisgruppen – **Saalburg** Demonstration zum Ferienheim der SED-Bezirksleitung mit 1000 Teilnehmern; es wird gefordert, das Heim in ein Altersheim umzuwandeln – Demonstrationen und Kundgebungen finden auch statt in **Greiz** 1000 Teilnehmer, und **Eberswalde-Finow**

26. November

Berlin Kundgebung vor der Botschaft der ČSSR unter dem Motto »Freiheit für alle Völker« mit 35 Teilnehmern – **Bitterfeld** Kundgebung auf dem Marktplatz mit 200 Teilnehmern; es wird gefordert, die Ereignisse des 17. Juni 1953 zu überprüfen und die Betroffenen zu rehabilitieren – **Jena** Kundgebung auf dem Platz der Kosmonauten mit 2000 Teilnehmern; verschiedene Vertreter von Initiativen und Parteien stellen ihre Programme vor

27. November

Andenhausen/Suhl Demonstration zur Staatsgrenze mit 1200 Teilnehmern, es wird die Öffnung eines Tores im Grenzsignalzaun erzwungen – **Bautzen** Demonstration vom Hauptmarkt zur Strafvollzugseinrichtung und zum Gebäude des MfS/AfNS mit 1500 Teilnehmern – **Cottbus** nach einer Andacht in der Oberkirche findet eine Demonstration in der Innenstadt unter dem Motto »Neuer Wein in neue Schläuche« mit 5000 (MfS: 4000) Teilnehmern nach einem Aufruf des Neuen Forums statt – **De-litzsch** Demonstration mit 600 Teilnehmern nach einer Montagsandacht – **Döbeln** nach einem Fürbittgottesdienst Demonstration mit 1000 Teilnehmern für die Unumkehrbarkeit der Wende – **Dresden** Demonstration und anschließend Kundgebung auf dem Fučíkplatz unter dem Motto »Weg mit dem Führungsanspruch der SED« und »Für ein einiges Deutschland« mit 50 000 (Ministerium des Innern: 40 000) Teilnehmer – **Glashütte/Dresden** Demonstration und anschließend Kundgebung zu kommunalen Problemen mit 300 Teilnehmern – **Halle** Demonstration und anschließend Kundgebung am Hansering für spürbare Reformen, Neuwahlen und wirksamen Umweltschutz mit 50 000 (Ministerium des Innern: 35 000) Teilnehmern – **Kamenz** Demonstration von der Hauptkirche zur SED-Kreisleitung und zum Gebäude des MfS/AfNS nach einem Aufruf des Neuen Forums; 700 (MfS: 1200) Teilnehmer fordern »SED und Stasi raus« – **Karl-Marx-Stadt** Kundgebung am Karl-Marx-Monument mit anschließender Demonstration; die 3000 (Freie Presse: 1000) Teilnehmer kritisieren die Absage der Demonstration durch das Neue Forum wegen schlechter Witterungsverhältnisse – **Lehesten/Gera** Kundgebung auf dem Markt für freie Wahlen mit 500 Teilnehmern, anschließend demonstrieren die Teilnehmer zur Staatsgrenze – **Leipzig** nach Friedensgebeten in 2 Kirchen finden eine Kundgebung auf dem Karl-Marx-Platz und anschließend eine Demonstration mit 200 000 (Ministerium des Innern: 100 000, Polizeipräsidium Leipzig: 80 000) Teilnehmern statt, u. a. Forderung nach »Deutschland einig Vaterland« – **Löbau** Demonstration mit 120 Teilnehmern zum Kreiskulturhaus, wo ein Bürgerforum stattfindet – **Magdeburg** Kundgebung auf dem Domplatz gegen die führende Rolle der SED mit 6000 (MfS: 5000) Teilnehmern – **Neubrandenburg** nach einem Friedensgebet findet eine Demonstration mit 500

Teilnehmern statt, zu der die SDP und das Neue Forum aufgerufen haben **– Oschatz** nach einem Friedensgebet Demonstration mit 500 Teilnehmern **– Perleberg** Demonstration zum Gebäude des MfS/AfNS mit 500 Teilnehmern nach einem Friedensgebet **– Schwerin** Demonstration mit 10 000 (Ministerium des Innern: 6000) Teilnehmern nach einem Aufruf des Neuen Forums, wobei »Stasi in die Volkswirtschaft« gefordert wird **– Stralsund** Demonstration zum Rat des Kreises und zum Gebäude der SED-Kreisleitung mit 1000 Teilnehmern nach einem Friedensgebet in der Marienkirche; an der Kreisleitung werden Kerzen abgestellt **– Waren/Müritz** Demonstration zum Neuen Markt, dort findet eine Kundgebung für die Unumkehrbarkeit der Wende mit 1000 Teilnehmern statt **– Werdau** Friedensgebet und anschließend Demonstration zur Bonifatiuskirche mit 1000 Teilnehmern **– Wismar** Demonstration durch die Altstadt mit 5000 (Leben in der DDR, Enquete-Kommission Schwerin: 10 000) Teilnehmern, anschließend Kundgebung auf dem Marktplatz für die Änderung der Verfassung der DDR und eine öffentliche Rechenschaftslegung der örtlichen Organe **– Zwickau** Friedensgebete in der Friedens- und der Moritzkirche, anschließend Demonstration mit 2000 Teilnehmern **–** Demonstrationen und Kundgebungen finden auch statt in **Ribnitz-Damgarten** 1800 Teilnehmer, **Bergen** 1000 Teilnehmer, **Wernigerode** 1000 Teilnehmer, **Merseburg** 8000 Teilnehmer, **Heiligenstadt** 2500 Teilnehmer, **Pößneck** 3500 Teilnehmer, **Greiz** 1000 Teilnehmer, **Aue** 3000 Teilnehmer, **Schwarzenberg** 1500 Teilnehmer, **Wurzen** 1500 Teilnehmer, und **Oberwiesenthal**

28. November

Bockelnhagen/Erfurt 100 Personen fordern am Grenzzaun die Eröffnung einer Grenzübergangsstelle **– Coswig/Dresden** Demonstration vom Bahnhof zum Rathaus mit 1500 bis 2000 Teilnehmern; dort findet eine Kundgebung zum Thema »Wahlbetrug« statt **– Dedeleben/Magdeburg** 50 Personen fordern an der Grenze die Eröffnung eines Grenzübergangs **– Geithain** Kundgebung mit 100 Teilnehmern nach einem Aufruf der SDP **– Meiningen** nach einem Friedensgebet Kundgebung und anschließend Demonstration für die Herauslösung der SED aus den Betrieben, 3000 Teilnehmer **– Meißen** nach einem Aufruf des Neuen Forums findet eine Demonstration vom Markt zur SED-Kreisleitung statt; dort wird eine Kundgebung unter dem Motto »Partei raus aus den Betrieben« mit 1000 (Ministerium des Innern: 600) Teilnehmern durchgeführt **– Nordhausen** Demonstration und anschließend Kundgebung auf dem August-Bebel-Platz mit 8000 Teilnehmern; es wird die Beseitigung des Hubschrauberlandeplatzes der Grenztruppen am Stadtrand gefordert **– Rathenow** Demonstration und anschließend Kundgebung mit 7000 Teilnehmern **– Weimar** Demonstration zur SED-Kreisleitung mit 3000 Teilnehmern **– Zwinge/Erfurt** 200 Personen aus der BRD und 300 Personen aus der DDR fordern auf einer Lichterdemonstration in Richtung Staatsgrenze die Eröffnung einer Grenzübergangsstelle **–** Kundgebungen und Demonstrationen finden auch statt in **Parchim** 3000 Teilnehmer, **Neuruppin** 2000 Teilnehmer, **Thale** 400 Teilnehmer, **Wittenberg** 1000 Teilnehmer, **Lobenstein** 1000 Teilnehmer, **Stadtroda** 500 Teilnehmer, **Königsbrück** 400 Teilnehmer, und **Hohenstein-Ernstthal** 2000 Teilnehmer

29. November

Bad Doberan Demonstration und anschließend Kundgebung mit 1000 Teilnehmern nach einem Gottesdienst im Münster, es wird u. a. der Rücktritt des Kreisschulrates gefordert **– Bad Lausick** Demonstration zum Rat der Stadt mit 60 Teilnehmern nach einem Friedensgebet **– Blankenstein/Gera** Kundgebung vor dem Rat der Gemeinde mit 50 Teilnehmern **– Breitenrode/Magdeburg** Demonstration für die Eröffnung einer Grenzübergangsstelle mit 90 Teilnehmern **– Coswig/Halle** Demonstration mit 300 Teilnehmern nach einem »Gebet zur Erneuerung« **– Eisenberg** Demonstration zum Platz der Republik mit 1500 (MfS: 2000) Teilnehmern nach einem Friedensgebet in der Stadtkirche **– Greifswald** Demonstration und anschließend Kundgebung mit 500 (MfS: 600) Teilnehmern nach einem Friedensgebet **– Halberstadt** Gebet für unser Land, anschließend Demonstration für freie Wahlen mit 5000 (Eine Hoffnung lernt gehen: 8000) Teilnehmern **– Harzgerode** Kundgebung des Neuen Forums für die Auflösung des Ferienheimes des Ministeriums für Innere Angelegenheiten mit 550 Teilnehmern **– Ilmenau** Demonstration und anschließend Kundgebung gegen die Führungsrolle der SED und des MfS/AfNS mit 6000 (MfS: 5000) Teilnehmern nach einem Aufruf des Neuen Forums **– Limbach-Oberfrohna** Kundgebung auf der Kellerwiese mit 5000 Teilnehmern **– Lübz** Kundgebung auf dem Wilhelm-Pieck-Platz und anschließend Demonstration zur SED-Kreisleitung mit 600 Teilnehmern nach einem Aufruf des Neuen Forums **– Markneukirchen** Demonstration mit 4000 Teilnehmern vom Volkshaus durch die Innenstadt **– Parchim** Demonstration und anschließend Kundgebung mit 2500 Teilnehmern nach einem Aufruf des Neuen Forums **– Pferdsdorf/Erfurt** 60 Personen fordern am Grenzzaun die Eröffnung einer Grenzübergangsstelle **– Reichenbach i. Vogtl.** Demonstration mit 1200 Teilnehmern nach einem Fürbittgottesdienst in der Peter-Paul-Kirche **– Sallmannshausen/Erfurt** 15 Personen fordern am Grenzzaun die Eröffnung einer Grenzübergangsstelle **– Tangermünde** Kundgebung auf dem Marktplatz mit 250 Teilnehmern nach einem Aufruf des Neuen Forums **– Weißenfels** Demonstration mit 150 Teilnehmern nach einem Aufruf des Neuen Forums **– Wittstock/Potsdam** Demonstration unter dem Motto »Für eine bessere Zukunft« mit 300 Teilnehmern, anschließend Bittgottesdienst in der St.-Marien-Kirche **– Frankfurt/Oder** Demonstration mit 3000 (MfS: 2000) Teilnehmern vom Leipziger Platz zum Gebäude des MfS/AfNS für mehr Transparenz in der Arbeit des Amtes – Demonstrationen und Kundgebungen finden auch statt in **Storkow** 200 Teilnehmer, **Sondershausen** 250 Teilnehmer, **Saalfeld** 400 Teilnehmer, **Leipzig** 10 000 Teilnehmer, **Rabenau/Dresden** 400 Teilnehmer, **Eibenstock** 400 Teilnehmer, und **Reumtengrün/Karl-Marx-Stadt**

30. November

Berlin Demonstration vom Bundesvorstand des FDGB zum Zentralrat der FDJ mit 100 Teilnehmern **– Erfurt** Demonstration und anschließend Kundgebung gegen Korruption und Amtsmißbrauch mit 10 000 Teilnehmern nach einer kirchlichen Veranstaltung **– Freiberg** Demonstration vom Obermarkt zum Kreisamt des MfS/AfNS mit 2000 (MfS: 1000) Teilnehmern nach einem Aufruf des Neuen Forums **– Gera**

Demonstration durch die Innenstadt mit 6000 (MfS: 8000) Teilnehmern nach Friedensgebeten in 3 Kirchen – **Großenhain** Demonstration mit 2500 Teilnehmern, anschließend Kundgebung auf dem Karl-Marx-Platz für die Auflösung des Flugplatzes der Westgruppe der Sowjetischen Streitkräfte und die Verkürzung der Wehrpflicht – **Großensee/Erfurt** 100 Personen demonstrieren zum Grenzabschnitt und fordern die Eröffnung einer Grenzübergangsstelle, das Tor des Grenzsicherungszaunes wird gewaltsam aufgedrückt – **Halle-Neustadt** Kundgebung mit 1500 (MfS: 400) Teilnehmern nach einem Aufruf des Neuen Forums – **Jena** Demonstration zur Goethe-Allee mit 2000 Teilnehmern nach einem Friedensgebet in der Johanneskirche – **Lengefeld**: Demonstration durch die Innenstadt mit 150 Teilnehmern, anschließend Kundgebung auf dem Markt gegen den Führungsanspruch der SED; aufgerufen zur Demonstration hat das Neue Forum – **Lindenau/Suhl** 300 Teilnehmer demonstrieren zur Staatsgrenze und fordern, eine Grenzübergangsstelle zu eröffnen – **Lommatzsch** Demonstration »Für die Änderung der Verfassung und für freie Wahlen« – **Neustadt/Orla** Kundgebung auf dem Marktplatz mit 300 Teilnehmern nach einem Friedensgebet in der Stadtkirche – **Quedlinburg** Demonstration mit 1600 (MfS: 1700) Teilnehmern nach einem Friedensgebet in der Nikolaikirche; am Kreisamt des MfS/AfNS werden Kerzen abgestellt – **Riesa** Demonstration mit 350 Teilnehmern nach einem Friedensgebet in der Klosterkirche – **Rostock** nach kirchlichen Veranstaltungen in 5 Kirchen finden eine Demonstration durch die Innenstadt und anschließend eine Kundgebung vor dem Haus der Armee mit 15 000 Teilnehmern statt; am Bezirksamt des MfS/AfNS und am Rat des Bezirkes werden Kerzen abgestellt – **Schönebeck** nach einer Veranstaltung in der katholischen Kirche Demonstration für freie Wahlen und die Entfernung der SED aus den Betrieben mit 1300 (MfS: 700) Teilnehmern – **Sebnitz** Demonstration für die Wiedervereinigung Deutschlands mit 700 Teilnehmern nach einem Aufruf des Neuen Forums – **Stendal** Demonstration zum Marktplatz mit 400 Teilnehmern nach einer kirchlichen Veranstaltung im Dom – **Zeulenroda** nach einem Friedensgebet in der Dreieinigkeitskirche findet eine Demonstration durch die Innenstadt mit 4000 Teilnehmern statt, am Kreisamt des MfS/AfNS werden Kerzen abgestellt – Demonstrationen und Kundgebungen finden auch statt in **Pasewalk** 1000 Teilnehmer, **Leinefelde** 1000 Teilnehmer, **Friedrichroda** 800 Teilnehmer, **Adorf** 1000 Teilnehmer, **Bad Elster** 400 Teilnehmer, **Arnstadt** und **Naumburg** – Warnstreiks in **Zielitz/Magdeburg, Bad Salzungen** und **Schmalkalden**

1. Dezember

Almerswind/Suhl 70 Teilnehmer fordern an der Staatsgrenze bei einer Kundgebung, eine Grenzübergangsstelle zu eröffnen – **Auerbach** Demonstration vom Neubaugebiet zum Friedensplatz; dort findet eine Kundgebung für freie Marktwirtschaft und Wiedervereinigung mit 5000 Teilnehmern statt – **Dessau** Gebet um Erneuerung in 3 Innenstadtkirchen und anschließend Demonstration zum Rathausplatz mit 5000 (MdI: 3000) Teilnehmern, dort findet eine Kundgebung für die Auflösung der SED statt, danach offener Dialog in der Johanniskirche mit 1000 Teilnehmern – **Gotha**

nach einem Friedensgebet in der Augustinerkirche findet eine Demonstration durch die Stadt zum Rat des Kreises mit 5000 Teilnehmern statt; im Anschluß Kundgebung auf dem Hauptmarkt, auf der das Programm der SDP vorgestellt wird – **Güstrow** nach einer kirchlichen Veranstaltung im Dom Kundgebung und anschließend Demonstration für eine Reform im Bildungswesen mit 650 Teilnehmern – **Halle** Demonstration mit 2000 Teilnehmern nach einem »Erneuerungsgebet« in der Johanniskirche – **Kella/Erfurt** Demonstration zur Staatsgrenze für die Eröffnung einer Grenzübergangsstelle mit 200 Teilnehmern – **Klingenthal** Demonstration und anschließend Kundgebung mit 2500 Teilnehmern nach einem Aufruf der Bürgerinitiative Klingenthal – **Mühlhausen** Demonstration mit 500 (Mühlhausen 1989/90: 3500) Teilnehmern nach einem Friedensgebet in der Martinikirche – **Neuenbau/ Suhl** 30 Demonstranten erzwingen die Öffnung der Staatsgrenze – **Olbernhau** Kundgebung auf dem Dr.-Wilhelm-Külz-Platz und anschließend Demonstration mit 1000 Teilnehmern – **Pasewalk** Demonstration zum Marktplatz mit 400 Teilnehmern nach einem Friedensgebet – **Stollberg** Demonstration und anschließend Kundgebung auf dem Marktplatz mit 3500 (MfS: 2000) Teilnehmern nach einem Aufruf des Neuen Forums – Demonstrationen und Kundgebungen finden auch statt in **Saalfeld** 1000 Teilnehmer, **Greußen/Erfurt** 150 Teilnehmer, und **Eppendorf** 150 Teilnehmer

2. Dezember

Andenhausen/Suhl Bürger erzwingen die Öffnung der Grenze – **Annaberg** nach einem Fürbittgottesdienst in der St.-Annen-Kirche finden eine Demonstration und anschließend eine Kundgebung auf dem Karl-Marx-Platz mit 5000 Teilnehmern nach einem Aufruf des Neuen Forums statt – **Bad Salzungen** 1000 Personen dringen in das Ferienheim des MfS/AfNS »Katzenstein« ein und fordern die Freigabe des Objektes für die Bevölkerung – **Berlin** 3000 Genossen der SED-Basis fordern vor dem Haus des Zentralkomitees eine radikale Erneuerung der Partei – **Berlin** 400 Schüler demonstrieren für eine Bildungsreform – **Finsterwalde** Demonstration und anschließend Kundgebung auf dem Marktplatz mit 5000 Teilnehmern – **Görlitz** Kundgebung auf dem Marienplatz mit 5000 (MfS: 500) Teilnehmern nach einem Aufruf des Neuen Forums – **Leipzig** Schülerdemonstration für eine Reform im Bildungswesen mit 3000 Teilnehmern – **Lübbenau** Demonstration von der Altstadt zur Neustadt mit 800 Teilnehmern – **Magdeburg** Kundgebung auf dem Domplatz zum Thema Wirtschaftsfragen und anschließend Demonstration zur SED-Bezirksleitung mit 10 000 (MfS: 12 000) Teilnehmern nach Aufruf des Neuen Forums und der SPD – **Marienberg** Demonstration mit 500 (MfS: 300) Teilnehmern nach einem Aufruf des Neuen Forums – **Mupperg/Suhl** Bürger erzwingen die Öffnung der Grenze – **Neuenbau/ Suhl** Bürger erzwingen die Öffnung der Grenze – **Plauen** Demonstration vom Rathaus, nach kurzer Ansprache von Superintendent Küttler, durch die Innenstadt zum Rathaus und anschließend Kundgebung mit 14 000 Teilnehmern – **Potsdam** Kundgebung des Neuen Forums »Europa im Aufbruch« im Karl-Liebknecht-Forum mit 3000 Teilnehmern – **Rostock** Kundgebung des Neuen Forums mit 2000 Teilnehmern; es wird die Schließung der IMES-GmbH gefordert, da dieser Betrieb in illegale Waffengeschäfte verwickelt ist **– Sangerhausen** Demonstration und anschließend Kundgebung mit 6000 Teilnehmern nach einem Aufruf des Neuen Forums; es wird u. a. der Rücktritt des Kreistages gefordert **– Schmalkalden** Demonstration und anschließend Kundgebung für die Wiedervereinigung Deutschlands mit 88 Teilnehmern **– Weißwasser** Kundgebung und anschließend Demonstration mit 3000 Teilnehmern nach einem Aufruf des Neuen Forums; es wird gefordert, die ehemalige Kreisdienststelle des MfS für ein Kinder- und Altersheim zur Verfügung zu stellen **– Zeughaus/ Sebnitz** 300 Personen verschaffen sich nach einem Aufruf des Neuen Forums Zutritt zum Ferienheim des MfS/AfNS **–** Demonstrationen und Kundgebungen finden auch statt in **Erkner** 250 Teilnehmer, **Spremberg** 130 Teilnehmer, **Ballenstedt/Halle** 350 Teilnehmer, **Artern** 600 Teilnehmer, **Arnstadt** 4000 Teilnehmer, **Tambach-Dietharz** 1500 Teilnehmer, **Greiz** 1000 Teilnehmer, und **Aue** 300 Teilnehmer

3. Dezember

Die Aktion »Ein Licht für unser Land« bildet eine Menschenkette entlang der Fernverkehrsstraßen F 96, F 2, F 6, F 173, F 7; **Stralsund, Greifswald, Jarmen, Rostock, Güstrow, Neuruppin, Teterow, Potsdam, Eberswalde, Berlin, Wittenberg, Sonnewalde, Tharandt, Leipzig, Delitzsch, Eilenburg, Borna, Bad Düben, Wellaune, Pegau, Karl-Marx-Stadt, Zwickau, Auerbach, Lichtentanne, Burkhardtsdorf, Annaberg-Buchholz, Gotha, Hoyerswerda, Bautzen, Bischofswerda, Zinnwald, Weimar, Werdau, Suhl, Meißen, Dresden, Arnsdorf, Pegau, Crimmitschau, Bärenstein, Flöha, Hohenstein-Ernstthal, Lichtenstein, Thum, Ehrenfriedersdorf,** und **Zschopau – Bad Elster** Demonstration zum ZK-Sanatorium »Haus am See« **– Berlin** Kundgebung von 4000 SED-Mitgliedern vor dem Gebäude des ZK der SED für die »Sofortige Absetzung aller Politbüromitglieder« nach einem Aufruf der Kreisleitung der Akademie der Wissenschaften **– Breitenrode/Magdeburg** 80 Personen fordern am Schutzstreifen in der Gemeinde die Eröffnung einer Grenzübergangsstelle **– Dedeleben/Magdeburg** 1500 Personen fordern die Eröffnung einer Grenzübergangsstelle in Dedeleben **– Dresden** Demonstration vor dem Gebäude des MfS/AfNS mit 1500 Teilnehmern nach einem Aufruf des Neuen Forums **– Eisfeld/Suhl** Menschenkette an der Grenzübergangsstelle Eisfeld mit 2500 Teilnehmern **– Gößnitz** Demonstration mit 700 Teilnehmern nach einem Gottesdienst in der Stadtkirche **– Gräfenhainichen** Kundgebung für die Auflösung der Kampfgruppen und die Offenlegung der Arbeit des MfS/AfNS mit 400 Teilnehmern nach einem Aufruf des Neuen Forums **– Kavelstorf/Rostock** 250 Mitglieder des Neuen Forums und der SDP versammeln sich vor der Firma IMES-GmbH und fordern Einlaß; es besteht der Verdacht, daß die Firma illegal Waffenhandel betreibt **– Naumburg** Demonstration mit 4000 (MfS: 1500) Teilnehmern nach einem Aufruf des Neuen Forums; es wird der Einmarsch der NVA in die ČSSR verurteilt und die Bestrafung der Verantwortlichen gefordert **– Sosa** Schweigemarsch nach einem Aufruf des Neuen Forums **– Teterow** Demonstration zum Kreisamt des MfS/AfNS nach einem Friedensgebet **–** Demonstrationen und Kundgebungen finden statt in **Bitterfeld** und **Werder/Potsdam**

4. Dezember

Angermünde 15 Personen besetzen die MfS/AfNS-Zentrale – **Aue** Demonstration nach einem Fürbittgottesdienst – **Bad Doberan** Versiegelung der Räume des MfS/AfNS – **Bautzen** Demonstration zur Strafvollzugseinrichtung Bautzen II mit 2500 Teilnehmern; die Demonstranten bekunden ihre Solidarität mit den Inhaftierten und fordern »Laßt sie frei« – **Berlin** Kundgebung der SDP auf dem Alexanderplatz mit 2000 Teilnehmern – **Bernburg** Demonstration mit 1000 Teilnehmern nach einem Friedensgebet in der Martinskirche; es wird der Rücktritt des Bürgermeisters gefordert – **Bernstadt/Dresden** Demonstration – **Bischhagen/Erfurt** 200 Personen fordern am Grenzsignalzaun »Öffnet das Tor!« – **Cottbus** Demonstration von der Oberkirche zum Altmarkt und zurück »Für eine neue Familien- und Bildungspolitik« mit 3000 Teilnehmern nach einem Aufruf des Neuen Forums und kirchlicher Frauengruppen; im Anschluß findet ein Fürbittgebet statt – **Crottendorf** Demonstration mit 200 Teilnehmern – **Dankmarshausen/Erfurt** 200 Personen fordern den Ausbau der Grenzübergangsstelle für PKWs – **Döbeln** nach einem Friedensgebet Demonstration und anschließend Kundgebung mit 2500 Teilnehmern – **Dresden** Demonstration unter dem Motto »Für inneren und äußeren Frieden im Lande« mit 60 000 Teilnehmern; vormittags Demonstration zum Gericht in Dresden mit der Forderung, die Verbrennung der Akten des MfS/AfNS zu beenden – **Eisenach** Friedensgebet, anschließend Demonstration – **Erfurt** Blockade der Zufahrtswege zum Gebäude des MfS/AfNS mit 500 Teilnehmern – **Forst** Demonstration mit 300 Teilnehmern nach einem Fürbittgottesdienst – **Frankfurt/Oder** Demonstration der SED auf dem Zentralen Platz unter dem Motto »Für unser Land« – **Greifswald** Versiegelung der Räume des MfS/AfNS – **Halle** Demonstration und anschließend Kundgebung für die Auflösung des MfS/AfNS und der Kampfgruppen mit 20 000 Teilnehmern nach einem Aufruf des Neuen Forums – **Herrnburg-Eichholz/Rostock** 60 Personen fordern die Eröffnung einer Grenzübergangsstelle – **Hildburghausen** Demonstration durch das Stadtgebiet für die Wiedervereinigung Deutschlands mit 400 Teilnehmern – **Hoyerswerda** Demonstration und anschließend Kundgebung vor der Kreisleitung der SED mit 600 Teilnehmern, es wird gefordert, daß die Kampfgruppen am 10.12. ihre Waffen vor der Kreisleitung niederlegen – **Jena** Demonstration zum Kreisamt des MfS/AfNS mit der Forderung, die Heizanlage besichtigen zu können, 100 Teilnehmer – **Kamenz** Demonstration mit anschließender Kundgebung – **Karl-Marx-Stadt** nach einem Aufruf des Neuen Forums finden eine Kundgebung und anschließend eine Demonstration mit 60 000 (MfS: 50 000) Teilnehmern statt; es wird gefordert »SED raus aus den Betrieben«, »Auflösung der Kampfgruppen« und »Deutschland einig Vaterland« – **Leipzig** nach Friedensgebeten in 3 Kirchen finden eine Kundgebung auf dem Karl-Marx-Platz und anschließend eine Demonstration mit 150 000 (Sächsisches Tageblatt: 200 000, Ministerium des Innern: 90 000) Teilnehmern statt, gleichzeitig Besetzung der MfS/AfNS-Bezirkszentrale, u. a. durch Mitglieder des Neuen Forums – **Magdeburg** Gebet für gesellschaftliche Erneuerung im Dom und in der St. Sebastiankirche, anschließend Demonstration auf dem Innenstadtring mit 60 000 (MfS: 7000) Teilnehmern; es wird vor allem gefordert »SED raus aus den Betrieben« und »Stasi raus«

– **Malchin** nach einem Friedensgebet findet eine Demonstration mit 500 Teilnehmern zum Objekt des MfS/AfNS statt, im Objekt wird ein Forderungskatalog übergeben – **Meerane** Demonstration mit 250 Teilnehmern nach einem Fürbittgottesdienst – **Merseburg** nach einem Friedensgebet Demonstration für die Bestrafung des gesamten Machtapparates der SED, 1000 Teilnehmer – **Neubrandenburg** Friedensgebet in der Johanniskirche, anschließend Demonstration zur Bezirkszeitung Freie Erde für eine unabhängige Mecklenburgische Zeitung mit 7000 bis 10 000 (AfNS: 15 000) Teilnehmern nach einem Aufruf des Neuen Forums – **Neuhaus/Suhl** Demonstration mit 2000 Teilnehmern nach einem Friedensgebet in der Stadtkirche – **Oberwiesenthal** Kundgebung mit 200 Teilnehmern nach einem Friedensgebet – **Oelsnitz/Kr. Oelsnitz** Demonstration mit 2000 Teilnehmern – **Oschersleben** Demonstration mit 300 Teilnehmern nach einem Montagsgebet – **Osterburg** Demonstration mit 200 Teilnehmern nach einem Montagsgebet – **Parchim** Besetzung der MfS/AfNS-Zentrale – **Pößneck** nach einem Friedensgebet in der Stadtkirche Kundgebung auf dem Marktplatz gegen SED und MfS/AfNS, anschließend Demonstration zum Kreisamt des MfS/AfNS mit 6000 Teilnehmern – **Potsdam** Kundgebung auf dem Alten Markt und anschließend Demonstration für die Auflösung der Kampfgruppen mit 150 Teilnehmern nach einem Aufruf von Potsdamer Basisgruppen – **Rathenow** Blockierung des Gebäudes des MfS/AfNS – **Rostock** Mahnwache vor dem Bezirksamt des MfS/AfNS gegen die Vernichtung von Beweismitteln – **Rudolstadt** Kundgebung mit 6000 Teilnehmern und anschließend Besetzung der MfS/AfNS-Zentrale durch Vertreter des Neuen Forums – **Saalfeld** Mitglieder des Demokratischen Aufbruchs und des Neuen Forums besetzen die MfS/AfNS-Zentrale – **Schwarzenberg** Kundgebung und anschließend Demonstration mit 3000 Teilnehmern – **Schweina/Suhl** Demonstration von Bad Liebenstein nach Schweina mit 600 bis 800 Teilnehmern; dort findet eine Diskussionsveranstaltung in der Laurentiuskirche »Für die Erneuerung der Volksbildung« statt; aufgerufen hat Demokratie Jetzt – **Schwerin** Demonstration und anschließend Kundgebung auf dem Demmlerplatz mit 10 000 Teilnehmern; es wird gefordert, alle Funktionäre zu bestrafen und die Kampfgruppen aufzulösen – **Sonneberg** Demonstration mit 7000 Teilnehmern nach einem Friedensgebet in der Stadtkirche – **Staßfurt** Demonstration mit 1000 Teilnehmern nach einem Montagsgebet – **Stralsund** nach einer kirchlichen Veranstaltung Demonstration zur SED-Kreisleitung und zum MfS/AfNS-Gebäude mit der Forderung, die Kampfgruppen aufzulösen – **Suhl** Informationsveranstaltung des Neuen Forums in der Stadthalle, anschließend Demonstration mit 3000 Teilnehmern zum Bezirksamt des MfS/AfNS; 15 Vertreter besichtigen das Objekt – **Templin** Demonstration vor dem Gebäude des MfS/AfNS mit 200 Teilnehmern – **Teschendorf/Neubrandenburg** 40 Personen fordern Einlaß in das Objekt des MfS/AfNS – **Waren/Müritz** nach einem Friedensgebet demonstrieren 2000 Menschen zum Marktplatz mit der Forderung »Stasi in die Produktion« – **Weißwasser** nach einem Friedensgebet demonstrieren die Teilnehmer zur MfS/AfNS-Zentrale und besetzen diese – **Werdau** Demonstration von Fraureyth nach Werdau; dort findet auf dem Markt eine Kundgebung mit 2000 (MfS: 6000) Teilnehmern statt, anschließend Friedensgebet –

Wernigerode Demonstration mit 3000 Teilnehmern nach einem Montagsgebet – **Wismar** Kundgebung des Neuen Forums vor der Nikolaikirche nach einem Friedensgebet, anschließend Kundgebung vor der SED-Kreisleitung und dem Kreisamt des MfS/AfNS mit 2000 (Politischer Umbruch und Neubeginn in Wismar 1989 bis 1990: 6000) Teilnehmern – **Wurzen** nach einem Friedensgebet Demonstration und anschließend Kundgebung mit 2800 Teilnehmern – **Zittau** Mahnwache von 35 Mitgliedern des Neuen Forums zur Sicherung der MfS-Akten – **Zwickau** Demonstration mit 5000 Teilnehmern nach einem Friedensgebet

5. Dezember

Altenburg Demonstration mit 1500 Teilnehmern nach einem Aufruf des Neuen Forums – **Bad Langensalza** Demonstration zur SED-Kreisleitung mit 1000 Teilnehmern – **Bad Sulza** Demonstration mit 200 Teilnehmern – **Bockelnhagen/Worbis** Demonstration von 20 Kindern und 30 Erwachsenen für die Eröffnung einer Grenzübergangsstelle – **Deuna/Erfurt** Kundgebung im Zementwerk mit 500 Teilnehmern, wobei die Auflösung der Kampfgruppen gefordert wird – **Dresden** Besetzung der MfS/AfNS-Zentrale – **Erfurt** Demonstranten dringen in das Bezirksamt des MfS/AfNS ein – **Frankfurt/Oder** Besetzung und Versiegelung der Räume des MfS/AfNS von Mitgliedern verschiedener Bürgerinitiativen – **Görlitz** Besetzung der MfS/AfNS-Zentrale – **Gotha** 6000 (BDVP: 5000) Demonstranten versammeln sich vor dem Kreisamt des MfS/AfNS; Vertreter der Bürgerinitiativen versiegeln die Räume und stellen die Unterlagen sicher – **Güstrow** Demonstration vor dem MfS/AfNS-Gebäude – **Halle** Besetzung und Versiegelung der Räume des MfS/AfNS – **Henningsdorf** Demonstration im Stahlwerk unter dem Motto »FDJ raus aus den Betrieben« nach einem Aufruf des Neuen Forums – **Leutenberg** Demonstration mit der Forderung, das Heim des Ministerrates an das Volk zu übergeben, 3000 Teilnehmer – **Lobenstein** Demonstration für den Rücktritt des Vorsitzenden des Rates des Kreises mit 2500 Teilnehmern – **Magdeburg** Versiegelung der Räume des MfS/AfNS – **Meiningen** nach einer kirchlichen Veranstaltung Demonstration für die Einheit Deutschlands zum Rat des Kreises, dem VPKA und dem Gebäude des MfS/AfNS, 20 000 Teilnehmer – **Meißen** Demonstration vom Rathenauplatz zum Kreisgericht, Thema »Der Staatsanwalt hat das Wort – gegen Willkür und Gummiparagraphen«; dort findet eine Kundgebung mit dem Kreisstaatsanwalt statt nach einem Aufruf des Neuen Forums – **Neubrandenburg** Mitglieder des Neuen Forums und verschiedener Kirchgemeinden versiegeln die Räume des Bezirksamtes des MfS/AfNS – **Neuruppin** Besetzung des Gebäudes des MfS/AfNS – **Nordhausen** Demonstration zum Kreisamt des MfS/AfNS für die Wiedervereinigung Deutschlands mit 10 000 Teilnehmern – **Rathenow** nach einer Kundgebung des Neuen Forums Demonstration durch die Innenstadt für ein einiges Deutschland mit 10 000 Teilnehmern – **Stadtroda** Demonstration zur Kreisleitung der SED mit 400 Teilnehmern – **Stendal** Besetzung und Versiegelung der Räume des MfS/AfNS durch Mitglieder des Neuen Forums – **Suhl** 2000 Demonstranten dringen in das Bezirksamt des MfS/AfNS ein; die Räume werden besetzt, und das Bürgerkomitee wird gebildet – **Weimar** Demonstration zum Kreisamt des MfS/AfNS mit 5000 Teilnehmern, anschließend Kundgebung auf dem Platz der Demokratie für die Fortsetzung der Erneuerung und die Aufdeckung von Machtmißbrauch, gleichzeitig Besetzung der MfS/AfNS-Zentrale mit 80 Teilnehmern – **Werdau** Besetzung des Gebäudes des MfS/AfNS – Demonstrationen und Kundgebungen finden auch statt in **Hettstedt** 2500 Teilnehmer, **Bad Salzungen** 3000 Teilnehmer, **Ilmenau** 6000 Teilnehmer, **Steinbach-Hallenberg** 3000 Teilnehmer, **Brotterode/Suhl** 3000 Teilnehmer, **Königsbrück** 500 Teilnehmer, **Zittau** 5000 Teilnehmer, **Penig** 300 Teilnehmer, und **Zwönitz**

6. Dezember

Berlin 50 Bürger versammeln sich vor der Hauptverwaltung des MfS/AfNS und übergeben eine Petition – **Berlin** Kundgebung vor dem Bundesvorstand des FDGB mit 2000 Teilnehmern; sie fordern eine Erhöhung der Verantwortung des FDGB – **Dresden** 400 Personen versammeln sich vor dem Objekt des MfS/AfNS und fordern Einlaß – **Halberstadt** Gebet für unser Land, anschließend Demonstration unter dem Motto »Stoppt den Abriß der Altstadt« mit 5000 (Eine Hoffnung lernt gehen: 8000) Teilnehmern – **Heiligenstadt** Besetzung der MfS/AfNS-Zentrale – **Klingenthal** Warnstreik und Kundgebung in der Innenstadt für die Auflösung der Bezirks- und Kreisleitung der SED, 6000 Teilnehmer – **Plauen** Warnstreiks gegen den Führungsanspruch der SED und für die deutsche Vereinigung nach einem Aufruf des Neuen Forums; anschließend finden eine Kundgebung und eine Demonstration zum Rathaus mit 8000 Teilnehmern statt – **Reichenbach** nach einem Friedensgebet Demonstration und Kundgebung mit 4000 Teilnehmern – **Schmalkalden**: Demonstration vor der SED-Kreisleitung mit 500 Teilnehmern; sie fordern die Räumung des Objektes zugunsten des Gesundheitswesens, anschließend stürmen sie das Objekt des MfS/AfNS – **Torgau** Demonstration und anschließend Kundgebung mit 1500 Teilnehmern nach einem Aufruf des »Torgauer Bürgerforums« – Demonstrationen und Kundgebungen finden auch statt in: **Greifswald** 3500 Teilnehmer, **Bad Doberan** 2000 Teilnehmer, **Senftenberg** 1000 Teilnehmer, **Gardelegen** 1200 Teilnehmer, **Eisenberg** 1500 Teilnehmer, **Freital** 1000 Teilnehmer, **Markneukirchen** 2500 Teilnehmer, und **Limbach-Oberfrohna** 2000 Teilnehmer

7. Dezember

Bad Elster Demonstration mit 350 Teilnehmern, anschließend Veranstaltung in der Kirche – **Berlin** Demonstration vom Alexanderplatz zur Volkskammer gegen die Wahlfälschung vom 7.5.1989 mit 2000 Teilnehmern nach einem Aufruf der Initiative »Freies Wahlrecht« – **Dankmarshausen/Erfurt** 60 Bürger verlangen, daß die Grenzübergangsstelle auch für PKWs geöffnet wird – **Erfurt** nach Friedensgebeten in 3 Kirchen finden eine Demonstration und anschließend eine Kundgebung auf den Marienwiesen mit 15 000 (Ministerium des Innern: 20 000) Teilnehmern statt – **Großensee/Erfurt** 150 Bürger demonstrieren am Grenzzaun für die Eröffnung einer Grenzübergangsstelle – **Merseburg** 200 NVA-Angehörige demonstrieren vom Markt zum Wehrkreiskommando und fordern »Raus aus der Kaserne, heim zur Arbeit« – **Neu-**

ruppin Friedensgebet in der Klosterkirche, anschließend Demonstration gegen SED und MfS/AfNS – **Riesa** Demonstration vor dem Gebäude des MfS/AfNS nach einem Aufruf des Neuen Forums – **Rostock** Demonstration zum Bezirksamt des MfS/AfNS mit 15 000 Teilnehmern nach Friedensgebeten in 5 Rostocker Kirchen – **Sebnitz** Kundgebung mit anschließender Demonstration – **Sömmerda** Demonstration durch die Innenstadt mit 1500 Teilnehmern; es wird gefordert »Stasi raus« und »Freiheit durch Einheit« – **Worbis** Demonstration mit 4000 Teilnehmern, anschließend Diskussionsveranstaltung in der Stadthalle – Demonstrationen und Kundgebungen finden auch statt in **Neustrelitz** 2500 Teilnehmer, **Pasewalk** 250 Teilnehmer, **Guben** 2000 Teilnehmer, **Wanzleben** 300 Teilnehmer, **Halle** 800 Teilnehmer, **Zeitz** 6000 Teilnehmer, **Quedlinburg** 4000 Teilnehmer, **Gera** 5000 Teilnehmer, **Jena** 7000 Teilnehmer, **Zeulenroda** 5000 Teilnehmer, und **Adorf** 1000 Teilnehmer

8. Dezember

Auerbach Demonstration vom Neubaugebiet zum Friedensplatz; dort findet eine Kundgebung für die Abschaffung des Machtmonopols der SED mit 2500 Teilnehmern statt – **Dessau** Gebet um Erneuerung in der Johanniskirche, anschließend Demonstration zum Markt; dort findet eine Kundgebung mit 10 000 Teilnehmern statt, der offene Dialog in der Johanniskirche fällt aus – **Gotha** Demonstration unter dem Motto »Gegen Nationalismus und Selbstjustiz« mit 5000 Teilnehmern – **Lüttgenrode/Magdeburg** 500 Personen demonstrieren an der Grenze und fordern, diese zu öffnen – **Mühlhausen** Demonstration mit 500 Teilnehmern nach einem Friedensgebet in der Martinikirche – **Oederan** Demonstration mit 700 Teilnehmern nach einem Aufruf des Neuen Forums – **Teterow** Kundgebung auf dem Marktplatz für die Auflösung der Kampfgruppen und eine Konföderation beider deutscher Staaten nach einem Aufruf des Neuen Forums – **Wismar** Demonstration zur SED-Kreisleitung mit 2000 Teilnehmern; das Haus wird symbolisch besetzt – Demonstrationen und Kundgebungen finden auch statt in **Klingenthal** 7000 Teilnehmer, **Olbernhau** 1000 Teilnehmer, **Grevesmühlen/Rostock** 1500 Teilnehmer, und **Saalfeld** 1000 Teilnehmer – in verschiedenen Städten finden Schülerdemonstrationen für die Abschaffung des Russischunterrichtes statt, so in **Rostock, Greifswald** 200 Teilnehmer, und **Zerbst** 80 Schüler

9. Dezember

Arnstadt Demonstration mit 3000 Teilnehmern, anschließend Kundgebung im Stadtpark – **Berlin** Kundgebung der Akademie der Wissenschaften im Lustgarten mit 5000 (Ministerium des Innern: 1000) Teilnehmern – **Cottbus** zum bevorstehenden Tag der Menschenrechte finden eine Kundgebung und anschließend eine Demonstration mit 1000 Teilnehmern statt; aufgerufen hat das Neue Forum – **Dahlwitz-Hoppegarten/Berlin** Demonstration von 500 Bauern gegen die Verwandlung der Gemeinde in eine »ökologische Wüste« durch weiteren Wohnungsbau – **Güstrow** Demonstration gegen die Modernisierung des Militärflugplatzes – **Kronskamp/Schwerin** 10 000 Demonstranten aus allen Nordbezirken haben sich vor dem Militärflugplatz Kronskamp versammelt, um eine Umwandlung in einen zivilen Flughafen zu erreichen – **Kühlungsborn** Demonstration zum Ferienheim des Ministers für Innere Angelegenheiten mit 500 Teilnehmern; es wird gefordert, das Heim als Altersheim zu nutzen – **Magdeburg** Schülerdemonstration vom Dom zum Rat der Stadt für eine Erneuerung des Bildungswesens mit 3000 Teilnehmern – **Plauen** Demonstration vom Rathaus, nach kurzer Ansprache von Superintendent Küttler, durch die Innenstadt zum Rathaus, anschließend Kundgebung mit 8000 (Freie Presse: 15 000) Teilnehmern; sie fordern einen Volksentscheid zur Wiedervereinigung – **Rostock** Demonstration mit 3000 Teilnehmern gegen Wiedervereinigung, Ausländerhaß und Neofaschismus – **Teterow** Demonstration vom Sportplatz zum Markt für die Wiederherstellung der Bundesländer; es findet eine Unterschriftensammlung statt – **Weimar** Demonstration von 300 Jugendlichen gegen den aufziehenden Rechtsradikalismus – **Zepernick/Frankfurt** Demonstration zum Ferienheim des Ministeriums für Innere Angelegenheiten mit 300 Teilnehmern; es wird gefordert, das Heim als Altersheim zu nutzen – Demonstrationen und Kundgebungen finden auch statt in **Halle** 1000 Teilnehmer, **Greiz** 2000 Teilnehmer, **Annaberg** 1500 Teilnehmer, **Reichenbach** 1200 Teilnehmer, **Marienberg** und **Eppendorf**

10. Dezember

Berlin Demonstration zum Tag der Menschenrechte vom Alexanderplatz zum Platz der Akademie und anschließend Kundgebung mit 1500 Teilnehmern, wobei Redner aus der ČSSR, der UdSSR und aus Rumänien gegen Wiedervereinigung, Neofaschismus und Ausländerfeindlichkeit sprechen, nach einem Aufruf des Neuen Forums – **Bischhagen/Erfurt** mit einem ökumenischen Gottesdienst an der Grenze fordern, nach einer kirchlichen Veranstaltung, 1000 Teilnehmer, daß der Signalzaun geöffnet wird; der Signalzaun wird bis abends geöffnet und danach wieder geschlossen – **Erfurt** Menschenkette »Ein Bürgerwall für unsere Altstadt« an der ehemaligen Stadtmauer mit 4000 bis 5000 Teilnehmern und der Forderung, die Altstadt zu erhalten – **Gotha** zum Tag der Menschenrechte organisiert das Bürgerkomitee einen Sternmarsch zum Hauptmarkt, anschließend Kundgebung mit 5000 bis 6000 Teilnehmern; es wird die UNO-Deklaration der Menschenrechte verlesen – **Gräfenhainichen** Demonstration und anschließend Kundgebung mit 500 Teilnehmern, es wird eine Amnestie für alle politischen Gefangenen gefordert – **Ilmenau** nach einem Aufruf des Neuen Forums finden am Tag der Menschenrechte eine Demonstration und anschließend eine Kundgebung mit 15 000 Teilnehmern statt – **Sallmannshausen/Erfurt** Demonstration am Grenzsicherungszaun mit 100 Teilnehmern – **Stadtilm** Schweigemarsch mit 500 Teilnehmern nach einem Aufruf des Neuen Forums – **Suhl** Kundgebung auf dem Marktplatz für eine totale Entmachtung der Stasi und der SED, anschließend Demonstration zur SED-Bezirksleitung mit 3000 Teilnehmern nach einem Aufruf des Neuen Forums – **Weimar** Demonstration gegen die fortgesetzten Aktivitäten des MfS/AfNS – **Worbis** Schweigemarsch mit 100 Teilnehmern nach einer kirchlichen Veranstaltung – **Zinnowitz** Demonstration mit 3000 Teilnehmern gegen das Überfliegen des Kernkraftwerks Nordbach durch NVA-Flugzeuge mit 3000 Teilnehmern – **Zittau** Demonstration unter dem Motto »Rechtssicherheit spart Staatssicherheit« mit 5500 Teilnehmern – Demonstrationen und Kundgebungen finden auch statt in **Forst** 2500 Teilnehmer, **Döbern** 1200 Teilnehmer, **Harbke/Magdeburg** 600 Teilnehmer, **Cottbus, Dresden** und **Magdeburg**

11. Dezember

Berlin Demonstration vom Alexanderplatz zum Gebäude des Ministerrates mit 500 Teilnehmern unter dem Motto »Landesweiter Aufruf für Umwelt und Gesundheit« nach einem Aufruf von Grüner Liga, Umweltbibliothek, Arche und vom Demokratischen Aufbruch – **Dresden** Demonstration vom Theaterplatz zum Fučikplatz mit 100 000 (Chronik der Ereignisse: 90 000) Teilnehmern – **Eisenach** nach einem Friedensgebet fahren 3000 Menschen und 500 PKWs zum Parteierholungsheim Wilhelmsthal; anschließend wird ein Schweigemarsch um das Heim durchgeführt – **Frankfurt/Oder** Demonstration für Neuwahlen, eine neue Verfassung und mit der Forderung »Parteien raus aus den Betrieben«, 3000 Teilnehmer – **Halle** Kundgebung und anschließend Demonstration mit 35 000 (MfS: 5000) Teilnehmern unter dem Motto »Umweltschutz und Gesundheitswesen«, aufgerufen hat die SDP – **Heiligenstadt** nach einem Aufruf der Demokratischen Initiative Heiligenstadt und des Christlichen Zentrums Dingelstädt finden im Anschluß an ein Friedensgebet in der St.-Gerhard-Kirche eine Demonstration und eine Kundgebung auf dem Friedensplatz mit 25 000 (Ministerium für Innere Angelegenheiten: 35 000) Teilnehmern für ein vereinigtes Eichsfeld statt – **Herrnburg/Rostock** Kundgebung an der Grenze; 250 Teilnehmer fordern, die Grenze sofort zu öffnen – **Karl-Marx-Stadt** Kundgebung und anschließend Demonstration für Wiedervereinigung mit 40 000 (Ministerium für Innere Angelegenheiten: 150 000) Teilnehmern nach einem Aufruf des Neuen Forums, des Demokratischen Aufbruchs und der SDP – **Leipzig** Kundgebung und anschließend Demonstration mit mehr als 150 000 (Neues Deutschland: 100 000, Ministerium für Innere Angelegenheiten: 50 000) Teilnehmern nach einem Friedensgebet – **Magdeburg** Gebet für gesellschaftliche Erneuerung im Dom, anschließend Demonstration mit 15 000 Teilnehmern, auf der gefordert wird »Auflösung des AfNS«, »Freilassung aller politischen Gefangenen« und »Deutschland einig Vaterland« – **Malchin** Demonstration zur SED-Kreisleitung mit der Forderung, das Gebäude zu räumen – **Merseburg** Demonstration zum Kreisamt des MfS/AfNS – **Nauen** Kundgebung auf dem Platz am Theater der Freundschaft mit 4000 Teilnehmern nach einem Aufruf der evangelischen Kirche – **Neubrandenburg** Kundgebung und anschließend Demonstration gegen Gewalt mit 1000 Teilnehmern nach einem Aufruf des Neuen Forums – **Pößneck** nach einem Friedensgebet findet auf dem Marktplatz eine Kundgebung gegen die SED mit 4000 Teilnehmern statt – **Potsdam** Kundgebung und anschließend Demonstration mit 1000 (MfS: 500) Teilnehmern nach einem Aufruf der SDP – **Pritzwalk** Demonstration zum Kreisamt des MfS/AfNS mit 350 Teilnehmern nach einem Aufruf des Neuen Forums – **Rudolstadt** Demonstration durch die Innenstadt mit 2500 Teilnehmern nach einem Friedensgebet – **Schwarzenberg** Kundgebung des Neuen Forums, anschließend Schweigemarsch durch das Stadtzentrum – **Schwerin** Kundgebung im Alten Garten und anschließend Demonstration für radikale politische Reformen mit 7000 (MfS: 2000) Teilnehmern nach einem Aufruf des Neuen Forums – **Sonneberg** Demonstration zum Ehrenmahl der Opfer des Faschismus mit 10 000 Teilnehmern nach einem Friedensgebet – **Stralsund** nach dem Friedensgebet in der Marienkirche findet eine Demonstration für eine Erneuerung in der Volksbildung zum Stadtschulamt statt – **Waren/Müritz** Demonstration und anschließend Kundgebung auf dem Neuen Markt mit 1700 Teilnehmern; es wird die Sanierung der Altstadt gefordert – **Werdau** Demonstration mit 600 Teilnehmern nach einem Friedensgebet – **Wismar** Demonstration und anschließend Kundgebung auf dem Marienplatz für die Wiedervereinigung mit 1200 Teilnehmern nach einem Aufruf des Neuen Forums – **Wurzen** Kundgebung und anschließend Demonstration mit 1200 Teilnehmern – **Zwickau** Demonstration mit 10 000 Teilnehmern nach einem Friedensgebet, aufgerufen hat das Neue Forum – Demonstrationen und Kundgebungen finden auch statt in **Ribnitz-Damgarten** 1300 Teilnehmer, **Ludwigslust** 3000 Teilnehmer, **Beeskow** 1500 Teilnehmer, **Cottbus** 500 Teilnehmer, **Jessen** 800 Teilnehmer, **Staßfurt** 1500 Teilnehmer, **Apolda** 500 Teilnehmer, **Bad Blankenburg** 500 Teilnehmer, **Hildburghausen** 1000 Teilnehmer, **Bautzen** 3000 Teilnehmer, **Kamenz** 1000 Teilnehmer, **Großschönau/Dresden** 6000 Teilnehmer, **Oelsnitz/Kr. Oelsnitz** 500 Teilnehmer, **Thalheim** 700 Teilnehmer, **Anklam** 2000 Teilnehmer, und **Köpenick** 150 Teilnehmer

12. Dezember

Bad Sulza Demonstration mit 300 Teilnehmern für ein einiges Deutschland und gegen die SED – **Berlin** Kundgebung von 1000 VP-Angehörigen vorm Ministerium für Innere Angelegenheiten für eine Erneuerung auch in der VP – **Döbeln** Demonstration zur SED-Kreisleitung mit 200 bis 300 Teilnehmern – **Heinersdorf/ Sonneberg** Meeting gegen die Übernahme ehemaliger MfS-Mitarbeiter bei den Paßkontrollstellen – **Meiningen** Demonstration durch das Stadtzentrum mit 5000 Teilnehmern nach einem Friedensgebet in der Stadtkirche – **Meißen** Demonstration vom Rathenauplatz zum Gebäude des Rates des Kreises; auf der Kundgebung mit 1000 (Ministerium des Innern: 3500) Teilnehmern stellen sich die SDP und das Neue Forum vor – **Nordhausen** Demonstration für ein einiges Deutschland mit 4000 Teilnehmern – **Stralsund** Demonstration der Arbeiter und Angestellten des örtlichen Bauwesens für gerechte Entlohnung – **Weimar** Demonstration zum Thema Umweltschutz mit 2000 Teilnehmern – **Zschopau** Demonstration mit 5000 Teilnehmern nach einem Aufruf der Unabhängigen Bürgerinitiative – Demonstrationen und Kundgebungen finden auch statt in **Rathenow** 3500 Teilnehmer, **Bad Freienwalde** 1800 Teilnehmer, **Sangerhausen** 600 Teilnehmer, **Lobenstein** 800 Teilnehmer, **Stolpen** und **Schlettau**

13. Dezember

Berlin Demonstration von Schülern, Eltern und Lehrern vor dem Haus des Lehrers für Veränderungen im Bildungswesen, 1500 Teilnehmer **– Greifswald** Demonstration und anschließend Kundgebung mit 1500 Teilnehmern nach einem Fürbittgottesdienst **– Halberstadt** Gebet für unser Land, anschließend Demonstration mit 8000 Teilnehmern **– Magdeburg** auf dem Domplatz demonstrieren 500 Angehörige der VP für die Schaffung einer Polizeigewerkschaft **– Markneukirchen** Demonstration und anschließend Kundgebung mit 2500 Teilnehmern nach einem Aufruf der Bürgerinitiativen **– Reichenbach** Demonstration und anschließend Kundgebung mit 1000 bis 2500 Teilnehmern nach einem Aufruf des Neuen Forums **– Sömmerda** Kundgebung mit 80 Teilnehmern **– Stralsund** 3000 Schüler, Eltern und Lehrer demonstrieren gegen SED-Lehrer im Schuldienst – Demonstrationen und Kundgebungen finden auch statt in **Aschersleben** 4000 Teilnehmer, **Schwerin** 2000 Teilnehmer, **Parchim** 1000 Teilnehmer, **Schwaan/Schwerin** 200 Teilnehmer, **Königs Wusterhausen** 300 Teilnehmer, **Wittstock/Potsdam** 200 Teilnehmer, **Alexisbad/Halle** 600 Teilnehmer, **Flöha** 1200 Teilnehmer, **Freiberg** 200 Teilnehmer, **Weißenfels** 200 Teilnehmer, **Schöneck** 700 Teilnehmer, **Sohl** 150 Teilnehmer, **Eisenberg** 700 Teilnehmer, **Kamenz, Meißen,** und **Bad Salzungen**

14. Dezember

Bad Elster Demonstration, anschließend Gesprächsforum im Kulturhaus **– Erfurt** nach einem Friedensgebet finden auf der Marienwiese eine Demonstration und anschließend eine Kundgebung für Demokratie und eine mündige DDR mit 10 000 Teilnehmern statt; gleichzeitig wird der Rücktritt des 1. Stellvertreters des Oberbürgermeisters gefordert, aufgerufen hat das Neue Forum **– Gera** nach einem Friedensgebet findet eine Demonstration unter dem Motto »Deutschland einig Vaterland« mit 5000 Teilnehmern statt **– Gotha** Demonstration mit anschließender Kundgebung nach einem Friedensgebet **– Jena** Demonstration mit 1500 Teilnehmern nach einem Fürbittgottesdienst **– Leinefelde** Demonstration mit 2000 Teilnehmern nach einem Friedensgebet **– Neubrandenburg** Kundgebung von 700 Zivilbeschäftigten der NVA gegen die Wiedervereinigung **– Olbernhau** Schweigemarsch von 250 Schülern für eine Schulreform **– Rostock** nach einem Friedensgebet Demonstration gegen alte Machtstrukturen, Gewalt und den Erhalt der DDR, 6000 (Ministerium für Innere Angelegenheiten: 5000) Teilnehmer **– Worbis** Schweigemarsch unter dem Motto »Wir sind ein Volk« mit 2000 Teilnehmern, anschließend Diskussionsveranstaltung in der Stadthalle **– Zeulenroda** Demonstration zum Objekt der Kreisleitung der SED mit 2500 Teilnehmern nach einer kirchlichen Veranstaltung – Demonstrationen und Kundgebungen finden auch statt in **Halle** 5000 Teilnehmer, **Neustadt/Orla** 600 Teilnehmer, **Hermsdorf** 500 Teilnehmer, **Breitungen/ Suhl** 500 Teilnehmer, **Bad Doberan** 1500 Teilnehmer, **Großenhain** 3000 Teilnehmer, **Sebnitz** 1000 Teilnehmer, **Penig** 300 Teilnehmer, **Greifswald** und **Adorf**

15. Dezember

Auerbach Demonstration vom Neubaugebiet zum Friedensplatz, dort findet eine Kundgebung für eine unabhängige Presse mit 1000 Teilnehmern statt – **Berlin** Demonstration vor der rumänischen Botschaft mit 450 Teilnehmern – **Crimmitschau** Friedensgebet, anschließend Demonstration – **Dessau** Gebet um Erneuerung in der Johanniskirche, anschließend Demonstration mit 2000 Teilnehmern; am offenen Dialog in der Johanniskirche beteiligen sich 400 Teilnehmer – **Mühlhausen** Demonstration nach einem Friedensgebet in der katholischen Kirche – **Plauen** Warnstreik und Kundgebung, anschließend Demonstration durch das Stadtzentrum mit 11 500 Teilnehmern – **Sebnitz** Kundgebung, auf der die Wiedervereinigung gefordert wird – Demonstrationen und Kundgebungen finden auch statt in **Bützow/Schwerin** 700 Teilnehmer, **Prenzlau** 1000 Teilnehmer, **Bad Liebenwerda** 500 Teilnehmer, **Klingenthal** 1500 Teilnehmer, und **Eppendorf** 150 Teilnehmer

16. Dezember

Arnstadt Demonstration gegen Korruption und Amtsmißbrauch mit 2000 Teilnehmern – **Berlin** Schülerdemonstration – **Gotha** Kundgebung für Reformen in der Schule mit 100 Teilnehmern – **Jüterbog** Demonstration für demokratische Wahlen mit 400 Teilnehmern nach einem Aufruf der LDPD – **Lampertswalde** Schweigemarsch zum NVA-Objekt mit 2000 Teilnehmern; es wird die Schließung des Objektes gefordert – **Oranienburg** 300 Bürger fordern auf einer Demonstration die Übergabe eines Waldstückes aus NVA-Nutzung an den Rat des Kreises – **Plauen** Demonstration und anschließend Kundgebung mit 8000 Teilnehmern nach einem Aufruf des Neuen Forums – **Seltz/Altentreptow** nach einem Aufruf des Neuen Forums findet eine Demonstration am NVA-Objekt Seltz mit 150 Teilnehmern statt; es wird gefordert, daß die Waffen und die Munition, die sich dort befinden, ausgelagert werden – Demonstrationen und Kundgebungen finden auch statt in **Wolgast** 3500 Teilnehmer, **Prenzlau** 200 Teilnehmer, **Kyritz/Potsdam** 50 Teilnehmer, **Weißenfels** 1000 Teilnehmer, **Greiz** 500 Teilnehmer, **Altenburg** 250 Teilnehmer, **Annaberg-Buchholz** 1500 Teilnehmer, **Lichtenstein** 2500 Teilnehmer, **Zwickau** 6000 Teilnehmer, und **Neustadt/Dosse** 50 Teilnehmer

17. Dezember

Bautzen Demonstration vor dem NVA-Flugplatz mit 1000 Teilnehmern; es wird die sofortige Schließung des Objektes gefordert – **Delitzsch** Demonstration mit 250 Teilnehmern – **Glasenhausen/Erfurt** 150 Teilnehmer fordern auf einer Demonstration, die Grenzanlagen abzubauen – **Hermsdorf** Demonstration unter dem Motto »Land Sachsen ohne SED« mit 300 Teilnehmern – **Jüterbog** Demonstration mit 400 Teilnehmern – **Oranienburg** Sternfahrt zur Speedwaybahn bei Wolfslake, dort findet eine Kundgebung für die Entmilitarisierung der Wälder statt – **Saßnitz** Angehörige der Volksmarine demonstrieren gegen die schleppende Reform in den bewaffneten Organen – Demonstration auch in **Halle**

18. Dezember

Aue Demonstration gegen Wiedervereinigung mit 3000 Teilnehmern **– Berlin** Schweigemarsch für die Opfer des Stalinismus vom Alexanderplatz zum Palast der Republik **– Dingelstädt** Demonstration für freie Wahlen mit 400 Teilnehmern **– Döbeln** Schweigemarsch mit 2500 Teilnehmern nach einem Fürbittgottesdienst **– Dresden** Demonstration und anschließend Kundgebung mit 50 000 bis 60 000 Teilnehmern, auf der die Wiedervereinigung gefordert wird **– Görlitz** Schweigemarsch und anschließend Kundgebung mit 3000 Teilnehmern **– Karl-Marx-Stadt** Schweigemarsch mit 30 000 (Ministerium für Innere Angelegenheiten: 8000) Teilnehmern **– Leipzig** zum Abschluß des Jahres findet nach einem Friedensgebet eine friedliche Kerzen-Demonstration mit 150 000 (Sächsisches Tageblatt: 200 000, Ministerium für Innere Angelegenheiten: 120 000) Teilnehmern statt **– Malchin** Demonstration mit anschließender Kundgebung vor dem Wehrkreiskommando **– Ohrdruf** 80 Schüler der Erich-Weinert-Oberschule demonstrieren für die Abschaffung des Russisch- und Staatsbürgerkundeunterrichtes **– Pößneck** 3000 Teilnehmer fordern auf einer Kundgebung einen Volksentscheid zur Wiedervereinigung **– Potsdam** Kundgebung der SPD **– Rudolstadt** Demonstration für die deutsche Einheit **– Schwerin** Demonstration »Für eine saubere Umwelt – bevor es zu spät ist« mit 3000 Teilnehmern **– Seelow/Frankfurt** Demonstration für freie Wahlen mit 500 Teilnehmern nach einem Aufruf der evangelischen Kirche **– Sonneberg** Demonstration durch die Innenstadt mit 2000 Teilnehmern nach einem Friedensgebet **– Stralsund** nach einem Friedensgebet in der Marienkirche bilden 2000 Teilnehmer eine Menschenkette um den Leninplatz mit der Forderung, diesen wieder in Neuer Markt umzubenennen **– Werdau** Friedensgebet mit anschließender Demonstration **– Zwickau** nach Friedensgebet im Dom Demonstration gegen die SED mit 2500 Teilnehmern **–** Demonstrationen und Kundgebungen finden auch statt in **Perleberg** 150 Teilnehmer, **Bad Wilsnack** 200 Teilnehmer, **Wittenberge** 500 Teilnehmer, **Neubrandenburg** 150 Teilnehmer, **Dargun/Neubrandenburg** 250 Teilnehmer, **Cottbus** 1500 Teilnehmer, **Lübben** 300 Teilnehmer, **Eisenach** 2000 Teilnehmer, **Heiligenstadt** 4000 Teilnehmer, **Mühlhausen** 400 Teilnehmer, **Oelsnitz** 700 Teilnehmer, **Oberwiesenthal** und **Marienberg**

19. Dezember

Berlin Demonstration gegen Wiedervereinigung vom Alexanderplatz zum Platz der Akademie mit mehreren tausend (Chronik Deutschland Archiv: 50 000, Ministerium des Innern: 25 000) Teilnehmern **– Cottbus** Kundgebung vor der Stadthalle mit 3000 Teilnehmern nach einem Aufruf der Vereinigten Linken unter dem Motto »Gemeinsam gegen Rechts« **– Dresden** Kundgebung mit Helmut Kohl an der Ruine der Frauenkirche mit 20 000 Teilnehmern **– Lobenstein** Demonstration mit 4500 Teilnehmern nach einem Friedensgebet **– Magdeburg** Kundgebung mit Willy Brandt auf dem Domplatz mit 40 000 (Ministerium für Innere Angelegenheiten: 35 000) Teilnehmern **– Meiningen** Demonstration durch das Stadtzentrum mit 2000 Teilnehmern nach einem Friedensgebet **– Rostock** Demonstration mit 8000 (Chronik Deutschland Archiv: 30 000, Ministerium für Innere Angelegenheiten: 3000) Teilnehmern gegen eine Vereinnahmung der DDR nach einem Aufruf der Vereinigten Linken – **Weimar** Demonstration mit 2000 Teilnehmern für Solidarität mit Rumänien – Demonstrationen und Kundgebungen finden auch statt in **Parchim** 600 Teilnehmer, **Roßlau** 500 Teilnehmer, **Nordhausen** 2500 Teilnehmer, **Erfurt** 1000 Teilnehmer, **Gotha** 500 Teilnehmer, und **Limbach-Oberfrohna** 4000 Teilnehmer

20. Dezember

Eisenberg Schweigemarsch mit 700 Teilnehmern nach einem Friedensgebet – **Glasehausen/Erfurt** Demonstration für die Öffnung einer Grenzübergangsstelle – **Halberstadt** Informationsveranstaltung in der Martinikirche, anschließend Kundgebung auf dem Martiniplatz und letzte Demonstration für 1989 mit 8000 (Eine Hoffnung lernt gehen: 12 000) Teilnehmern; zur Demonstration aufgerufen hat das Neue Forum – **Leipzig** Demonstration für Rumänien – **Limbach-Oberfrohna** Kundgebung und anschließend Demonstration mit 800 Teilnehmern nach einem Aufruf des Neuen Forums – **Pferdsdorf/Suhl** Demonstration zur Eröffnung einer Grenzübergangsstelle zwischen Pferdsdorf und Mansbach mit 200 Teilnehmern – **Reichenbach i. Vogtl.** Demonstration mit 200 Teilnehmern nach einem Aufruf der Peter-Paul-Kirche – **Rostock** Schülerdemonstration für die Bildung von Schulräten auf dem Karl-Marx-Platz mit 500 Teilnehmern – Demonstrationen und Kundgebungen finden auch statt in **Binz** 250 Teilnehmer, **Brandenburg** 1500 Teilnehmer, **Wittstock/Potsdam** 250 Teilnehmer, **Gransee** 80 Teilnehmer, **Storkow** 300 Teilnehmer, und **Haldensleben** 150 Teilnehmer

21. Dezember

Berlin Demonstration zur rumänischen Botschaft mit 2000 bis 4000 Teilnehmern – **Erfurt** Schweigemarsch für die Opfer des Stalinismus und für Rumänien mit 3000 (Ministerium für Innere Angelegenheiten: 22 000) Teilnehmern nach einem Friedensgebet – **Gera** Schweigemarsch für die Opfer des Stalinismus mit 4500 Teilnehmern nach einem Friedensgebet – **Großenhain** Kundgebung und anschließend Schweigemarsch für die Solidarität mit Rumänien, 1500 Teilnehmer – Demonstrationen und Kundgebungen finden auch statt in **Ribnitz-Damgarten** 700 Teilnehmer, **Pasewalk** 150 Teilnehmer, **Sebnitz** 400 Teilnehmer, **Schweina/Suhl** 200 Teilnehmer, **Zwickau** 500 Teilnehmer, **Bad Elster** 100 Teilnehmer, **Zeulenroda** 350 Teilnehmer, **Penig** 300 Teilnehmer, und **Neuhaus/Suhl**

22. Dezember

Auerbach Kundgebung auf dem Friedensplatz für die Solidarität mit Rumänien nach einem Aufruf der Bürgerinitiative Kreis Auerbach; es nehmen 150 Menschen teil – **Gotha** nach einem Friedensgebet findet eine Demonstration zum Rathaus statt, wo eine Mahnwache für Rumänien durchgeführt wird – **Guben** Demonstration für die Solidarität mit Rumänien mit 1000 Teilnehmern – **Güstrow** nach einem Aufruf des Neuen Forums Kundgebung und anschließend Demonstration zum Kreisamt des

MfS/AfNS mit 1500 Teilnehmern – **Güstrow** zum Gedenken an den 5. Todestag zweier Güstrower, die infolge eines »Zwischenfalls« vor dem MfS-Gebäude erschossen wurden, findet eine Demonstration statt – **Olbernhau** Demonstration mit 200 Teilnehmern – **Saalfeld** Demonstration mit 2000 Teilnehmern – **Schleiz** Demonstration für die Solidarität mit Rumänien; es nehmen 1500 Menschen teil – Demonstration auch in **Dresden**

23. Dezember

Berlin Demonstration vom Alexanderplatz zur rumänischen Botschaft und zurück mit 500 Teilnehmern; es wird zur Solidarität mit dem rumänischen Volk aufgerufen – **Leipzig** Schweigemarsch für die Opfer in Rumänien mit 8000 Teilnehmern – **Neuruppin** Schweigemarsch für Solidarität mit Rumänien – **Plauen** Schweigemarsch für die Opfer in Rumänien mit 1000 Teilnehmern – Demonstrationen für Rumänien auch in **Dresden**

24. Dezember

Teterow auf dem Marktplatz findet eine symbolische Vernichtung von Waffen der Kampfgruppen statt

25. Dezember

Karl-Marx-Stadt Kundgebung der SPD und anschließend Demonstration mit 700 (Ministerium für Innere Angelegenheiten: 500, Freie Presse: 2000) Teilnehmern

26. Dezember

Guben Kundgebung des Neuen Forums auf dem Marktplatz, es nehmen 500 Deutsche und Polen daran teil, anschließend findet ein Schweigemarsch mit Kerzen über die Neißebrücke nach Polen statt – **Meißen** Kundgebung »Licht der Hoffnung« auf dem Marktplatz für Solidarität mit Rumänien nach einem Aufruf der Meißner Bürgerbewegung – **Schwerin** Kundgebung auf dem Markt und anschließend Demonstration mit 1500 (Ministerium für Innere Angelegenheiten: 1200) Teilnehmern für eine souveräne DDR, aufgerufen hat die »Initiativgruppe für unser Land«

27. Dezember

Hohenstein-Ernstthal Kundgebung mit anschließender Demonstration durch die Innenstadt nach einem Aufruf des Neuen Forums unter dem Motto »SED raus aus den Betrieben«, 400 Teilnehmer – **Utecht/Schwerin** Demonstration für die Eröffnung eines Grenzüberganges mit 200 Teilnehmern

29. Dezember

Weberstedt/Erfurt Demonstration zum Truppenübungsplatz mit der Forderung, den Schießplatz zu schließen

30. Dezember

Berlin Kundgebung des DFD vor dem Mahnmal Unter den Linden gegen neonazistische Erscheinungen, 200 Teilnehmer **– Gransee** Demonstration mit 1500 Teilnehmern **– Heringsdorf** Kundgebung und anschließend Demonstration für die Erneuerung des Landes mit 3500 Teilnehmern nach einem Aufruf der Bürgerinitiative **– Weimar** Antifa-Demonstration unter dem Motto »Weimar – Nazifreie Zone«

31. Dezember

Berlin Hunderttausende versammeln sich zur Silvesterparty um das Brandenburger Tor

1990

1. Januar

Annaberg Demonstration nach einem Bittgottesdienst in der Martin-Luther-Kirche mit 250 Teilnehmern – **Beelitz** 300 Armeeangehörige demonstrieren für eine Militärreform – **Dresden** 100 Armeeangehörige demonstrieren für eine Militärreform – **Karl-Marx-Stadt** Kundgebung der SPD am Karl-Marx-Monument mit 2000 (Freie Presse: 5000) Teilnehmern – **Leipzig** Soldatendemonstration »12 Monate – die Wirtschaft ruft« mit 250 Teilnehmern – **Weberstedt/Bad Langensalza** Demonstration für die Abschaffung des NVA-Truppenübungsplatzes mit 375 Teilnehmern

2. Januar

Karstädt/Schwerin Demonstration »Für Frieden und Demokratie« nach einem Aufruf des Neuen Forums mit 200 Teilnehmern – **Meißen** Demonstration unter dem Thema »Mitbestimmung statt Machtmißbrauch in den Betrieben, Kommunen und im Kreis« – **Suhl** Demonstration nach einem Friedensgebet in der Stadtkirche mit 1500 Teilnehmern

3. Januar

Berlin Demonstration gegen Neofaschismus, Rassenhaß und Ausländerfeindlichkeit mit 250 000 Teilnehmern – **Großensee/Erfurt** Demonstration zur Öffnung einer Grenzübergangsstelle mit 100 Teilnehmern – **Limbach-Oberfrohna** Demonstration und anschließend Kundgebung mit 3000 Teilnehmern – **Neubrandenburg** NVA-Angehörige demonstrieren für die schnelle Durchführung einer Militärreform

4. Januar

Erfurt nach Friedensgebeten in 2 Kirchen findet eine Demonstration mit anschließender Kundgebung auf dem Domplatz statt, 5000 Teilnehmer fordern Reformen – **Gera** Demonstration zum Gebäude des MfS/AfNS mit 4000 Teilnehmern nach einem Friedensgebet– **Ketzin/Potsdam** Demonstration für die Schließung der Mülldeponie in Ketzin mit 200 Teilnehmern – **Schöneberg/Angermünde** Blockade der Mülldeponie mit 150 Teilnehmern – **Sebnitz** Kundgebung

5. Januar

Auerbach Demonstration vom Neubaugebiet zum Friedensplatz; dort findet eine Kundgebung mit den Forderungen »Nieder mit der SED, Deutschland einig Vaterland« mit 12 000 (Die Wende in Auerbach: 20 000) Teilnehmern statt – **Dessau** Demonstration mit 5000 Teilnehmern »Für ein neues Wehrdienstgesetz und gegen Zahlung von Überbrückungsgeldern an ehemalige Stasi-Beamte« nach einem Aufruf des Neuen Forums – **Gotha** nach einem Friedensgebet Demonstration für gleiche Rechte für oppositionelle Parteien und Gruppen und gegen die SED-PDS – **Olbernhau** Kundgebung gegen die SED-PDS und das MfS/AfNS mit 300 Teilnehmern nach einem Aufruf des Neuen Forums – **Saalfeld** Demonstration unter dem Motto »Weg mit allen Extremisten, Kommunisten und Faschisten« mit 2000 Teilnehmern

6. Januar

Arnstadt Demonstration und anschließend Kundgebung gegen Ausgleichszahlungen an Mitarbeiter des MfS/AfNS mit 5000 Teilnehmern nach einem Aufruf des Neuen Forums – **Buchfart/Erfurt** 90 Personen demonstrieren vor dem Objekt der BDVP und fordern, das Objekt besichtigen zu können, da sie vermuten, daß dort Akten des MfS vernichtet werden – **Dresden** Demonstration von Mitarbeitern des Gesundheits- und Sozialwesens mit 1300 Teilnehmern; sie fordern die Rekonstruktion des Bezirkskrankenhauses – **Greiz** Demonstration für die Wiedervereinigung und gegen die SED-PDS mit 6000 Teilnehmern – **Hartenstein** Kundgebung gegen Gewalt und Neofaschismus mit 400 Teilnehmern nach einem Aufruf der Bürgerinitiative – **Kirchberg/Zwickau** 120 Autos fahren zum NVA-Objekt nach Wolfgangsmaßen und beteiligen sich an einem Sternmarsch – **Lengenfeld** Kundgebung und anschließend Demonstration mit 250 Teilnehmern nach einem Aufruf der FDP und des Neuen Forums – **Plauen** Demonstration und anschließend Kundgebung mit 30 000 Teilnehmern nach einem Aufruf der Bürgerinitiative – **Wolfgangsmaßen/ Aue** Sternmarsch zum NVA-Objekt; 7000 Teilnehmer fordern, das Objekt in ein Erholungsheim umzuwandeln – Demonstrationen und Kundgebungen finden auch statt in **Fürstenwalde** 180 Teilnehmer, **Seelow** 500 Teilnehmer, **Römhild/Suhl** 200 Teilnehmer, **Aue** 7000 Teilnehmer, und **Prenzlau** 2000 Teilnehmer

7. Januar

Berlin Fahrraddemonstration für bessere Bedingungen für Fahrradfahrer mit 1000 Teilnehmern nach einem Aufruf der Grünen Liga – **Empfertshausen/Suhl** Demonstration – **Neubrandenburg** Demonstration gegen Terror und Neofaschismus mit 15 000 (Ministerium für Innere Angelegenheiten: 10 000) Teilnehmern nach einem Aufruf der SED-PDS, anschließend Kundgebung auf dem Karl-Marx-Platz – **Urnshausen/Suhl** nach einem Friedensgebet Demonstration gegen die seit Jahren anhaltende Nutzung des Naherholungsgebietes durch die NVA mit 1200 Teilnehmern

– Zehntausende Einwohner der DDR-Kreise **Heiligenstadt, Worbis** und **Mühlhausen** sowie der BRD-Kreise Duderstadt und des Werra-Meißner-Kreises bilden eine grenzüberschreitende Menschenkette nach einem Aufruf der »Demokratischen Initiative«

8. Januar

Apolda Demonstration und anschließend Kundgebung für Reisefreiheit und gegen die SED mit 2500 Teilnehmern nach einem Aufruf des Neuen Forums **– Cottbus** nach einer Andacht in der Oberkirche findet eine Demonstration unter dem Motto »Rumänien mahnt« mit 2500 Teilnehmern statt, aufgerufen hat das Neue Forum **– Dresden** Demonstration durch die Innenstadt mit 10 000 Teilnehmern **– Eisenach** Demonstration mit 2500 Teilnehmern nach einem Friedensgebet in der Georgenkirche **– Frankfurt/Oder** Demonstration gegen die Bildung eines Amtes für Verfassungsschutz mit 10 000 (Ministerium für Innere Angelegenheiten: 3000) Teilnehmern nach einem Aufruf des Neuen Forums **– Gera** Kundgebung gegen Neofaschismus am Ehrenhain der sowjetischen Soldaten mit 5000 Teilnehmern nach einem Aufruf der SED-PDS und der Gesellschaft für Deutsch-Sowjetische Freundschaft **– Halle** Demonstration mit anschließender Kundgebung gegen MfS/AfNS und SED nach einem Aufruf des Neuen Forums **– Heiligenstadt** Demonstration und anschließend Kundgebung auf dem Friedensplatz mit 4000 (Wir sprengen unsere Ketten: 2500) Teilnehmern unter dem Motto »Wer die SED wählt, wählt Massenflucht« nach einem Aufruf der Demokratischen Initiative Heiligenstadt **– Karl-Marx-Stadt** Kundgebung und anschließend Demonstration für die Auflösung des MfS/AfNS mit 50 000 (Auferstanden aus Ruinen: 150 000, Ministerium für Innere Angelegenheiten: 10 000, Freie Presse: 65 000) Teilnehmern nach einem Aufruf der »Demokratischen oppositionellen Plattform« **– Leipzig** Demonstration mit 100 000 (LVZ: 150 000, Sächsisches Tageblatt: 200 000) Teilnehmern nach Friedensgebeten in 4 Kirchen **– Magdeburg** Gebet für gesellschaftliche Erneuerung im Dom, anschließend Demonstration zur Lokalzeitung Volksstimme mit 200 bis 300 Teilnehmern **– Mühlhausen** Demonstration zum Thema Volksbildung mit 1500 Teilnehmern nach einem Aufruf der evangelischen Kirche **– Neubrandenburg** Demonstration zum Karl-Marx-Platz mit 2000 (Freie Erde: 5000) Teilnehmern nach einem Aufruf des Neuen Forums **– Neuruppin** Protestdemonstration vom Alten Gymnasium zur Einflugschneise in der Gentzstraße gegen den Fluglärm der sowjetischen Streitkräfte mit 4000 Teilnehmern **– Pößneck** Demonstration gegen das Machtmonopol der SED-PDS mit 5000 Teilnehmern **– Rudolstadt** Demonstration mit 3500 Teilnehmern nach einem Friedensgebet **– Schwedt** nach einem Aufruf des Neuen Forums Demonstration gegen die Bildung eines Amtes für Verfassungsschutz mit 4000 Teilnehmern **– Schwerin** Schweigemarsch »Für eine konsequente Fortführung unserer Revolution! Gegen Rechtsradikalismus und was von der SED daraus gemacht wird!« mit 8000 Teilnehmern nach einem Aufruf des Neuen Forums **– Suhl** Demonstration mit der Forderung, daß die Zeitung Freies Wort in Volkes Hände gehört, 1000 Teilnehmer **– Waren/Müritz** Demonstration mit anschließender Kundgebung auf dem Neuen Markt gegen das

Medienmonopol der SED-PDS – **Zwickau** Demonstration und anschließend Kundgebung gegen die SED-PDS mit 7000 Teilnehmern nach einem Aufruf des Neuen Forums – Demonstrationen und Kundgebungen finden auch statt in **Tessin/Rostock** 500 Teilnehmer, **Ribnitz-Damgarten** 2000 Teilnehmer, **Stralsund** 800 Teilnehmer, **Dargun/Neubrandenburg** 400 Teilnehmer, **Aue** 6000 Teilnehmer, **Oelsnitz** 3000 Teilnehmer, **Marienberg** 1500 Teilnehmer, **Schwarzenberg** 1000 Teilnehmer, und **Gadebusch** – Warnstreiks in **Suhl, Zella-Mehlis**

9. Januar

Bad Langensalza nach einem Aufruf der Demokratischen Basisgruppen findet im Anschluß an einen Friedensgottesdienst eine Demonstration mit 500 Teilnehmern statt; dem Rat des Kreises wird eine Forderung übergeben, worin die Abschaffung der SED-PDS und das Nichtzahlen von Überbrückungsgeldern an MfS-Mitarbeiter verlangt werden – **Berlin** Demonstration vom Kino Babylon zum Berolina-Haus mit 300 bis 600 Teilnehmern – **Greifswald** Demonstration mit 1000 Teilnehmern nach einem Friedensgebet – **Halle** Handwerkerdemonstration auf dem Marktplatz für gleichberechtigte und freie Entwicklung des Berufsstandes – **Lobenstein** Friedensgebet mit anschließendem Gespräch für die soziale Marktwirtschaft in und vor der Stadtkirche mit 1500 Teilnehmern – **Meiningen** Demonstration unter der Losung »SED auf den Müll« mit 8000 bis 10 000 Teilnehmern nach einem Friedensgebet in der Stadtkirche – **Meißen** Demonstration zum Thema »Rettet Meißen« mit symbolischer Vermauerung des Stadtbauamtes; es bildet sich eine Menschenkette um den Altstadtring – **Nordhausen** Demonstration und anschließend Kundgebung für die Einheit Deutschlands und gegen das MfS/AfNS mit 12 000 Teilnehmern nach einem Aufruf des Neuen Forums – **Penig** Demonstration mit 200 Teilnehmern nach einem Aufruf des Neuen Forums – **Weimar** Demonstration und anschließend Kundgebung gegen die Ausgleichszahlungen an MfS-Mitarbeiter und für die Wiedervereinigung mit 8000 Teilnehmern nach einem Aufruf des Neuen Forums und der SDP – **Zwönitz** Demonstration mit 2500 Teilnehmern nach einem Aufruf des Neuen Forums – Demonstrationen und Kundgebungen finden auch statt in **Schwerin** 8000 Teilnehmer, **Suhl** 3000 Teilnehmer, **Rostock** und **Erfurt**

10. Januar

Bad Berka Demonstration zum Thema »Kommunale Probleme« nach einem Aufruf der Bürgerinitiative – **Bad Doberan** nach einem Gottesdienst Demonstration entlang der F 105 gegen die SED-PDS und das MfS/AfNS mit 1600 Teilnehmern – **Brandenburg** Demonstration gegen die »finstere« Erneuerung der SED-PDS mit 5000 Teilnehmern nach einem Aufruf des Neuen Forums – **Eilenburg** Demonstration und anschließend Kundgebung gegen die Zahlung von Überbrückungsgeldern an Angehörige des MfS/AfNS mit 5000 Teilnehmern nach einem Aufruf des Neuen Forums – **Eisenberg** nach einem Friedensgebet findet eine Demonstration für Medienfreiheit mit 3000 Teilnehmern statt, aufgerufen hat die Superintendentur – **Halberstadt** nach einer Veranstaltung der SPD und des Neuen Forums in der Marienkirche demonstrieren 1500 Teilnehmer durch die Innenstadt – **Herzberg** nach einem Friedensgebet in der Stadtkirche finden eine Demonstration und anschließend eine Kundgebung auf dem Karl-Marx-Platz mit 2500 Teilnehmern nach einem Aufruf der SDP statt – **Ilmenau** Demonstration gegen die Ausgleichszahlungen an MfS-Mitarbeiter mit 25 000 Teilnehmern – **Limbach-Oberfrohna** nach einem Friedensgebet findet eine Demonstration vor dem SED-Gästehaus Kändler mit 30 000 (Ministerium des Innern: 9000) Teilnehmern statt; es werden der Rücktritt der Regierung Modrow und die Übergabe des Gebäudes in Volkseigentum gefordert – **Magdeburg** Demonstration unter dem Motto »Atomraketen auf den Müll«, »SED auf den Müll« mit 1500 Teilnehmern nach einer Veranstaltung der SDP und des Neuen Forums in der Marienkirche – **Markneukirchen** Kundgebung gegen die SED-PDS und die Republikaner mit 4500 Teilnehmern nach einem Aufruf der Bürgerinitiative – **Reichenbach i. Vogtl.** Demonstration mit 2000 Teilnehmern nach einem Aufruf des Neuen Forums – **Schöneck** Demonstration für die Enteignung der SED-PDS und gegen Neonazismus und Radikalismus mit 4000 Teilnehmern nach einem Aufruf der Bürgerinitiativen – **Stendal** Demonstration vor dem Gebäude der Lokalzeitung Volksstimme für »Freies Volk, freie Presse«, »Macht aus der SED-Stimme eine Volks-Stimme« mit 1000 bis 2000 Teilnehmern nach einem Aufruf des Neuen Forums und der SPD – Warnstreiks in **Suhl** und **Magdeburg**

11. Januar

Berlin Menschenkette vor der Volkskammer für die Auflösung des MfS/AfNS, Forderung »PDS-Eigentum in Volkseigentum« mit 20 000 (Ministerium für Innere Angelegenheiten: 10 000) Teilnehmern nach einem Aufruf oppositioneller Parteien und Gruppen – **Erfurt** Demonstration gegen SED-PDS und MfS/AfNS, anschließend Kundgebung auf dem Domplatz mit 25 000 Teilnehmern nach einem Aufruf des Neuen Forums – **Frankfurt/Oder** Demonstration gegen die Zahlung von Überbrückungsgeldern an ehemalige Mitarbeiter des MfS – **Freiberg** Kundgebung auf dem Obermarkt und anschließend Demonstration gegen SED-PDS und MfS/AfNS mit 5000 Teilnehmern nach einem Aufruf der SPD – **Gera** Kundgebung und anschließend Demonstration für Pressefreiheit mit 10 000 Teilnehmern nach einer Veranstaltung in der Johanniskirche – **Jena** Demonstration und anschließend Kundgebung mit 20 000 Teilnehmern nach einem Friedensgebet in der Stadtkirche – **Leinefelde** nach einem Aufruf der Kirche findet im Anschluß an ein Friedensgebet eine Demonstration mit 5000 Teilnehmern statt – **Neustadt/Orla** Demonstration und anschließend Kundgebung mit 1300 Teilnehmern nach einem Friedensgebet in der Stadtkirche – **Rostock** nach einem Gottesdienst Demonstration durch die Innenstadt und anschließend Kundgebung am Rathaus für ein einiges Deutschland und gegen die SED-PDS mit 30 000 Teilnehmern – **Titschendorf/Gera** Demonstration an der Grenzübergangsstelle mit 390 Teilnehmern aus Ost und West, es wird gefordert, den Grenzsicherungszaun zu beseitigen – Demonstrationen und Kundgebungen finden auch statt in **Bad Doberan** 4000 Teilnehmer, **Schönebeck** 1500 Teilnehmer, **Sebnitz** 1000 Teilnehmer, und **Adorf** 2500 Teilnehmer – Warnstreiks in **Meiningen,**

Suhl, Geisa, Weimar, Eisenberg, Halberstadt, Ruhla, Nordhausen, Kröpelin/Bad Doberan, Berlin und **Löbau**

12. Januar

Berlin Demonstration von Taxifahrern für gleiche Chancen aller Parteien und demokratischer Vereinigungen – **Dessau** Gebet um Erneuerung mit anschließender Demonstration zum Marktplatz; auf der dort stattfindenden Kundgebung stellten sich die neuen Parteien vor 20 000 Teilnehmern vor – **Eisenach** 300 PKW erzwangen sich die Durchfahrt durch den Grenzübergang – **Eppendorf/Karl-Marx-Stadt** nach einem Aufruf des Neuen Forums fordern 1800 Teilnehmer auf einer Kundgebung und anschließenden Demonstration die Auflösung von SED-PDS und MfS sowie die Beseitigung aller marxistischen Gedenksteine im Ort – **Gotha** nach einem Friedensgebet in der Augustinerkirche Demonstration, anschließend Kundgebung auf dem Hauptmarkt für die Entmachtung des alten Staatsapparates mit 4000 Teilnehmern – **Güstrow** Demonstration und anschließend Kundgebung am Dom unter dem Motto »Täter des Stalinismus im Aufwind – wehret den Anfängen« mit 7000 Teilnehmern nach einem Aufruf des Neuen Forums – **Halberstadt** 400 Schüler demonstrieren gegen den Kreisschulrat – **Klingenthal** Kundgebung und anschließend Demonstration für die Einheit Deutschlands mit 5000 Teilnehmern nach einem Aufruf der Bürgerinitiative – Demonstrationen und Kundgebungen finden auch statt in **Finsterwalde** 300 Teilnehmer, **Leinefelde** 500 Teilnehmer, und **Olbernhau** 1000 Teilnehmer – Warnstreiks in **Ruhla, Schwerin, Sonneberg, Erfurt, Eisenach, Worbis, Gotha, Tambach-Dietharz, Eisfeld/Jena, Meiningen** und **Halberstadt**

13. Januar

Arnstadt Demonstration und anschließend Kundgebung gegen die SED-PDS mit 8000 Teilnehmern nach einem Aufruf des Neuen Forums – **Cottbus** Kundgebung der SED-PDS mit 1000 Teilnehmern – **Crivitz/Schwerin** 500 Demonstranten versammeln sich vor der getarnten MfS/AfNS-Zentrale »Waldschlößchen« und erwirken durch eine 15köpfige Gruppe die Besichtigung – **Falkenstein** 80 Teilnehmer demonstrieren nach einem Aufruf der Bürgerinitiative Dorfstadt zum ehemaligen Regierungssanatorium und fordern die Umwandlung in ein Krankenhaus – **Finsterwalde** Kundgebung der SED-PDS mit 250 Teilnehmern – **Gotha** Demonstration gegen Rechts mit 400 Teilnehmern nach einem Aufruf von SED-PDS, FDJ und CDU – **Gransee** Demonstration gegen die SED-PDS mit 1500 Teilnehmern – **Greiz** Demonstration für die Auflösung des MfS/AfNS mit 8000 Teilnehmern nach einem Aufruf des Neuen Forums – **Ludwigslust** Kundgebung der SED-PDS mit 400 Teilnehmern – **Meißen** zwei Demonstrationen, eine nach einem Aufruf der SED »Gegen Neonazismus und den Ausverkauf der DDR«, die andere »Gegen die Gefahr der Konsolidierung der alten Machtstrukturen« – **Merseburg** Umweltdemonstration – **Penig** Kundgebung für ein vereinigtes Deutschland mit 1500 Teilnehmern nach einem Aufruf des Neuen Forums – **Plauen** Demonstration vom Rathaus, nach kurzer Ansprache von Superintendent Küttler, durch die Innenstadt zum Rathaus, anschließend

Kundgebung mit 40 000 Teilnehmern gegen die Restauration der alten Machtstrukturen – Demonstrationen und Kundgebungen finden auch statt in **Ribnitz-Damgarten** 400 Teilnehmer, **Bansin/Rostock** 400 Teilnehmer, **Pasewalk** 350 Teilnehmer, und **Lengefeld** 400 Teilnehmer

14. Januar

Berlin Kundgebung der SPD auf dem Alexanderplatz mit 100 000 Teilnehmern –
Crimmitschau Demonstration gegen das Machtmonopol der SED-PDS mit 2000
Teilnehmern – **Dermbach/Suhl** Demonstration für die Wiedervereinigung Deutsch-
lands mit 600 Teilnehmern – **Görlitz** Demonstration und anschließend Kundgebung
auf dem Marienplatz gegen die Restaurierung der SED-PDS mit 20 000 Teilnehmern
– **Karl-Marx-Stadt** Kundgebung der SPD vor dem Rathaus; gleichzeitig findet eine
Kundgebung der SED-PDS für Karl Liebknecht und Rosa Luxemburg am Karl-Marx-
Monument statt; die Teilnehmer der SPD-Kundgebung ziehen danach zum Karl-
Marx-Monumemt und rufen »Nieder mir der SED!« – **Lindow** Demonstration von
der Friedenseiche zur Hauptstraße nach einem Aufruf des Neuen Forums und der
SPD gegen die schleppende Entmachtung der SED-PDS mit 2500 Teilnehmern –
Magdeburg Kundgebung von SDP, Neuem Forum und Demokratischem Aufbruch
auf dem Domplatz mit anschließender Demonstration zum Gebäude des Bezirks-
vorstandes der SED-PDS mit 15 000 Teilnehmern; dort wird gefordert, mit allen politischen Mitteln die Rückkehr der SED an die Macht zu verhindern – **Riesa** Kundgebung mit anschließender Demonstration gegen das Machtmonopol der SED-PDS
mit 3000 Teilnehmern – **Tiefenort/Suhl** Demonstration mit 800 Teilnehmern für die
Wiedervereinigung Deutschlands – **Ueckermünde** Demonstration mit 3000 Teilnehmern unter dem Motto »Weg mit dem Machtmonopol der SED-PDS« und für
die Wiedervereinigung – Demonstrationen zu Ehren von Karl Liebknecht und Rosa
Luxemburg in **Berlin** 20 000 (Ministerium des Innern: 300 000) Teilnehmer, **Rostock**
350 Teilnehmer, **Wismar** 500 Teilnehmer, **Grimmen** 1000 Teilnehmer, **Hagenow**
300 Teilnehmer, **Malchin** 400 Teilnehmer, **Waren/Müritz** 1100 Teilnehmer, **Strausberg** 4000 Teilnehmer, **Schwedt** 2500 Teilnehmer, **Spremberg** 400 Teilnehmer,
Blankenburg 400 Teilnehmer, **Dresden** 2000 Teilnehmer, **Frankfurt/Oder** 2000
Teilnehmer, **Bad Freienwalde** 250 Teilnehmer, **Annaberg** 300 Teilnehmer, **Leipzig**
10 000 Teilnehmer, **Schwerin** 5000 Teilnehmer, **Cottbus, Halle, Potsdam, Suhl** –
Warnstreiks in **Berlin, Gera, Saalfeld, Pößneck, Rudolstadt**

15. Januar

Altenburg Demonstration mit 7000 Teilnehmern – **Bad Salzungen** Demonstration
mit 800 Teilnehmern gegen SED-PDS nach einem Friedensgebet – **Berlin** Demonstration zur MfS/AfNS-Zentrale mit 100 000 Teilnehmern nach einem Aufruf des
Neuen Forums, die Demonstranten dringen in das Gebäude ein – **Coswig** Demonstration vom Bahnhof bis zum Parkplatz an der Feuerwehr mit 5000 Teilnehmern,
eine Straße wird symbolisch durch das Anbringen einer Holztafel wieder in Moritz-
burger Straße umbenannt – **Cottbus** nach einer Andacht in der Oberkirche findet

eine Demonstration zum Gebäude des MfS/AfNS gegen die Restaurierungspolitik der SED-PDS mit 10 000 (Ministerium für Innere Angelegenheiten: 30 000) Teilnehmern statt; aufgerufen haben das Neue Forum und die SPD – **Crimmitschau** Kundgebung vor der SED-PDS-Ortsleitung – **Dingelstädt** nach einem Friedensgebet auf dem Kerbschen Berg Demonstration für die Vereinigung beider deutscher Staaten, gegen MfS/AfNS und SED, mit 25 000 (Wir sprengen unsere Ketten, Die Grenze im Eichsfeld: 40 000) Teilnehmern – **Döbeln** Demonstration gegen die Restaurierung der SED und die Weiterarbeit des MfS/AfNS nach einem Aufruf des Neuen Forums – **Dresden** Kundgebung auf dem Fučikplatz und anschließend Demonstration mit 150 000 Teilnehmern – **Eisenach** Friedensgebet, anschließend Demonstration – **Gotha** Kundgebung auf dem Hauptmarkt mit 10 000 Teilnehmern – **Graal-Müritz** Demonstration zur Bildung eines Runden Tisches mit 900 Teilnehmern – **Halle** Demonstration für den Abbau der Machtposition der SED-PDS nach einem Aufruf des Neuen Forums – **Hohenstein-Ernstthal** Kundgebung mit 3000 Teilnehmern nach einem Aufruf des Neuen Forums gegen MfS/AfNS und für die Vereinigung Deutschlands, im Vorfeld findet eine Veranstaltung von Handwerkern des Kreises statt – **Hoyerswerda** Demonstration gegen die Restaurierungspolitik der SED-PDS mit 2000 bis 3000 Teilnehmern nach einem Aufruf des Neuen Forums – **Jena** Warnstreik und anschließend Kundgebung mit 30 000 Teilnehmern nach einem Aufruf von Neuem Forum, Demokratischem Aufbruch, SPD und der Grünen Partei – **Karl-Marx-Stadt** bisher größte Montagsdemonstration mit 150 000 (Ministerium für Innere Angelegenheiten: 210 000) Teilnehmern – **Leipzig** Demonstration mit 150 000 (LVZ: 100 000, Ministerium für Innere Angelegenheiten: 120 000) Teilnehmern – **Magdeburg** Gebet für gesellschaftliche Erneuerung im Dom, anschließend Demonstration über den Innenstadtring zum Dom unter dem Motto »Sicherheit nur durch Demokratie« mit 10 000 Teilnehmern – **Malchin** Demonstration gegen die Gründung eines Verfassungsschutzes und die Auflösung der »STASI-NASI« nach einem Fürbittgottesdienst – **Meißen** Demonstration und Kundgebung auf dem Marktplatz gegen die Gefahren des alten Machtapparates – **Neubrandenburg** Demonstration und Kundgebung auf dem Karl-Marx-Platz mit 7000 Teilnehmern nach einem Aufruf der SPD und des Neuen Forums – **Neuruppin** Demonstration vom Thälmannplatz zum Rat des Kreises mit 4000 bis 5000 Teilnehmern unter dem Motto »Gegen die Wende der Wende«, vor dem Rathaus sprechen Vertreter des Neuen Forums und der SPD – **Neustrelitz** Demonstration gegen den Machtanspruch der SED-PDS, aufgerufen haben Neues Forum, SDP, Demokratischer Aufbruch und LDPD – **Plauen** Demonstration des Neuen Forums gegen die verschleierte Unterbringung von MfS-Mitarbeitern in den Grenztruppen mit 40 000 (Ministerium des Innern: 30 000) Teilnehmern – **Rheinsberg** nach einer Friedensandacht Demonstration vom Marktplatz zum Rathaus für die Zerschlagung des Machtapparates der SED mit 2500 Teilnehmern – **Rostock** Demonstration zum Gedenken an Karl Liebknecht und Rosa Luxemburg und gegen eine Restaurierung der SED mit 30 000 Teilnehmern – **Rudolstadt** Demonstration und anschließend Kundgebung gegen die verschleppte Auflösung des MfS/AfNS mit 5000 Teilnehmern – **Saalfeld** 800 bis 1000 Schüler fordern auf einer Demonstration

»FDJ raus aus der Schule!« – **Schwerin** Kundgebung im Alten Garten gegen SED-PDS mit 10 000 Teilnehmern nach einem Aufruf des Neuen Forums und der SDP – **Stendal** Demonstration nach einem Aufruf von SPD, Neuem Forum und der Grünen Partei mit anschließender Kundgebung auf dem Marktplatz »Für die Auflösung der Stasi«, »Entmachtung der SED-PDS« und »Für ein vereintes Deutschland« – **Templin** Demonstration nach einem Friedensgebet, Aufruf durch SDP, Demokratischen Aufbruch, Grüne Partei, Bürgeraktiv Lychen und Neues Forum – **Teterow** Kundgebung auf dem Marktplatz zur »Rettung der Revolution«, gegen SED-PDS und MfS/AfNS nach einem Aufruf des Neuen Forums – **Torgau** Demonstration mit 3000 Teilnehmern – **Weida** 1000 Schüler fordern auf einer Demonstration die Abschaffung des Russischunterrichtes – **Werdau** Friedensgebet mit anschließender Kundgebung und Demonstration, auf der sich die CDU vorstellt – **Wismar** Demonstration gegen die SED-PDS mit 20 000 (Politischer Umbruch und Neubeginn in Wismar: 15 000) Teilnehmern nach einem Aufruf des Neuen Forums – Demonstrationen und Kundgebungen finden auch statt in **Erfurt** 25 000 Teilnehmer, **Potsdam** 2000 Teilnehmer, **Frankfurt/Oder** 35 000 Teilnehmer, **Suhl** 3000 Teilnehmer, **Gera** 30 000 Teilnehmer, **Naumburg** 12 000 Teilnehmer, **Aschersleben** 10 000 Teilnehmer, **Zeulenroda** 15 000 Teilnehmer, **Bautzen** 12 000 Teilnehmer, **Annaberg** 10 000 Teilnehmer, **Penig** 500 Teilnehmer, **Stralsund, Apolda, Nordhausen, Sondershausen, Parchim, Lübz, Bützow, Perleberg, Laage, Wittenberge, Bad Wilsnack, Malchow** und **Treffurt** – in verschiedenen Schulen finden Warnstreiks statt: **Jena, Kahla, Dorndorf, Rothenstein, Orlamünde, Tröbnitz, Schlöben, Neustadt/Orla, Triptis** und **Lobenstein** – Warnstreiks in **Gera, Zeulenroda, Stadtroda, Eisenberg, Elsterberg, Herzberg, Sömmerda, Potsdam, Neubrandenburg, Ueckermünde, Meiningen, Bad Salzungen, Ilmenau, Zwickau, Wismar** und **Plauen**

16. Januar

Berlin Kundgebung für Vollbeschäftigung der Mitarbeiter und gegen den Machtanspruch von SED-PDS vor dem Roten Rathaus mit 1000 Teilnehmern nach einem Aufruf der Gewerkschaftsorganisation des Wohnungsbaukombinates – **Börln/Leipzig** Anti-Kernkraftdemonstration mit 400 Teilnehmern – **Cottbus** Kundgebung vor der Stadthalle und anschließend Demonstration zum Amt für Nationale Sicherheit für die Auflösung des MfS/AfNS mit 10 000 (Ministerium des Innern: 2000) Teilnehmern nach einem Aufruf der CDU und der LDPD – **Meiningen** Demonstration mit 5000 Teilnehmern nach einem Friedensgebet – **Roßlau** nach einem Gottesdienst findet eine Demonstration mit 1000 Teilnehmern nach einem Aufruf des Neuen Forums statt – **Weimar** Kundgebung und anschließend Demonstration für die Beschleunigung des Demokratisierungsprozesses mit 6000 Teilnehmern nach einem Aufruf des Neuen Forums – **Zwönitz** Kundgebung und anschließend Demonstration mit 5000 Teilnehmern nach einem Aufruf der SPD und des Neuen Forums – Demonstrationen und Kundgebungen finden auch statt in **Neustrelitz** 600 Teilnehmer, **Lobenstein** 2000 Teilnehmer, und **Tangerhütte** 1500 Teilnehmer – Warnstreiks gegen die Restaurierung alter Machtverhältnisse in **Gera, Jena, Bernburg, Waren/Müritz, Saalfeld, Schleiz, Zeulenroda, Weida, Münchenbernsdorf/Gera, Meiningen, Suhl, Schmalkalden, Sonneberg, Berlin, Köthen, Erfurt, Dingelstädt, Rudolstadt** und **Weißenfels**

17. Januar

Bad Doberan Kundgebung mit 1500 Teilnehmern und Vertretern der CDU, LDPD und des Neuen Forums nach einem Gottesdienst – **Eisenberg** Demonstration gegen die Zahlung von Überbrückungsgeldern für ehemalige MfS-Angehörige mit 2500 Teilnehmern nach einem Friedensgebet in der Stadtkirche; aufgerufen haben Vertreter der evangelischen Kirche – **Greifswald** Kundgebung auf dem Platz der Freundschaft gegen die SED-PDS und das MfS/AfNS mit 5000 Teilnehmern nach einem Gottesdienst – **Limbach-Oberfrohna** im Anschluß an ein Friedensgebet in der Lutherkirche finden eine Demonstration und anschließend eine Kundgebung mit 18 000 Teilnehmern nach einem Aufruf des Neuen Forums statt – **Markneukirchen** Kundgebung mit 3000 Teilnehmern nach einem Aufruf von Bürgerinitiativen – **Ribnitz-Damgarten** Demonstration gegen die Herrschaft der SED mit 7500 Teilnehmern – **Zeulenroda** im Anschluß an ein Friedensgebet findet eine Demonstration gegen die Zahlung von Überbrückungsgeldern für ehemalige MfS-Angehörige mit 5000 Teilnehmern nach einem Aufruf des Neuen Forums statt – Demonstrationen und Kundgebungen finden auch statt in **Königs Wusterhausen** 700 Teilnehmer, **Wittstock/Potsdam** 5000 Teilnehmer, **Herzberg** 1500 Teilnehmer, **Weißenfels** 1500 Teilnehmer, **Ellrich/Erfurt** 1000 Teilnehmer, **Treffurt** 400 Teilnehmer, **Sondershausen** 600 Teilnehmer, **Schöneck** 1500 Teilnehmer, **Flöha** 1500 Teilnehmer, **Reichenbach** 2000 Teilnehmer, **Zwönitz** 5000 Teilnehmer, **Penig** 500 Teilnehmer, **Hohenstein-Ernstthal**: 4000 Teilnehmer, und **Triptis** – Warnstreiks in **Wismar, Greifswald, Rostock, Tangermünde, Cottbus, Heiligenstadt, Berlin, Zehdenick/Potsdam, Staaken, Suhl**

18. Januar

Adorf Demonstration und anschließend Kundgebung gegen die SED-PDS und für Wiedervereinigung mit 2000 Teilnehmern nach einem Aufruf des Neuen Forums – **Erfurt** Demonstration und anschließend Kundgebung für ein einiges Deutschland und die zügige Auflösung des MfS/AfNS mit 40 000 (Ministerium des Innern: 10 000) Teilnehmern – **Gera** Demonstration gegen die Machtstrukturen der SED-PDS und für Medienfreiheit mit 30 000 (Ministerium des Innern: 20 000) Teilnehmern nach einem Friedensgebet in der Johanniskirche – **Großenhain** Demonstration und anschließend Kundgebung für Wiedervereinigung mit 2500 Teilnehmern nach einem Aufruf der NDPD – **Halle** 3000 Sportler demonstrieren »Auch wir Sportler sind das Volk« – **Rostock** Demonstration durch die Innenstadt zum Rathaus gegen SED-PDS und MfS/AfNS mit 15 000 Teilnehmern nach Gottesdiensten in 4 Kirchen – **Waltershausen/Erfurt** Demonstration für die Wiedervereinigung und gegen die SED-PDS mit 2500 Teilnehmern – **Zeulenroda** Demonstration für die Auflösung der

SED-PDS und des MfS/AfNS mit 2000 Teilnehmern nach einer kirchlichen Veranstaltung in der Dreieinigkeitskirche – Demonstrationen und Kundgebungen finden auch statt in **Schönebeck** 3500 Teilnehmer, **Tangermünde** 150 Teilnehmer, **Wanzleben** 200 Teilnehmer, **Friedrichroda** 750 Teilnehmer, **Bad Berka** 500 Teilnehmer, **Neustadt/Orla** 1300 Teilnehmer, **Uhlstädt/Gera** 400 Teilnehmer, **Trusetal/Suhl** 300 Teilnehmer, **Altenburg** 300 Teilnehmer, **Jahnsdorf/Karl-Marx-Stadt** 2000 Teilnehmer, **Bad Elster** 250 Teilnehmer, **Oederan** 200 Teilnehmer, und **Werdau** 400 Teilnehmer – Warnstreiks in **Coswig, Eisenach, Mühlhausen, Altenburg, Neuhaus a. R.**

19. Januar

Auerbach Kundgebung und anschließend Demonstration für die Auflösung und Enteignung der SED mit 6000 Teilnehmern nach einem Aufruf der Bürgerinitiative Kreis Auerbach – **Bad Liebenwerda** Demonstration mit 2500 Teilnehmern nach einem Aufruf der CDU – **Berlin** Demonstration für Lohnerhöhung mit 400 Mitarbeitern des Gesundheitswesens – **Cottbus** Protestaktion von 1200 Mitarbeitern des medizinischen Personals des Cottbuser Bezirkskrankenhauses für bessere Arbeitsbedingungen – **Dessau** Gebet um Erneuerung mit anschließender Demonstration zum Markt, wo eine Kundgebung mit Rednern der neuen Parteien vor 6000 (Ministerium des Innern: 5000) Teilnehmern stattfindet – **Gera** Demonstration von 1200 Mitarbeitern des Gesundheitswesens für bessere Versorgung im Gesundheitswesen – **Gotha** Kundgebung und anschließend Demonstration für die Auflösung der SED-PDS und die Abschaffung der Jugendweihe mit 8000 Teilnehmern nach einem Aufruf der evangelischen Kirche – **Magdeburg** Demonstration von 100 Taxifahrern gegen Schwarztaxigewerbe – Demonstrationen und Kundgebungen finden auch statt in **Saalfeld** 800 Teilnehmer, **Mühlhausen** 1000 Teilnehmer, **Eppendorf** 3000 Teilnehmer, **Klingenthal** 3500 Teilnehmer, und **Karl-Marx-Stadt** 6000 Teilnehmer – Warnstreiks in **Erfurt, Falkensee, Eisenach, Frankfurt** und **Suhl**

20. Januar

Berlin Kundgebung von Gewerkschaftsmitgliedern auf dem Platz der Akademie mit 1000 Teilnehmern für eine unabhängige Industriegewerkschaft – **Berlin** Kundgebung vor dem Ministerium für Gesundheitswesen; 400 Mitarbeiter des Gesundheitswesens fordern den Rücktritt des Ministers und bessere Arbeitsbedingungen – **Finsterwalde** Demonstration und anschließend Kundgebung mit 15 000 Teilnehmern nach einem Aufruf der SPD – **Greiz** Demonstration durch das Stadtzentrum für die Auflösung des MfS/AfNS mit 8000 Teilnehmern nach einem Aufruf des Neuen Forums – **Großtöpfer/Erfurt** 150 Teilnehmer demonstrieren an der Grenzübergangsstelle Großtöpfer unter der Losung »SPD – kein Stacheldraht mehr« – **Klitten/Cottbus** 5. Umweltdemonstration gegen eine verfehlte Energiepolitik und gegen den Ausbau des Tagebaus Bärwalde mit 2000 Teilnehmern – **Neubrandenburg** Demonstration von 10 000 (Ministerium des Innern: 5000) Bauern für eine Verbesserung der Infrastruktur in ländlichen Gebieten, Verbesserung der Arbeits- und Lebensbedingungen und Bil-

dung eines Genossenschaftsverbandes nach einem Aufruf der Bauern der Pflanzen-
produktion Blankensee – **Plauen** Demonstration vom Rathaus, nach kurzer Ansprache von Superintendent Küttler, durch die Innenstadt zum Rathaus mit anschließender Kundgebung, 35 000 Teilnehmer; sie fordern die Auflösung der SED-PDS
und die Schließung des VEB Sächsische Zellwolle wegen dessen hoher Umweltverschmutzung – **Schwerin** Demonstration von Genossenschaftsbauern für die Wah-
rung ihrer Interessen – Demonstrationen und Kundgebungen finden auch statt in
Wolgast 800 Teilnehmer, **Zossen** 300 Teilnehmer, **Nauen** 1000 Teilnehmer, **Fürstenwalde** 15 000 Teilnehmer, **Döbern/Cottbus** 1000 Teilnehmer, **Zschorlau/
Karl-Marx-Stadt** 1000 Teilnehmer, **Heiligenstadt** 150 Teilnehmer, **Deistungen**
20 000 Teilnehmer, **Arnstadt** 10 000 Teilnehmer, **Eisenach** 800 Teilnehmer, **Ket-
zin/Potsdam** 1000 Teilnehmer, und **Hartenstein** 800 Teilnehmer – Warnstreik in
Zerbst

21. Januar

Behringen/Bad Langensalza Menschenkette über den Panzerschießplatz der Westgruppe der Sowjetischen Streitkräfte mit 8000 Teilnehmern; Forderung, den Platz zu
schließen – **Berlin** Demonstration von Mitarbeitern des Handels für bessere Lebens-
und Arbeitsbedingungen mit 800 Teilnehmern – **Cottbus** Kundgebung von 2000
Mitarbeitern des Handels für bessere Arbeitsbedingungen – **Dresden** Demonstration
von 10 000 Mitarbeitern des Handels für bessere Lebens- und Arbeitsbedingungen –
Elbingerode Demonstration gegen die SED-PDS und das MfS/AfNS mit 1500 Teilnehmern – **Ermlitz/Leipzig** Demonstration »Rettet unser Dorf vor der Auskohlung«
mit 800 Teilnehmern – **Neubrandenburg** Bauerndemonstration »Worten der Bauern
mehr Aufmerksamkeit schenken« mit 3000 Teilnehmern – **Teistungen** Probelauf mit
Koffern und Rucksäcken in die grenznahe BRD-Gemeinde Gerblingerode für ein
geeintes Deutschland – »Wer die SED wählt – wählt die Massenflucht!« mit 50 000
(Ministerium des Innern: 20 000, Wir sprengen unsere Ketten: 80 000) Teilnehmern –
Weberstedt Demonstration mit 1500 Teilnehmern auf dem Truppenübungsplatz der
NVA für eine Abschaffung des Übungsplatzes; es wird eine Petition mit 5000 Unter-
schriften übergeben – Demonstrationen und Kundgebungen finden auch statt in
Schwerin 250 Teilnehmer, **Lübbenau** 3000 Teilnehmer, **Pirna** 12 000 Teilnehmer,
Lunzenau 800 Teilnehmer, **Sosa** 800 Teilnehmer, **Hoyerswerda** und **Worbis**

22. Januar

Berlin Kundgebung auf dem Alexanderplatz mit 500 Teilnehmern; es stellen sich die
neuen Parteien und Initiativen vor – **Dessau** Schülerdemonstration für die Abschaffung des Russischunterrichtes – **Dresden** Kundgebung auf dem Fučikplatz mit
anschließender Demonstration für die Wiedervereinigung und die Auflösung der
SED-PDS mit 80 000 Teilnehmern – **Halle** Demonstration und anschließend Kundgebung am Fahnenmonument für radikale gesellschaftliche Reformen und für ein
einiges Deutschland mit 20 000 Teilnehmern – **Heiligenstadt** Demonstration und
anschließend Kundgebung auf dem Friedensplatz mit 3000 Teilnehmern nach einem

Friedensgebet in der St.-Gerhard-Kirche **– Heiligenstadt** Schülerdemonstration für die Abschaffung des Staatsbürgerkunde- und Russischunterrichtes **– Karl-Marx-Stadt** Kundgebung und anschließend Demonstration mit 80 000 (Ministerium für Innere Angelegenheiten: 60 000) Teilnehmern **– Leipzig** Demonstration für die deutsche Einheit und die Auflösung der SED mit 100 000 (Ministerium für Innere Angelegenheiten: 120 000) Teilnehmern **– Magdeburg** Gebet für gesellschaftliche Erneuerung im Dom, anschließend Demonstration zum Thema »Auflösung der SED-PDS« und »Deutschland einig Vaterland« mit 15 000 Teilnehmern **– Meißen** Demonstration durch die Innenstadt mit 2000 bis 3000 Teilnehmern unter dem Motto »Für Chancengleichheit gegen das SED-Monopol« **– Neuruppin** Demonstration von der Karl-Marx-Straße zum VEB Wasserwirtschaft, vorher findet eine Kundgebung mit Vertretern des Neuen Forums und der SPD zu »Chancengleichheit für den Wahlkampf« und für Wiedervereinigung statt, 4000 Teilnehmer **– Oelsnitz** Demonstration gegen die SED-PDS und die Räumung des Kreisvorstandes mit 3000 Teilnehmern nach einem Aufruf der Bürgerinitiative **– Suhl** Kundgebung auf dem Karl-Marx-Platz nach einem Aufruf des Neuen Forums **– Waren/Müritz** Demonstration mit anschließender Kundgebung auf dem Neuen Markt **– Werdau** Friedensgebet mit anschließender Kundgebung und Demonstration, auf der sich das Neue Forum vorstellt **– Wismar** Demonstration gegen die Herrschaft einer Partei nach einem Aufruf des Neuen Forums **–** Demonstrationen und Kundgebungen finden auch statt in **Sömmerda** 700 Teilnehmer, **Apolda** 1200 Teilnehmer, **Mühlhausen** 2500 Teilnehmer, **Pößneck** 6000 Teilnehmer, **Elsterberg/Gera** 300 Teilnehmer, **Schwerin** 3000 Teilnehmer, **Schwedt** 3000 Teilnehmer, **Burg** 15 000 Teilnehmer, **Zerbst** 4000 Teilnehmer, **Blankenburg** 4000 Teilnehmer, **Seehausen/Magdeburg** 4000 Teilnehmer, **Wernigerode** 2500 Teilnehmer, **Cottbus** 3500 Teilnehmer, **Bernburg/Halle** 10 000 Teilnehmer, **Zwickau** 20 000 Teilnehmer, **Aue** 15 000 Teilnehmer, und **Potsdam –** Warnstreiks in **Hildburghausen, Bad Liebenstein, Suhl, Mühlhausen, Gotha, Cottbus, Zeitz, Wismar, Neustrelitz, Rheinsdorf, Hagenow** und **Beeskow**

23. Januar

Bad Salzungen 3000 private Handwerker demonstrierten für die Einführung der sozialen Marktwirtschaft **– Berlin** Demonstration von 20 000 Händlern und Handwerkern für bessere Entfaltungsmöglichkeiten des privaten Handwerkes **– Brand-Erbisdorf** Demonstration mit 2000 Teilnehmern für die Auflösung des MfS/AfNS und für die Wiedervereinigung **– Güstrow** Demonstration für »Chancengleichheit für alle – Schluß mit den Privilegien der SED-PDS« mit 4000 Teilnehmern nach einem Aufruf von Neuem Forum, SDP und Demokratischem Aufbruch **– Magdeburg** 250 (Ministerium des Innern: 500) Krankenschwestern demonstrieren für eine Lohnerhöhung **– Nordhausen** Demonstration gegen die SED-PDS und das MfS/AfNS mit 20 000 Teilnehmern nach einem Aufruf des Neuen Forums und des Demokratischen Aufbruchs **– Stendal** 200 Schüler fordern auf einer Demonstration die Abschaffung des PA- und Russischunterrichtes **– Weimar** Demonstration mit 1000 Teilnehmern für die deutsche Einheit **– Zwönitz** Kundgebung und anschließend Demonstration mit 3000 Teilnehmern für die Auflösung der SED-PDS und für eine Wiedervereinigung nach einem Aufruf der SPD und des Neuen Forums – Demonstrationen und Kundgebungen finden auch statt in **Eisleben** 500 Teilnehmer, **Wittenberg** 6000 Teilnehmer, **Stadtroda** 600 Teilnehmer, **Lobenstein** 600 Teilnehmer, und **Meiningen** 3000 Teilnehmer – Warnstreiks in **Leipzig, Sebnitz, Halle, Dresden, Cottbus, Ueckermünde, Magdeburg, Hermsdorf, Ilmenau, Potsdam, Suhl** und **Quedlinburg** für höhere Löhne, mehr Urlaub, bessere Arbeitsbedingungen

24. Januar

Berlin Demonstration von 1500 Lehrlingen für eine Erhöhung des Lehrgeldes und für die Abschaffung des Staatsbürgerkundeunterrichtes – **Ecklingerode/Erfurt** Demonstration für die Erweiterung des Grenzüberganges mit 300 Teilnehmern – **Erfurt** 100 Schüler demonstrieren für die Abschaffung des Staatsbürgerkundeunterrichtes – **Leipzig** Demonstration von 700 Volkspolizisten, Transportpolizisten und Angehörigen des Strafvollzuges unter dem Motto »Nicht mehr Buh-Mann sein« – **Limbach-Oberfrohna**: Demonstration und anschließend Kundgebung für das Abtreten des Rates der Stadt und die Übernahme der Geschäftsführung durch den Runden Tisch mit 15 000 Teilnehmern – **Markneukirchen** Demonstration durch die Innenstadt und anschließend Kundgebung mit 4000 Teilnehmern – **Schwedt** Demonstration gegen die Gefährdung des Sports mit 6000 (Ministerium des Innern: 2500) Teilnehmern – **Zittau** Demonstration von 1000 Mitarbeitern des Gesundheitswesens für Erhöhung der Löhne – Demonstrationen und Kundgebungen finden auch statt in **Greifswald** 600 Teilnehmer, **Bad Doberan** 700 Teilnehmer, **Wittstock/Potsdam** 2500 Teilnehmer, **Halberstadt** 1000 Teilnehmer, **Bad Schmiedeberg** 1500 Teilnehmer, **Ilmenau** 4000 Teilnehmer, **Reichenbach i. Vogtl.** 3000 Teilnehmer, **Schöneck** 800 Teilnehmer, **Frankfurt/Oder** 2500 Teilnehmer, **Eisenberg** und **Weida** – Warnstreiks in **Dresden, Mühlhausen, Bad Salzungen, Altenburg, Apolda, Cottbus** und **Lübben**

25. Januar

Bergen/Rügen 800 Mitglieder der Vereinigung der Gegenseitigen Bauernhilfe fordern bei einer Demonstration ein Mitspracherecht am Runden Tisch – **Berlin** 200 Studenten demonstrieren für bessere Studienbedingungen – **Eisenhüttenstadt** Demonstration für den Erhalt des Sports mit 800 Teilnehmern – **Erfurt** nach einem Friedensgebet Demonstration und anschließend Kundgebung auf dem Domplatz für die Beschleunigung der Auflösung des MfS/AfNS mit 20 000 Teilnehmern, gleichzeitig Auftritt von Wolf Biermann – **Frankfurt/Oder** Demonstration für den Erhalt des Jugendsports mit 2500 Teilnehmern – **Gera** nach einer kirchlichen Veranstaltung Demonstration für eine schnelle Auflösung des MfS/AfNS mit 15 000 Teilnehmern – **Magdeburg** Demonstration von 500 (Ministerium des Innern: 1000) Mitarbeitern des Gesundheitswesens für höhere Löhne und bessere Arbeitsbedingungen – **Rostock** Demonstration durch die Innenstadt zum Rathaus mit 3000 Teilnehmern nach einem Gottesdienst – **Schöneiche** Demonstration und Blockade der Mülldeponie mit 100

Teilnehmern – **Zeulenroda** Demonstration für Wiedervereinigung und für die Ablösung des Kreisstaatsanwaltes mit 1500 Teilnehmern nach einem Gottesdienst in der Dreieinigkeitskirche – Demonstrationen und Kundgebungen finden auch statt in **Pasewalk** 150 Teilnehmer, **Wanzleben** 400 Teilnehmer, **Friedrichroda** 450 Teilnehmer, **Hildburghausen** 200 Teilnehmer, **Eisfeld/Suhl** 100 Teilnehmer, **Geyer** 1500 Teilnehmer, **Adorf** 1500 Teilnehmer, **Brand-Erbisdorf** 1000 Teilnehmer, **Bad Elster** 250 Teilnehmer, **Neustadt/Orla** 2000 Teilnehmer, **Leinefelde, Nordhausen** und **Potsdam** – Warnstreiks in **Nordhausen** und **Apolda**

26. Januar

Dessau Gebet um Erneuerung mit anschließender Demonstration zum Marktplatz, wo Redner der neuen Parteien sprechen – **Freiberg** Schweigemarsch von 500 Mitarbeitern des Gesundheitswesens für Lohnerhöhung – **Gotha** nach einem Friedensgebet Demonstration mit 3000 Teilnehmern für ein einiges Deutschland, Forderungen »Stasi raus« und »Nieder mit der SED-PDS« – **Karl-Marx-Stadt** 1200 Mitarbeiter des Gesundheitswesens streiken und führen eine Kundgebung auf dem Marktplatz durch – **Klingenthal** Demonstration für die Wiedervereinigung mit 6000 Teilnehmern nach einem Aufruf der Bürgerinitiative – **Leipzig** private Fuhrunternehmen demonstrieren mit 300 LKW um den Innenstadtring unter dem Motto »Was bringt uns die Wende – wir sind am Ende« – **Wernigerode** Kundgebung von 400 Volkspolizisten auf dem Marktplatz; es wird ein Beamtengesetz gefordert – **Zwickau** 1000 Pädagogen bilden als Reaktion auf die Schülerdemonstration vom 23.1., bei der Schüler von Schule zu Schule zogen und die Abschaffung des Russischunterrichtes forderten und – nach einem Bericht der Freien Presse – Pädagogen bedrohten und Schuleinrichtungen demolierten, eine Menschenkette für Gewaltlosigkeit entlang des Innenstadtrings – Demonstrationen und Kundgebungen finden auch statt in **Berlin** 900 Teilnehmer, **Saalfeld** 500 Teilnehmer, **Bad Salzungen** 800 Teilnehmer, und **Eppendorf/Karl-Marx-Stadt** 1000 Teilnehmer

27. Januar

Arnstadt Demonstration und anschließend Kundgebung mit 7000 Teilnehmern nach einem Aufruf des Neuen Forums – **Bad Salzungen** Demonstration von 300 Mitarbeitern des Gesundheitswesens – **Brandenburg** 60 Personen demonstrieren gegen die Durchführung eines Kongresses zur Gründung eines sozialistischen Jugendverbandes – **Eisenach** Kundgebung der SPD mit Willy Brandt und 35 000 Teilnehmern – **Gotha** zum Gründungsparteitag der SPD Thüringen findet auf dem Hauptmarkt eine Kundgebung der SPD mit Willy Brandt und 80 000 (Ministerium für Innere Angelegenheiten: 120 000) Teilnehmern statt – **Greiz** Demonstration und anschließend Kundgebung mit 4000 Teilnehmern nach einem Aufruf des Neuen Forums – **Jüterbog** Demonstration gegen die Schießübungen der sowjetischen Streitkräfte – **Ketzin/Potsdam** Demonstration »Kein Sondermüll mehr nach Vorketzin« mit 200 Teilnehmern und der Forderung nach Rücktritt des Rates der Stadt – **Plauen** Demonstration vom Rathaus, nach kurzer Ansprache von Superintendent Küttler, durch die Innenstadt zum Rathaus mit 30 000 Teilnehmern, anschließend Kundgebung nach einem Aufruf des Neuen Forums, es wird die Auflösung des Kreisverbandes der SED-PDS begrüßt – **Sallgast/Cottbus** Demonstration gegen den weiteren Ausbau des Braunkohlentagebaus Klettwitz-Nord – **Schöneberg** Umweltdemonstration gegen die Mülldeponie Schöneberg am Grenzübergang Selmsdorf nach einem Aufruf des Neuen Forums mit 2000 (Ministerium für Innere Angelegenheiten: 900) Teilnehmern – Demonstrationen und Kundgebungen finden auch statt in **Petkus/Potsdam** 1000 Teilnehmer, **Lengenfeld** 500 Teilnehmer, **Seelow** 400 Teilnehmer, **Aschersleben** 300 Teilnehmer, **Dessau** 600 Teilnehmer, **Naumburg** 250 Teilnehmer, **Wernigerode** 1500 Teilnehmer, **Calbe** 500 Teilnehmer, und **Barby/Magdeburg** 400 Teilnehmer

28. Januar

Großburschla/Erfurt 600 Teilnehmer bilden eine Menschenkette für die Einheit Deutschlands zwischen Großburschla (DDR) und Altenburschla (BRD) – **Halle** Kundgebung mit 3500 Teilnehmern nach einem Aufruf der Bürgerbewegung – **Zeitz** Kundgebung und anschließend Demonstration mit 8000 Teilnehmern unter dem Motto »Deine Stimme der Demokratie« nach einem Aufruf verschiedener Parteien – Demonstrationen und Kundgebungen finden auch statt in **Havelberg** 550 Teilnehmer, **Crimmitschau** 2500 Teilnehmer, und **Blauenthal/Karl-Marx-Stadt** 500 Teilnehmer

29. Januar

Berlin Demonstration auf dem Alexanderplatz mit 600 Teilnehmern nach einem Aufruf des Bürgerkomitees – **Calau/Cottbus** Kundgebung auf dem Marktplatz unter dem Motto »Für Soziale Marktwirtschaft«, anschließend Demonstration mit 3000 Teilnehmern nach einem Aufruf der Deutschen Forumpartei – **Cottbus** nach einer Andacht in der Oberkirche findet eine Kundgebung mit 3000 Teilnehmern statt, aufgerufen hat das Neue Forum – **Dresden** Demonstration für die Wiedervereinigung Deutschlands und die Auflösung der SED-PDS mit 50 000 Teilnehmern – **Frankfurt** Demonstration und anschließend Kundgebung auf dem Zentralen Platz mit 1000 Teilnehmern nach einem Aufruf der SPD und des Neuen Forums – **Freiberg** Kundgebung auf dem Obermarkt und anschließend Demonstration mit 5000 Teilnehmern für die Schließung der »Freiberger Hütte« und einen konsequenten Umweltschutz – **Halle** Demonstration und anschließend Kundgebung am Hansering für Reformen im Schulwesen, Bestrafung aller Verantwortlichen und die Wiedervereinigung Deutschlands, 20 000 Teilnehmer, nach einem Aufruf des Neuen Forums – **Heiligenstadt** nach einem Friedensgebet Demonstration und anschließend Kundgebung auf dem Friedensplatz mit 3000 (Wir sprengen unsere Ketten: 5000) Teilnehmern für eine rasche Vereinigung, Selbstauflösung der SED-PDS, Entmachtung des MfS/AfNS, soziale Marktwirtschaft und Währungsangleichung – **Hohenstein-Ernstthal** 150 Schüler demonstrieren für die Abschaffung des Russischunterrichtes – **Karl-Marx-Stadt** Kundgebung und anschließend Demonstration mit 85 000 (Ministerium des

Innern: 40 000) Teilnehmern; verschiedene Parteien teilen ihre Vorstellungen für den Wahlkampf mit – **Leipzig** Kundgebung und anschließend Demonstration für freie Wahlen, freie Marktwirtschaft und die Wiedervereinigung Deutschlands mit 100 000 (Ministerium des Innern: 80 000) Teilnehmern – **Magdeburg** Gebet für gesellschaftliche Erneuerung im Dom, anschließend Demonstration zum Thema »Sicherung der Arbeit« mit 3000 Teilnehmern nach einem Aufruf von Neuem Forum, SPD, Demokratischem Aufbruch und Demokratie Jetzt – **Meißen** Demonstration zum Thema »Für Demokratie in der Wirtschaft, für Betriebsräte und freie Gewerkschaften« – **Plauen** Wolfgang Mischnick spricht auf dem Plauener Altmarkt bei einer Wahlkundgebung der LDPD vor 15 000 Teilnehmern – **Pößneck** Kundgebung der SPD mit 4000 Teilnehmern – **Schwedt** Demonstration mit 1200 Teilnehmern nach einem Aufruf der SPD und des Neuen Forums – **Waren/Müritz** Demonstration mit anschließender Kundgebung auf dem Neuen Markt, auf der sich das Neue Forum vorstellt – **Werdau** im Anschluß an ein Friedensgebet und eine Kundgebung, auf der sich der DBD vorstellt, findet eine Demonstration mit 1400 Teilnehmern statt – Demonstrationen und Kundgebungen finden auch statt in **Weimar** 100 Teilnehmer, **Mühlhausen** 1500 Teilnehmer, **Schwerin** 3000 Teilnehmer, **Neubrandenburg** 1000 Teilnehmer, **Stralsund** 1000 Teilnehmer, **Wittenburg/Schwerin** 1000 Teilnehmer, **Malchow** 2000 Teilnehmer, **Nauen/Potsdam** 2000 Teilnehmer, **Naumburg** 8000 Teilnehmer, **Bernburg** 4000 Teilnehmer, **Alsleben/Halle** 1500 Teilnehmer, **Rudolstadt** 1000 Teilnehmer, **Steinbach-Hallenberg** 2500 Teilnehmer, **Sonneberg** 1000 Teilnehmer, **Sebnitz** 4000 Teilnehmer, **Döbeln** 2000 Teilnehmer, **Zwickau** 8000 Teilnehmer, **Aue** 7000 Teilnehmer, **Stollberg** 6000 Teilnehmer, **Schwarzenberg** 5000 Teilnehmer, **Annaberg** 4000 Teilnehmer, **Olbernhau** 2500 Teilnehmer, **Zschopau** 2000 Teilnehmer, **Oelsnitz** 1000 Teilnehmer, und **Hartha/Leipzig** 800 Teilnehmer – Warnstreiks finden statt in **Berlin**, **Zwickau** und **Dresden**

30. Januar

Angermünde Demonstration von 180 Mitarbeitern des Kreiskrankenhauses – **Halle** Demonstration mit 1000 Schülern und Lehrlingen – **Meiningen** Demonstration für Wiedervereinigung mit 5000 Teilnehmern – **Nordhausen** nach einem Aufruf des Neuen Forums fordern 5000 Demonstranten alle Parteien auf, keine Koalition mit der SED-PDS einzugehen – **Oelsnitz** 300 Personen blockieren das Gebäude des SED-PDS-Kreisvorstandes und fordern dessen Räumung – **Suhl** 1000 Teilnehmer demonstrieren zum Karl-Marx-Platz unter dem Motto »Nie wieder Faschismus« – **Weimar** Demonstration zum Thema »Aufgaben der Gewerkschaften und Betriebsräte« mit 1000 Teilnehmern – **Zschopau** Kundgebung und anschließend Demonstration für eine freie Marktwirtschaft und die Auflösung der SED-PDS mit 2500 Teilnehmern – Demonstrationen zum Antifa-Tag in **Berlin** 300 Teilnehmer, **Neubrandenburg** 400 (Freie Erde: 1500) Teilnehmer, **Halle** 400 Teilnehmer, **Gera** 30 Teilnehmer, **Karl-Marx-Stadt** 60 Teilnehmer, **Rostock** 200 Teilnehmer, **Sachsenhausen, Magdeburg** und **Cottbus** – Demonstrationen und Kundgebungen finden auch statt in **Prerow/Rostock** 500 Teilnehmer, **Tangerhütte** 500 Teilnehmer, **Lobenstein** 1500

Teilnehmer, **Stadtroda** 1000 Teilnehmer, **Roßwein** 3000 Teilnehmer, **Karl-Marx-Stadt** 500 Teilnehmer, **Penig** 500 Teilnehmer, **Gelenau/Karl-Marx-Stadt** 2000 Teilnehmer, **Aue** 1500 Teilnehmer, **Schneeberg** 600 Teilnehmer, und **Hohenstein-Ernstthal** 4000 Teilnehmer – Warnstreiks in **Schwerin, Leipzig, Hildburghausen, Zwickau, Sonneberg, Bad Elster** und **Angermünde**

31. Januar

Bad Doberan Demonstration mit 1000 Teilnehmern nach einem Bittgottesdienst – **Berlin** 3000 Lehrlinge demonstrieren vom Alexanderplatz zum Haus der Ministerien für bessere Lernbedingungen – **Dessau** auf Beschluß des Runden Tisches werden auf dem Gelände der Volksarmee 1500 Maschinenpistolen und Panzerabwehrwaffen vernichtet – **Flöha** Demonstration und anschließend Kundgebung nach einem Aufruf des Neuen Forums, 2000 Teilnehmer fordern ein einiges Deutschland und »Stasi raus« – **Limbach-Oberfrohna** Demonstration und anschließend Kundgebung für die Einheit Deutschlands, die Auflösung der SED-PDS und die Überführung von Parteieigentum in Volkseigentum mit 8000 Teilnehmern nach einem Aufruf des Neuen Forums – **Markneukirchen** Demonstration und anschließend Kundgebung mit 4000 Teilnehmern – **Reichenbach i. Vogtl.** Demonstration mit 2000 Teilnehmern, es wird u. a. gefordert »Gysi weg« und »Deutschland einig Vaterland« – **Strausberg** Demonstration während der Sitzung des Kreistages – Demonstrationen und Kundgebungen finden auch statt in **Karl-Marx-Stadt** 16000 Teilnehmer, **Rostock** 3000 Teilnehmer, **Greifswald** 800 Teilnehmer, **Pasewalk** 120 Teilnehmer, **Wittstock** 1500 Teilnehmer, **Herzberg** 500 Teilnehmer, **Kalbe/Magdeburg** 100 Teilnehmer, **Coswig/Halle** 150 Teilnehmer, **Bad Berka** 150 Teilnehmer, **Eisenberg** 800 Teilnehmer, und **Schöneck** 500 Teilnehmer – Warnstreiks in **Hildburghausen, Potsdam, Leipzig, Karl-Marx-Stadt** und **Suhl**

1. Februar

Berlin Mitarbeiter des Gesundheitswesens aus der ganzen DDR demonstrieren vor dem Palast der Republik für eine Erhöhung der Löhne – **Erfurt** nach einem Friedensgebet finden eine Kundgebung und anschließend eine Demonstration mit 10000 (Politischer Umbruch in Erfurt: 35000) Teilnehmern statt; aufgerufen haben das Bürgerkomitee und verschiedene Parteien – **Gera** nach einer Veranstaltung in der Johanniskirche, bei der über den Stand der Auflösung des MfS/AfNS berichtet wird, findet eine Demonstration mit 5000 Teilnehmern statt – **Gotha** Kundgebung von Mitarbeitern des Gesundheitswesens für eine Verbesserung der Arbeitsbedingungen mit 2000 Teilnehmern – **Magdeburg** Kundgebung von Mitarbeitern des Gesundheitswesens auf dem Alten Markt für gerechte Tarifpolitik, 600 Teilnehmer – **Rostock** für die Wiedervereinigung Deutschlands bildet sich nach einem Gottesdienst eine Menschenkette um das Rathaus mit 10000 Teilnehmern – **Wilkau-Haßlau/Zwickau** Kundgebung und anschließend Demonstration für die Auflösung der SED-PDS und gegen den Verfall der Altbausubstanz mit 5000 Teilnehmern nach einem Aufruf der

214

evangelischen Kirche – **Wolgast** Demonstration von Krankenwagenfahrern für die Bereitstellung der Kreisdienststelle des MfS/AfNS als Stützpunkt für den Krankentransport – **Zeulenroda** Wahlkundgebung der SPD auf dem Marktplatz mit 3000 Teilnehmern nach einer kirchlichen Veranstaltung – Demonstrationen und Kundgebungen finden auch statt in **Parchim** 500 Teilnehmer, **Schönebeck** 2500 Teilnehmer, **Halle** 400 Teilnehmer, **Friedrichroda** 1000 Teilnehmer, **Neustadt/Orla** 1200 Teilnehmer, **Meiningen** 800 Teilnehmer, **Adorf** 700 Teilnehmer, **Suhl, Klingenthal, Reichenbach i. Vogtl., Flöha** und **Zwickau** – Warnstreiks finden statt in **Eisenberg, Karl-Marx-Stadt, Erfurt, Rudolstadt, Saalfeld, Pößneck, Jena, Halle, Suhl, Seefeld/Frankfurt, Berlin, Hildburghausen, Lugau, Stollberg, Meiningen, Sonneberg** und **Potsdam**

2. Februar

Auerbach nach einem Aufruf der Bürgerinitiative finden eine »Vogtland-Demo« und anschließend eine Kundgebung auf dem Friedensplatz mit 12 000 (Die Wende im Kreis Auerbach: 25 000) Teilnehmern statt; es werden u. a. gefordert »SED weg« und »Deutschland einig Vaterland«; an der Demonstration nehmen Menschen aus dem gesamten Kreis teil, auf der Kundgebung sprechen westdeutsche Politiker – **Dessau** Gebet um Erneuerung, anschließend Demonstration zum Marktplatz mit 1200 Teilnehmern; dort findet eine Kundgebung statt, auf der sich Vertreter der Grünen Partei und des Neuen Forums vorstellen – **Leipzig** Demonstration von Krankentransporteuren für Lohnerhöhung und die Absetzung des Kreisarztes – **Saalfeld** Demonstration mit 1000 Teilnehmern für die Wiedervereinigung und gegen die PDS nach einem Aufruf des Neuen Forums – Demonstrationen und Kundgebungen finden auch statt in **Gadebusch** 50 Teilnehmer, **Frankfurt** 1100 Teilnehmer, **Halle** 200 Teilnehmer, **Eisleben** 50 Teilnehmer, **Gotha** 600 Teilnehmer, **Suhl** 50 Teilnehmer und **Eppendorf/Karl-Marx-Stadt** 1500 Teilnehmer – Warnstreik in **Bischofferode**

3. Februar

Arnstadt Demonstration und anschließend Kundgebung mit 6000 Teilnehmern nach einem Aufruf des Neuen Forums – **Berlin** Demonstration »Für die Bewahrung einer gesunden Basis des sportlichen Alltags« mit 4000 (Ministerium des Innern: 2000) Teilnehmern – **Finsterwalde** Demonstration für die Erhaltung der Altbausubstanz und für die Auflösung der SED-PDS mit 5000 Teilnehmern nach einem Aufruf von SPD, CDU und Neuem Forum – **Frankfurt/Oder** Fahrraddemonstration vom Rathaus zum Rathaus unter dem Motto »Wir wollen Massensport« mit 500 Teilnehmern – **Halle** Kundgebung vor dem Rathaus mit 4000 Teilnehmern; die Kundgebung war gleichzeitig der Wahlkampfauftakt des Demokratischen Aufbruchs, es sprach u. a. Klaus Töpfer – **Plauen** Demonstration vom Rathaus, nach kurzer Ansprache von Superintendent Küttler, durch die Innenstadt zum Rathaus mit anschließender Kundgebung nach einem Aufruf des Neuen Forums; 30 000 Teilnehmer fordern ein einiges Deutschland und den Rücktritt des Vorsitzenden des Rates des Bezirkes – **Stendal** Menschenkette um die besonders gefährdeten Viertel der Altstadt unter dem Motto

»Rettet die Altstadt« – **Stralsund** Demonstration und anschließend Kundgebung auf dem Alten Markt für die Bildung eines eigenen Landes Vorpommern mit 2300 Teilnehmern; aufgerufen hat der Gesprächsleiter des Runden Tisches – Demonstrationen und Kundgebungen finden auch statt in **Potsdam** 4000 Teilnehmer, **Merseburg** 400 Teilnehmer, **Greiz** 1500 Teilnehmer, **Saalfeld** 1500 Teilnehmer, **Freiberg** 800 Teilnehmer, und **Hartenstein** 1000 Teilnehmer

4. Februar

Berge/Schwerin Demonstration für die Wiedereinführung kirchlicher Feiertage mit 70 Teilnehmern – **Berlin** Fahrraddemonstration vom Alexanderplatz zum Kollwitzplatz für bessere Radfahrbedingungen mit 3500 Teilnehmern nach einem Aufruf der Grünen Liga und des Neuen Forums – **Frankfurt/Oder** Menschenkette über die Oderbrücke unter dem Motto »Freundschaft schützt und überwindet die Grenzen« mit 3400 Polen und 2700 Deutschen nach einem Aufruf der Initiativgruppe Völkerverständigung – **Hoyerswerda** Demonstration für ein »Deutschland einig Vaterland« und ein Land Sachsen mit 150 Teilnehmern nach einem Aufruf der Bauernpartei

5. Februar

Döbeln Bauerndemonstration unter dem Motto »Sachsens Bauern holen die Kartoffeln aus dem Feuer« mit 3000 Teilnehmern – **Dresden** Demonstration für die Wiedervereinigung Deutschlands und die Schaffung eines Landes Sachsen mit 40 000 Teilnehmern – **Halle** auf dem Marktplatz findet eine Wahlkundgebung der LDPD mit 3000 Teilnehmern statt, es spricht u. a. Hans-Dietrich Genscher – **Karl-Marx-Stadt** Kundgebung und anschließend Demonstration für eine Verfassung ohne Wehrpflicht, gegen Verfassungsschutz, für freie Marktwirtschaft, für die Wiedervereinigung und gegen Übergangszahlungen an MfS-Angehörige mit 100 000 (Ministerium des Innern: 45 000) Teilnehmern – **Leipzig** Kundgebung auf dem Karl-Marx-Platz und anschließend Demonstration für die Bildung des Landes Sachsen, die Einheit Deutschlands, freie Wahlen und gegen die SED-PDS mit 100 000 (Ministerium des Innern: 80 000) Teilnehmern – **Magdeburg** Gebet für gesellschaftliche Erneuerung; anschließend Kundgebung der SPD auf dem Domplatz mit 20 000 Teilnehmern, es spricht u. a. Anke Fuchs – **Meißen** Demonstration zum Thema »Wie stehen wir zur Deutschen Frage« mit 1200 Teilnehmern – **Neubrandenburg** Wahlkundgebung aller Parteien auf dem Karl-Marx-Platz – **Sonneberg** Demonstration durch die Innenstadt mit 2000 Teilnehmern nach einem Fürbittgottesdienst – **Suhl** Demonstration – **Waren/Müritz** Demonstration und anschließend Kundgebung auf dem Neuen Markt gegen die Erblast von Schalk und Co. und für die Schließung des Waffendepots in Kavelstorf mit 1400 Teilnehmern – **Werdau** Friedensgebet in der Marienkirche, anschließend Kundgebung und Demonstration, auf der sich der Demokratische Aufbruch vorstellt – **Wismar** Demonstration auf dem Marktplatz zum Thema »Schulpolitik« nach einem Aufruf des Neuen Forums – **Zwickau** nach einem Friedensgebet in der Pauluskirche Demonstration und anschließend Kundgebung auf dem Marktplatz für eine Entmilitarisierung Deutschlands und die Schaffung von unabhängigen

Gewerkschaften mit 10 000 Teilnehmern – Demonstrationen und Kundgebungen finden auch statt in **Stralsund** 1200 Teilnehmer, **Schwerin** 1000 Teilnehmer, **Potsdam** 2000 Teilnehmer, **Schwedt** 1000 Teilnehmer, **Elsterwerda** 3000 Teilnehmer, **Falkenberg** 1200 Teilnehmer, **Zerbst** 1500 Teilnehmer, **Nebra** 1000 Teilnehmer, **Bernburg** 4000 Teilnehmer, **Heiligenstadt** 3000 Teilnehmer, **Pößneck** 4000 Teilnehmer, **Rudolstadt** 1500 Teilnehmer, **Geisa/Suhl** 1000 Teilnehmer, **Sebnitz** 1500 Teilnehmer, **Bischofswerda** 1000 Teilnehmer, **Hartha** 1500 Teilnehmer, **Schwarzenberg** 3000 Teilnehmer, **Oelsnitz** 1200 Teilnehmer, **Aue** 6000 Teilnehmer, **Marienberg** 2000 Teilnehmer, und **Olbernhau** 1000 Teilnehmer – Warnstreiks in **Bischofferode, Potsdam, Suhl, Belzig, Leipzig, Luckenwalde, Berlin, Greiz** und **Gera**

6. Februar

Geisa/Suhl Demonstration mit anschließender Kundgebung – **Greifswald** Demonstration für die Schließung des Kernkraftwerkes und mit der Forderung »Keinen Wahlkampf am Runden Tisch« mit 4000 Teilnehmern – **Großensee/Eisenach** Autodemonstration mit der Forderung, einen weiteren Grenzübergang für den Autoverkehr zu öffnen, mit 29 PKW aus der BRD und 8 PKW und 1 LKW aus der DDR – **Leipzig** Demonstration von Mitarbeitern des Handelstransports mit 350 LKW – **Lobenstein** nach einem Friedensgebet in der Stadtkirche findet eine Kundgebung auf dem Marktplatz für die Auflösung des MfS/AfNS und die öffentliche Kontrolle der Polizei mit 1000 Teilnehmern statt – **Nordhausen** Demonstration für einen verstärkten Umweltschutz und die Einheit Deutschlands mit 5000 Teilnehmern nach einem Aufruf des Neuen Forums – **Penig** Demonstration mit 600 Teilnehmern; es wird u. a. gefordert »Keine Stasi in die Volkskammer, weg mit Gysi, Ablösung des Bürgermeisters und des Vorsitzenden des Rates des Kreises« – **Sonneberg** Demonstration mit anschließender Kundgebung – **Weimar** Demonstration mit den Forderungen »Bei Währungsreform Umtausch 1:1, keine Arbeitslosigkeit, jeder zur Wahl, aber keine PDS wählen«, 1000 Teilnehmer nach einem Aufruf des Neuen Forums – **Wittenberg** Demonstration für die Ablösung des Leiters des Volkspolizeikreisamtes mit 2000 Teilnehmern nach einem Aufruf der SPD – **Zwönitz** Demonstration, anschließend Kundgebung für die Vereinigung Deutschlands mit 1000 Teilnehmern nach einem Aufruf des Neuen Forums – Demonstrationen und Kundgebungen finden auch statt in **Berlin** 100 Teilnehmer, **Rostock** 2000 Teilnehmer, **Wittenberge** 100 Teilnehmer, **Passow** 500 Teilnehmer, **Hoyerswerda** 300 Teilnehmer, **Sangerhausen** 450 Teilnehmer, **Stadtroda** 400 Teilnehmer, und **Roßwein** 1000 Teilnehmer – Warnstreik in **Kassow/Schwerin**

7. Februar

Cottbus Demonstration von Taxifahrern für die Rücknahme der Gewerbegenehmigungen für ehemalige Stasi-Leute – **Limbach-Oberfrohna** Demonstration und anschließend Kundgebung zu Fragen der Wirtschaftsreform und der Einheit Deutschlands mit 15 000 Teilnehmern nach einem Aufruf der Forum Partei – **Meißen** Frauendemonstration gegen Sozialabbau nach einem Aufruf des Unabhängigen Frauenverbandes – **Schönebeck** Demonstration von 450 Mitarbeitern des Gesundheitswesens für Lohnerhöhung – **Schwerin** Demonstration von 200 Pädagogen für soziale Sicherheit und den Erhalt ihrer Arbeitsplätze – **Teistungen/Erfurt** Besetzung des Außengeländes des Paßkontroll- und Fahndungsobjektes mit 25 Personen; es wird gefordert, die Waffenkammer und Abhöreinrichtungen besichtigen zu können – **Weimar** Bauerndemonstration mit Traktoren und Lastwagen durch die Innenstadt unter dem Motto »Mit leerem Magen ist keine Revolution zu machen« und »Wollt ihr weiter gut essen, dürft ihr die Bauern nicht vergessen« – Demonstrationen und Kundgebungen finden auch statt in **Eisenberg** 1000 Teilnehmer, **Schleiz** 1200 Teilnehmer, **Wittstock** 700 Teilnehmer, **Herzberg** 300 Teilnehmer, **Markneukirchen** 2000 Teilnehmer, **Schöneck** 3000 Teilnehmer, und **Reichenbach i. Vogtl.** 1500 Teilnehmer – Warnstreiks in **Zeulenroda** bis 9.2., **Luckenwalde**, **Berlin-Treptow**, **Greiz** und **Gera**

8. Februar

Berlin Demonstration vor dem VP-Revier im Prenzlauer Berg gegen die Verschleppung der Ermittlungsverfahren zum 7. und 8.10.1989 mit 20 Teilnehmern – **Erfurt** nach einem Friedensgebet finden eine Demonstration und anschließend eine Kundgebung für die Auflösung des MfS/AfNS und für die Stärkung der Gewerkschaften mit 5000 Teilnehmern nach einem Aufruf des Bürgerkomitees und des Neuen Forums statt – **Gera** Demonstration zum Marktplatz mit den Forderungen »Abschaffung der PDS« und »Deutschland einig Vaterland« mit 3000 Teilnehmern nach einem Friedensgebet in der Johanneskirche – **Osterburg** nach einem Aufruf des Neuen Forums wird ein Schwerlasttransporter, der zum Kernkraftwerk Stendal unterwegs ist, von 200 Bürgern an der Weiterfahrt gehindert; sie fordern den Bau einer Umgehungsstraße – **Rostock** Demonstration für die Fortführung des Demokratisierungsprozesses und die Auflösung des MfS/AfNS mit 2000 Teilnehmern nach einem Bittgottesdienst – **Stendal** Wahlkundgebung der SPD auf dem Marktplatz mit 2000 Teilnehmern, es spricht u. a. Johannes Rau – Demonstrationen und Kundgebungen finden auch statt in **Rathenow** 100 Teilnehmer, **Frankfurt** 150 Teilnehmer, **Schönebeck** 500 Teilnehmer, **Gotha** 500 Teilnehmer, **Leinefelde** 150 Teilnehmer, **Friedrichroda** 150 Teilnehmer, **Neustadt/Orla** 500 Teilnehmer, **Zeulenroda** 500 Teilnehmer, **Geyer** 800 Teilnehmer, **Hainichen** 250 Teilnehmer, und **Adorf** 100 Teilnehmer – Warnstreik in **Jessen**

9. Februar

Arnstadt Bauerndemo mit 1000 Teilnehmern nach einem Aufruf des DBD – **Berlin** vor dem Bildungsministerium findet eine Demonstration gegen Sozialabbau mit 2000 (Ministerium des Innern: 1400) Teilnehmern statt – **Delitzsch** Schülerdemonstration mit 500 Teilnehmern – **Dessau** Gebet um Erneuerung mit anschließender Demonstration zum Marktplatz – **Heldburg/Suhl** Kundgebung auf dem Marktplatz mit 400 Teilnehmern – **Klingenthal** Demonstration und anschließend Kundgebung mit 3000 Teilnehmern nach einem Aufruf von Bürgerinitiativen – **Leipzig** Schülerdemonstration mit 900 Teilnehmern – **Saalfeld** Demonstration und anschließend

Kundgebung auf dem Marktplatz mit 5000 Teilnehmern – **Schwerin** Kundgebung der Allianz für Deutschland mit 3500 Teilnehmern – Demonstrationen und Kundgebungen finden auch statt in **Pasewalk** 400 Teilnehmer, **Potsdam** 500 Teilnehmer, **Eberswalde** 500 Teilnehmer, **Eisenhüttenstadt** 500 Teilnehmer, und **Gotha** 400 Teilnehmer – Warnstreiks in **Karl-Marx-Stadt, Leipzig** und **Reichenbach i. Vogtl.**

10. Februar

Berlin 200 Personen aus Prenzlau/Neubrandenburg fordern auf einer Demonstration vor der Botschaft der UdSSR die Schließung des Hubschrauberlandeplatzes der sowjetischen Streitkräfte – **Plauen** Demonstration vom Rathaus, nach kurzer Ansprache von Superintendent Küttler, durch die Innenstadt zum Rathaus mit anschließender Kundgebung; 5000 bis 7000 (Freie Presse: 25 000) Teilnehmer – **Plötzky/ Magdeburg** Demonstration zum Klosterberg Plötzky für die Bewahrung der Schöpfung nach einem Aufruf des Unabhängigen Bürgerkreises Plötzky – **Tröbnitz/Cottbus** 1000 Personen demonstrieren für die Schließung der Mülldeponie – Demonstrationen und Kundgebungen finden auch statt in **Güstrow** 500 Teilnehmer, **Neubrandenburg** 250 Teilnehmer, **Pasewalk** 150 Teilnehmer, **Passow/Frankfurt** 200 Teilnehmer, **Magdeburg** 350 Teilnehmer, **Calbe/Magdeburg** 150 Teilnehmer, **Wernigerode** 150 Teilnehmer, **Apolda** 100 Teilnehmer, **Arnstadt** 2000 Teilnehmer, **Greiz** 800 Teilnehmer, **Aue** 100 Teilnehmer, **Schneeberg** 900 Teilnehmer, und **Tannenberg** 200 Teilnehmer – Warnstreiks in **Mühlenbeck, Halle** und **Cottbus**

11. Februar

Crimmitschau Kundgebung des Neuen Forums auf dem Bahnhofsvorplatz mit anschließendem Friedensgebet in der Johanneskirche – Warnstreik in **Karl-Marx-Stadt** – 3 Demonstrationen im Bezirk Karl-Marx-Stadt

12. Februar

Brand-Erbisdorf Kundgebung mit anschließender Demonstration gegen das MfS/ AfNS – **Crimmitschau** Wahlkundgebung und anschließend Demonstration mit 4000 Teilnehmern nach einem Aufruf des Neuen Forums und des Demokratischen Aufbruchs – **Güstrow** Kundgebung der SPD mit 11 000 Teilnehmern, es spricht u. a. Helmut Schmidt – **Karl-Marx-Stadt** Demonstration und anschließend Kundgebung für die Einheit Deutschlands mit 80 000 (Nachrichtenabteilung des Ministerrates: 30 000) Teilnehmern – **Ketzin/Potsdam** erneut Demonstration mit 150 Teilnehmern an der Sondermülldeponie gegen Müllimporte in die DDR – **Leipzig** Kundgebung vor dem Opernhaus mit 50 000 (Nachrichtenabteilung des Ministerrates: 80 000) Teilnehmern – **Rostock** Kundgebung der SPD mit 20 000 Teilnehmern, es spricht u. a. Helmut Schmidt – **Werdau** Friedensgebet mit anschließender Kundgebung, auf der sich die NDPD vorstellt, und Demonstration – **Zwickau** Demonstration mit 7000 Teilnehmern nach einem Friedensgebet – Demonstrationen und Kundgebungen finden auch statt in **Schwedt** 600 Teilnehmer, **Halle** 2500 Teilnehmer, **Pößneck** 800 Teilnehmer, **Bischofswerda** 1000 Teilnehmer, **Sebnitz** 500 Teilnehmer, **Wurzen**

2000 Teilnehmer, **Döbeln** 800 Teilnehmer, **Stollberg** 2500 Teilnehmer, **Aue** 2000 Teilnehmer, **Annaberg** 1500 Teilnehmer, **Rudolstadt** und **Gotha** – Warnstreiks in **Döbeln, Karl-Marx-Stadt** und **Cottbus**

13. Februar

Bad Salzungen Bauerndemonstration mit 150 Teilnehmern – **Berlin** Kundgebung des Unabhängigen Frauenverbandes auf dem Alexanderplatz mit 1000 Teilnehmern – **Dresden** Kerzendemonstration auf dem Altmarkt mit 100 000 Teilnehmern zum Gedenken an die Bombardierung Dresdens – **Eisfeld** Demonstration gegen den unzumutbaren Grenzverkehr – **Karl-Marx-Stadt** Demonstration von 1500 Kindergärtnerinnen gegen die Eingliederung in das Gesundheitswesen – **Neubrandenburg** Demonstration gegen Arbeitslosigkeit und Sozialabbau mit 100 Teilnehmern nach einem Aufruf der Vereinigten Linken – **Nordhausen** Demonstration mit 3000 Teilnehmern nach einem Aufruf des Bürgerkomitees – **Stadtroda** Demonstration gegen Amtsmißbrauch mit 300 Teilnehmern nach einem Aufruf des Neuen Forums – **Steinbach-Hallenberg** Schweigemarsch mit 90 Teilnehmern nach einem Aufruf des Neuen Forums – **Zwönitz** Wahlkundgebung von CDU und SPD mit 1000 Teilnehmern – Demonstrationen und Kundgebungen finden auch statt in **Frankfurt/ Oder** 250 Teilnehmer, **Lobenstein** 400 Teilnehmer, und **Meiningen** 800 Teilnehmer – Warnstreiks von Sparkassen-Mitarbeitern für höhere Löhne in **Gera, Jena, Rudolstadt, Lübz, Ueckermünde, Hoyerswerda, Lobenstein, Eilenburg** und **Klingenthal** – weitere Warnstreiks in **Karl-Marx-Stadt** und **Nordhausen**

14. Februar

Berlin 600 Mitarbeiter des Wartungspersonals des Flughafens Berlin-Schönefeld demonstrieren für bessere Arbeits- und Lebensbedingungen – **Demmin** Demonstration mit 250 Teilnehmern nach einem Aufruf des Neuen Forums – **Eisenberg** Kundgebung der CDU mit 5000 Teilnehmern – **Mühlhausen** Kundgebung zur Unterstützung der neuen demokratischen Gruppierungen mit 250 Teilnehmern – **Penig** Demonstration mit 300 Teilnehmern – **Zwönitz** Demonstration mit 1000 Teilnehmern – **Waren/Müritz** die SED/PDS ruft zu einer Demonstration gegen Rechts auf, 100 Teilnehmer – Demonstrationen und Kundgebungen finden auch statt in **Bad Doberan** 100 Teilnehmer, **Wittstock** 250 Teilnehmer, **Hirschfelde/Dresden** 150 Teilnehmer, **Limbach-Oberfrohna** 1000 Teilnehmer, **Reichenbach i. Vogtl.** 150 Teilnehmer, und **Jahnsdorf** 150 Teilnehmer – Demonstration von Volkspolizisten »Nie wieder Staatsbüttel einer Partei, sondern nur noch Volkspolizei« in verschiedenen Städten, **Berlin, Frankfurt, Apolda** 60 Teilnehmer, **Eisenach** 420 Teilnehmer, **Heiligenstadt** 140 Teilnehmer, **Nordhausen** 200 Teilnehmer, **Erfurt** 1000 Teilnehmer, **Karl-Marx-Stadt** 200 Teilnehmer, **Weimar** und **Halle** – Warnstreik der Mitarbeiter der Stadtwirtschaft in **Leipzig**

15. Februar

Erfurt Demonstration und anschließend Kundgebung mit 1000 Teilnehmern nach einem Friedensgebet – **Neubrandenburg** Schülerdemonstration – **Neustadt/Gera** Demonstration mit 100 Teilnehmern nach einem Friedensgebet

16. Februar

Auerbach Demonstration vom Neubaugebiet zum Friedensplatz; dort findet eine Kundgebung unter Beteiligung westdeutscher Politiker für die deutsche Einheit mit 2000 Teilnehmern statt – **Dessau** Gebet um Erneuerung; anschließend Wahlkundgebung der CDU auf dem Marktplatz mit 5000 Teilnehmern, es spricht u. a. Heiner Geisler – **Gotha** Demonstration mit 500 Teilnehmern nach einem Friedensgebet – **Halle** Kundgebung des Bundes Freier Demokraten auf dem Obermarkt mit 70 000 (Nachrichtenabteilung des Ministerrates 50 000) Teilnehmern, es spricht u. a. Hans-Dietrich Genscher – Demonstrationen und Kundgebungen finden auch statt in **Grün-Kordshagen/Stralsund** 40 Teilnehmer, **Magdeburg** 70 Teilnehmer, **Pößneck** 180 Teilnehmer, und **Saalfeld** 200 Teilnehmer – Warnstreik in **Nordhausen**

17. Februar

Arnstadt Demonstration mit 1500 Teilnehmern nach einem Aufruf des Neuen Forums – **Leipzig** Wahlkundgebung der SPD auf dem Marktplatz mit 20 000 Teilnehmern – **Magdeburg** Kundgebung des Demokratischen Aufbruchs auf dem Domplatz mit 3000 Teilnehmern – **Plauen** Demonstration vom Rathaus, nach kurzer Ansprache von Superintendent Küttler, durch die Innenstadt zum Rathaus mit anschließender Kundgebung, 15000 Teilnehmer – **Templin** Bauerndemonstration auf dem Marktplatz mit 300 Teilnehmern – **Zschorlau/Karl-Marx-Stadt** Kundgebung der Bürgerinitiativen mit 1000 Teilnehmern – **Zwickau** Wahlkundgebung der SPD mit 1000 Teilnehmern – Demonstrationen und Kundgebungen finden auch statt in **Parchim** 500 Teilnehmer, **Lübbenau** 800 Teilnehmer, **Hoyerswerda** 150 Teilnehmer, **Spremberg** 200 Teilnehmer, **Gera** 300 Teilnehmer, **Lichtenstein/Karl-Marx-Stadt** 400 Teilnehmer, und **Hartenstein** 900 Teilnehmer

18. Februar

Cottbus Wahlkundgebung der SPD vor der Stadthalle mit 2000 (Ministerium des Innern: 1500) Teilnehmern – **Dessau** Wahlkundgebung der CDU mit 1000 Teilnehmern – **Leipzig** Wahlkundgebung der DSU vor der Oper mit 15 000 bis 20 000 Teilnehmern, es spricht u. a. Theo Waigel **Neustadt/Auerbach** Demonstration (Sonntagsspaziergang) zum NVA-Radarstützpunkt mit 30 Teilnehmern; es wird die Auflösung des Stützpunktes gefordert – **Neustadt/Orla** Kundgebung an der Schweinemastanlage, 1200 Teilnehmer verlangen die sofortige Schließung – **Oelsnitz** Kundgebung der CDU im Sportstadion mit 1000 Teilnehmern – Demonstrationen und Kundgebungen finden auch statt in **Schwerin** 4000 Teilnehmer, **Bad Salzungen** 600 Teilnehmer, und **Gössnitz/Leipzig** 250 Teilnehmer

19. Februar

Calau/Cottbus Kundgebung vom Bund Freier Demokraten auf dem Marktplatz – **Cottbus** Kundgebung der Allianz für Deutschland auf dem Platz vor der Oberkirche – **Dresden** Demonstration und anschließend Kundgebung auf dem Theaterplatz mit 10 000 Teilnehmern – **Halle** Demonstration mit 5000 (Ministerium des Innern: 8000) Teilnehmern – **Karl-Marx-Stadt** Demonstration und anschließend Kundgebung für die Rückbenennung in Chemnitz mit 80 000 (Nachrichtenabteilung des Ministerrates: 10 000) Teilnehmern – **Leipzig** Kundgebung auf dem Karl-Marx-Platz, auf der Vertreter verschiedener Parteien sprechen, mit 50 000 (LVZ: 10 000) Teilnehmern – **Meißen** Wahlkundgebung des Neuen Forums auf dem Marktplatz mit 800 Teilnehmern – **Plauen** Wahlkundgebung der DSU mit 4000 Teilnehmern – **Werdau** am Vormittag Blockade des VPKA durch Bürger und Polizisten wegen des Einsatzes eines früheren Politoffiziers als Leiter des VPKA; am Abend findet nach einem Friedensgebet eine Kundgebung statt, auf der sich der DBD vorstellt, anschließend Demonstration – **Zwickau** Demonstration und anschließend Kundgebung mit 7500 Teilnehmern nach einem Aufruf des Neuen Forums – Demonstrationen und Kundgebungen finden auch statt in **Stralsund** 500 Teilnehmer, **Schwerin** 5000 Teilnehmer, **Güstrow** 4000 Teilnehmer, **Zehdernick/Potsdam** 500 Teilnehmer, **Schwedt** 500 Teilnehmer, **Elsterwerda** 500 Teilnehmer, **Magdeburg** 3000 Teilnehmer, **Pößneck** 800 Teilnehmer, **Sebnitz** 800 Teilnehmer, **Bischofswerda** 700 Teilnehmer, **Wurzen** 1000 Teilnehmer, **Aue** 2000 Teilnehmer, und **Schwarzenberg** 500 Teilnehmer

20. Februar

Angermünde Demonstration des DBD für die Existenzsicherung der Landwirtschaft mit 1000 Teilnehmern – **Erfurt** Wahlkundgebung der Allianz für Deutschland auf dem Domplatz mit 10 000 (Politischer Umbruch in Erfurt: 130 000) Teilnehmern, es spricht u. a. Helmut Kohl – **Frankfurt** Demonstration für staatliche Souveränität und gegen Wiedervereinigung mit 2000 Teilnehmern – **Magdeburg** Demonstration von 350 Rentnern auf dem Alten Markt unter dem Motto »Probleme im Land nicht auf dem Rücken der Rentner austragen«; nachmittags Demonstration auf dem Alten Markt gegen den Abbau des Sports – **Neubrandenburg** Kundgebung auf dem Karl-Marx-Platz nach einem Aufruf der Demokratischen Kinderbewegung – Demonstrationen und Kundgebungen finden auch statt in **Warnemünde** 1000 Teilnehmer, **Luckau** 600 Teilnehmer, **Lobenstein** 500 Teilnehmer, **Annaberg** 500 Teilnehmer, **Hohenstein-Ernstthal** 300 Teilnehmer, und **Penig** 200 Teilnehmer

21. Februar

Cottbus Wahlkundgebung der DSU auf dem Oberkirchplatz mit 600 Teilnehmern – **Halberstadt** Wahlkundgebung der DSU auf dem Fischmarkt mit 1000 Teilnehmern – **Limbach-Oberfrohna** Wahlkundgebung der Forum Partei auf dem Marktplatz mit 500 Teilnehmern – **Stendal** Wahlkundgebung der CDU auf dem Markt mit 2000 Teilnehmern, es spricht u. a. Rita Süssmuth – Demonstrationen und Kundgebungen finden auch statt in **Bad Doberan** 150 Teilnehmer, **Spremberg** 100 Teilnehmer,

Eisenberg 250 Teilnehmer, **Hirschfelde/Zittau** 200 Teilnehmer, und **Reichenbach i. Vogtl.** 250 Teilnehmer

22. Februar

Berlin Demonstration für soziale Sicherheit mit 20 000 Teilnehmern – **Freiberg** Demonstration mit 450 Teilnehmern nach einem Aufruf der CDU – **Gera** Wahlkundgebung des Demokratischen Aufbruchs vor dem Haus der Kultur mit 1000 Teilnehmern – **Jena** Wahlkundgebung der CDU mit 8000 bis 10 000 Teilnehmern, es spricht u. a. Norbert Blühm – **Liebertwolkwitz/Leipzig** 400 bis 600 Personen blockieren die Mülldeponie in Liebertwolkwitz – **Suhl** Sitzstreik an der F 4 für die Nichtzulassung des Güterverkehrs über die GÜST Eisfeld – Demonstrationen und Kundgebungen finden auch statt in **Plau** 30 Teilnehmer, **Zossen** 200 Teilnehmer, **Kyritz/ Potsdam** 200 Teilnehmer, **Bernburg** 160 Teilnehmer, **Zeulenroda** 2000 Teilnehmer, **Schleiz** 500 Teilnehmer, **Geyer** 250 Teilnehmer, **Bad Elster** 50 Teilnehmer, und **Oelsnitz** 20 Teilnehmer

23. Februar

Halle Wahlkundgebung der SPD auf dem Marktplatz mit 30 000 Teilnehmern, es spricht u. a. Johannes Rau – **Leipzig** Wahlkundgebung der DSU auf dem Marktplatz mit 3000 bis 5000 Teilnehmern – **Plauen** Wahlkundgebung mit Willy Brandt vor 40 000 (Ministerium des Innern: 20 000) Teilnehmern – **Zwickau** Wahlkundgebung der SPD mit Willy Brandt vor 20 000 Teilnehmern – Demonstrationen und Kundgebungen finden auch statt in **Dahme/Cottbus** 200 Teilnehmer, **Klingenthal** 1000 Teilnehmer, **Glauchau** 1000 Teilnehmer, und **Frankenberg/Karl-Marx-Stadt** 300 Teilnehmer

24. Februar

Berlin/Lustgarten Demonstration für eine souveräne DDR mit 50 000 Teilnehmern – **Cottbus** 500 Frauen demonstrieren für den Erhalt der Kindergärten – **Grevesmühlen** Bauerndemonstration mit 5000 Teilnehmern – **Horno/Cottbus** Kundgebung des Demokratischen Aufbruchs gegen die Umweltzerstörung des Braunkohlentagebaus mit 5000 Teilnehmern – **Karl-Marx-Stadt** Kundgebung des Wahlbündnisses Bund Freier Demokraten auf dem Markt mit 70 000 (Ministerium des Innern: 45 000) Teilnehmern, es spricht u. a. Hans-Dietrich Genscher – **Plauen** Demonstration vom Rathaus, nach kurzer Ansprache von Superintendent Küttler, durch die Innenstadt zum Rathaus und anschließend Kundgebung mit 8000 Teilnehmern – **Rostock** Bauerndemonstration für die Beibehaltung der Ergebnisse der Bodenreform mit 2500 Teilnehmern – **Schwerin** Bauerndemonstration mit 1500 Teilnehmern – **Weimar** Kundgebung Bund Freier Demokraten mit 10 000 Teilnehmern, es spricht u. a. Hans-Dietrich Genscher – Demonstrationen und Kundgebungen finden auch statt in **Bützow/Schwerin** 800 Teilnehmer, **Eisenach** 500 Teilnehmer, **Görlitz** 2800 Teilnehmer, und **Schneeberg** 1200 Teilnehmer

25. Februar

Berlin Demonstration des Freundeskreises Wehrdienstverweigerer im Lustgarten für die Abschaffung der Wehrpflicht mit 500 Teilnehmern – **Calau/Cottbus** Wahlkundgebung der DSU auf dem Platz des Friedens mit 2500 Teilnehmern – **Freiberg** Wahlkundgebung der DSU mit 2000 Teilnehmern – **Guben** Wahlkundgebung der SPD mit 1500 Teilnehmern – **Leipzig** 60 000 (Polizeipräsidium: 10 000) Menschen versammeln sich zur Wahlkundgebung mit Willy Brandt auf dem Karl-Marx-Platz – Demonstrationen und Kundgebungen finden auch statt in **Grevesmühlen/Rostock** 500 Teilnehmer, **Wismar** 400 Teilnehmer, **Stralsund** 250 Teilnehmer, **Kyritz/Potsdam** 200 Teilnehmer, **Forst** 300 Teilnehmer, und **Crimmitschau** 400 Teilnehmer

26. Februar

Dresden Demonstration für ein neues Wohnungsbaukonzept mit 30 000 Teilnehmern – **Karl-Marx-Stadt** Wahlkundgebung der Allianz für Deutschland mit 2000 Teilnehmern – **Leipzig** Montagsdemonstration mit 10 000 (Ministerium des Innern: 5000 bis 7000) Teilnehmern – Demonstrationen und Kundgebungen finden auch statt in **Feldberg/Neubrandenburg** 2000 Teilnehmer, **Brandenburg** 2000 Teilnehmer, **Potsdam** 400 Teilnehmer, **Frankfurt** 200 Teilnehmer, **Schwedt** 250 Teilnehmer, **Angermünde** 50 Teilnehmer, **Wurzen** 200 Teilnehmer, und **Stollberg** 300 Teilnehmer

27. Februar

Frankfurt/Oder Demonstration gegen Wiedervereinigung mit 1500 Teilnehmern nach einem Aufruf linker Gruppen – **Pirna** Wahlkundgebung der CDU mit 1500 Teilnehmern

28. Februar

Erfurt Kundgebung Bund Freier Demokraten auf dem Domplatz mit 30 000 Teilnehmern, es spricht u. a. Hans-Dietrich Genscher – **Sangerhausen** Wahlkundgebung Bund Freier Demokraten, es spricht u. a. Hans-Dietrich Genscher

1. März

Alsleben Demonstration für die Umwandlung der örtlichen FDGB-Schule in ein Ferienheim – **Cottbus** Kundgebung der SPD vor der Stadthalle mit 5000 Teilnehmern – **Dessau** Wahlkundgebung vom Bund Freier Demokraten vor dem Rathaus, es spricht u. a. Hans-Dietrich Genscher – **Frankfurt/Oder** Wahlkundgebung der SPD, es spricht u. a. Walter Momper – **Halle** Wahlkundgebung vom Bund Freier Demokraten, es spricht u. a. Hans-Dietrich Genscher – **Karl-Marx-Stadt** Kundgebung der Allianz für Deutschland mit Helmut Kohl, 200 000 Teilnehmer – **Leipzig** Wahlkundgebung der Vereinigten Linken auf dem Marktplatz – **Weimar** Wahlkundgebung der Allianz für Deutschland – **Wittenberg** Wahlkundgebung des Bundes Freier Demokraten auf dem Marktplatz, es spricht u. a. Hans-Dietrich Genscher

2. März

Dessau Gebet um Erneuerung, anschließend Wahlkundgebung der Allianz für Deutschland auf dem Rathausplatz mit 1500 Teilnehmern, es spricht u. a. Hans-Georg Dregger **– Leipzig** Kundgebung des Bundes Freier Demokraten auf dem Marktplatz

3. März

Erfurt Kundgebung der SPD mit Willy Brandt, 70 000 Teilnehmer **– Löbau** Kundgebung des Bundes Freier Demokraten auf dem Platz der Befreiung **– Lübben** Bauerndemonstration vom Schloßturm zum Marktplatz mit anschließender Kundgebung **– Magdeburg** Krippenerzieherinnen demonstrieren auf dem Alten Markt gegen Sozialabbau **– Plauen** Demonstration vom Rathaus, nach kurzer Ansprache von Superintendent Küttler, durch die Innenstadt zum Rathaus und anschließend Kundgebung mit ca. 8000 Teilnehmern **– Rostock** Kundgebung des Bundes Freier Demokraten auf dem Universitätsplatz mit 2000 Teilnehmern, es spricht u. a. Hans-Dietrich Genscher **– Rudolstadt** Wahlkundgebung der SPD auf dem Marktplatz, es spricht u. a. Günter Verheugen **– Wismar** Bauerndemonstration auf dem Marktplatz **– Wismar** 2 Wahlkundgebungen, eine der CDU mit Gerhard Stoltenberg und eine der FDP mit Hans-Dietrich Genscher

4. März

Berlin Demonstration auf dem Alexanderplatz gegen Sozialabbau **– Cottbus** Kundgebung des Bundes Freier Demokraten auf dem Oberkirchplatz mit 2000 Teilnehmern **– Crivitz/Schwerin** Kundgebung der Allianz für Deutschland **– Gera** Kundgebung der PDS mit Gregor Gysi **– Hohenstein-Ernstthal** Kundgebung des Bundes Freier Demokraten auf dem Altmarkt **– Waren/Müritz** Wahlkundgebung der SDP auf dem Neuen Markt, es spricht u. a. Egon Bahr **– Weimar** Wahlkundgebung der SPD mit Willy Brandt

5. März

Dresden Kundgebung der SPD, Willy Brandt spricht vor 45 000 Teilnehmern **– Frankfurt** Wahlkundgebung der Allianz für Deutschland, es spricht u. a. Norbert Blüm **– Karl-Marx-Stadt** mehrere hundert Bürger trafen sich zur Montagsdemonstration, nachdem kein Redner ans Mikrofon trat, löste sich die Kundgebung auf **– Leipzig** am Vormittag Behindertendemonstration unter dem Motto »Integration statt Isolation«, abends Montagsdemonstration mit 10 000 Teilnehmern **– Neuruppin** Demonstration von Rentnern vor dem Gebäude der ehemaligen SED-Kreisleitung für die Umwandlung des Gebäudes in altersgerechte Wohnungen **– Werdau** nach einem Friedensgebet findet eine Kundgebung statt, auf der sich die SPD vorstellt, anschließend Demonstration

6. März

Karl-Marx-Stadt Wahlkundgebung der SPD mit Willy Brandt vor 150 000 Teilnehmern – **Magdeburg** Wahlkundgebung der CDU mit Helmut Kohl auf dem Domplatz vor 60 000 Menschen

7. März

Karl-Marx-Stadt Kundgebung mit anschließender Demonstration in der Karl-Marx-Allee gegen Neofaschismus nach einem Aufruf der Jungen Sozialdemokraten, des Autonomen Jugendverbandes und der Vereinigten Linken – **Meißen** Wahlkundgebung der Allianz für Deutschland

8. März

Teterow Wahlkundgebung des DFD auf dem Marktplatz

9. März

Cottbus Kundgebung des Bundes Freier Demokraten vor der Stadthalle mit 5000 Teilnehmern, es spricht u. a. Hans-Dietrich Genscher – **Dessau** Gebet um Erneuerung, anschließend Wahlkundgebung der FDP auf dem Marktplatz – **Görlitz** Kundgebung der DSU auf dem Obermarkt – **Rostock** Wahlkundgebung Allianz für Deutschland, Helmut Kohl spricht vor 25 000 Teilnehmern

10. März

Finsterwalde Kundgebung der SPD auf dem Marktplatz, es spricht u. a. Egon Bahr – **Frankfurt** Wahlkundgebung der SPD mit Willy Brandt – **Görlitz** Wahlkundgebung der SPD mit Anke Fuchs – **Karl-Marx-Stadt** Wahlkundgebung der DSU vor der Stadthalle mit Theo Waigel und Fahrraddemonstration durch das Stadtzentrum – **Leipzig** Fahrraddemonstration mit 100 Teilnehmern – **Leipzig** Rednerdemonstration mit 200 bis 300 Teilnehmern – **Magdeburg** Kundgebung auf dem Domplatz nach Aufruf von Bündnis 90, Fahrraddemonstration mit 1000 Teilnehmern nach Aufruf der Grünen Partei – **Plauen** Demonstration vom Rathaus, nach kurzer Ansprache von Superintendent Küttler, durch die Innenstadt zum Rathaus und anschließend Kundgebung mit 5000 Teilnehmern; es wird aufgerufen, vom Wahlrecht Gebrauch zu machen

11. März

Forst Fahrraddemonstration entlang des Tagebaues Forst-Hauptfeld mit der Forderung, den Tagebau zu schließen – **Leipzig** Wahlkundgebung des Neuen Forums vor dem Gewandhaus – **Neuruppin** Kundgebung der SPD mit Willy Brandt, 25 000 Teilnehmer – **Pirna** Kundgebung des Bundes Freier Demokraten – **Stendal** Fahrraddemonstration durch die Innenstadt zum Kernkraftwerk mit 10 000 (Volksstimme: 15 000) Teilnehmern

226

12. März

Beeskow Wahlkundgebung der DBD – **Berlin** Wahlkundgebung der PDS – **Erfurt** Wahlkundgebung des Demokratischen Aufbruchs – **Gotha** Wahlkundgebung der CDU auf dem Hauptmarkt mit 1000 Teilnehmern – **Heiligenstadt** Kundgebung für freie und geheime Wahlen mit 1500 Teilnehmern – **Jena** Wahlkundgebung der SPD, Oskar Lafontaine spricht vor 4000 Teilnehmern – **Leipzig** letzte Montagsdemonstration vor den Wahlen mit 40 000 (Ministerium des Innern: 5000) Teilnehmern – **Magdeburg** Kundgebung des Neuen Forums vor der ehemaligen Untersuchungshaftanstalt des MfS für die Anerkennung der Opfer des Stalinismus – **Umendorf/Magdeburg** 250 Personen demonstrieren gegen den Bau einer Müllverbrennungsanlage – **Waren/Müritz** nach einem Friedensgebet findet eine Demonstration gegen die Etablierung der »kleinen Stalins« von gestern statt, 2000 Teilnehmer, aufgerufen hat das Neue Forum – **Werdau** nach einem Friedensgebet finden eine Kundgebung und anschließend eine Demonstration mit 500 Teilnehmern statt, es stellen sich die Volkskammerkandidaten vor – **Werdau** Kundgebung der Siedler und Kleingärtner für Grundstücksverkäufe an Einheimische – **Wernigerode** Wahlkundgebung der CDU auf dem Marktplatz mit 700 Teilnehmern – **Wismar** Demonstration mit der Forderung, die Stadtverordnetenversammlung aufzulösen, nach einem Aufruf des Neuen Forums und der SPD – Demonstrationen und Kundgebungen finden auch statt in **Hoyerswerda** 2500 Teilnehmer, **Jessen/Cottbus** 1000 Teilnehmer, **Hildburghausen** 500 Teilnehmer, **Dresden** 1000 Teilnehmer, **Zittau** 500 Teilnehmer, **Schwarzenberg** 1000 Teilnehmer, und **Zwickau** 2000 Teilnehmer

13. März

Berlin Kundgebung der SPD mit Gastrednern (Walter Momper, Egon Bahr, Johannes Rau) aus der BRD – **Cottbus** Kundgebung der Allianz für Deutschland mit Helmut Kohl auf dem Oberkirchplatz, 50 000 (Ministerium des Innern: 80 000) Teilnehmer, gleichzeitig Kundgebung am Bahnhof gegen die Wiedervereinigung – **Demmin** Kundgebung der PDS mit Hans Modrow, 2000 Teilnehmer – **Erfurt** Kundgebung auf dem Domplatz gegen alte MfS-Strukturen mit 2000 Teilnehmern nach einem Aufruf des Bürgerkomitees – **Gera** Kundgebung der CDU vor dem Haus der Kultur mit 5000 Teilnehmern – **Leipzig** Wahlkundgebung der SPD auf dem Dimitroffplatz mit 10 000 Teilnehmern – **Neubrandenburg** Wahlkundgebung der PDS mit 50 000 (Ministerium des Innern: 30 000) Teilnehmern – **Neuruppin** Friedensgebet in der Klosterkirche, anschließend wird auf dem Niemöllerplatz ein »Bäumchen der Hoffnung« gepflanzt – Demonstrationen und Kundgebungen finden auch statt in **Waren/Müritz** 4000 Teilnehmer, **Zerbst** 1000 Teilnehmer, **Halle** 1000 Teilnehmer, **Bad Frankenhausen** 2500 Teilnehmer, **Nordhausen** 2500 Teilnehmer, **Leinefelde** 1000 Teilnehmer, **Karl-Marx-Stadt** 4000 Teilnehmer, **Stollberg** 3000 Teilnehmer, **Lauter/Aue** 2500 Teilnehmer, und **Freiberg** 1000 Teilnehmer

14. März

Berlin Kundgebung der SPD am Brunnen der Völkerfreundschaft mit 1000 Teilnehmern – **Dresden** Kundgebung der Allianz für Deutschland mit 5000 Teilnehmern – **Frankfurt** Demonstrationen gegen Wiedervereinigung mit 6000 Teilnehmern – **Görlitz** Kundgebung der Allianz für Deutschland auf dem Marienplatz mit 3000 Teilnehmern – **Leipzig** Kundgebung der Allianz für Deutschland mit Helmut Kohl, 320 000 Teilnehmer – **Teterow** Wahlkundgebung des Neuen Forums auf dem Marktplatz – **Triptis** Kundgebung der CDU mit 600 Teilnehmern – Demonstrationen und Kundgebungen finden auch statt in **Hagenow** 250 Teilnehmer, **Potsdam** 200 Teilnehmer, **Fürstenwalde** 200 Teilnehmer, **Genthin** 700 Teilnehmer, **Biederitz/Magdeburg** 600 Teilnehmer, **Haldensleben** 300 Teilnehmer, **Eisleben** 200 Teilnehmer, **Dessau** 300 Teilnehmer, **Waltershausen/Gotha** 400 Teilnehmer, **Weimar** 300 Teilnehmer, **Bad Gottleuba/Dresden** 400 Teilnehmer, **Löbau** 350 Teilnehmer, **Reichenbach i. Vogtl.** 800 Teilnehmer, und **Zwickau** 400 Teilnehmer

15. März

Guben Bauerndemonstration vor dem Gebäude des Rates des Kreises

16. März

Auerbach Demonstration vom Neubaugebiet zum Friedensplatz nach einem Aufruf der Bürgerinitiative Kreis Auerbach, dort findet eine Kundgebung mit 100 Teilnehmern statt – **Dessau** letztes Gebet um Erneuerung in der Johanniskirche – **Hartmannsdorf** Besetzung der Mülldeponie in Dankritz – **Leipzig** Wahlkundgebung des Bundes Freier Demokraten auf dem Dimitroffplatz mit 20 000 Teilnehmern, es spricht u. a. Hans-Dietrich Genscher – **Wismar** Wahlkundgebung der SPD mit Willy Brandt auf dem Marktplatz vor 30 000 Teilnehmern

17. März

Plauen 22. und letzte Demonstration in Plauen (35 000 Vogtländer, Thüringer und Bayern demonstrieren gemeinsam) – **Rostock** Kundgebung des Bürgerkomitees und des Bürgerrates gegen die »Alte Mafia«

Anhang

Anmerkungen zur Chronik

Quellenverzeichnis

Ausstellungstexte von der Ausstellung der Freien Wählergemeinschaft Gotha: Die Tage der Wende 1989 in Gotha – Eine Dokumentation, Gotha 1990

Abrokat, Sven: Politischer Umbruch und Neubeginn in Wismar 1989 bis 1990, Hamburg 1997

Adler, Hans-Georg: Wir sprengen unsere Ketten – Die friedliche Revolution im Eichsfeld, Leipzig 1990

Auferstanden aus Ruinen – und wie weiter? Chronik der Wende in Karl-Marx-Stadt, hrsg. vom Heimatverlag Sachsen, Chemnitz 1991

Bahrmann, Hannes/Links, Christoph: Chronik der Wende, Bd. 1 Berlin 1994, Bd. 2 Berlin 1995

del Pino, Petra/Meinel, Käte: Die Wende im Kreis Auerbach – Versuch einer Chronik der Jahre 1989/90, Plauen 1992

Die Grenze im Eichsfeld, Leid, Hoffnung, Freude – eine Bild- und Textdokumentation zur Teilung Eichsfelds 1945–1990, Göttingen 1991

Dornheim, Andreas: Politischer Umbruch in Erfurt 1989/90, Weimar 1995

Eine Hoffnung lernt gehen, hrsg. v. Regierungspräsidium Halberstadt, Halberstadt 1990

Friedrich, Margot: Eine Revolution nach Feierabend – Eisenacher Tagebuch der Revolution, Marburg 1991

Grünberg, Andreas: Wir sind das Volk! Der Weg der DDR zur Deutschen Einheit, Stuttgart 1990

Hansestadt Stralsund 1990 – 1994 – Vier Jahre einer Stadt, hrsg. von der Abteilung Presse und Senatsarbeit, Stralsund 1994

Henkel, Jens: Rudolstädter Chronik Oktober 1989 bis Oktober 1990, Thüringer Landesmuseum Heidecksburg (unveröffentlichtes Manuskript)

Jetzt oder nie – Demokratie! Leipzig Herbst 1989, hrsg. vom Neuen Forum Leipzig, Leipzig 1990

Leben in der DDR, Leben nach 1989 - Aufarbeitung und Versöhnung, hrsg. von der Enquete-Kommission des Schweriner Landtages, Schwerin 1997

Mestrup, Heinz/Remy, Dietmar: Mühlhausen 1989/90 – Die Wende in einer thüringischen Kreisstadt, Münster 1993

Mitter, Armin/Wolle, Stefan: Ich liebe Euch doch alle ...! Befehle und Lageberichte des MfS Januar bis November 1989, Berlin 1990

Spittmann, Ilsa: Chronik der Ereignisse in der DDR, Köln 1990

Victor, Christoph: Oktoberfrühling – Wende in Weimar, Weimar 1992

Völlger, Winfried/Butzke, Rainer: Halle im Herbst, Halle 1990

100 Tage die die DDR erschütterten, Hrsg. Neue Berliner Illustrierte, Berlin 1990

Ausgewertete Originalunlagen

Unterlagen des Ministeriums des Innern »Stab Operativer Diensthabender« und »Operative Führungsgruppe« BStU MfS-Arbeitsbereich Mittig 26, Bundesarchiv Berlin-DO 1 MdI Stab 52445, 52449

Lagefilme des MdI Abt. Polizeiangelegenheiten, Bundesarchiv Berlin DO 1, 02.1. Nr. 52461

Ministerium des Innern und Nachrichtenabteilung beim Ministerrat der DDR, BStU: Arbeitsbereich Mittig 26

Unterlagen des Amtes für Nationale Sicherheit, BStU: MfS-HA XX/4 2464, MfS-Sekr. des Ministers 2336, MfS-Arbeitsbereich Mittig 26, Bundesarchiv Berlin DO 1 MdI Stab 52449

Unterlagen des Präsidiums der Volkspolizei
Berlin, Bundesarchiv Berlin DO 1 MdI Stab 52449
Dresden, Archiv Polizeipräsidium Dresden, I/357, I/3186, I/3187, I/3626
Leipzig, Bundesarchiv Berlin DO 1 MdI Stab 52449, Archiv Polizeipräsidium Leipzig-VPKA 11449, 12388, 12389, 12390, 12405

Unterlagen des Ministeriums für Staatssicherheit der DDR, BStU: ZAIG MfS 3812, 3813, 3748, 8266, MfS-HA XX/4 1475, 1685,1686,1836, MfS-HA IX 2260, 3202, 3203, 3204, 3205, MfS-AGM 1654, MfS-HA-XX/AKG 1335, MfS-Arbeitsbereich Neiber 439, 615, 616, 687, 782, MfS-Arbeitsbereich Mittig 26, MfS HAXX/AKG/II 157, 161, MfS-Sekretariat des Ministers 2336

Lagefilme der Führungsgruppe des VPKA Leipzig, Sächsisches Staatsarchiv Leipzig-BDVP 12405

Lagefilme des Führungsstabes der BDVP Leipzig, Sächsisches Staatsarchiv Leipzig-BDVP 1585

Zeitungen (ausgewertet von August 1989 bis 18. März 1990)

Altmarkzeitung/Freie Erde Neubrandenburg/Freie Presse/Junge Welt/Lausitzer Rundschau/Leipziger Volkszeitung/Liberal-Demokratische Zeitung / Mitteldeutsche Zeitung/Neuer Tag/Neues Deutschland/Sächsisches Tageblatt/Schweriner Volkszeitung/Taz-Journal »Zur Novemberrevolution«/Union/Volksstimme Magdeburg/Volksstimme Stendal und verschiedene Bücher und Chroniken über die Ereignisse im Herbst 1989 in der DDR.

Glossar

Agit-Prop »Agitation und Propaganda«; die SED und manche Massenorganisationen hatten in den Leitungen auf Betriebs-, Orts-, Kreis-Ebene usw. Verantwortliche für Agit-Prop.

academixer Berufskabarett, dem auch Bernd-Lutz Lange, einer der *Leipziger Sechs*, Gunter Böhnke und Jürgen Hart angehörten.

AfNS Amt für Nationale Sicherheit, s. MfS

AWG Arbeiter-Wohngenossenschaft (1954–1990); freiwilliger Zusammenschluß von Wohnungsinteressenten mit dem Ziel des genossenschaftlichen Wohnungsbaus, der Verteilung, Werterhaltung und Verwaltung der gebauten Wohnungen. Von den Genossenschaftlern war durch Geldleistungen (AWG-Anteile) und durch Arbeitsleistungen (AWG-Stunden) ein Teil der Baukosten zu tragen.

BdVP Bezirksbehörde der Deutschen Volkspolizei

DBD Demokratische Bauernpartei Deutschlands (1948–1990), Blockpartei in der DDR, trat am 5. Dezember 1989 aus dem Demokratischen Block aus und schloß sich am 15. September 1990 der CDU an.

DFD Demokratischer Frauenbund Deutschlands (1947–1990), eine der sechs mandatstragenden Massenorganisationen in der Volkskammer, als überparteiliche und überkonfessionelle Frauenorganisation gegründet, geriet der DFD bald unter SED-Kontrolle. 1989 gehörten dem DFD 1,5 Millionen Frauen an, von denen knapp die Hälfte älter als 50 Jahre war.

Dietz Verlag SED-eigener Verlag, der vor allem Partei-, Propaganda- und gesellschaftswissenschaftliche Literatur verlegte, oft in großzügig bemessenen Auflagen.

DSF Gesellschaft für Deutsch-Sowjetische Freundschaft (1947–1990), größte Freundschaftsgesellschaft der DDR, die als sozialistische Massenorganisation anerkannt war, jedoch nicht dem »Demokratischen Block der Parteien und Massenorganisationen« angehörte.

EOS Erweiterte Oberschule, ursprünglich für Schüler der Klassen 9 bis 12, in den achtziger Jahren der Klassen 11 und 12, führte zum Abitur.

Eutritzsch Stadtteil von Leipzig. Hier befand sich eine Kaserne der Bereitschafts-polizei. Die Mannschaften der Bereitschaftspolizisten waren junge kasernierte Wehrpflichtige.

FDJ Freie Deutsche Jugend

GEWI-Ausbildung Gesellschaftswissenschaftliche Ausbildung, die alle Hoch- und Fachschulstudentinnen und - studenten der DDR durchlaufen mußten.

»Gift-Schein« Ein Teil der in den Bibliotheken nur bedingt zugänglichen Literatur und Materialien wurde aus rein ideologischen Gründen von der allgemeinen Benutzung ausgeschlossen. Hierbei handelte es sich um bestimmte Materialien aus der Zeit vor 1945 und aus dem westlichen Ausland. Die Genehmigung, solche sekretierte Literatur einzusehen, wurde ironisch als »Gift-Schein« bezeichnet, der sozusagen zum Umgang mit »ideologischen Giften« berechtigte.

Grünau Leipzig-Grünau, Stadtteil mit knapp 100 000 Einwohnern, der in den siebziger Jahren in Plattenbauweise auf der »Grünen Wiese«, westlich von Leipzig, errichtet wurde.

Hager, Kurt Mitglied des Politbüros und Sekretär des ZK der SED, verantwortlich für Ideologie und Wissenschaft, anwortete am 10. April 1987 in einem Interview des »Stern« auf die Frage nach der Übernahme der Perestroika in der DDR mit der Bemerkung, ob man seine »Wohnung ebenfalls tapezieren« müsse, wenn dies der Nachbar tue.

Intershop (1962–1990) Verkaufsstellen, die westliche Produkte gegen Barzahlung von Devisen verkauften. Seit 1974 durften auch DDR-Bürger im Besitz von Devisen sein und im Intershop einkaufen. Die Intershops hatten vor allem Nahrungs- und Genußmittel, Toilettenartikel, Kosmetika, Schmuck, Oberbekleidung, Heimelektronik und Autozubehör im Angebot. Diese Waren waren im regulären Angebot des DDR-Binnenhandels selten oder nicht in der gewünschten »West-Qualität« zu bekommen.

Junge Welt landesweit erscheinende Tageszeitung, herausgegeben vom Zentralrat der FDJ

Kaderakte Personalakte der DDR, in der aber auch Notizen, Beurteilungen und Berichte der Parteien und Massenorganisationen sowie der Behörden enthalten sein konnten und die auch von den Behörden angefordert und ausgetauscht werden konnten.

232

Keller, Dietmar von 1970–1977 Sekretär der SED-Kreisleitung der Karl-Marx-Universität, 1977–1984 Mitglied der SED-Bezirksleitung Leipzig, Sekretär für Wissenschaft, Volksbildung und Kultur, 1984–1989 stellvertretender Minister für Kultur, November 1989 bis März 1990 Minister für Kultur der DDR.

Kellertheater kleine Theaterbühne in den Kellerräumen der Leipziger Oper, nicht nach gleichnamigem SED-Funktionär benannt

KMU Karl-Marx-Universität Leipzig

KWV Kommunale Wohnungsverwaltung (1958–1990), VEB für die Verwaltung und Bewirtschaftung von Wohnungen, seit 1971 in »VEB Gebäudewirtschaft« umbenannt und umstrukturiert, ursprüngliche Abkürzung blieb jedoch weiter im Sprachgebrauch der Bevölkerung.

Leipziger Sechs Zu den *Leipziger Sechs* gehören der Gewandhauskapellmeister Prof. Kurt Masur, der Autor und Kabarettist Bernd-Lutz Lange, der Theologe Dr. Peter Zimmermann und die drei Sekretäre der SED Bezirksleitung Leipzig, Dr. Kurt Meyer, Dr. Roland Wötzel und Jochen Pommert. Sie fanden sich vor der befürchteten Konfrontation zwischen Demonstranten und Sicherheitskräften am 9. Oktober 1989 und verfaßten einen nach den Friedensgebeten in der Kirchen und vom Stadtfunk auf dem Demonstrationsplatz verlesenen Aufruf, der Sicherheitskräfte und Demonstranten zur Besonnenheit und zur Gewaltfreiheit aufrief.

LVZ Leipziger Volkszeitung, gegründet 1894, Zeitung der SPD, im März 1933 verboten, im Mai 1946 neu gegründet als Organ der SED, später Organ des SED-Bezirks Westsachsen, seit 1952 Organ der Bezirksleitung Leipzig der SED, im Sommer 1991 privatisiert

LWB Leipziger Wohnungs- und Baugesellschaft, stadteigenes Unternehmen, Nachfolger der KWV und der Gebäudewirtschaft Leipzig, Vermietergesellschaft mit dem größten Wohnungsbestand in der Stadt, derzeit über 55 000 Wohnungen.

Markkleeberg ein Städtchen am Südrand von Leipzig

MdI Ministerium des Inneren der DDR

Meyer, Kurt, Dr. einer der drei Sekretäre der SED-Bezirksleitung Leipzig, der zu den *Leipziger Sechs* gehört, 1986–1989 Sekretär für Kultur und Kunst

MfS Ministerium für Staatssicherheit, unter der Modrow-Regierung wurde am 15.11.1989 das Ministerium für Staatssicherheit (MfS) in das Amt für Nationale

Sicherheit (AfNS) umbenannt. Am 14.12.1989 beschloß die Regierung Modrow die Auflösung des Amtes für Nationale Sicherheit bis zum 20.6.1990 sowie die Bildung eines Verfassungsschutzes und eines Nachrichtendienstes als Rechtsnachfolger des AfNS (vgl. Michael Richter, Die Staatssicherheit im letzten Jahr der DDR, Weimar 1996). In der Chronik von Uwe Schwabe wird auf eine Differenzierung zwischen MfS und AfNS verzichtet, es ist von MfS/AfNS die Rede.

Moritzbastei Studentenclub der Karl-Marx-Universität, größter Studentenclub der DDR, wurde in den siebziger Jahren in den mit Bombentrümmern gefüllten Gewölben, Kellern und Kasematten einer Verteidigungsanlage an der ehemaligen Stadtmauer nahe der Universität eingerichtet.

MTA Medizinisch-Technische-Assistenten

Pommert, Jochen einer der drei Sekretäre der SED-Bezirksleitung Leipzig, der zu den *Leipziger Sechs* gehört. Pommert war von 1963–1969 Chefredakteur der *Leipziger Volkszeitung* und von 1969–1989 Sekretär der SED-Bezirksleitung für Agitation und Propaganda.

Robur Name eines leichten LKW, der unter anderem auch von der Polizei als Mannschaftswagen verwendet wurde

Scheibenholz Parkgebiet in Leipzig mit Pferderennbahn

SMH Schnelle Medizinische Hilfe – Notarztdienst der DDR

»Sputnik« monatlich in der DDR in Deutsch erscheinendes Digest der sowjetischen Presse, das in der Sowjetunion für das Ausland produziert wurde. Bis zum Einsetzen von Perestroika und Glasnost war der »Sputnik« eher ein Ladenhüter. Da die Inhalte nicht von DDR-Seite beeinflußbar waren, avancierte die Zeitschrift nach Gorbatschows Regierungsantritt zu einer begehrten Informationsquelle über die Sowjetunion und die Geschichte des Kommunismus und Sozialismus. Als ein der DDR-Führung mißliebiger Artikel über den Stalinismus erscheinen sollte, wurde am 18. November 1988 auf Weisung Honeckers die Auslieferung des »Sputnik« eingestellt. Diese Maßnahme verursachte – innerhalb und außerhalb der SED – eine Welle von Eingaben, Beschwerden und Kritiken, im Volksmund als »der Sputnik-Schock« bezeichnet.

UZ *Unsere Zeit*, Zeitung der DKP

VP Volkspolizei

VPKA Volkspolizeikreisamt

Wötzel, Roland, Dr. einer der drei Sekretäre der SED-Bezirksleitung Leipzig (Sekretär für Wissenschaft, Volksbildung und Gesundheitswesen), der zu den *Leipziger Sechs* gehört.

ZK Zentralkomitee

Zu den Herausgebern

Thomas Ahbe, geboren 1958, studierte Philosophie an der Universität Leipzig. Er ist wissenschaftlicher Mitarbeiter am Institut für Angewandte Psychologie der Universität Leipzig, Schwerpunkte Identitäts- und Biographieforschung.

Michael Hofmann, geboren 1952, studierte Kulturwissenschaften an der Universität Leipzig. Er ist wissenschaftlicher Mitarbeiter am Institut für Soziologie der Technischen Universität Dresden.

Volker Stiehler, geboren 1941, studierte Bauwesen, gehört zu den Erbauern des Gewandhauses. Er ist heute als Verwaltungsdirektor des Gewandhauses zu Leipzig tätig.

Uwe Schwabe, geboren 1962, engagierte sich seit 1984 in der Bürgerbewegung. 1989 Regionalsprecher des Neuen Forums, Mitbegründer des »Archivs Bürgerbewegung e.V.«, seit 1994 Mitarbeiter am Zeitgeschichtlichen Forum Leipzig.

HISTORISCHES KONZERT AM 9. OKTOBER 1989

Wir sind das Volk

Tondokumente vom Herbst '89

Leipzig erinnert an den Herbst '89

GEWANDHAUSORCHESTER LEIPZIG
KURT MASUR
ARMIN MÄNNEL Trompete
KARL MEHLIG Pauken

Diese Doppel-CD erscheint im September 1999 als Nachauflage
der vom Gewandhaus 1990 herausgegebenen Doppel-LP.
Neben dem Live-Mitschnitt des Gewandhausorchester-Konzerts vom
9. Oktober 1989 sind auf diesen CD einmalige Tondokumente aus den
Herbsttagen des Jahres 1989 zu hören.
Ausschnitte aus den Veranstaltungen für die Stadtmusik und mit der
Bevölkerung im Leipziger Gewandhaus zwischen August und
November 1989, der Aufruf an die Demonstranten am 9. Oktober
zur Besonnenheit und weitere Beiträge vermitteln eindrucksvoll die
Atmosphäre dieser Tage.
Die Doppel-CD ist eine wertvolle Ergänzung zum vorliegenden Buch.

(Verlag Klaus-Jürgen Kamprad Altenburg in Zusammenarbeit mit Gewandhaus zu Leipzig)

Verlag und Herausgeber haben sich nach bestem Wissen bemüht,
die im Buch zu Wort kommenden Gesprächsteilnehmer
ausfindig zu machen. Trotz umfangreicher Recherchen
ist es nicht in allen Fällen möglich gewesen, diese zu ermitteln.

ISBN 3-378-01037-1

Die Vorlage für die Abbildung auf Seite 119 stellte uns
freundlicherweise Gerd Mothes zur Verfügung.

1. Auflage 1999
© Gustav Kiepenheuer Verlag GmbH
Alle Rechte, auch die des auszugsweisen Nachdrucks, vorbehalten
Umschlaggestaltung Torsten Lemme unter Verwendung
einer Fotografie von Gerhard Gäbler
Reproduktion PPP PrePrint Professional GmbH, Leipzig
Druck und Binden Clausen & Bosse, Leck
Printed in Germany